वेद-वर्णित भारतीय समाज

वेद-वर्णित भारतीय समाज

श्रीमती इन्दिरा कुमार

PPH

प्रशान्त पब्लिशिंग हाउस
दिल्ली

प्रशान्त पब्लिशिंग हाउस
सी–34, 28 फुटा रोड, गली नं. 3
पश्चिम करावल नगर,
दिल्ली - 110094
फोन : 22963970
मो. : 9810396373

ISBN : 978-93-80565-15-6

संस्करण : 2011

मूल्य : 700.00

मुद्रक:
सचिन प्रिंटर्स, मौजपुर

विषय सूची

वेदवर्णित भारतीय समाज

ओऽम् विश्वानि देवसवितर्दुरितानि परासुव।
यद्भद्रं तन्न आ सुव॥

1. प्राक्-कथन

वेद ग्रन्थों के माध्यम से भारतीय समाज के स्वरूप, आचार-विचार तथा समाज की समस्याओं एवं उनकी उपलब्धियों को समझने का प्रयास वेदग्रन्थों के माध्यम से किया गया है। वेदकालीन समाज ज्ञान-अर्जन के प्रतिपूर्ण समर्पित था। शास्त्रवेत्ता एवं आप्त विद्वान की सभा में पूरा समाज एकत्र हो ज्ञान की बातें समझने की चेष्टा करते थे। ऋग्वेद मन्त्र संख्या 7 पृ. सं 184 में यह तथ्य विश्लेषित हुआ है कि ऐसी सभा से समाज को क्या लाभ मिलते थे। तीन विषयों के तथ्य सभा में विश्लेषित किये जाते थे।

1. विद्यायुक्त वाणी, 2. सत्य विज्ञान 3. और धर्मविज्ञान पर विशद चर्चा विद्वानों के द्वारा होती थी जिससे पूरा समाज लाभान्वित होता था। यह तथ्य ऋग्वेद पृ. सं. 184 में भी विशेष रूप से उल्लिखित हुआ है।

समाज अपनी सुरक्षा एवं शारीरिक बल की वृद्धि हेतु क्या और कैसे प्रयास किया जाय इस समस्या को सुलझाने का प्रयास निष्ठा से किया जाता था। इस तरह से वेदकालीन समाज अपने संगठन एवं अपनी शक्ति वृद्धि हेतु संगठित करने में संलग्न रहता था तथा समाज की कोई विपदा बड़ी सहजता से हल हो जाती थी। विद्याबल तथा भेद-बुद्धि को दूर करते हुए स्वस्थ-समाज के निर्माण में प्रबुद्ध वर्ग जुड़े रहते थे।

विश्वं चराचर सर्वं जानीयात् तत्स्वरूपकम्।
सर्वेषां हितभावेन भजेत् तं द्विरदाननम्॥

यत्र विष्णुकथा पुण्या शुभलोकमलापहा।
तत्र सर्वाणि तीर्थणि क्षेत्राणि विविधानि च।
यत्र प्रवहते पुण्या शुभा विष्णुकथापरा॥

सृष्टि धर्म पर आश्रित है। धर्म मानव-कर्तव्य का जनक है।

धृतिक्षमादमोस्तेयं शौचइन्द्रियनिग्रहः।
धीविद्यासत्यमक्रोधः दशकंधर्मम्तक्षणम्॥

वेदग्रन्थ भारतीय जनमानस की सर्वोपरि उपज है।

अनन्तरं च वक्त्रेभ्यो वेदास्तस्य विनिर्गताः।
प्रवृतिः सर्वशास्त्राणां तन्मुरवादभवत ततः॥

इस तरह वेदग्रन्थ भारतीय जनमानस में विनिर्गत ग्रन्थ है।

वेद-ग्रन्थ ईश्वरीय ज्ञान समन्वित है। यह ऐसी दिव्य वाणी है जो देश, काल, इतिहास की सीमाओं में न बँधकर समान रूप से सदा सबको कल्याण का निर्देशन करती है। संसार के सबसे प्राचीन ग्रन्थ के रूप मे वेद की गौरव गरिमा के सम्मुख सभी विद्वान एकमत से नतमस्तक हैं। वेद का अर्थ है ज्ञान और ज्ञान का लक्ष्य है निर्माण, कल्याण, उत्थान। ये सारे तत्त्व वेद की पंक्तियों से उद्भासित होते हैं। ''आ नो भद्रा क्रतवोयन्तु विश्वतः'' ऋग्वेद में उल्लिखित मन्त्र के माध्यम से प्रार्थनाएँ अभिव्यञ्जित हुई हैं, सभी दिशाओं से सत्य एवं शिव-भावना मस्तिष्क में प्रवेश करें। ''सत्य मनसो मे अस्तु'' ऋग्वेद 1. 1-89-1 तथा 10-128-4 द्वारा मानव की प्रार्थना सत्य के प्रति आकर्षणयुक्त हैं।

वेद वर्णित भारतीय समाज के आध्यात्मिक ज्ञान एवं चिंतन :-

''ओऽम् विश्वानि देव सुवितर्दुरितानी॰परासुव जैसे मन्त्र यहाँ व्यक्त हुए हैं यद्भद्रं तन्न आ सुव''॥

मनुष्यों को उचित है कि जो नित्य विद्या को देने वाला है उसकी सीधेपन से सेवा करके विद्याओं को पाकर मित्र, श्रेष्ठ, आकाश, नदियों, भूमि और सूर्य आदि लोकों से उपकार ग्रहण करके सब मनुष्यों में सत्कार के साथ रहना चाहिए। कभी विद्या एवं ज्ञानसिद्धि छिपानी नहीं चाहिए।

विद्वानों के संग के बिना निश्चय ही कोई ऐश्वर्य और आनन्द की प्राप्ति नहीं कर सकता है। विद्वानों का सदा सत्कार कर इनसे विद्या और अच्छी-अच्छी शिक्षाओं को प्राप्त कर सब प्रकार से सत्कार युक्त होवें। ऋग्वेद मन्त्र सं. 9 पृ. सं. 131

ऋ. वे. प्र. भाग 1

वेद वर्णित समाज का विशद चित्र वेदग्रन्थों में उपलब्ध होता है। वेद का उद्देश्य समाज को गतिशील बनाकर आगे बढ़ाने का प्रयास है जिसमें वेदग्रन्थ पूर्ण सफल हुए हैं।

पुरुषार्थ के बिना विद्या, अन्न और धन की प्राप्ति तथा शत्रुओं का पराजय सम्भव नहीं था जिस कारण धार्मिक सेनाध्यक्ष सद्भाव से अपने प्राण के समान सबको प्रसन्न रखते हैं। वैसे पुरुष को कभी दुख नहीं होता है। ऋग्वेद पृ. 131 प्र. भाग मनुष्यों को चाहिए कि जो सबका पालन करने वाला जितेन्द्रिय, शान्त जिस-जिस कर्म में सभा की आज्ञा पावे, उसी कर्म में स्थिर बुद्धि से प्रवर्त्तमान, बलवान, दुष्ट शत्रुओं को जीतने वाला हो उसको निरन्तर मित्रता की सम्भावना कर सुखों को सदा भोगें।

प्रस्तुत मन्त्र के भाव-विचार निश्चय ही प्रेरणादायक हैं। मानव जब अपनी सहनशक्ति पर विश्वास रखते हुए आगे बढ़ता है तो उसे आत्मशक्ति से साहस प्राप्त होता है।

सहनशीलता एक गुण है जो सहनशीलता सभी में नहीं रहती है। मनुष्य अपने कर्त्तव्य धर्म से जुड़कर अनेक आन्तरिक कष्टों को झेलता है। उसे परिस्थति के अनुसार आचरण करना पड़ता है इसी में उसकी बुद्धिमानी समझी जाती है। वेदकालीन समाज अनेक नैतिक दायित्वों से निबटता था। आन्तरिक कष्ट सहन करते हुए अपने धैर्य का परिचय देना उच्च संस्कार की देन समझी जाती थी। वेदकालीन समाज सुसंस्कारों के अन्तर्गत अपने आचरण से सभी को खुश रखने की चेष्टा करते थे। सामाजिक सौहार्द एवं सहनशीलता उन्हें विरासत में प्राप्त थी जिसके बल पर सभी संकटों से बचकर निकल आता था यह उस समाज की विशेषता थी।

मंगलकामना

"वेद-वर्णित भारतीय समाज" नामक ग्रन्थ की मंगलकामना; यजुर्वेद; उल्लिखित-मंत्र की पंक्तियाँ-

आब्राह्मण ब्राह्मणोब्रह्मवर्चसीजायताम्,
आराष्ट्रेराजन्यः शूरइषव्योऽतिव्याधी,
महारथो जायताम्।
दोग्ध्री धेनुवाढानड्वानाशुः सप्तिः पुरन्ध्रीयोषा
जिष्णुरथेष्ठाः सभेयो युवास्य
यजमानस्य वीरो जायताम्
निकामे- निकामे नः पर्जन्यो वर्षतु।
योगक्षेमो नः कल्पताम्।।
फलवत्यो नः औषधयः पच्यन्ताम्।

ऋग्वेद के चिंतन

पृ. सं 126 मन्त्र सं 1 :-हे परमेश्वर! तू वेद की कामना वाला, अन्नदाता, ओजस्वी तथा धन को देने वाला है। प्रभु, तू यज्ञ में पवित्र कर धन देने वाला है।

प्रस्तुत मन्त्र में परमेश्वर की शक्ति का उल्लेख हुआ है। वेद वाणी से ही परमेश्वर अभिभूत हो जाते हैं। वेद-मन्त्रों के प्रति परमेश्वर का आकर्षण सर्वाधिक रहता है। वेदवाणी के प्रेमी ईश्वर वैदिक भाषा से अधिक प्रभावित होते हैं।

मन्त्र सं. 2 पृ. सं 126 :-

हे परमेश्वर! तू सृष्टिकर्ता, आनन्ददाता, सबका धारणकर्ता, हर्ष को देने वाला, ऐश्वर्यवान् सदा विजयी तथा किसी से न मारे जाने वाला है।

प्रस्तुत मन्त्र के माध्यम से परमेश्वर के अनेक गुणों के उल्लेख हुए हैं। देववर्ग की आराधना में आराधक के भाव पुष्प ही परिगणित होते है। ''भावंमिच्छति देव:'' यह कथन प्रसिद्ध है। जो स्वयं दाता हैं वे वस्तु के प्रति आकर्षण अभिव्यंजित नहीं करते हैं। उन्हें साधक या उपासक अपने भावों की प्रगाढ़ता से ही अभिभूत कर डालते हैं जिससे परमेश्वर के लिए यह मान्यता है कि देवता सिर्फ भावों के भूखे हैं उन्हें किसी वस्तु विशेष के प्रति कोई आकर्षण नहीं हैं।

मन्त्र सं. 3 पृ. 126 :-

हे परमेश्वर! अपनी नित्य शक्तियों से जगत को पैदा करने वाले, विविध प्रकार की गतियों को करने वाले आप व्यापक हो रहे हैं। तू हमें प्रकाश से युक्त-बल प्रदान करें।

ईश्वर की दिव्यज्योति का आभास जिन्हें हो जाता है वह उपासक ईश्वर की दिव्यज्योति प्राप्ति की आकांक्षा अभिव्यञ्जित करता है। ''देवो

हि द्यौतनात्'' कथन उनके लिए प्रसिद्ध है। ईश्वरीय आभा का आभास जिन्हें हो जाता है वह उसी ज्योति की प्राप्ति का प्रयास करता है।

मन्त्र सं. 1 पृ. सं. 126 :-

हे ऐश्वर्ययुक्त विद्वान पुरुष! विज्ञानवान् तू दिव्य गुणों की प्राप्ति के लिए हमें वेदवाणियों और तेज से पवित्र कर तू, कलाओं से युक्त अपनी आत्मा को प्राप्त कर।

मन्त्र 2 पृ. 126 :-

हे परमेश्वर! भक्ति रस को बहाने वाले तेरे आनन्द गुण जीव को आनन्द प्राप्ति के लिए आगे बढ़ाते हैं। ज्ञानी जन मोक्ष सिद्धि के लिए तुच्छ सुख-स्वरूप को प्राप्त होते हैं।

उपासक की सबसे बड़ी उपलब्धि मोक्ष प्राप्ति है। अतः सारी कामनाओं का त्याग कर उपासक एकमात्र मोक्ष ही चाहते हैं जिससे सांसारिक बन्धनों से मुक्ति मिल जाय।

ऋग्वेद :-

सुरुपकृत्नुभूतये सुदुधामिव गोदुहे।
जुहुमसि द्यविद्यवि।। मन्त्र 1 पृ. 7

जैसे मनुष्य गाय के दूध को प्राप्त कर, अपने प्रयोजन को सिद्ध करते हैं, वैसे ही विद्वान धार्मिक पुरुष भी परमेश्वर की उपासना से श्रेष्ठ विद्या आदि गुणों को प्राप्त होकर अपने-अपने कार्यों को पूर्ण करते हैं। मन्त्र में दिशा निर्देश के लिए तीन मूल सूत्रों की ओर संकेत दिया गया है। विद्वान, धार्मिक तथा परमेश्वर के उपासक यदि हैं तो उनके लिए कई एक सहायक शक्तियाँ कार्य करने वाली प्रतीत होती हैं। विद्वान को सहायक अनायास ही प्राप्त हुआ करते हैं, जिससे आगे की ओर बढ़ने की दिशा-प्राप्त हो जाना विद्वानों के लिए सहज उपाय है। विद्वानों की अन्तः दृष्टि अधिक कार्य करती है। सूक्ष्म तथा स्थूल दोनों तरह की दृष्टि जब प्राप्त होती है तो गन्तव्य दिशा पकड़ने में बाधा नहीं आती है। अन्तः दृष्टि और बाह्य दृष्टि दोनों की शक्ति मिल जाने पर विद्वानों को समाधानसूत्र

शीघ्र मिल जातें हैं। इस तरह मन्त्र में विद्वान का धार्मिक होने की भी बात कही गई है। अनेक सहायक शक्तियाँ मात्र एक शक्ति की अपेक्षा अधिक कारगर सिद्ध हुआ करती हैं। विद्वानों की सहनशीलता एवं चरित्र बल की प्रसिद्धि कार्य करती हैं। विद्वानों की संघर्षशीलता भी सहायक होती है क्योंकि परिश्रमशीलता सहायक होती है।

विद्याधन उद्यम विना कहो जो पावे कौन।
विना डूलाए ना मिले ज्यों पंखे का पौन।।

विद्वानों की परिश्रमशीलता पर संदेह नहीं किया जा सकता है।

अग्निमीले पुरोहितं यज्ञस्य देवमृत्विजम्।
होतारम् रत्नधातमम्।।

पिता के समान कृपाकारक परमेश्वर सब जीवों के हित और सब विद्याओं की प्राप्ति के लिए कल्प कल्प की आदि में वेद का उपदेश करता है।

प्रस्तुत मन्त्र में परमेश्वर की अनुकम्पा का सहारा लिया गया है। अलौकिक्र शक्ति से जब प्रेरणा या मार्गदर्शन होता है तो मानव की प्रज्ञाशक्ति प्रखर हो उठती है। मानव जीवन की बाधाएँ अनेकों की संख्या में परिगणित की ज़ा सकती हैं, ईश्वरीय अनुकम्पा ही सफलता की ओर दिशा- निदृष्ट करती है। मनुष्य की सफलताएँ अनेक बाधाओं से घिरी रहती हैं। ''मुनीनां च मतिभ्रमः'' जब विध्न-बाधाएँ अवरोधक शक्ति के रूप में कार्य करती हैं तो मानव को भ्रमित हो जाना स्वाभाविकं है। ''भ्रम की गुत्थियाँ तो और उलझती जाती हैं और मानव मन भ्रमित होकर अपनी गति रोक देता है जिससे निष्कर्ष या समस्या का समाधान पा लेना कठिन हो जाता है।

अलौकिक शक्ति से दिशा-निर्देश मिलने पर ही मानव समाधान की ओर अग्रसर होता है।

2. अग्निः पूर्वेभिर्ऋषिभिरीडयो नूतनैरूत।
स देवाँ एह वक्षति।। मन्त्र 2 पृ. 3

वर्त्तमान तथा पहले समय के विद्वान, वेदार्थ के पढ़ने वाले ब्रह्मचार तथा नवीन तर्क और कार्यों में ठहरने वाले प्राण, मन्त्रों के अर्थों को देखने वाले विद्वान् उन लोगों के तर्क और कारणों में रहने वाले प्राण, इन सभी को वह परमेश्वर स्तुति करने योग्य और यह भौतिक अग्नि नित्य खोजने योग्य हैं।

3. अग्निना रयिमन्श्वत् पोषमेव दिवेदिवे।
यशसं वीरवत्तमम्।। मन्त्र 3 पृ. 2

हे वेदविद्या के प्रकाश करने वाले परमेश्वर! आपकी सब विद्याओं के सम्बन्ध से विज्ञान का प्रकाश कराने, और अनेक विद्याओं के प्रयोजनों को प्राप्त कराने वाले, चार वेदों की वाणी है, सो जानने योग्य एवं संसारी पदार्थों के निरन्तर विचार करने, तथा निष्कपटता से प्रीति के साथ विद्या देने वाले पुरुषार्थी विद्वान को प्राप्त होती है।

ऊपर निर्दिष्ट तथा उल्लखित मन्त्रों से जिस ज्ञान की अभिव्यञ्जना हुई है वे मानव समाज के लिए कल्याणकारी चिंतन हैं।

परमेश्वर की अनुकम्पा से मानव समाज अपने कल्याणकारी चिंतन के फलस्वरूप अनेक सुखों के उपभोग करने की शक्ति से सम्पन्न होते हैं। ईश्वरीय शक्तियाँ अलौकिक प्रेरणा मानव-मन को सही दिशा प्रदान करती हैं। मंगलमय विभु की कृपा प्राप्त होने पर ही मानव सारे सुखों के उपभोग करने के अवसर प्राप्त करने में समर्थ हो पाते हैं।

अग्ने यं यज्ञमध्वरं विश्वतः परिभूरसिं।
स इद्देवेषु गच्छति ।। मंत्र 4 पृ. 4

जिस कारण व्यापक परमेश्वर अपनी सत्ता से युक्त यज्ञ की निरन्तर रक्षा करता है, इसी से वह अच्छे-अच्छे गुणों के देने का हेतु है। इसी प्रकार ईश्वर ने दिव्यगुण युक्त अग्नि भी रचा है जो उत्तम शिल्पविद्या को उत्पन्न करने वाला है। उन गुणों को केवल धार्मिक उद्योगी और विद्वान मनुष्य ही प्राप्त होने के योग्य हैं।

इस वेदमन्त्र के माध्यम से मानव के तीन गुणों के उल्लेख हुए हैं। ये सारे गुण मानवोचित हैं, जिन गुणों के बल पर उनका चतुर्दिक

विकास हुआ करता है। सृष्टि में मनुष्य की सफलताएँ या असफलताएँ गुणों के आधार पर हुआ करती हैं।

उक्ति है :- "मन एव मनुष्यानां कारणम् वन्ध- मोक्षयो:"। मानव में अपार शक्ति समाहित हो जाया करती है। जीवन को सही दिशा प्रदान करने की शक्ति सभी में एक जैसी नहीं होती है। "मन के हारे हार है, मन के जीते जीत" दृढ़ प्रतिज्ञ की कर्मठता अनेक उपलब्धियों की ओर बढ़ने में सहायिका सिद्ध होती हैं।

जिन ढूँढ़ा तिन पाइयाँ, गहरे पानी पैठ;
जो बौरा डूबन डरा रहा किनारे बैठ॥

संघर्षशीलता सफलता की जननी कही जाती है। मानव की शक्ति अनेक स्वरूपों में है "जेहि सुमिरत सिद्धि होय सुरनायक कतिवर वदन" प्रेरणास्त्रोतमान्य हैं।

अग्नि होता कविक्रतुः सव्यश्चित्र श्रवस्तमः।
देवो देवेभिरागमत्॥ मंत्र 5 पृ. 4

अर्थात् सबका आधार सर्वज्ञ सबको रचने वाला, विनाशरहित, अनन्त शक्तिमान। और सबका प्रकाशक आदि गुण हेतुओं के पाये जाने से अग्नि शब्द के द्वारा परमेश्वर, और आकर्षणादि गुणों से मूर्तिमान पदार्थों को धारण करने वालों के गुणों से भौतिक अग्नि का भी ग्रहण होता है। मनुष्यों को यह भी जानना उचित है कि विद्वानों के समागम और संसारी पदार्थों को अनेक गुण सहित विचारने से परमदयालु परमेश्वर अनन्त सुखदाता भौतिक अग्नि शिल्पविद्या को सिद्ध करने वाला होता है।

पंक्ति में जिन विशेष शब्दों के उल्लेख हुए हैं वे द्रष्टव्य अवश्य हैं। "देवो देवेभिरागमत" अर्थात् देवताओं के आह्वान में जो दृश्य समुपस्थित हुआ है वह स्पष्ट करता है देवों के समूह यज्ञ में उपस्थित होंगे अतः एक देववर्ग का दूसरे देववर्ग के साथ सम्मलित होने का माहौल है जहाँ सभी देवगण यज्ञ-कार्य में आमंत्रित हुए हैं जिनकी उपस्थिति यज्ञभूमि पर अनिवार्य मानी जाती है।

"यज्ञात् भवति पर्जन्यः पर्जन्यात् वृष्टि सम्भवः" की स्थिति जब उत्पन्न होती थी सारा वातावरण परिवर्तित हो जाता था।

वेदकालीन समाज एवं उनकी-भावभूमि के स्वरूप पूर्णरूप से भिन्नता समन्वित दृष्टिगन होते हैं।

समोहे वा य आशत नरस्तोकस्य सनितौ।
विप्रासोवा धियायवः॥ मंत्र 6 पृ. 12

ईश्वर सब मनुष्यों को आज्ञा देता है कि इस संसार में मनुष्यों को दो प्रकार के कार्य सम्पन्न करना चाहिए, उनमें से जो विद्वान हैं, अपने शरीर और सेना का बल बढ़ाते और दूसरे उत्तम विद्या की वृद्धि करते, शत्रुओं के बल का सदा तिरस्कार करते रहें। मनुष्यों को जब जब शत्रुओं के साथ युद्ध करने की इच्छा हो तब-तब सावधान होकर प्रथम उनकी सेना आदि पदार्थों से कम से कम अपना दो गुणा सैन्यबल करके उनके पराजय से प्रजा की रक्षा करनी चाहिए तथा जो विद्याओं को पढ़ाने की इच्छा करने वाले हैं वे शिक्षा देने योग्य पुत्र वा कन्याओं को यथायोग विद्वान करने में अच्छे प्रकार से यत्न करें जिनसे शत्रुओं के पराजय और अज्ञान के विनाश से चक्रवत्ती राज्य और विद्या की वृद्धि सदैव बनी रहे। वेदकालीन समाज की मनोदशा का बड़ा ही स्पष्ट विश्लेषण किया गया है। युद्ध-भूमि पर सैन्यबल सर्वाधिक महत्त्वपूर्ण हुआ करता है। शत्रु के सैन्यबल से दो गुणा सैन्यबल अनिवार्य समझा जाता है। दूसरा आवश्यक कार्य शिक्षा का समुचित प्रचार-प्रसार अनिवार्य समझा गया है क्योंकि विद्याधन को सर्वाधिक महत्त्व देकर अपने पुत्र-पुत्रियों को विद्या ग्रहण में सर्वोत्कृष्ट स्थान प्राप्त कराना अनिवार्य समझना चाहिए।

यः कुच्छी सोमयातमः समुन्द्र ईंव चिन्वते।
उर्वीरापो न काकुदः॥ मन्त्र 7 पृ. 12

अर्थात् ईश्वर ने जैसे जल की स्थिति और वृष्टि का हेतु समुद्र तथा वाणी के व्यवहार का हेतु प्राण बनाया है वैसे ही सूर्यलोग वर्षा होने, पृथ्वी सींचने, प्रकाश और रस विभाग करने का हेतु बनाया है, उसी से सब प्राणियों के अनेक कार्य सिद्ध होते हैं।

प्रस्तुत मन्त्र के माध्यम से अनेक विकास कार्यों के सन्दर्भ में तथ्यों के विश्लेषण प्रस्तुत किये गये हैं। "प्राणापानो तथा व्यानम् उदानम् च समानकम्" कथन से शरीर के अन्दर प्राप्त विभिन्न वायु से युक्त शरीर के स्वरूप का विश्लेषण प्रस्तुत किया गया है। इन वायु की शक्ति द्वारा शरीर के पोषण एवं पालन हुआ करता है। ईश्वरीय सृष्टि में पृथ्वी को जल से सींचने की व्यवस्था की गई। वर्षा के स्रोत स्थायी व्यवस्था है जिसके कारण पृथ्वी हमेशा हरी-भरी रहती है। शस्यश्यामला भूमि ही जीविका के साधन हैं जो ईश्वर प्रदत्त है। पृथ्वी पर सारे जीवों की रक्षा होती है तथा किसी अवस्था के कारण प्राणी काल-कवलित नहीं होते हैं। यह ईश्वरीय विधान जीवन रक्षा के लिए अनिवार्य रूप से सब प्राणियों के उपयोग में आते हैं। इस जलधारा पर किसी व्यक्ति का अधिकार नहीं बल्कि प्रकृति अपना अधिकार कायम रखती है जिससे सृष्टि में कभी किसी तरह की अव्यवस्था नहीं व्याप्त हो सके।

ए वा हयस्य सूनृता विरप्शी गोमती मही।
पक्वा शाखा न दाशुषे।। मंत्र 8 पृ. 12 प्रथम भाग

जैसे विविध प्रकार से फल फूलों से युक्त आम और कटहल आदि वृक्ष नाना प्रकार के फलों को देने वाले होकर सुख देने वाले होते हैं ईश्वर से प्रकाश की हुई वेदवाणी बहुत प्रकार की विद्याओं को देने वाली होकर सब मनुष्यों को परम आनन्द देने वाली हैं, जो विद्वान लोग इसको पढ़कर धर्मात्मा होते हैं वे ही वेदों का प्रकाश और पृथिवी में राज्य करने को समर्थ होते हैं।

प्रस्तुत मन्त्र में प्रकृति की अजय शक्ति तथा उनके लाभकारी स्वरूप में सम्पूर्ण सृष्टि के कल्याणकारी तत्त्व निहित हैं।

ईश्वरीय अनुकम्पा तथा प्रकृतिप्रदत्त सुख-सुविधाएँ मानव के कल्याण हेतु प्राप्त हैं। वेदवाणी भी ज्ञान कोष है जिसे मानव के हित में तथा कल्याणकारी योजना को कार्यान्वित करने के लिए ईश्वर का दिव्य आशीर्वाद है जिससे पूरी सृष्टि लाभान्वित होती रहती है। जिन्हें वेदवाणी

की समझ है वे उस अमृतवाणी के लाभों से अनेक सुखों का उपभोग करते हैं। "ज्ञानात् ऋते मुक्तिः न भवति" कथन से स्पष्ट है कि वेदज्ञान हमारी आध्यात्मिक शक्ति के उन्नयन के साधन हैं।

सदो द्वा चकाते उपमा दिवि सम्राजा पिरासुती।

अपने प्रत्येक इन्द्रिय के आकार, गुण तथा स्थिति से अवगत हों मन और अहंकार कुपथ में रमे जाने वाले हैं अतएव इन्हें वश में करके उत्तम से उत्तम कार्य सिद्ध करते चलें।।

मन्त्र के माध्यम से मन एवं अहंकार के महत्त्व प्रतिपादित किये गए हैं। उक्ति है "मन एव मनुष्यानां कारणम् बन्ध मोक्षयो:" बन्धन या मुक्ति दोनों के आधार मन ही कहे जाते हैं। "मन के हारे हार है मन के जीते जीत" यदि मन में विरक्ति या विराग उत्पन्न हो जाता है व्यक्ति पूर्ण निस्पृह हो जाता है। स्पृहा से ही मन को शक्ति प्राप्त होती है। अतः मन का महत्त्व जीवन में सर्वाधिक माना गया है। यदि शारीरिक शक्ति कितनी भी अधिक है लेकिन मन की शक्ति क्षीण-हीन है तो व्यक्ति एक चूस्नी की तरह इधर से उधर तितर-वितर होकर क्षण मे ही विलीन हो जाता है। लेकिन मन की शक्ति के कारण वह चिरायु एवं सर्वशक्तिशाली घोषित हो जाता है।

मन्त्र सं. 10 पृ. 166 :-

अर्चन्त एके महि साम मन्वत तेनसूर्यमरो चयन्।।

योगी, यति व विद्वानों के प्राण ईश्वर में लगे रहते हैं अन्य लोग भी यथा शक्ति अपनी इन्द्रियों से परोपकार ही करें।

उनतीसवाँ सूक्त समाप्त-पृ. सं 166

मन्त्र 1 पृ. 166 :-

नहि वो अस्त्यर्मको देवासो न
कुमारकः विश्वे सतो महान्त इत

विद्यमान तैंतीस देव अपने-अपने स्थान पर सभी महान हैं।

दिव्यगुण पदार्थों में से न कोई शिशु कम आयु वाला है। और न कोई किशोर। देवताओं में किसी प्रकार न आयु का अन्तर है और न कोई सामर्थ्य में अन्तर। आपस में न्यूनाधिक स्थिति है। जिससे सभी देवता महान हैं। उन सभी का महत्त्व समान है। यह मान्यता शुरु से दी जाती है।

वेदग्रन्थ में देव की शक्ति अनन्त कही जाती है क्योंकि "देवो हि द्योतनात" जिनसे द्युति या प्रकाश प्रकट हो वही देवत्व से युक्त समझा जाता है। यह कोई व्यक्ति या स्थूल पदार्थ का पर्यायवाची शब्द नहीं है। एक विशेष शक्ति का प्रतीक माना जाता है।

वेद में ज्ञान के महत्त्व पर सर्वाधिक विचार हुआ है। वेद के पाठकों को ज्ञानधाराओं के द्वारा मन को स्वाधीन कर उसे मोक्ष का पथ-प्रदर्शित करना चाहिए। यह ज्ञान का श्रेष्ठ फल माना गया है। ऋग्वेद म. 10 सूक्त 53 के मन्त्र संख्या 7 में उल्लिखित है कि ज्ञान अर्जित करने वाले विद्वत्जन अपनी ज्ञानधाराओं के द्वारा इन्द्रियों के दोषों को बन्द कर विषयासक्त से अलग-अलग रहकर जीवन में ज्ञान को ही प्रश्रय देते थे।

मन्त्र संख्या 7 पृ. 416 की पंक्ति इस प्रकार है-

अक्षानहो नह्तनोत सोम्यो
इयकृणुध्वं रशना ओत पिंशत्।
अष्टावन्धुरं वहताभितो रथं
मेन देवासो अनयन्नीम प्रियम्॥

इस मंत्र से स्पष्ट होता है कि समाज में प्रचलित उक्ति :-

दूई न होय एक संग भुवालू।
हसब ठठाई फूलाइव गालू॥

विषयासक्ति एवं ज्ञानार्जन दोनों एक धारा में नहीं है।

मंत्र से स्पष्ट संकेत मिलता है कि विषयासक्त मन को स्वाधीन किए बिना सद्ज्ञान की प्राप्ति नहीं हो सकती है। चरित्र की निर्मलता स्वच्छ चिंतन में संलग्न करती है।

विद्वत जन विद्या के अभिप्राय को समझने की चेष्टा सतत करते रहें। तथा मौखिक वचनों के द्वारा इस चिंतन का प्रचार-प्रसार भी करें। प्रभु की वन्दना कर ज्ञान के मार्ग का अनुसरण करें।

मन्त्र सं. 11-14 में इस चिंतन पर काफी विस्तार से विचार हुआ है जो जिज्ञासु को सत्य ज्ञान की ओर अभिप्रेरित करता है। ज्ञान के संदर्भ में निर्विवादित सत्य है कि -

ज्ञान ही मोक्ष का मार्ग प्रशस्त करता है। अतः ज्ञान की दिशा की पकड़ जिज्ञासु में होनी चाहिए।

ज्ञानबल एवं आत्मिक बल दोनों ही शक्तियाँ प्राप्ति हेतु प्रभु की उपासना अनिवार्य कही गई है। अज्ञान हर्त्ता प्रभु ही जिज्ञासु को ज्ञानवान बना सकते हैं। मन्त्र की पंक्तियों में इन तथ्यों का समावेश बड़ी स्पष्टता के साथ हुआ है।

शरीर में इन्द्रियों से पहले आत्मा है। वही शरीर के अंग-प्रत्यंग में अपनी चेतना को फैलाता है तथा स्वयं की अनुमति कराता है कि मैं यहाँ इस शरीर में हूँ। पारिवारिक जन प्रतीक्षारत रहते हैं कि हमारे मध्य नयी आत्मा संतान रूप में आये आत्मा ही नित्य है। वह पूर्व विद्यमान है तथा शरीर में आकर जन्म लेता है।

व्यापक आत्मशक्तियुक्त नदी के तुल्य वह अनादि प्रवाह सतत् गतिमान है। विद्वान पुरुषों को मिलकर प्रयास करना चाहिए कि उत्तम स्थिति उसे प्राप्त होनी चाहिए। इसके लिए पापों को त्यागकर कल्याणकारी पुण्यरूप नौकादि के तुल्य बलशाली माध्यम से प्रयास अपेक्षित है। ऊपर निदिष्ट तथ्यों के आलोक में मन्त्र की पंक्ति इस प्रकार है :-

अश्वमन्वती रीयते सं
रमध्वमुक्तिष्ढत् प्रतरता सखायः।
ऊत्रा जहाम ये अरुन्नशेवाः
शिवान्वयमुत्तरेमाभि वाजान्॥

जिस भाँति ज्ञान की खोज में रत विद्वान सांसारिक सुखों को वेद के ज्ञान से सिद्ध करते उसी भाँति वेद के ज्ञान से वो मोक्ष भी पाते हैं।

अपने समान ही दूसरों के भी दोनों सुखों की सिद्धि हेतु उन्हें ज्ञान का प्रचार और उससे दूसरों को प्रेरणा देनी चाहिए :-

गृहस्थ की यह आकाँक्षा होनी चाहिए कि उसके वचनों को वेद निष्णान तथा विद्वद् जन सुनें और उसका व्यवहार भी ऐसा हो कि पृथिवी और आकाश के कष्टों से बचे रहें।

इस सन्दर्भ में ज्ञानी के लिए चरित्र की पवित्रता अनिवार्य मानी गई है :-

ज्ञान अर्जित करने वाले विद्वद्जन अपनी ज्ञान-धाराओं के द्वारा इन्द्रियों के दोषों को बन्द कर विषयों पर संयम रक्खें और विषयासक्त मन को स्वाधीन कर उसे मोक्ष का पथ दिखाएँ। ज्ञान का श्रेष्ठ फल यही कहा गया है।

मंत्र की पंक्ति इस प्रकार है :-

अक्षानहो नह्तनोत सोम्यो इष्कृणुध्वंरशना
ओत पिंशत् अष्टा वन्धुरं वहतामितो
रथं येन देवासो अनयन्नमि प्रियम्।

मन्त्र 7 पृ. सं 416 ऋग्वेद भाग-2

इन मन्त्रों के द्वारा मानव जीवन के लक्ष्य की प्राप्ति सुगमता से कर सकता है। गृहस्थों की यह आकाँक्षा होनी चाहिए उसके वचनों को वेद निष्णात् तथा विद्वद् जन सुनें और उसका व्यवहार भी ऐसा हो कि पृथिवी व आकाश के कष्टों से बचे रहें :- मन्त्र 5/13 ऋ. भा. 2

मन्त्र :-

पञ्च जना मम् होत्रं जुषन्तां मोजाताउतयेझियासः
पृथिवी नः पार्थिवात्पात्वं हसोऽन्तरिक्षं दिव्यात्पात्वास्मान्

मन्त्र सं. 5/13 ऋग्वेद द्वि. भाग

सेनापति को चाहिए कि सेना के समस्त अंगों को पूर्ण बलयुक्त और अच्छी-अच्छी शिक्षा दें। उनको युद्ध के योग्य सिद्ध कर समस्त विघ्नों

की निवृति कर और अपने राज्य की उत्तम रक्षा कर सम्पूर्ण प्रजावर्ग को आनन्दित करने की चेष्टा करें।

वेदकालीन समाज संघर्ष से कभी मुक्त नहीं रह पाता था। सैन्यबल के साथ-साथ जनबल या प्रजावर्ग का बल नैतिक समर्थन के आधार पर आवश्यक समझा जाता था। देश की सुरक्षा राजतन्त्र के हाथ में थी प्रजावर्ग का समर्थन आवश्यक था लेकिन सैन्य बल के आधार पर युद्धभूमि में संघर्ष या शक्ति परीक्षण उस युग की साधारण बात थी। राजसत्ता का धर्म था कि वह प्रजा के धन-जन की रक्षा सही-सही करता रहे जिसमें राजतन्त्र कभी-पीछे नहीं हटता था और न सैन्यशक्ति ही कभी पीठ दिखाती थी। युद्धभूमि में दो ही बातें समझी जाती थीं जीत या मृत्युवरण इस दृष्टि से वेदकालीन सैन्यशक्ति काफी सुदृढ़ शक्ति एवं कारगर थी जो कभी पराजित नहीं होती थी यह वेदकालीन युग की विशेषता समझी जाती थी। किसी मन्त्र में पराजय की चर्चा या सैन्यबल का पीठ दिखाना वर्णित नहीं है।

वेदानां सामवेदोऽस्मि देवानामस्मि वासवः।
इन्द्रियाणां मनश्चास्मि भूतानामस्मि चेतना॥

गीता अ. 10 श्लो सं 22

गीता में स्वयं भगवान कृष्ण ने कहा है कि वेदों में वे सामवेद हैं देवताओं में इन्द्र हैं। इन्द्रियों में मन हैं, तथा प्राणियों में चेतना हैं।

अनुसंधान कार्य सर्वाधिक कठिन है। इस कार्य के देवता पूषणदेव माने गए हैं। उनकी कृपा होने पर ही सत्य का आभास प्राप्त होता है जिस हेतु पूषणदेव की प्रार्थना इन शब्दों में की गई है :-

हिरण्यमयेन पात्रेण सत्यास्यापिहितंमुखम्।
तत्त्वं पूषण! अपावृणु सत्यधर्माय दृष्टये॥

अर्थात् हिरण्यमयपात्र से सत्य ढका हुआ है। अतः हे देव! सत्य दर्शन हेतु उस ढक्कन को हटा दें। इशावार-योपनिषद्- 1-15

यजुर्वेदग्रन्थ में भी पूषणदेव की प्रार्थना दृष्टिगत होती है। पंक्ति एक जैसी है- यजुर्वेद पृ. सं. 292 मन्त्र- सं-17

इस मन्त्र की व्याख्या इस प्रकार की गई है :-

रक्षक मुझ सा अविनाशी यथार्थ कारण से आच्छादित मुख तुल्य उत्तम अङ्ग का प्रकाश किया जाता है, जो वह प्राण वा सूर्यमंडल में पूर्ण परमात्मा है। वह परोक्षरूप में परमात्मा है और आकाश तुल्य है। उन्हीं के द्वारा सत्य ढका रहता है।

महश्चित्वमिन्द्र यतस्तानमहश्दिसि त्यजसो वठता।
स नो वेधो मरुतां चिकित्वान्त्सु वनुष्वतव हिप्रेष्ठा॥

अर्थात् :- जो विरक्त संन्यासियों के सङ्ग बुद्धिमान होते हैं उनको कभी अनिष्ट दुख उत्पन्न नहीं होता है।

प्रस्तुत मन्त्र के माध्यम से मानव की प्रकृति तथा उनकी विचार धारा पर गम्भीरता से विचार किया गया है :-

उक्ति प्रसिद्ध है–

सुख के माथे सिल पड़े।
नाम हृदय से जाय।
बलिहारि वा दुख की।
पल-पल नाम रटाये॥

मन्त्र में विरल संन्यासियों के संग रहने के महत्व पर प्रकाश डाला गया है संन्यास की एक विशिष्ट कोटि की अवस्था है। संन्यास का अर्थ विश्लेषित करने से स्पष्ट होता है कि ''संन्यास'' शब्द में ''सम्'' पूर्वक ''नि'' उपसर्ग के साथ आस् धातु जुड़ गया है जिसका अर्थ है- सम्यकता के साथ निष्ठापूर्वक जो बैठता है यानि समाधि या चिन्तन में लिप्त हो जाता है उसकी सारी कर्मेन्द्रियाँ शिथिल पड़ जाती हैं। इस अवस्था में मानव की चिंतनधारा अधिक जागरूक हो उठती हैं। लौकिक चिंतन से ऊपर उठने की अवस्था में पारलौकिक शक्ति से जुड़ने की क्षमता अधिक

बढ़ जाती है। परमेश्वर की अनुकम्पा एवं उनका संरक्षण जिसे मिल जाता है वह सांसरिक सुख-भोग की कामना से मुक्त हो जाता है। पारलौकिक चिंतन मानव के मन-मस्तिष्क को विशेष आध्यात्मिक सुख प्रदान करता हैं वह संन्यासी विलक्षण शक्ति प्राप्ति का अधिकारी हो जाता है।

वैसे संन्यासी का संग भाग्य से ही प्राप्त हो जाता है और जिसे उस कोटि के संन्यासी अङ्गीकार कर लेते हैं उस संन्यासी से ज्ञान प्राप्त करने वाला योगी किसी अनिष्ट के चपेट में नहीं आता है। इस दृष्टि से मन्त्र में उल्लिखित तथ्य सिद्ध करता है योग्य योगी का शिष्य कभी सांसारिक दुख नहीं भोगता है।

वेद वर्णित समाज :-

समाज की स्वस्ति वाचन भावना :-

स्वस्ति नो मिमिताभश्विना भगः
स्वस्तिदेव्यदितिरनर्वणः॥

स्वस्ति पूषा असुरो दधातु,
नः स्वस्ति द्या वा पृथिवीसुचेतना॥

अर्थात्- दोनों अश्विनीकुमार हम सभी का कल्याण करें। सूर्य देवता, अव्याहत गतिक पूषणदेवता, शत्रुनाशक, प्राण एवं शक्ति को प्रदान करने वाले असुर (वरुणदेव), अदिति देवों तथा द्युलोक एवं पृथ्वीलोक हम सबका मंगल करें और हमें शोभन ज्ञान से सम्पन्न करें।

स्वस्तये वायुमुप व्रवामहैसोमंस्वस्ति भुवनस्यवृहस्पतिः।
वृहस्पतिं सर्वगणं स्वस्तयेस्वस्तय आदि त्यासोभवन्तु नः॥

अर्थात्- हम वायुदेवता और लोकों के पालक सोमदेवता की स्तुति करते हैं तथा महान कर्मों और ज्ञान के पालक बृहस्पति देवता तथा सभी देवगणों से कल्याण के लिए प्रार्थना करते हैं।

ये सभी देवता तथा द्वादश आदित्यगण हम सब का मंगल करें:-

नवग्रह उपासना :- 1. बुध 2, शुक्र 3. चन्द्रमा 4. बृहस्पति 5. सूर्य 6. मंगल 7. केतु 8. शनि 9. राहु

प्रातःकालीन स्मरण मन्त्र :-

पश्येम शरदः शतम्, जीवम शरदः शतम्॥
शृणुयामः शरदः शतम्, प्रब्रवाम शरदः शतम्॥
अदीनाः श्याम् शरदः शतम् भूयश्च शरदः शतात्॥

मन्त्र संख्या-7 पृष्ट संख्या-7

परिषद्यं हयूरणस्य रेक्णो नित्यस्य रायः पतयः स्याम्।
न शेषो अन्यजातमस्त्यचे तानस्य मा पथो वि दुक्षः।॥

अर्थात्- हे मनुष्यों! धर्मयुक्त पुरुषार्थ से जिस धन को प्राप्त हो, उसी को अपना धन मानो, किन्तु, अन्याय से उपार्जित धन को अपना मन मानो। ज्ञानियों के मार्ग को पाखण्ड के उपदेश से मत दूषित करो, जैसे धर्मयुक्त पुरुषार्थ से धन प्राप्त हो वैसा ही प्रयत्न करो।

उक्ति प्रसिद्ध है :-

विद्या ददाति विनयं विनियात् याति पात्रताम्
पात्रत्वात् धनमाप्नोति धनात् धर्मः ततः सुखम्॥

धर्म का अर्थ शास्त्रों में बड़ी स्पष्टता के साथ उल्लिखित हुआ है। "धार्यते इति धर्मः" अर्थात् जो हमें धारण कर सके वही धर्म की संज्ञा से अभिहित होता है। इस तथ्य को विशेषरूप से भी व्याख्यायित किया गया है :-

धृतिदामादमोस्तेयं शौच इन्द्रियनिग्रहः
धी विद्यासत्यमक्रोधो दशकं धर्म लक्षणम्॥

वेद वर्णित भारतीय समाज

ऋग्वेद मन्त्र सं. 9 पृ. (प्रथम भाग)

सनः पितेव सूनवेऽग्ने सूचायनोभव।
सचस्वा नः स्वस्तये।

अर्थात् जैसे पिता अपने पुत्र के लिए उत्तम ज्ञान को देने वाला होता है वैसे ही आप (परमेश्वर) हम लोगों के लिए शोभन ज्ञान जो सब

सुखों का साधक होता है वैसा ही ज्ञान दीजिए।

परमेश्वर को पिता सदृश सद्ज्ञान दाता कहा गया है। जिससे सारी कल्याणकारी कार्य परमेश्वर की शक्ति से ही सम्पन्न करते हैं।

ऋ. वेद मन्त्र सं. 6 पृ. स. 4 :-

यदङ्ग दाशुषे त्वमग्ने भद्रं करिष्यसि।
तवेत्तत्सत्यभङ्गिरः।।

अर्थात् न्याय, दया, क्षमा, कल्याण, और सबका मित्रभाव करने वाला परमेश्वर ही हैं। उस परमेश्वर की उपासना करके जीव इस लोक में मोक्ष-सुख प्राप्त करते हैं।

स्पष्ट है कि ईश्वरीय शक्ति से ही कल्याणकारी कार्य सिद्ध हुआ करते हैं। मानव की कल्याणकारी चिंतायुक्त कार्य उसी शक्ति से सिद्ध होता है। उक्ति प्रसिद्ध है:- "आप इच्छा वलम् नास्ति, दैवइच्छा वलीयसी" परम पिता परमेश्वर की अनुकम्पा से सुख की प्राप्ति होती है।

ऋग्वेद मन्त्र सं. 1 पृ. 7 :-

मनुष्य अपने लक्ष्य-प्राप्ति के लिए जब सचेष्ट होता है तो इस सन्दर्भ में यह भावना स्वाभाविक उत्पन्न होती है कि अदृश्यशक्ति की प्रेरणा कार्य कर रही है जिससे उस दिशा में स्वतः कदम बढ़ने लगते हैं और सफलता प्राप्ति की आशा इतनी बलवती होती जाती है कि वह क्रमशः आगे बढ़ते हुए लक्ष्य तक पहुँचने में बड़ी सहजता से लक्ष्य प्राप्त कर लेता है।

अतः भारतीय समाज से सतत् आदेश ध्वनित होता है :-

"सत्यम् वद; धर्मचर" जैसे आदेश की अवहेलना प्रायः नहीं की जाती है क्योंकि मानव जीवन के उद्देश्यों में ये चार लक्ष्य निर्धारित किये गए हैं :-

धर्मार्थ काममोक्षाणां प्राणाः संरिध्रहेतमः।
तन्निध्नता किम् न हतम् रक्षिताकिम् न रक्षितम्।।

इस तरह भारतीय जीवन पद्धति में जो मार्ग निर्धारित एवं निर्देशित हैं उनका उल्लंघन दण्डनीय अपराध कहा गया है। ऋग्वेद में पंक्ति है :-

मन्त्र 3 पृष्ठ 8 :-

सद्धियादिश आयसिक्नोरसम-
नाजहतिर्योजनानी वैश्वानर परवे
शोशुचानः परो यदग्ने दुरयशदोदेः।

अर्थात् हे मनुष्यों! जिस परमेश्वर के भय से वायु आदि पदार्थ अपने-अपने काम में नियुक्त होते हैं उसके सत्य-न्याय के भय से सब जीव अधर्म से भय करके धर्म में रुचि करते हैं जिसके प्रभाव से पृथ्वी, सूर्य आदि लोक अपनी-अपनी परिधि में नियमपूर्वक भ्रमते हैं अपने स्वरूप का धारण कर जगत का उपकार करते हैं। वही परमात्मा सबको ध्यान करने योग्य है।

स्पष्ट है कि सृष्टि के नियमों का उल्लंघन न तो देव वर्ग करते और न मानव धर्म ही उल्लंघन करने की अनुमति प्रदान करता है।

मन्त्र सं. 4 पृ. सं. 9 :-

यो अपाचीनेः तमसि मदम्तीः
प्राचीश्कार नृतमः शचोभिः।
तमीशानं वसवो अग्नि
गृणीषेऽनानतं दमयन्तम षृतन्यून॥

अर्थात् जो मनुष्य उत्तम राजा प्रजाओं के साथ पितातुल्य बर्ताव करता है जैसे निद्रा में सुखी होता है वैसे सब प्रजाओं को आनन्द देता हुआ शत्रुओं को निवृत्त करता है। जो युद्ध में भय से शत्रुओं के साथ नम्र नहीं होता और धन को बढ़ाने वाला है, उसी राजा को हम लोग सत्कार करें।

प्रस्तुत मन्त्र के माध्यम से स्पष्ट किया गया है धर्म यानि कर्त्तव्य ही चरित्र को पवित्र करता है। कर्त्तव्य-च्युतिन सिर्फ अपराध है बल्कि धर्महीन व्यक्ति का वह लक्षण कहा गया है। मनुष्य को सतत् आचरण

की पवित्रता पर ध्यान देना पड़ता है। उक्ति है ''न चरित्रहीनं पुनन्तु देवाः। अर्थात् चरित्रभ्रष्ट व्यक्ति देवताओं से भी पवित्र नहीं किये जा सकते हैं। अतः चरित्र की निर्मलता से ही व्यक्ति का शारीरिक, आर्थिक एवं धार्मिक विकास सम्भव होता है। सारी आर्थिक सम्पन्नता का उद्देश्य एकमात्र धार्मिक उपलब्धि है।

मन्त्र 3 पृ. 19 :-

प्रचीनो यज्ञः सुधितं हि वर्हिः
प्रीणी ते अग्निरोलितो न होता।
आ मातरा विश्ववारे हुवानो
यतोविष्ठ जीज्ञिषे सुशेषः॥

अर्थात्- हे मनुष्यो जैसे होमकर्त्ता वेदहितयज्ञ और उसकी सामग्री की कामना करता है वैसे ही जो पितृजनों की प्रशंसा करते हुए सेवन करते हैं वे ही इस जगत में कृतज्ञ होते हैं।

प्रस्तुत मन्त्र के माध्यम से सामाजिक पारिवारिक दायित्वों के निर्वाह से मानव अपनी प्रतिष्ठा पूर्णरूप से समाज, परिवार एवं देश-देशान्तरों में कायम कर लेता है और वही प्रतिष्ठा ही जीवनदायिनी शक्ति बन जाती है। उक्ति प्रसिद्ध है :-

''सः जीवति, यः धर्मेण रक्षितः'' अर्थात् जीवित वही रहता है जो धर्म द्वारा रक्षित है।

उक्ति प्रसिद्ध है :-

''धर्मो रक्षति रक्षितः''

यानि जो धर्म द्वारा रक्षित है वही सुरक्षित जीवन व्यतीत कर सकता है।

मन्त्र 4 पृ. 10 :-

सधो अध्वरे रथिरं जनन्त मानुषासोविचेतसो य एषाम्।
विशामधाषि विश्पतिर्दुराणेग्निर्मन्द्रो मधुवचा ऋतावा॥

अर्थात् जिसको उत्तम विद्या से विद्या ग्रहण कराके विद्वान लोग पण्डित बनाते हैं, वह योग्य होकर घर में दीप के तुल्य प्रजाओं में न्याय का प्रकाशक होता है।

प्रस्तुत मन्त्र के माध्यम से स्पष्ट किया गया है कि चरित्रबल ही सर्वोपरि बल कहा जाता है क्योंकि उक्ति है ''चरिहीनम् न पुनन्ति वेदाः'' अर्थात् चरित्रहीन पात्र या व्यक्ति को वेद भी पवित्र करने में असमर्थ सिद्ध होता है।

मन्त्र सं. 5 पृ. सं. 10 :-

आसदिवृतो वह्निराजगन्वा-
नग्निर्ब्रह्मी नृषद ने विधार्ता।
द्यौश्च यं पृथिवी वोषृधाते
आ यं होता यजति विश्ववारम्॥

अर्थात् जैसे अग्नि सम्प्रयोग किया हुआ सब कार्यों को सिद्ध करती है वैसे ही सत्कार स्वीकार किए हुए वेद के विद्वान लोग धर्मार्थ, काम, मोक्ष पदार्थों सबको प्राप्त कराते हैं।

मन्त्र संख्या 6 पृ. 10 :-

एते द्युम्नेभिर्विश्वमातिरन्त
मन्त्रणं से वारं नर्या अनक्षन्।
प्र यंविशस्ति रन्तश्रोषमाणा
आ ये मे अस्य दीधयन्नतस्य॥

अर्थात् जो मनुष्य सुन्दर विचार के साथ स्वीकार करने योग्य पदार्थों को प्राप्त होते हैं और नित्य विद्वानों के वचनों के श्रोता होकर सत्य-झूठ का विवेक कर और असत्य छोड़कर सत्य को ग्रहण कर यशस्वी धनाढ्य होते हैं वहीं इस जगत में सत्कार के योग्य होते हैं।

प्रस्तुत मन्त्र के माध्यम से व्यक्ति के चरित्र बल पर प्रकाश डाला गया है। वेदकालीन समाज चरित्रबल को सर्वोपरि स्थान प्रदान करता था। चरित्रहीनता सब से बड़ी कमजोरी समझी जाती थी।

मन्त्र 3 पृ. सं. 12 :-

अच्छागिरोभतयो देवयन्तीरग्नि यन्तिद्रविणं भिक्षमाणाः।
सुसन्दृशं सुप्रतीकं स्वञ्चं हव्यवाहमरतिभानुषार्णाम्॥

अर्थात् जैसे कन्या दीर्घ ब्रह्मचर्य के साथ विदुषी हो और अग्नि आदि की विद्या प्राप्त होके पुरुषों में उत्तम पतियों को चाहती अपने अभीष्ट स्वामी को प्राप्त होती है वैसे पुरुषों को भी अपने अनुकुल स्त्रियों को प्राप्त होना चाहिए।

मन्त्र के माध्यम से नारी के चरित्रबल का महत्त्व प्रतिपादित किया है। चरित्र की पवित्रता की शक्ति से सुयोग्य वर की प्राप्ति हुआ करती थी जिस परम्परा का निर्वाह समाज में अभी भी हो रहा है।

मन्त्र-1- पृ. 14 :-

प्राग्नये विश्वशुचेर्धियन्धे ऽसुरध्ने मन्म धीतिभरध्वम्।
भरे हविर्न बर्हिषिप्रीणानो वैश्वानराय यतयेमतिनाम्॥

अर्थात् हे गृहस्थों! जो अग्नि के तुल्य विद्या और सत्यधर्म के प्रकाशक अधर्म के खण्डन और धर्म के मण्डन से सब के शुद्धिकर्त्ता बुद्धिमान निश्चित ज्ञान देने वाले अविद्वता के विनाशक मनुष्यों को विज्ञान और धर्म को धारण कराते हुए संन्यासी हो उनके संग से तुम सब लोग बुद्धि को धारण कर निसन्देह होओ जैसे राजा युद्ध की सामग्री को शोभित करता है वैसे ही उत्तम संन्यासी जन सुख की सामग्री को शोभित करता है।

प्रस्तुत मन्त्र के माध्यम से एक ओर संन्यासी के चरित्र की विशेषता उल्लिखित की गई है तो दूसरे ओर राजा के कर्त्तव्य, चरित्र एवं समाज के प्रति दृष्टिकोण का विश्लेषण प्रस्तुत किया गया है। संन्यासी त्याग-तपस्या की प्रतिमूर्ति है। निस्पृह जीवन व्यतीत करने वाला संन्यासी वेदकालीन समाज में पूर्ण समादृत था जिसके फलस्वरूप उनके प्रति श्रद्धा एवं सत्कार का भाव अभिव्यक्त किया है। दूसरी ओर राजा का उल्लेख, कर्त्तव्य के प्रति निष्ठा एवं दायित्व पर भी विचार किया गया है।

मन्त्र 2 पृ. 14

त्वग्ने शोचिषा शोशुचान आ रोदसी अपृणा जायमानः।
त्वां देवाँ अभिशस्तेरमुञ्चो वैश्वानर जातदेवो महित्वा॥

अर्थात् हे मनुष्यों! जैसे अग्नि आप शुद्ध हुआ सबको शुद्ध करता है, वैसे संन्यासी लोग स्वयं पवित्र हुए सबको पवित्र करते हैं। सामाजिक उक्ति है ''राजा, भोगी, अग्नि, जल इनकी उल्टी रीति'' तात्पर्य है कि चार पात्रों के चरित्र यहाँ एक साथ वर्णित करने की चेष्टा है। चरित्र की समानता होने पर एक पंक्ति में स्थान दिया जा सकता है लेकिन इनके अलग-अलग चरित्र एवं चिन्तन होते है जिनसे समाज के लोग चरित्र की भिन्नता का दर्शन करते हैं।

मन्त्र 1 पृ. 14 :-

समिधा जातवेदसे देवाय देवहूतिभिः।
हविर्भिः शुक्रशोचिषे नमस्विनो वयं दाशेमाग्नये॥

अर्थात् जैसे दीक्षित लोग अग्निहोत्रादि यज्ञ में घृत की आहूतियों से होम किए अग्नि से जगत का हित करते हैं वैसे हम अनियत तिथि वाले संन्यासियों की सेवा से मनुष्यों का कल्याण करें।

जैसे गृहस्थ लोग प्रीति से संन्यासियों की सेवा करें वैसे ही प्रीति से संन्यासी भी इनके कल्याण के लिए सत्य का उपदेश करें।

प्रस्तुत मन्त्र में सामाजिक स्वरूप का उल्लेख बड़ी स्पष्टता के साथ किया गया है। इनके चरित्र-राजा, योगी, अग्नि, जल को एक साथ रखकर चरित्र की भिन्नता के साथ-साथ इनके स्वभाव की भिन्नता भी उल्लेखनीय कही जाती है। अग्नि ताप प्रदान करती है और प्रज्वलित होने पर क्षणभर में ही अस्तित्व मिटा देने की शक्ति से भी अवगत होना पड़ता है। राजा और संन्यासी की भी वैसी ही स्थिति है जैसी कि अग्नि और जल की होती है।

मन्त्र- 3 पृ. 14 :-

त्वं वरुण उतं मित्रो अग्ने त्वां वर्धन्तिमतिवसिष्ठाः
त्वे वसुं सुषणनानि सन्तु यूयं पातस्वस्तिमिः एदांनः।

अर्थात्- हे मनुष्यों! जैसे विद्वानों से सम्यक् बढ़ाया हुआ अग्नि दरिद्रता का विनाश करता है वैसे ही उपासना किया हुआ परमेश्वर अज्ञान को निवृत्त करता है। जैसे आप्त लोग सबकी रक्षा करते हैं वैसे ही परमात्मा सब संसार की रक्षा करता है।

प्रस्तुत मन्त्र के माध्यम से अग्नि के साथ-साथ परमेश्वर की अलौकिक शक्ति का भी उल्लेख किया गया है। दोनों ही परमदेव की श्रेणी में परिगणित होते हैं तथा दोनों शक्तियाँ कल्याणकारी दिशा में सतत् अग्रसर रहती हैं। मानव अपनी उपासना के द्वारा उनकी अनुकम्पा प्राप्त कर जीवन को सुखमय बनाने की सफल चेष्टा करते हैं।

मन्त्र सं. पृष्ठ- 15 :-

स्पार्हा यस्यश्रियो दृशे रयिर्वीखतो
यथा अग्रे यज्ञस्य शोचतः।

अर्थात्-उसी का धन सफल है जिसने न्याय से उपार्जन किया, हुआ धन धर्मयुक्त व्यवहार में व्यय किया हो।

प्रस्तुत मन्त्र के माध्यम से धनार्जन के स्रोत तथा व्यय करने की परिस्थिति दोनों ही विचारणीय विषय के अन्तर्गत समाहित। उक्ति प्रसिद्ध है "धनि रहीम जलपंक को लधुजिय पीयत अधाय उदधि बड़ाई कौन है जगत पियासो जाय" इस तरह उपार्जन तथा धन-व्यय दोनों विचारणीय समझे जाते हैं।

मन्त्र 5 पृ. 16 :-

त्वमग्ने गृहपतिस्तवं होता नो अध्वरे।

त्वं पोता विवश्वार प्रचेता यक्षि वेषि च वार्यम्।।

अर्थात्- जैसे अग्नि घर का पालक, सुखदाता, यज्ञ में पवित्रकर्त्ता शरीर में चेतना करने वाला सब का संग करता और व्याप्त होता है, वैसे ही मनुष्य हो।

मनुष्य के लिए आवश्यक गुण निर्धारित किये गए हैं। वेद वर्गित समाज में ऐसे गुणवान व्यक्ति के उल्लेख हुए हैं जिनकी गुणवत्ता मात्र अग्नि से ही मेल खा सकती हैं। चारित्रिक विशेषता की कोई सीमा नहीं है। यदि मानव दोषयुक्त कहे जाते हैं तो उनके समान गुणवान प्राणी अन्य कोई नहीं कह सकते हैं। उक्ति है :-

"मुनीनां च मतिभ्रमः" अर्थात् मनुष्य में दोष स्वाभाविक है। दोष रहित व्यक्ति की कल्पना निरर्थक ही हुआ करती है। वैदिक समाज की कल्पना कुछ निराली ही प्रतीत होती है

मन्त्र- 10 पृ. 19 :-

ईयृर्गावो न यवसादगोषा
यथाकत मभिमित्रचितासः।
पृश्निगावः पृश्नि निप्रेषितासः
श्रुष्टि चक्रनियुतोरन्त यश्च॥

अर्थात्- हे मनुष्यों! जैसे चरवाहों से रहित गौवें अपने बछड़ों को और वायु अन्तरिक्षस्थ किरणों को और मित्र को प्राप्त होता है वैसे ही अपने किए हुए शुभ अशुभ कर्मों को जीव ईश्वरीय व्यवस्था से प्राप्त होते हैं। लोक में प्रचलित उक्ति है "जैसी करनी वैसी भरनी" अर्थात् कर्मफल की प्राप्ति निश्चित मानी गई है क्योंकि "जो जस करहिँ तो तस फल चाखा" कथन कभी असत्य नहीं होता है। इसकी परिणति निश्चित मानी गई है।

मन्त्र संख्या 15 पृष्ठ 20 :-

इन्द्रेणै ते तृत्सवो वेविषाणा
आपो न सृष्टा अवधन्तनी चोः।

दुमित्रासः प्रकलविन्मि मा ना
जुहुर्विश्वानि भोजनासुवासे।।

अर्थात् जिनकी समुद्र की तरंगों के समान उत्साहयुक्त बलिष्ट सेना हो, वे शत्रुओं की सेना नीचे गिरा शीघ्र उन्हें जीत सकते हैं।

प्रस्तुत मन्त्र के माध्यम से शारीरिक बल तथा पारस्परिक संघर्ष की स्थिति का उल्लेख बड़ी स्पष्टता के साथ किया गया है जिससे विदित होता है कि समाज में संघर्ष या शारीरिक शक्ति के उपयोग सदा हुआ करते थे।

वेदकालीन समाज का चिंतन स्वस्थ कहा गया है तो शारीरिक स्वस्थता का भी वर्णन बड़ी स्पष्टता के साथ हुआ है। मनुष्य जब स्वस्थ एवं सबल रहता है तो अपनी ऊर्जा का प्रदर्शन भी स्वाभाविक रूप से किया करता है। यह संघर्षशीलता स्वस्थ समाज का परिचायक है।

मन्त्र 18 पृ. 20 :-

शश्वन्तो हि शत्रवो रारधुष्टेमेदस्य
चिच्छर्धतोविन्दुरन्धिम् मर्ता एनः स्तुवतो
यः कृणोति तिग्मंत स्मिन्निजहि वज्रमिन्द्र।।

अर्थात् - हे राजादि धार्मिक जनों! जो सर्वदा शत्रुभावयुक्त और धार्मिक जनों को नष्ट करते हुए विद्यमान है उनको शीघ्र मारो जिससे सब जगह सबके अभय और सुख बढ़े। जो मनुष्य परस्पर की रक्षा कर न्याय से राज्य को पालते हैं, वे ही सिर के समान उत्तम होते हैं।

प्रस्तुत मन्त्र के माध्यम से वेदकालीन राज्य संचालन की व्यवस्था का उल्लेख किया गया है राज्य के अन्तर्गत यदि शासनतन्त्र में किसी प्रकार का दोष या नैतिक ह्रास की स्थिति उत्पन्न हो गई है तो यह कुशासन की संज्ञा से अभिहित होता है। मन्त्र में सुशासन की व्यवस्था के स्वरूप निर्धारित किये गए हैं जिससे पूर्ण शांति-व्यवस्था राज्य में कायम हो जाय। प्रायः स्थिति जब बिगड़ती है तो धार्मिक या निर्दोष व्यक्ति ही कुचले

जाते हैं क्योंकि दुष्टों की संख्या प्रायः अधिक रहती है और उनके धार्मिक सहायक दुष्ट ही तैयार रहते हैं लकिन धार्मिक प्रवृत्ति वाले के समर्थक कम तैयार होते हैं इसलिए कि सज्जनों की संख्या समाज में कम रहती है और दुष्ट एवं असामाजिक तत्त्वों की संख्या अपेक्षाकृत अधिक होती है और दुष्टों की शक्ति आग की तरह फैल कर भयभीत करने की चेष्टा होती है।

मन्त्र 2 पृ. 20 :-

न त इन्द्र सुमतयो न रायः सचश्वो पूर्वा उषसो न नूत्नाः।
देवकं चिन्मान्यमानं जघन्यावत्मना वृहतः शम्वरंभेत्॥

अर्थात् :- हे राजन्! जैसे प्रभात होने वाली पिघली और नई बेला है यानि वह मंगल मय बेला हुआ करती है वैसे ही न्याय से इकट्ठे किए हुए धन से धार्मिक और उत्तम बुद्धि वाले जनों का सत्कार कर उन उक्त मनुष्यों की रक्षा कर इनसे राज्य की रक्षा कर इनसे राज्य के कार्यों को सम्पन्न कीजिए। मेघ को सूर्य के समान दुष्टों को मार श्रेष्ठों को प्रसन्न कीजिए तो आपकी सब ओर से कल्याण और वृद्धि होगी। एवं सर्वप्रशंसनीय होंगे। उक्ति प्रसिद्ध है :-

बड़े न हूजै गुणन विनु विरद बड़ाई पाय।
कहत धतूरे कनक सों गहने गढ़ो न जाय॥

अर्थात् कनक स्वर्ण एवं धतूरा फूल दोनों के लिए पर्यायवाची शब्द हैं। सिर्फ नाम के कारण प्रतिष्ठा की कामना हो तो यह चिंतन निरर्थक एवं दुखद ही होता है। उक्ति प्रसिद्ध है :-

आँख के अन्धे एवं काने लेकिन नाम ''नयनसुख'' सिर्फ कहने के लिए पर्यायवाची शब्द है इसमें वास्तविकता तनिक भी नहीं है। नयनसुख का अर्थ है :-

जिसे देखते ही मन आनन्द प्रफुल्लित हो जाय लेकिन एकाक्ष को देखते ही अपसगुण का भय सताने लगता है। इसे अशुभ दर्शन ही कहा जाता है।

मन्त्र संख्या 21 पृ. सं. 20 :- ऋग्वेद द्वितीय भाग आधारित

प्र ये गृहाद मम दुस्त्वा या पराशरः शतयातुर्वसिष्ठः।
न ते भोजस्य सर्ख्यं मृषन्ताधासूरिम्यः सुदिना व्यच्छान्।।

अर्थात् जिसकी विद्या विनय और सुशीलता से सब गृहस्थ आदि मनुष्य आनन्दित हों और जो औरों के उत्कर्ष देखकर पीड़ित होते हैं। वे सब सुख पाते हैं।

प्रस्तुत मन्त्र के माध्यम से समाज के स्वरूप का चित्रण बड़ी स्पष्टता के साथ किया गया है। समाज में मनुष्य की कई श्रेणियाँ होती हैं। वेदकालीन समाज इसका अपवाद नहीं कहा जा सकता है। समाज में अनेक विचारों से युक्त मनुष्यों से सम्पर्क बना रहता है। व्यक्ति अपनी सामाजिकता का आदर्श रखते हुए ही सभी के साथ सम्पर्क बनाये रखने की चेष्टा करता है।

मन्त्र संख्या 22 पृ. संख्या 21

द्वे नप्तुर्देववतः शतः गोर्द्वा रथा वधूमता सुदासः
अहन्नग्ने पैजवनस्य दानं होतेव सद्भपर्येमि रेनन।।

हे मनुष्य! जैसे देने वाले उत्तम दान देते और पौत्र पर्यन्त धन-धान्य और पशु आदि की समृद्धि करते हैं वैसे सभी को वर्त्तना चाहिए।

प्रस्तुत मन्त्र के माध्यम से तत्कालीन समाज के स्वरूप का चित्रण किया गया है। दान का महत्त्व था। दान में ऐसी वस्तुएँ मिल जाती थीं जिन वस्तुओं से कई पीढ़ियों तक उस वस्तु से लाभ प्राप्त होते रहते थे। इसीलिए मन्त्र में पौत्र तक लाभ पाने की कामना की गई है।

मन्त्र संख्या 22 पृ. सं. 21 :- द्वितीय भाग

द्वे नप्तुर्देवतः शते गोर्द्वा
रथ वधूमता सुदासः
अर्हन्नग्ने पैजवनस्य
दानं होतेव सन्नपर्येमि रेमन्।।

पूर्व मन्त्र के अर्थ की ही आवृति हुई है।

मन्त्र सं 23 पृ. 21 :-

हे मनुष्यों! वेद वेत्ता ऋत्विन् ब्राह्मण राजसहाय से यज्ञानुष्ठान द्वारा सबके सुख बढ़ाते हैं जैसे ब्रह्मचारी ब्रह्मचर्य से पहले विद्या पढ़कर सन्तान के लिए विवाह कर उत्पन्न करते हैं वैसे राजाजन और राजपुरुष सब के हित के लिए ब्रह्मचर्य से विद्या ग्रहण कराकर सभी की उन्नति करते हैं।

पौरोहित्य कार्य से होने वाली आमदनी कई पीढ़ियों तक लाभ पहुँचाती रहती थी, इसीलिए दान में प्राप्त वस्तु यानि पशु सम्पत्ति प्राप्ति की परम्परा प्राचीनकाल से चली आ रही है जिसका उल्लेख इस मन्त्र के माध्यम किया गया है।

मन्त्र सं. 24 पृ. सं. 21 :-

यस्य श्रवो रोदसी अन्तरुर्वी
शीर्ष्णे शीषर्णेवियमाजा विमुक्ता।
सप्रेदिन्द्रं न श्रवतो गृणन्ति
नियुध्यायधिमशिशादभीके।

अर्थात्- प्रस्तुत मन्त्र के माध्यम से प्राचीन परम्परा के अनुसार प्राप्त दान की वस्तु के लाभों पर प्रसन्नता प्रकट की गई है।

मन्त्र सं 25 पृ. सं. 21 :- ऋग्वेद द्वितीय भाग

इमो नरो मरुतः सश्चतान दिवोदासं न पितरे सुदासः।
अविष्टना पैजवनस्य केते दुणाशे क्षममजरे दुवोयु॥

यदि मनुष्य विद्यादि शुभ गुणों के देने वाले पिता के समान पालक राजा का आश्रय करें तो पूर्ण प्रजा अविनाशी सेवने योग्य ऐश्वर्य और राज्य को स्थिर कर सकें।

मन्त्र से स्पष्ट है कि प्रजा में पौरोहित्य कार्य या दान प्राप्ति से जीवन-यापन करने की परम्परा अति प्राचीन यानि वैदिक युग से ही आज

तक वह प्रथा कायम है। **"सप्तम मण्डल में"** पृ. 21 कैसा राजा उत्तम होता है इस पर भी विचार किया गया है।

मन्त्र संख्या 1 पृ. सं. 21 :- द्वितीय भाग

यस्तिम्म शृङ्गगे वृषभो न नीम
एकः कृष्टीशच्यावयति प्रविश्वाः।
यः शश्वती अदाशुषो गयस्य
प्रयन्तासि सुष्वितरासवढ़ः।

अर्थात् – हे मनुष्यों! जैसे सूर्य या बिजली वर्षा करने से सुख देने वाली और ताप से भयंकर है वैसे राजा विद्याध्ययन के लिए सन्तानों को जो नहीं देते उनके लिए दण्ड देने वाला वा ब्रह्मचर्य से सबकी विद्या बढ़ाने वाला जो राजा उसी को सब स्वीकार करें।

राजा के प्रति आकर्षण तब होता है जब राजा की इच्छा शिक्षा के प्रचार-प्रसार से जुड़ी रहती हैं शिक्षा के फलस्वरूप प्रजा में सदज्ञान के फैलाने का स्वप्न साकार हो जाता है।

त्वं ह त्यदिन्द्र कुत्सभावः शुश्रूषमानस्तन्वासमर्से दासं
यतच्छुष्णं कि कुयवंन्यस्मा अरन्ध्यआर्जुनेयाय शिक्षण॥

अर्थात् जो मनुष्य विद्या प्राप्ति के लिए आप्त, श्रेष्ठ विद्वान अध्यापकों की शुश्रुषा करते शरीर और आत्मा के बल विधान कर संग्राम में दुष्टों को जीतने और विद्याध्ययन रहित जनों का तिरस्कार करते विद्याभ्याशी का सत्कार करते वे स्थिर राज्य ऐश्वर्य को प्राप्त होते हैं।

मन्त्र 4 पृ. 21 :-

त्वं नृभिर्नृमणो देववीतो भूरीणि वृता इर्शस्व हंसी
त्वं मिं दस्यु चुमुरी धुनि चास्वा पयो दधीतयेसुहन्तुं।

अर्थात् हे राजा आप सदैव सत्पुरुषों का संगन्याय से राज्य को पाल के धन की इच्छा और दुष्ट डाकुओं को निर्वारण करके प्रजा पालन निरन्तर करें।

मन्त्र सं. 5 पृ. 22 :-

तव च्यौतनानि वज्रहस्ततानि नव यतपुरो नवतिं च सद्यः।
निवेशने शततमा ऽ विवेशीरहन च वृतं नमुधिमुताहन।

अर्थात् हे राजन् जैसे सूर्य असंख्य मेद्य की नगरियों के समान सघन धन घटा घूम बादलों को हन्ता है वैसे तुम्हारे सेनाजन उत्तम होकर समस्त शत्रुओं को मारें।

प्रस्तुत मन्त्र में राजा के लिए उपयुक्त सलाह प्रजा की ओर से दी जाती है। राजा को प्रजा की ओर कर्त्तव्य के प्रति सजग करने की चेष्टा की गई है। राजधर्म के उपयोगी सिद्धान्तों का विश्लेषण प्रस्तुत किया गया है।

मन्त्र सं. 5 पृ. 23 :-

वृषाजजान वृष्णंरणाथतमुचिन्नरि नर्थसुसूब।
प्रयः सेनानी रधनुप्यो अस्तिनः सत्या गवेषणः सधृष्णुः।

अर्थात् हे मनुष्यों जिसको स्त्री पुरुष ब्रह्मचर्य का सेवन कर उत्पन्न करते हैं वह पुरुष जगदीश्वर बन सबको न्याय से पालने को समर्थ होकर सेनाधिय हुआ, शत्रुओं को जीतने में सदा समर्थ होता है।

प्रस्तुत मन्त्र के माध्यम से चरित्र बल की प्रधानता स्थापित की जाती है तथा इसके प्रभाव की विश्लेषण भी किया जाता है जिससे स्वस्थ समाज या स्वस्थ परिवार का सही सृजन तथा संचालन सम्भव हो सकें। मन्त्र में प्रजा की कुशल एवं व्यक्तिव विकास का महत्त्व स्थापित किया गया है जिससे प्रजा का मनोबल सदैव ऊँचा बना रह सके।

मन्त्र 6 पृ. 23 ऋग्वेद :-

नू चित्स भ्रेषते जनो न रषनमनो यो अस्य घोरमाविवासात्।
यज्ञे यं इन्द्रे दधन्ते दुर्वासि क्षयत्सरायऋतया ऋते जाः।।

मन्त्र 7 पृ. 23 ऋगवेद द्वितीय भागः-

यदिन्द्र पूर्वो अपराय शिक्षन्न यज्जाया यान्कनोसो देष्णम्।
अमृतइत्पर्यासीत दूरमा चित्र चित्र्यधरारयि नः।।

अर्थात्- हे राजा जो पहले विद्वान होकर विद्यार्थियों को शिक्षा देते हैं या जो श्रेष्ठ, कनिष्कों के प्रति पिता के समान बर्ताव करते हैं या जो योगीजन परमात्मा को समाधि से अपने आत्मा में अच्छी तरह आरोप करके औरों को उपदेश देते हैं उनके लिए तुम शरीर, मन और धन को धारण करो।

मन्त्र 10 पृ. 24 ऋग्वेद द्वितीय भाग

स न इन्द्र त्वैताया इषे धास्त्मना च ये माधवानो जनन्ति।
बस्वीषुते जरित्रे अस्तु शक्त्यिुंयं पात स्वस्तिमिः सदानः॥

वे ही लक्ष्मी प्राप्त करने वाले जन हैं जो आलस्य का त्याग करके पुरुषार्थ से युक्त रहते हैं। या जो ब्रह्मचर्य का आचरण करते हैं उनको ऐश्वर्य की प्राप्ति कराने वाला सामर्थ्य होता है जो परस्पर की रक्षा करते हैं वे सदा सुखी रहते हैं।

मन्त्र 1 पृ. 24 ऋग्वेद द्वितीय भाग

आसादि दवं गोत्रऋणीकमन्धो न्यस्मिन्निन्द्रो जनुषे मुवो च।
वोधामसि त्वा हर्यस्व यज्ञेर्बोधानः स्तोभमन्ध्र सो मदेषि॥

अर्थात् जो मनुष्य पृथ्वी आदि से धान्य आदि को प्राप्त होकर विद्या को प्राप्त होते हैं और जो विद्वानों के संग से समस्त विद्या के रहस्यों को ग्रहण करते हैं वे कभी दुखी नहीं होते हैं।

मन्त्र 2 पृ. 24

प्रयन्ति यज्ञं विपयन्ति वर्हि सोममादो विदथेदुध्रवा चः।
न्यु भ्रियन्ते यशसो गृभादा दूरउपशब्दो वृषणोनृषाचः॥

अर्थात् यज्ञ का अनुष्ठान करने वाले आनन्द को प्राप्त होते हैं। वैसे युद्ध में निपुण पुरुष विजय को प्राप्त होते हैं। जैसे दूर देशों में कीर्ति रखने वाला विद्वान जन होता है वैसे यश से संचय किये कर्मों को कर परोपकारी जन है।

प्रस्तुत मन्त्र के माध्यम से कई श्रेणी के पात्रों के उल्लेख हुए

हैं सभी का व्यक्तित्व एवं कृतित्व एक जैसा नहीं होता है। जो पुरुष अपने कर्त्तव्यों का निर्वाह करता है उसका व्यक्तित्व प्रभावशाली माना जाता है।

मन्त्र संख्या 3 पृ. 24 :-ऋग्वेद भाग 2

त्वमिन्द्र स्त्रवितवा अपस्कः परिष्ठिताः अहिनाशूरपर्वीः
त्वय्वा वक्रे रथ्यो न धेना रेजन्ते विश्वा कृत्रिमाणिमीषा।

अर्थात्- जो राजा प्रजा जनों का सूर्य के समान पालन करता है, दुष्टों को भय देता है वही सुख से व्याप्त होता है।

मन्त्र के माध्यम से राजा के गुणों का उल्लेख किया गया है। राजतन्त्र की स्वच्छता सबलता एवं नैतिक दायित्व आदि के प्रति कैसी धारणा है यह विचारणीय विषय माना जाता था। राजतन्त्र की सबलता एवं स्वच्छता प्रजा के लिए सुख-सुविधा की बातें समझी जाती थी। जब राजतन्त्र अनेक दोषों से युक्त रहता था तो प्रजा के कष्ट की कोई सीमा नहीं रहती थी। अतः प्रजा का सुखी रहना राजा की चारित्रिक विशेषता मानी गई है। इसलिए वेदकालीन समाज अपनी संघर्षशीलता का परिचय देती थी जिससे राजा प्रजा के साथ नैतिक दायित्व का निर्वाह करता रहे।

मन्त्र सं. 4 पृ. 24 ऋग्वेद द्वि. भाग :-

भीमो विवेषायुधेभिरेषामयासि नर्याणि विद्वान इन्द्र
पुरो गर्हषाणो वि दधोद्वि वज्र हस्तो महिमा जधान।

अर्थात्- हे मनुष्यों! जो समग्र युद्ध कार्यों को जान अपनी सेना को युद्ध में निपुण कर शत्रुओं को कंपा और शुभ सेना को कपाते हैं वे विजय से शोभित होते हैं। राजा का पराक्रमी एवं यशस्वी होना अनिवार्य गुण समझा जाता था। राजतन्त्र की सुदृढ़ता ही प्रजा के लिए सुखकारी सिद्ध होता था। प्रजा अपनी सक्रियता से राजतन्त्र को स्वस्थ तथा सुदृढ़ रखने की सफल चेष्टा करती थी।

मन्त्र 5 पृ. सं 24 ऋ. वे. दि. भा. :-

नो यावत इन्द्र जूजूबुनों न वन्दना शविष्ठ देव्यामिः।
सशर्धदिर्यो विषिणस्य जन्तो र्माशिश्नदेवाः अपिगिर्ऋतं नः॥

अर्थात् हे मनुष्यों! जो कामी लम्पर जन हो वे तुम लोगों के लिए वन्दना करने योग्य नहीं है। वे हम लोगों को कभी न प्राप्त हो, उसको तुम लोग जानो और जो धर्मात्मा हैं वे वन्दना करने तथा सेवा करने योग्य हैं। कामातुरों को धर्म ज्ञान और सत्य विद्या कभी नहीं होती है।

प्रस्तुत मन्त्र में राजा के चरित्र का महत्त्व स्पष्ट किया गया है। भोगी, विलासी राजा से प्रजा का स्वार्थ सिद्ध नहीं होता है जिस हेतु चरित्रवान राजा के सिंहासनारूढ़ होने पर काफी प्रसन्नता अभिव्यक्त की जाती थी। सम्पूर्ण प्रजा वर्ग की प्रसन्नता राजतन्त्र की सफल शासन व्यवस्था निर्भर करती थी। राजा का दायित्व सुख-भोग तक सीमित नहीं था बल्कि सारी प्रजा चरित्रवान राजा के शासन से अधिक प्रसन्न रहा करती थी इसीलिए प्रजा की दृष्टि गुणवान राजा की स्थापना प्रजा का पुनीत कर्त्तव्य माना जाता था।

मन्त्र 1 पृ. 25 ऋग्वेद द्वि. भाग

पिवासाममिन्द्रमन्दतु त्वा यं ते सषाव हर्यश्वाद्रिः।
सोतु र्वाहुम्यां सुथतो नार्वा।।

अर्थात् हे वैद्यों! तुम वाजी घोड़े, तृण अन्न जलदि को अच्छे प्रकार से सेवन कर पुष्ट होते हैं वैसे ही बड़ी-बड़ी औषधियों के रसों को पीकर बलवान होओ।

प्रस्तुत मन्त्र में प्राकृतिक चिकित्सा के स्वरूपों के उल्लेख हुए हैं पशु के लिए मनुष्य वाली औषधि नहीं चाहिए क्योंकि पशु फल-फूल घास-पात अन्य पौधे आदि के रसों से सबल, स्वस्थ बने रहते हैं लेकिन मनुष्य की औषधि भिन्न हुआ करती है। यदि उन पशुओं की तरह ही पौधों की पत्ति, उसके फल-फूल से रस तैयार कर लिया जाय तो वह पशु के समान ही बलिष्ठ एवं स्वस्थ हो जा सकता है और वैसा ही परिश्रम करने में वह पशुवत ही सफल हो जा सकता है। मनुष्य की देखरेख एवं दवा आदि के उपभोग में प्रकृति से सामग्री नहीं जी जाती है जिस ओर औषधि विशेषज्ञ का ध्यान उस दिशा में आकृष्ट किया गया है जिससे मनुष्य भी उन पौधों के रसों के द्वारा काफी बलिष्ट हो जाय।

मन्त्र संख्या 2 पृ. संख्या 25

यस्ते मदो युज्यश्चारुरस्ति चेन वृभाणि हर्य हैसि।
स्वा त्वामिन्द्र प्रभूवसो ममत्तु॥

अर्थात्- जिस-जिस प्रयास से दुष्ट बलहीन हो जाय वह क्रिया की जानी चाहिए। यह ऐसा अनुष्ठान है कि शत्रुओं को औषधि द्वारा ही निर्बल कर दिया जाय जिससे उसके विरोध की शक्ति समाप्त हो जाय।

प्रस्तुत मन्त्र के द्वारा शत्रु की शक्ति क्षीण कर देने की व्यवस्था पर विचार किया जा रहा है तथा वैसी ही औषधि बना ली जा सकती है जिसके द्वारा शत्रुओं को निर्बल कर देने का कार्य सरलता से हो जाय और संघर्ष या युद्ध की परिस्थिति ही पैदा न हो क्योंकि शक्तिहीन शत्रु की क्षमता तो नगण्य ही हुआ करती है।

मन्त्र संख्या 3 पृ. सं. 25 ऋग्वेद द्वि भाग :-

वोधा सु मे मधवन्वा चमेमां
मां ते वशिष्ठो अर्चति प्रशंसितम्।
इमा ब्रह्म सधमादे कुधस्व॥

इस मन्त्र के माध्यम से जनहित की चिंता एवं उनके जीवन की सुरक्षा पर चिन्तन किंया गया है।

समाज की सुरक्षा में औषधि का महत्त्व सर्वाधिक माना गया है। यह षड्यन्त्र अवश्य है कि दो तरह की औषधियों का संग्रह होना चाहिए। एक ऐसी औषधि हो जो शत्रुवर्ग उसका प्रयोग करे तो उसकी शक्तिहीनता पराकाष्ठा पर पहुँच जाने से वैद्यराज की बुद्धि द्वारा प्रयोग की वस्तु शत्रु को दे दी जाय तो शत्रु की शक्तिहीनता राजतन्त्र के लिए वरदान सिद्ध हो ज़ायगी।

इस योजना में शत्रु पक्ष को विश्वास में लाना उसे ऐसी परिस्थिति में रखना कि वह औषधि की माँग करे तथा असली औषधि के स्थान पर ऐसी नकली औषधि उसे दे दी जाय कि शत्रु की बलहीनता पराकाष्ठा पर पहुँच जाय तथा युद्धभूमि में शत्रु सामना भी नहीं कर सके। यानि

षड़्यन्त्र शत्रु के प्रति तैयार कर उसके विनाश करने की योजना का कार्यान्वयन की चेष्टा है।

मन्त्र सं. 4 पृ. सं. 26 ऋग्वेद द्वि. भा.

श्रुधी हवे विपिपान स्यादेर्वोधाविप्रस्या
र्चतो मनीषाम कृष्णा यवांस्यं तमा सचेमा।

अर्थात् हे जिज्ञासु विद्यार्थी जनों तुम पढ़ हुआ परीक्षा लेने विद्वान को सुनाओ, वहाँ वे जो उपदेश करें उनका निरन्तर सेवन करो।

प्रस्तुत मन्त्र के माध्यम से वेदकालीन शिक्षण-कार्य का उल्लेख बड़ी स्पष्टता के हुआ है। शिक्षार्थी का लक्ष्य ज्ञान एवं सामाजिक पहचान वेदज्ञ के रूप में ही रहता है। शिक्षण कार्य किसी श्रेष्ठ वेदज्ञ के द्वारा ही सम्पन्न किया जाता है। उपाध्याय अपने शिक्षार्थी को श्रेष्ठ साबित करने की चेष्टा करते हैं। इस समस्या का समाधान मन्त्र में उल्लिखित हुआ है। शिक्षार्थी अपने उपाध्याय से जो परीक्षक हैं उनसे सम्पर्क कर परीक्षा के योग्य प्रश्नों के चयन का संकलन कर लेना आवश्यक बतलाया गया है। शिक्षार्थी को मन्त्र के माध्यम से उपदिष्ट किया गया है कि आवश्यक प्रश्नों की जानकारी सही-सही प्राप्त कर उन प्रश्नों के उत्तर का स्मरण पूर्णरूप से कर लेना आवश्यक है जिससे परीक्षा के समय लेखन-कार्य में न तो भूल हो और न तो किसी कारणवश उत्तर का विस्मरण ही हो जाय। इन सभी शंकाओं का निराकरण शिष्यों के लिए अनिवार्य रूप से होना चाहिए जिसका उल्लेख मन्त्र के माध्यम से यहाँ पर किया गया है जो वेदकालीन परम्परा का सही चित्रण एवं विश्लेषण कहा जा सकता है।

मन्त्र सं 5 पृ. 26 :-

न ते गिरो अचि मृष्मे तुरस्य
न सृष्टिति मसुर्यस्य विद्वान
सदा ते नाम स्वयशो विवक्मि॥

अर्थात् विद्वान जन परीक्षा में जिन को आलसी प्रमादी और निरबुद्धि देखें उनकी न परीक्षा, न शिक्षण दें और जो उद्यमी अर्थात् परिश्रमी उत्तम बुद्धि विधाभ्यास में तत्पर बोधयुक्त उनको उत्तम कर उन्हें अच्छा उपदेश दें।

वेदकालीन शिक्षण कार्य तथा छात्रों के परीक्षण कार्य का उल्लेख कर तत्कालीन शिक्षण कार्य के स्वरूप का विवेचन एवं विश्लेषण प्रस्तुत किया गया है। इन उल्लेखों से तत्कालीन शिक्षण तथा परीक्षण दोनों कार्यों के स्वरूप चित्रित होते हैं।

वेदकालीन शिष्य तथा उनके उपाध्याय दोनों के ज्ञान एवं परीक्षण व्यवस्था का सम्पूर्ण चित्रण हुआ है उसे तत्कालीन परम्परा में शिक्षक तथा शिष्य के अध्ययन- अध्यापन दोनों के स्वरूपों का उल्लेख प्राप्त होता है तथा प्राचीन परम्परा का पालन आज तक किस हद तक हो रहा है यह भी चित्रित हो जाता है

मन्त्र सं. 6 सं. 26 :-

भूरि हि ते सवना मानुषेषु भूरि मनीषी हवते त्वामित।
भारे अस्मन्यधवन ज्योक्कः।।

अर्थात्, जो निश्चित से मनुष्य के बीच उत्तम विद्वान आप्त परीक्षा करने वाले हों उनको तथा अन्य अध्यापकों की निरन्तर प्रार्थना करो। आप लोगों को हमारे निकट जो धार्मिक विद्वान हों वही निरन्तर रहने योग्य हैं जो मिथ्या प्यारी वाणी बोलने वाले न हो।

तत्कालीन शिक्षण-परीक्षण अनुशासन एवं शिक्षक तथा शिक्षार्थी दोनों के मन मस्तिष्क के चित्रण प्रस्तुत किये गए हैं। शिक्षा के स्वरूप का वर्णन वेदकालीन समाज के सन्दर्भ में बड़ी स्पष्टता के साथ हुआ हैं। वेदकालीन समाज अपनी संघर्षशीलता के साथ-साथ वैदिक विकास हेतु किस तरह समर्पित रहते थे उस तथ्यं का विश्लेषण मन्त्र के माध्यम से प्रस्तुत किया है। वेदकालीन प्रबुद्ध वर्ग तथा उनके सहयोगी समाज की मनोदशा का चित्रण-विश्लेषण बड़ी स्पष्टता के साथ उल्लेखित हुआ है

जो वेदकालीन समाज के वैदिक विकास के प्रति समर्पण का स्वरूप उल्लिखित किया है जिससे स्पष्ट होता है कि पूरा समाज स्वस्थ चिन्तन के आगे पूर्ण समर्पित था तथा अपनी सन्तान को सही दिशा देने का सदप्रयास में लगे रहते थे।

"विद्या विनयगुणी अति चातुर" के स्पष्ट उदाहरण, तत्कालीन समाज यानि वैदिक युग के स्वरूप का विश्लेषण प्रस्तुत किया गया है जिन तथ्यों के आधार पर समाज की मनः स्थिति का स्वरूप प्रकट होता है तथा पूरा समाज शिक्षण कार्य को सही दिशा प्रदान करने लगा था तनिक भी किसी ओर से शिक्षण कार्य में कोई हील-हवा लेने की शंका भी उत्पन्न नहीं होती हैं सामाजिक दायित्व था कि पूरा समाज शिक्षार्थी एवं परीक्षार्थी दोनों की स्वस्थ वस्तुस्थिति बनी रहनी चाहिए जिससे कि शिक्षण कार्य की पवित्रता बनी रहे और दूषित वातावरण की कल्पना भी न तो शिक्षार्थी और न परीक्षा विभाग का कोई सदस्य दूषित आचरण का उदाहरण देने की कल्पना कर सकें।

मन्त्र संख्या 9 पृ. संख्या 26 :-

ये च पूर्वं ऋषियो येच नूत्ना
इन्द्र ब्रह्मणी जनयन्त विप्राः॥
अस्मे ते सन्तु सख्या शिवानी
यूयं पातस्वस्तिमिः सदानः॥

अर्थात् - हे राजा जो वेदार्थ वेत्ता और अर्थ पदार्थों को जानने वाले योगीजन विद्या अध्ययन में निरत बुद्धिमान हमारे कल्याण की इच्छा करने वाले हों, उनके साथ ऐसी मित्रता कर धन-धान्यों को बढ़ा उनसे उनकी सदा रक्षा कर और रक्षा किये हुए वे जन आपकी सदा रक्षा करेंगे।

प्रस्तुत मन्त्र के विश्लेषण से स्पष्ट होता है कि समाज वैदिक युग में पूर्ण स्वस्थ एवं सही विचारक से युक्त था जिसके फलस्वरूप किसी तरह की असदवृत्ति के उदाहरण प्राप्त नहीं होते हैं। शिक्षण के कार्य से जुड़े उपाध्यायगण पूर्ण समर्पित थे और वे शिक्षण-कार्य की पवित्रता समझते थे जिसके लिए वे लोग सभी एक मत होकर इस विद्यामंदिर

में पवित्रता कायम रखने की सफल चेष्टा करते थे। स्वस्थ वातावरण में शिक्षार्थी को सदज्ञान दिया जाता था जिसमें किसी प्रकार दोष न था।

मन्त्र- 1 पृ. 27 ऋग्वेद द्वितीय भाग

योनिष्ट इन्द्र सदने अकारि
तमानृभिः पुरुहूत प्र याहि।
असो यथा नोऽविता वृधे च
ददौ वसूनि ममदश्च सोमैः।।

अर्थात्, मनुष्य को चाहिए कि निवास स्थान, जल स्थान और पवन जहाँ हो उसे देश में घर बनाकर वहाँ बसे। सबके सुखों को बढ़ाने के लिए धनादि पदार्थों से अच्छी रक्षा कर सभी को आनन्दित करें।

प्रस्तुत मन्त्र के माध्यम से सामाजिक, आर्थिक सैद्धान्तिक तथ्यों पर काफी विस्तार से विचार किया गया है। जब समाज का चिंतन मनन एवं सामाजिक सौहार्द सही दिशा में रहता है तो किसी प्रकार की अशांति की सम्भावना नहीं दीख पड़ती है। जनहित से सम्बद्ध चिंतन को सर्वाधिक महत्व दिया जाता या और समाज के प्रबुद्ध वर्ग अपने स्वस्थ एवं कल्याणकारी चिंतन के फलस्वरूप सभी का नैतिक समर्थन प्राप्त कर सामाजिक कार्यों में सलग्न रहने की सफल चेष्टा करते थे। और जनहित के कार्यो को महत्त्व दिया जाता था क्योंकि इस दिशा में सभी लोग जागरुक थे।

मन्त्र 2 पृ. 27 ऋग्वेद द्वि. अध्याय

गृभीतं ते मन इन्द्र द्विवर्हा सुतः सोमः परिषिक्तामधूनि।।
विसृष्टधेना मरते सुवतिन्यिमिन्द्रं जुहोवतीमनीषा।।

अर्थात् जो स्त्री सुविचार से अपने प्रिय पति को प्राप्त हो के गर्भ धारण करती है वह पति के चित को खींचने और वश में करने वाली होकर वीर सुत को उत्पन्न कर सर्वथा आनन्दित होती है।

प्रस्तुत मन्त्र के माध्यम से पारिवारिक, सामाजिक एवं नैतिक दायित्वों के निर्वाह हेतु, चिंतन एवं सद विचार के उदाहरण मन्त्र के माध्यम

से प्रस्तुत किये गए है ''पूज्यते यत्र नार्यस्तु, रमन्ते तत्र देवता'' के चिन्तन में कोई कभी वैदिक युग में नहीं दीख पड़ती है। सम्पूर्ण समाज नैतिकता एवं कल्याणकारी चिंतन से बँधा था जिस परिस्थिति को स्वस्थ चिंतन की देन मानी जा सकती है।

शुभम् भूयात्, प्रियम् भूयात् का महामन्त्र सिर्फ जपे नहीं जाते थे बल्कि वैसा आचरण कर स्वस्थ समाज के निर्माण में पूरा वैदिक समाज जुटा रहता था।

मन्त्र सं. 3 पृ. सं. 27 ऋग्वेद द्वि. भाग :-

आ नो दिव आ पृथिव्या ऋगिपिन्निदं वर्हिः सोपेयाययाहि।
वहन्तु त्वा हरयो पद्र यञ्चमाङ्गूषमच्छा तव संमदाय।।

अर्थात् :- वे ही नीरोग, शिष्ट, धार्मिक, चिरायु और परोपकारी हों जो मद्यरूप अच्छे प्रकार बुद्धि के नष्ट करने वाले पदार्थ को छोड़ बलबुद्धि को बढ़ाने वाले सोम आदि बड़ी औषधियों के इसके पीने से अपने वा आप्त के स्थान को जावें।

प्रस्तुत मन्त्र के माध्यम से व्यक्तित्व का मूल्यांकन प्रस्तुत किया गया है। ''दूध कलारिन हाथ लखि मद्य समुझहि सब तात्। व्यक्ति की पहचान उसके चरित्र से होती है। समाज में अनेक तरह के लोग हुआ करते हैं। मद्य सेवन करने वाले के प्रति वैदिक युग में भी घृणा, आक्रोश एवं अनादर के भाव रहते थे। मद्य का त्याग कर उसके स्थान पर सोमरस का पान एक उपयुक्त औषधि के सेवन की स्थिति समझी जाती थी और उसके प्रति उच्चविचार वाले व्यक्ति की मान्यता उन्हें दी जाती थी। वैदिक युग में भी खान-पान; रहन-सहन का महत्त्व बहुत अधिक दिया जाता था और लोग इस दृष्टिकोण से सही आचरण का पालन कर समाज में समादृत होने वाले व्यक्तित्व का परिचय दिया करते थे। आचरण की पवित्रता का महत्त्व वैदिक युग से आजतक ज्यों का त्यों कायम है जो स्वस्थ समाज का परिचायक हैं

मन्त्र सं. 4 पृ. 27 ऋग्वेद द्वि. भाग

आ नो विश्वाभि सतिभिः स जोषा ब्रह्म जुषाणो हर्यखयाहि।
वरीय वृजत्स्थविरेभिः सुशिप्रास्मे दधद्वषणं शुष्ममिन्द्र।

अर्थात्- वे ही मनुष्य महाशय होते हैं जो पाप और परोपघात अर्थात् दूसरों को पीड़ा देने के कामों को छोड़कर अपनी आत्मा के तुल्य सब मनुष्यों में वर्तमान सब के सुख के लिए अपना शरीर, वाणी और ठोढ़ी को बरतते हैं।

प्रस्तुत मन्त्र में मनुष्य के व्यक्तित्व का महत्त्व प्रतिपादित किया है। चरित्रवान व्यक्ति दूसरे व्यक्ति को समादृत करते हैं क्योंकि पूरे समाज से उसे आदर, सम्मान, प्रतिष्ठा आदि प्राप्त हैं।

मन्त्र सं 2 पृ. 29 ऋग्वेद :-

उक्थ उक्थे सोम इन्द्रं ममादनीयेनी ये मधवानं सुतस्रिः।
यदी सुबाधः पितर न पुत्रा समानद क्षा अवसे हवन्ते।

अर्थात् :- जो विद्यार्थीजन जैसे अच्छे पुत्र क्लेशयुक्त माता-पिता की प्रीति को देखते हैं वैसे गुरु की सेवा करते हैं वा ज़ैसे विद्या, विनय और पुरुषार्थ से उत्पन्न हुआ ऐश्वर्य उत्पन्न करने वाले को आनन्दित करता है वैसा ही तुम सभी बनो।

प्रस्तुत मन्त्र के माध्यम से वेदकालीन समाज की दृष्टि हमेशा उज्ज्वल, आकर्षक चरित्र की ओर लगी रही थी। वैसे पात्र समाज में पूर्ण समादृत हुआ करते थे।

मन्त्र सं-2 पृ. सं 30 :-

हवं त इन्द्र महिमा व्यानङ्
ब्रह्म यत्पासि रावसिन्नृपोषाम्।
आ जद्वज्रं दधिषे हस्त उग्र
घोरः सन्क्रत्वा जनिष्ठा अपालहाः।।

अर्थात् हे मनुष्यों जो शस्त्र और अस्त्रों के प्रयोगों को करने धनुर्वेदादि

शास्त्रों को जानने और प्रशंसायुक्त सेना वाला हो और जिसकी पुण्यरूपी कीर्ति वर्त्तमान है वही शत्रुओं को मारने और प्रजाजनों के पालने में समर्थ होता है।

प्रस्तुत मन्त्र के माध्यम से समाज के सद् पात्रों के चरित्र का उल्लेख बड़ी स्पष्टता के साथ किया गया है। समाज में जो योग्य पात्र दीख पड़ता हैं उन्हें लोग आदर-सम्मान देते हैं। व्यक्ति अपने गुणों के कारण समादृत होता है और उसे सामाजिक प्रतिष्ठा प्राप्त होती है। वेद वर्णित समाज अपने चरित्र की विशेषता से समृद्ध माना गया हैं सारे लोग गुणों के आदर करने वाले होते थे और वे समाज में ऐसे चरित्रवान की प्रतिष्ठा कायम रखना चाहते थे जो वैदिक युग में अपने उज्ज्वल चरित्र के कारण काफी महत्त्वपूर्ण स्थान पर पहुँच चुके थे। समाज की प्रतिष्ठा कायम थी और सभी लोग गुणी पात्रों को सम्मान दिया करते थे।

मन्त्र संख्या 3 पृ. स. 30 :-

इन्दो राजा जगतश्चर्षणी
नामधि क्षमि विषुप्यं भदस्ति।
ततो ददण्ति दाशुषे वसूनिं
चोद द्राध उपस्तुतश्चि दुर्वाक्।

अर्थात् :- जो राजादि जन सूर्य के समान राज्य में दण्ड प्रकाश किये और सुख के देने वाले होते हैं वे ही सब सुख पाते हैं।

प्रस्तुत मन्त्र के माध्यम से राजा कैसा हो यह तथ्य स्पष्ट किया गया है। सूर्य की ज्योति के समान राजा को होना चाहिए। दण्ड विधान करने की शक्ति तथा तदनुकूल शासन व्यवस्था सुदृढ़ करने की क्षमता वाला राजा होना चाहिए। प्रस्तुत मन्त्र के माध्यम से राजतन्त्र के सारे गुण एवं दोषों पर विचार किया गया हैं। राजा यदि समझदारी के अभाव में कुछ से कुछ दंड विधान करता है तो प्रजा वर्ग में असंतोष होना स्वाभाविक हैं दूसरी आवश्यकता राजा के सन्दर्भ में यह भी है कि उनकी दृष्टि सूक्ष्म होनी चाहिए। स्थूलदृष्टि वाले राजा को अनेक कठिनाइयों का सामना

कर पड़ सकता है जिससे प्रजा वर्ग में असंतोष फैल सकता है और सम्पूर्ण राज्य की अशांति की स्थिति उत्पन्न हो जाने पर राज कलह होने की सम्भावना बढ़ सकती है। इस तरह से राजा यदि सर्वप्रिय, सर्वशक्तिमान एवं उदार चिंतन से युक्त है तो शासन- व्यवस्था स्वस्थ मानी जायगी अन्यथा अस्वस्थ व्यवस्था के माध्यम से प्रजा की सुखशांति भंग हो जा सकती है। ऐसी स्थिति में राजद्रोह उत्पन्न होने पर अशांति हटाने में उनकी शक्ति का अपव्यय हो सकता है इस तरह मन्त्र के माध्यम से सुशासन की स्थापना के प्रयास का उल्लेख मन्त्र के माध्यम से हुआ है।

मन्त्र सं. 4 पृ. 30 ऋग्वेद :-

न चित्र इन्द्रो मघना सहुती
दानीवाजं नि ममते न उती।
प्रनूना यस्य दक्षिणा पीपायं
वामं नृभ्यो अभिवीता सखिभ्यः॥

अर्थात्- जो राजाादिजन यथावत पुरुषार्थ से सब मनुष्यों को अधर्म से धर्म में प्रवृत्त करा अभय उत्पन्न करते हैं। वे प्रशंसनीय होते हैं।

प्रस्तुत मन्त्र के माध्यम से राजतन्त्र की खूबी तथा खराबियो पर गम्भीरता से विचार किया गया है। जब राज्य में सुशासन कायम रहता है तो प्रजावर्ग का चिंतन स्वस्थ रहता है ओर प्रजा वर्ग सतत् परिश्रमशीलता का परिचय देती है। राजा में सारे सुख व्याप्त हो जाते है। प्रजा में शांति रहती है तथा सतत् उन्नतिशीलता राज्य में विद्यमान रहती है जिससे प्रजा की आर्थिक उन्नति होते रहने से राज्य में कोई भूखे, नंगे, असंतुष्ट नहीं रहते हैं। सभी अपने अपने कल्याण कार्यों में व्यस्त रहते हैं। जिससे राजा को भी प्रसन्नता रहती है तथा प्रजा वर्ग सुखशांति एवं सतत् विकासशील दिशा में मग्न रहने के फलस्वरूप किसी को आर्थिक संकट झेलने की स्थिति नहीं दीख पड़ती है।

राज्य की सुव्यवस्था का सुख प्रजा वर्ग को मिलता है तो सभी प्रजाजन अपने दायित्वों के निर्वाह में मग्न होकर कर्त्तव्य मार्ग से च्युत

नहीं होती हैं इस तरह वेदकालीन राजतन्त्र सुख-सम्पन्नता के परिचायक कहे गए हैं और विकासशील प्रजा अपने अपने कर्त्तव्यों की दिशा में अग्रसर रहती है।

मन्त्र संख्या 5 पृ. संख्या 30 ऋग्वेद द्वि. भाग

नू इन्द्र राये वरि वस्कृधी न
आ ते मनो ववृत्याम मधाय
गोमदखा वद्रथव दयन्तो
यूयं पात स्वस्तिभिः सदा नः॥

अर्थात्- हे राजा जैसा हमलोग आपको राज्य की उन्नति के लिए प्रवृत करावें वैसे हम लोगों को धनप्राप्ति के लिए प्रवृत्र कराओ। सब आप लोग परमैश्वर्य को प्राप्त कर हमारी रक्षा में निरन्तर संलग्न एवं प्रयत्नशील रहें।

प्रस्तुत मन्त्र के माध्यम से राजतन्त्र की शासन व्यवस्था पर बड़ी स्पष्टता के साथ विचार किया गया है। ''जासु राज प्रिय प्रजा दुखारी, सो नृप अवसि नरक अधिकारी'' जैसी उक्ति असत्य नहीं होती है। प्रजा की प्रसन्नता सुखी सम्पन्नता, राजतन्त्र की सफलता के द्योतक कहे गए हैं। प्रजा की भलाई में ही राजा की भलाई समाहित रहती है। राजतन्त्र के सुखों का भोग प्रजा वर्ग को प्रायः होता रहा है लेकिन चिन्तन की दिशा बदल जाने के कारण आज राजतन्त्र की कल्पना करना भी शासनद्रोह की संज्ञा दी जा सकती है। वेदकालीन समाज एवं तत्कालीन राजतन्त्र के जो स्वरूप उल्लिखित हुए हैं वे सारी सुव्यवस्था का उपभोग प्रजा कर चुकी है तथा वैदिक ग्रन्थों में राजतन्त्र की सुव्यवस्था पर काफी विस्तार से प्रकाश डाला गया है जिससे उल्लिखित हुआ है कि राजतन्त्र सुशासनकाल था जिसका उपभोग यहाँ के समाज ने किया है।

मन्त्र सं. 1 पृ. सं 30 :-

ब्रह्मा ण इन्द्रोषं याहि विद्वान
वाञ्चस्ते हरयः सन्तु युकताः

विश्वे चिद्धि त्वा विहवन्त मर्ता
अस्माकमिच्छृणुहिविश्वविन्व।

अर्थात्- जो सत्य न्याय वृत्ति से राजभक्त हो वे राज्य में सत्कार किये हुए निरन्तर बसें।

प्रस्तुत मन्त्र के माध्यम से राजतन्त्र की विशेषताएँ तथा उस तन्त्र के प्रति लोगों की आस्था-विश्वास आदि विचारों के उल्लेख इस मन्त्र के माध्यम से हुए हैं। अनेक असुविधाएँ होने पर भी राजा की उदारता जब दृष्टिगत होती थी तो प्रजा प्रसन्न हो जाती थी और राजा के प्रति अपनी श्रद्धाभक्ति प्रजा प्रकट करती थी। राजा भी प्रजा को अपने राज्य में बसा लेने यानि वासस्थान देने में भी तनिक भी हिचकते नहीं थे। राजा के प्रति विश्वास अनेक राज के गुणगान करने में प्रजा संकोच नहीं करती थी तो राजा भी अपनी उदारता का परिचय दिया करते थे।

मन्त्र सं. 3 सं 30 : ऋग्वेद द्वि.-भा. :-

तव प्रणीतन्द्र जोहु वानान्त्सं यन्नृन्न रोदसी निनेथ।
महे क्षत्राय शवसे हि जज्ञेऽ तूतुजि चित्तूतुजिशिश्नत्।

अर्थात् :- जो राजपुरुष सूर्य और पृथिवी के समान समस्त प्रजाजनों को धारण कर धर्म को पहुँचावे वे नीति जानने वाले समझने चाहिए।

प्रस्तुत मन्त्र के माध्यम से प्रजा की विशेषताएँ दायित्व एवं चरित्र उल्लिखित हैं। दूसरी ओर राजा के गुणों एवं उनके चरित्र की प्रशंसा भी उल्लिखित की गई है। वेदकालीन राजतन्त्र अनेक गुणों से समन्वित माना गया है। प्रजा को भी तदनुकुल आचरण करना चाहिए यह तथ्य भी यहाँ उल्लिखित हुआ है।

मन्त्र संख्या 4 पृ. सं 30 :-

एमिर्न इन्द्राहमिर्दशस्व
दुमित्रासो हि क्षितयः पवन्ते।
प्रतियच्चष्टे अनृत मनेना
अवद्विता वरुणोमायी नः सात्।।

अर्थात् :- हे मनुष्यों! जो यहाँ झूठ कहते हैं। वे अधर्मात्मा पुरुष हैं और जो सत्य कहते हैं वे धर्मात्मा हैं ऐसा निश्चय करो।

प्रस्तुत मन्त्र में प्रजा के चरित्र का उल्लेख हुआ है। चरित्रवान राजा से सारी सुविधाएँ प्रजा को मिलती थी। दूसरी ओर प्रजा का भी चरित्र उज्ज्वल एवं अन्य माननीय गुणों से युक्त होना चाहिए यह भी अपेक्षित था। समाज राजतन्त्र से सुख प्राप्त करता था और राजा एवं प्रजा दोनों के चरित्र उज्ज्वल हों इसकी अपेक्षा की जाती थी। राजतन्त्र में चरित्र की पवित्रता महत्त्वपूर्ण थी।

मन्त्र सं. 1 पृ. संख्या 31 ऋग्वेद भाग–2

आ नो देव शवसा याहि शुष्मिन्मवा वृध इन्द्ररायोअस्थ।
महे नृम्णाय नृपते सुवज्र महि क्षत्रायशुर॥

अर्थात्– वही राजा श्रेष्ठ होता है जो राज्य की रक्षा में निरन्तर उत्तम कार्य करे। और धन, विद्या की वृद्धि से प्रजा को अच्छे प्रकार सुखी करके पुष्टि करे।

प्रस्तुत मन्त्र के माध्यम से राजा तथा पूजा दोनों का चरित्रवान होना आवश्यक कहा गया है ''यथा राजा तथा प्रजा'' के सिद्धान्त सर्वमान्य समझा जाता था। वेदकालीन समाज की समस्याएँ अधिक नहीं थीं। दोनों के चरित्रवान होने के फलस्वरूप राज्य में कलह, अशांति के नामोनिशान नहीं थे।

मन्त्र 8 पृ. सं. 62 :-

यद् गोपावददितिः शर्म भद्रं
मित्रो यच्छन्ति वरुणः सुदासे।
तस्मिन्ना तोकं तनयं दधाना
मा कर्म देवहेलतनं तुरासः॥

अर्थात् – जो माता के, मित्र के और न्यायाधीश के सदृश सबको सत्यविद्या देकर सुख देते हैं और धार्मिक विद्वानों के अनादर को कभी भी नहीं करते हैं और सब सन्तानों की ब्रह्मचर्य और विद्या में रक्षा करते

हैं, वे सम्पूर्ण जगत के हित चाहने वाले होते हैं।

वेदकालीन राजतन्त्र एवं प्रजावर्ग की समस्याओं को उल्लिखित कर वेदकालीन समाज इसके समाधान प्रस्तुत कर अपनी प्रतिभा, सहनशीलता एवं सदविचार का परिचय देते हैं।

मन्त्र संख्या 2 पृ. 163 :-

आ पशु असि पृथिवी वनस्पति नुषासा नक्तमोषधीः।
विश्वे च नो वसवो विश्व वेदसोधीनां भूत प्रावितारः॥

अर्थात् –यज्ञ में दूध तथा घृतादि के लिए पशु मृत्रिका प्रस्तर व उखल आदि भी आवश्यक हैं। इन सामग्रियों से युक्त होने से यज्ञ में सफलता मिलती है यज्ञ विस्तार के लिए प्रार्थना इस प्रकार है :-

मन्त्र संख्या 3 पृ. सं 163 :-

प्र सू न एतध्वरो उग्ना देवेषु पूर्ववः।
आदित्येषु प्रवरुधे घृतव्रते मरुत्सु विश्वमानुष।

अर्थात् :- यज्ञ का फल इस इस धरती से लेकर सूर्य तक विस्तीर्ण हो यह परमात्मा से प्रार्थना है।

यज्ञ विधान तत्कालीन समाज का सर्वोत्तम अनुष्ठान माना गया है। परमेश्वर की अनुकम्पा प्राप्ति–हेतु यज्ञानुष्ठान आवश्यक माना जाता था। वेदकालीन समाज धार्मिक अनुष्ठानों से सतत् जुड़ा रहता था। ईश्वरीय कृपा प्राप्ति के लिए यज्ञ ही सर्वोत्तम साधन माने जाते थे। वेदकालीन समाज की प्रवृत्ति आर्थिक विकास के प्रति उतनी नहीं थी जितनी धार्मिक कृत्य के प्रति त्याग तपस्या की जाती थी। जीवन की सफल धार्मिक कृत्यों से जुड़ी रहती थी। समाज अपनी सीमा के अन्तर्गत रहते हुए सतत् विकासमान रहने की चेष्टा करता था।

मन्त्र सं 4 पृ. 163 .

विश्वेहिष्मा मनवे विश्वेदसो भुवन्वृधे रिशादसः।
अरिष्टेभिः पायुभि विश्ववेदसो यन्ता नोऽवृकं छदिः॥

अर्थात् मानव जाति के कल्याण व वृद्धि हेतु सर्वधन व विज्ञान सहित सब ही विद्वान होवें, और उनके शत्रुओं व विघ्नों के नाशकर्त्ता हों और हे सर्वधन युक्त बुद्धिमान मानवों! आप सब बाधारहित शाप से युक्त होकर हमारे निवास को पाप एवं बाधा से मुक्त कीजिए।

अपने घर को शुद्ध व पावन रखना प्रत्येक व्यक्ति के लिए उचित है।

प्रस्तुत मन्त्र के माध्यम से सभी के कल्याणार्थ एक विशेष कार्यक्रम के आयोजन किये गये हैं। वेदकालीन समाज आध्यात्मिक विकास से सतत् जुड़ा रहता था। परमेश्वर की अनुकम्पा प्राप्ति के प्रयास होते थें इस दिशा में मन्त्रानुष्ठान के स्वरूप तथा विशेष आध्यात्मिक शक्ति की अभिवृद्धि के प्रयास के उदाहरण उल्लिखित हुए हैं। पापों के विनाश से धार्मिक शक्ति का उद्भव होता है इसके उदाहरण प्रस्तुत किये गए हैं। पाप मुक्त व्यक्ति की धार्मिक चेतना का विकास होता था और सारे - गोचर विलीन हो जाँय तथा निवास स्थल संकटमुक्त की स्थिति में पहुँच जाय इस हेतु धार्मिक अनुष्ठान करने उदाहरण प्रस्तुत किये गए हैं जिससे प्रतीत होता है वेदकालीन समाज मन्त्र-तन्त्र एवं धार्मिक अनुष्ठान द्वारा गृहगोचर को शान्त करने का सफल प्रयास होता था।

मन्त्र सं. 5 पृ. सं. 163 ऋग्वेद द्वि. भाग

आ नो अद्य सुमनसो गन्ता विश्वे सजोषसः।
ऋचा गिरा मरुतो देव्यदिते सदनें पस्त्येमहि॥

अर्थात् जो छोटे, बड़े, मूर्ख, विद्वान, राजा, तथा प्रजा यज्ञ में श्रद्धा से आए वे सब ही सम्मान योग्य हैं।

यज्ञानुष्ठान के उल्लेख एवं उसमें भाग लेने वाले सभी पात्रों के सम्मान एवं उनकी आवभगत के कार्यों में रुचि के उदाहरण मन्त्र से स्पष्ट होते हैं। सभी आगत अतिथियों के सम्मान किये जाते थे तथा उनका सम्मान करना अनिवार्य समझा जाता था। याज्ञिक क्रियाओं में सम्मिलित होना उस वेदकालीन समाज में एक अनिवार्य कार्य समझा जाता था जिसमें सभी

सदस्य यथासम्भव उपस्थित होकर यज्ञधुएँ से अपने शरीर एवं आत्मा को पवित्र किया करते थे, यह परम्परा वेदकालीन समाज का अपरिहार्य अङ्ग माना जाता था। उस काल में जो आचरण आवश्यक था वह आज भी आवश्यक माना गया है जिसके स्वरूप को देखने का अवसर प्राप्त होता है। यह याज्ञिक अनुष्ठान तथा तदनुसार स्वागत समारोह आज तक विद्यनान है जो वैदिक युग की देन मानी गई हैं।

मन्त्र सं. 6 पृ. सं 163 ऋ. वे. द्वि. भा.

अभि प्रिया मरुतो या वो
अश्व्या हव्या मित्र प्रयाथन।
आ वाहि रिन्द्रो वरुणस्तुरा
नर आदित्यासः सदन्तु नः॥

अर्थात् मठत, मित्र, वरुण और आदित्य इत्यादि का शुभ कर्म में सत्कार होना अनिवार्य है। इस तरह याज्ञिक अनुष्ठान के स्वरूप उल्लिखित किये गए हैं जो प्राचीन परम्परा के उदाहरण हैं जिसकी आवृत्ति आज तक होती आ रही है। यह धार्मिक, आध्यात्मिक धरोहर के रूप में प्रचलित है जिसका पालन पूरा समाज वैदिकयुग के अनुसार करता है।

मन्त्र 9 पृ. 163 :-

वि नो देवासो अद्रुहोऽच्छिद्रं शर्म यच्छत्।
न यद्दूराद्वसवो नू चिदन्तिना वठथमा दुधपति॥

अर्थात्- उत्तमोत्तम निवास स्थान यज्ञशाला धर्मशाला, पाठशाला आदि का निर्माण करें और उनसे जो उचित हो वह काम उनसे लिया जाय।

प्रस्तुत मन्त्र में यज्ञानुष्ठान के स्वरूप तथा विशेष स्वागत समारोह का चित्र प्रस्तुत किया है जिससे विदित होता है कि वैदिकयुग की परम्परा के यज्ञानुष्ठान कार्य आज भी ज्यों के त्यों किये जाते हैं और इस धर्मिक समारोह की प्राचीन प्रतिष्ठा अभी भी ज्यों के त्यों कायम हैं।

मन्त्र संख्या 10 पृ. संख्या 163 :-

अस्ति हि वः सजात्यं रिशादसो देवासो अस्त्याम्यम्।
प्र णः पूर्वेस्मै सुविताय वोचत मधू सुमनायनन्यसे॥

अर्थात् जो प्राचीन काल की वस्तु अच्छी व लाभकारी हों उनकी रक्षा करना और जो नूतन विषय प्रचलित हो उन्हें ग्रहण करना मानव धर्म है।

प्रस्तुत मन्त्र के माध्यम से वैदिक परम्परा के निर्वाह हेतु तर्क प्रस्तुत किये गए हैं तथा यह भी कामना अभिव्यक्त हुई है कि जिस वैदिक परम्परा से हम सभी गुजर चुके हैं उस परम्परा को आगे बढ़ाते रहना सारे लोगों के परम एवं पुनीत कर्त्तव्य माना गया है जिसका अनुपालन करना मानव धर्म कहा गया है। इस वैदिक युग अपनी छाप पूरे समाज पर दे चुका है जिसकी अभिव्यक्ति आज तक देखी जाती है। मन्त्र के माध्यम से प्राचीन याज्ञिक अनुष्ठान को कायम रखना धर्म कहा गया जिसकी ख्याति तथा धार्मिक अनुष्ठान के लोगों पर शंका नहीं उठायी गई है। इस तरह से वैदिक युग के धार्मिक कार्यों को अभी भी महत्त्वपूर्ण कहा गया है।

मन्त्र सं. 11 पृ. सं. 164 :-

इदा हि व उपस्तुतिमिदा वामस्य मक्तये।
उ वो विश्वेदसो नमस्युर असृक्ष्य न्यामिव॥

अर्थात्- नित नयी स्तुति रचना करने से अनेक लाभ होते हैं। पहले तो अपनी वाणी पावन होती है। बार-बार विचारने से अन्तःकरण पावन होता है, साहित्य की उन्नति तथा भावी सन्तान हेतु सुपथ-निर्माण होता है। प्रस्तुत मन्त्र के माध्यम से प्राचीन वैदिक धार्मिक क्रियाओं के समर्थन से अनेक लाभ हैं जिनके वर्णन काफी विस्तार से किये गए हैं तथा याज्ञिक अनुष्ठान एवं धार्मिक चिंतन से होने वाले सुसंस्कार की प्रशंसा यहाँ की गई है तथा इस परम्परा को आगे बढ़ाते रहने के पक्ष में अनेक तर्क प्रस्तुत किये गए हैं जिन तर्कों की अवहेलना नहीं की जा सकती है क्योंकि प्राचीन वैदिक संस्कार के गुणों के विश्लेषण प्रस्तुत किये गए हैं जिसके समर्थन

तथा परम्परा को कायम रखने से मिलने वाले अनेक शुभ लाभों पर विचार प्रस्तुत किया गया है तथा तर्क यह भी दिया गया है कि प्राचीन संस्कार एवं धार्मिक का त्याग कभी नहीं करना चाहिए क्योंकि इनके अनेक लाभों से संस्कार सम्पन्न में अभिवृद्धि होती जा रही जिसका पालन पुनीत धर्म है।

मन्त्र 12 पृ. 164 ऋग्वेद द्वि. भा. :-

उदूष्य बः सविता सुप्रणीतयोऽस्थादृर्ध्वो वणेयः।
निद्वि चादश्चतुष्पादो अर्थिनो ऽ विश्रन्यतयिष्णवः

अर्थात् जो प्रणयन रचना में पारंगत हैं वे भी सुप्रणीति कहलाते हैं या जिनके लिए स्तुतिवचन अच्छे हैं वे भी प्रायः विद्वद्जन आलसी होते हैं, अतः उन्हें आलस्य त्याग देना चाहिए।

प्रस्तुत मन्त्र के माध्यम से समाज के प्रबुद्ध व्यक्ति यानि विद्वान जो हैं वे आलसीपन से ग्रसित हो जाते हैं। वैसे आलसी विद्वान व्यक्ति के लिए आलस्य त्यागने की आवश्यकता बतलायी गई है। शारीरिक संघर्ष या परिश्रम करने वाले व्यक्ति के शरीर में अधिक ऊर्जा रहती हैं। जो श्रम करने से दूर हो जाते हैं यानि जिन्हें मानसिक संघर्ष में अधिक लिप्त रहना पड़ता है उनका आलसी होना स्वाभाविक कहा जा सकता है। विद्वानों को आलस्य त्यागना आवश्यक कहा गया है। मस्तिष्क कार्य से जुड़ा रहना विद्वानों के लिए स्वाभाविक है। अतः आत्मसंपूर्ण आचरण उनका स्वाभाविक हो जाता है। ऐसे आलसी विद्वानों से आग्रह मन्त्र के माध्यम से किया गया है उन्हें आलस्यग्रस्त रहना उचित नहीं है। समाज का आवश्यक अंग बुद्धिजीवी भी होता है अतः आलस का त्याग उनके लिए अत्यन्त आवश्यक है। तब ही सामाजिक कार्यों में संतुलन सम्भव है।

मन्त्र 17 पृ. 164 :-

ऋते स विन्दते युधः सुगेभिर्यात्यध्वनः।
अर्यमा मित्रो वरुणः सरातयो यं त्रायन्ते सजोषसः॥

अर्थात् प्रत्येक मानव समाज व देश के विचारवान लोगों से सत्संग

करे और उनकी सम्मति ले तथा अपना आचरण बनावे। तभी उसकी विपुल समृद्धि होती है।

विद्वानों या प्रबुद्ध व्यक्तियों को भारी शारीरिक थकान नहीं रहने पर भी मानसिक थकान उन्हें आलसी बना देती है। उस थकान से मुक्ति पाना यद्यपि कठिन है लेकिन विद्वानों का आवश्यक धर्म है कि वे आलस का त्याग करने हेतु सदा सचेष्ट रहें। यदि यह सचेष्टता नहीं रहेगी तो विद्वान सामाजिक दायित्वों के निर्वाह में पिछड़ जा सकते हैं। अतः मन्त्र के माध्यम से विद्वानों से आग्रह किया गया है वे आलस्य का त्याग नहीं करेंगे तो सामाजिक दायित्वों के निर्वाह में पिछड़ जायेंगे। यह क्षति अपूरणीय होगी और बुद्धिजीवी या विद्वान वर्ग पर इस आलसीपन का बुरा परिणाम न उनके लिए बल्कि पूरे समाज को कुपरिणाम का फल भोगना पड़ेगा। इसलिए प्रबुद्ध वर्ग या विद्वान पुरुष आलस्य त्यागने पर ही सामाजिक दायित्वों का निर्वाह सही रूप से कर सकते हैं।

मन्त्र 19 पृ. 164 :-

यदद्य सूर्य उद्यति प्रियक्षत्रा ऋतं दध।
यन्निम्रुचि प्रयुधि विश्ववेदसो यद्वा मध्यन्दिनेदिवः॥

अर्थात् शक्ति अथवा बल वही है जिससे प्रजा को उत्तम लाभ मिले। धन भी वही है जिससे सब का उपकार हो। बहुत से लोग किसी विशेष स्थान, विशेष पात्र और नियत तिथि में ही दानादि उपकार करना चाहते हैं। परन्तु वेद का आदेश है कि उपकार का कोई समय निश्चित नहीं है।

उक्ति प्रसिद्ध है "परोपकाराय सतां विभूतयः" सज्जनों की सम्पत्ति के उपयोग परोपकार के कार्य में अधिक हो जाती है। जो बुद्धिहीन हैं उन्हें समझा-बुझाकर उनकी सम्पत्तिया उनकी आर्थिक स्थिति से लाभ उठाना कठिन होता है इसके लिए "परोपकाराय सतां विभूतयः" की नीति ही अपनानी पड़ती है। जो व्यक्ति मूर्ख या विद्या-विनय से रहित हैं उनकी आर्थिक मदद लेने में अपार परिश्रम करने की जरूरत पड़ती है। लेकिन

विद्वानों की सम्पत्ति जनहित में लगा देना कठिन नहीं है यह सामाजिक परम्परा कायम दीख पड़ती है।

मन्त्र 20 पृ. 164 :-

यद्वामिपित्वे असुरा ऋतं मते छर्दिर्येम विदाशुषे।
वयं तद्वो वसवो विश्ववेदस उपस्थेयाम मध्य आ॥

अर्थात् विद्वानों के साथ रहने से अनेक लाभ हैं। आत्मा की पवित्रता, उदारता आती है, बहुज्ञता बढ़ती है और परोपकार करने से जन्मग्रहण सफल होता है।

प्रस्तुत मन्त्र के माध्यम से विद्वानों की संगति लाभदायक कही गई है। सामाजिक चिन्तन में या सामाजिक क्रियाकलापों में विद्वद्जन की आर्थिक सहभागिता बड़ी सरलता से प्राप्त हुआ करती है। मन्त्र में विद्वानों के जिन गुणों के उल्लेख हुए हैं वे सारे गुण सामाजिक कार्यों में मदद करने योग्य माने गए हैं। दया, धर्म, सहिष्णुता आदि गुण विद्वानों में सहजता से प्रकट होते हैं। अतः प्रबुद्ध वर्ग समाज का सबसे शक्तिशाली वर्ग माना जाता है जिसकी आवश्यकता सभी की दृष्टि में रहती है।

मन्त्र पृ. 165 :-

यदद्य सूर उदिते यन्मध्यन्दिन भातुचि।
वामं धत्थ मनवे विश्ववेदसो जह्वानाय प्रचेतसे॥

अर्थात् वे पुरुष दानपात्र अनुग्राह्य और उत्थाप्य हैं जो जुह्वान और प्रचेता हो ईश्वरीमेच्छा के अनुरूप शुभकर्मों में जिनकी प्रवृत्ति हो। वे जुह्वान और तदीय विभूतियों के अध्ययन व ज्ञान में प्रवीण लोग ही प्रचेता हैं।

प्रस्तुत वेद मन्त्र के माध्यम से ऊपर उल्लिखित विद्वद्जन की अनिवार्यता यहाँ समझी गई है जो अति आवश्यक है।

मन्त्र संख्या 22 पृ. 165 ऋग्वेद भा. द्वि.

वयं तद्वः सम्राज आ वृणीमहे पुत्रो न बहुपाय्यम्।
अस्याम तदादिव्या जुह्वता हविर्येन वस्योऽनशामहै॥

अर्थात्, पहले हम इह लौकिक और पारलौकिक कर्मों में नितान्त निपुण हों, पूर्णयोग्यता प्राप्त करें। तभी पुरस्कार के भी अधिकारी होंगे। विद्वानों से सदैव नम्र होकर विद्याग्रहण करें।

प्रस्तुत मन्त्र के माध्यम से विद्वानों को कार्य कलापों एवं उनके चरित्र तथा आचरण विशेष पर मन्त्र में विचार किया गया है। मन्त्र के माध्यम से यह संकेत दिया गया है कि विद्वानों को पहले अपनी कर्मठता, निपुणता परिश्रमशीला की अभिवृद्धि करनी चाहिए उसके उपरान्त ही उनकी सामाजिक प्रतिष्ठा में अभिवृद्धि की सम्भावना तैयार होती हैं प्रबुद्ध वर्ग अपनी सहनशीलता एवं चारित्रिक विशेषता से पूरे समाज को लाभान्वित करते हैं। उनकी दृष्टि सतत् विकास की दिशा में लगी रहती है। अतः कार्य-कलापों से पूरे समाज के कल्याणकार्य की पूर्णता हो सकती है।

मन्त्र सं. 1 पृ. 165

ये त्रिंशति त्रयस्परो देवासो वहिरासदन्।
विदन्नह द्वितासनन्।।

अर्थात्-33 देव कौन हैं? - यह विवादास्पद है। वेदों में तैंतीस देव कहीं गिनाए नहीं गए हैं। किन्तु नियत संख्या का वर्णन अवश्य आता हैं अतः ये तैंतीस देव इन्द्रिय हैं। हस्त, पाद, मूत्रेन्द्रिय और मुख ये पाँच कर्मेन्द्रिय और नयन, कर्ण, घ्राण, रसना और त्वचा ये पाँच ज्ञानेन्द्रियाँ हैं। और मन एकादश इन्द्रिय कहलाते हैं। ये उत्तम मध्यम और अधम भेद से तीन प्रकार के ही हैं तैंतीस प्रकार के देव हैं। इनको वश में रखने व उचित कर्म में लगाने से ही मानव योगी, ऋषि, मुनि, कवि और विद्वान होते हैं। अतः वेद इनके सम्बन्ध में उपदेश देते हैं।

प्रस्तुत मन्त्र के माध्यम से व्यक्ति के बाह्य एवं आभ्यन्तरिक इन्द्रियों को उल्लिखित किये गए हैं। वेदकालीन समाज के प्रबुद्ध वर्ग काफी चिन्तनशील रहें हैं। उनका सामाजिक दायित्व ज्ञान का प्रचार-प्रसार करता था इस क्षेत्र में उनके चिन्तन का विश्लेषण प्रस्तुत किया गया है। मानव के स्वरूप एवं विवेकशीलता का विश्लेषण प्रस्तुत मन्त्र के माध्यम से

उल्लिखित किया गया है। अपनी योग्यता तथा चिन्तनशीलता के कारण मनुष्य वर्ग के कई स्वरूप दृष्टिगत होते हैं- बुद्धि-विवेक के परिणामस्वरूप ही यह भिन्नता मानव में दीख पड़ती हैं।

मन्त्र सं. 2 पृ. सं. 165 :-

वरुणो मित्रो अर्यमास्मद्रातिषाचो अग्नयः
पत्नीवन्तो वषटकृता।

भगवान शिक्षा देते हैं कि जगत के उपकार करने वाले सबको आदर से देखो और यथायोग्य उनकी पूजा वन्दना करो। यद्वा प्रथम और अन्तिम ऋचा से विस्पष्टतया विदित होता है कि यह वर्णन इन्द्रियों का ही है। अतः यहाँ वरुण आदि का तत्परक अर्थ ही उचित है। हितकारी इन्द्रिय वशीकृतेन्द्रिय गमनशीलेन्द्रिय और अग्नि समान प्रचण्ड तथा उपकारी इन्द्रिय (पत्नीवान) अपनी-अपनी शक्ति के साथ जगत के उपकारी हों।

प्रस्तुत मन्त्र के माध्यम से यह तथ्य प्रस्तुत किया गया है कि संसार में जितने भी उपकार करने वाले हैं ये सभी समादृत होने योग्य हैं। सभी प्राणियों में मानव को ही उच्चतर स्थान पर हैं इन्हें किसी भी स्थिति में तिरस्कृत करने की चेष्टा नहीं करनी चाहिए।

वेदमन्त्रों की यह विशेषता है सारे मानव समाज समादरणीय दृष्टि से ही देखने योग्य हैं। किन्हीं के प्रति अवहेलना या तिरस्कृत करने की चेष्टा नहीं होना चाहिए क्योंकि मानव धर्म का पालन सर्वथा मान्य कहा गया है।

मन्त्र सं. 3 पृ. सं 165 :-

तेन न गोया अपाच्यास्त उदत्क इत्यान्यक।
पुरस्तात्सर्वया विशा।

मनुष्यदेव जो ब्रह्मादि हैं वे सर्वदा सब ओर से हमारी रक्षा करें अथवा वे इन्द्रिय हमारी रक्षा करें।

मन्त्र 4 पृ. सं. 165 :-

यथा वशन्ति देवास्त येदमत्तदेषन
नकिराभिनत अरावा चन मर्त्यः।

जो व्यक्ति अपने पीछे यश, कीर्ति व कोई चिरस्थायी वस्तु छोड़ने वाला नहीं वही भरण धर्म है क्योंकि उसका कोई स्मारक नहीं रहता है। जिनके कुछ स्मारक रह जाते हैं, वे ही देव हैं। अतः सभी देव बनने का प्रयास करें। अतः यह शिक्षा प्राप्त होती है कि मनुष्य शुभकर्म करके देव बनें।

मन्त्र 5 पृ. 165 :-

सप्तानां सप्त ऋषय सप्त द्युम्ना
न्येषाम् सप्तो अधिश्रियोधिरे।

परमात्मा ने मनुष्य जाति के सभी वस्तुओं के संग्राहक सप्तेन्द्रिय स्थापित किये हैं। उनसे विद्वान अनेक अद्भुत चीजों का संग्रह करते हैं। किन्तु मूर्ख इन्हीं चीजों को पापों में लगाकर नष्ट करते हैं और दीन हीन रहते हैं। हे मनुष्यों! उन्हें शुभकर्म में लगाकर उन्हें सुधारो। चेष्टा करने से मनुष्य देववत अमर बन जा सकता है।

मन्त्र सं. 1 पृ. 165 :-

वम्रुरेको विषुणः सुनरो युवाञ्ज्यङ्क्के हिरण्यम्॥

वास्तव में मानरूपी इन्द्रिय इस शरीर में एक विचित्र भूषण है। इसे जो जानता है और सत्कर्म में जो लगाता है वही मानव जाति में भूषण बनता है।

मन्त्र सं पृ. सं 165 :-

योनि मेक आ ससाद द्योतनोऽन्त देवेषु मेधिरः।

शरीर में नेत्रों का प्रमुख स्थान है। प्रथम मानव की बुद्धि इससे बढ़ती है क्योंकि इससे देख शिशु में जिज्ञासा शक्ति पायी जाती है। मन्त्र

में विभिन्न अङ्गों के महत्त्व स्पष्ट किये गए हैं। प्रथम स्थान नेत्र को दिया गया क्योंकि नेत्र से ही जिज्ञासा उत्पन्न होती है तथा बुद्धि क्रमशः विकसित होती है।

मन्त्र 3 पृ. 166 :-

वाशीमेको विभर्ति हस्त आयसीमन्तद्रेवे निध्रुविः।

अर्थात् कर्णदेव सब कुछ सुनकर निश्चय कर मनो द्वारा आत्मा से कहता है, तब यह काट–छाँट करता है, अतः यहाँ वसूले की चर्चा हैं।

मन्त्र 4 पृ. 166 :-

व्रजमेको विभर्ति हस्त आय सीमन्त
आदि तंतेन वृत्रविण जिध्नते।

केवल विद्या अथवा ज्ञान से या क्रिया कलाप से यह जीविनिषिद्ध कर्मों से निवृत्ति नहीं पाता।

मन्त्र संख्या 1 पृ. सं 210 :-

स पूर्व्यो महानाँ वेनः क्रतुनिरानजे
यस्य द्वारा मनुष्यिता देवेषुधिमं आनजे॥

अर्थात्– देवशब्द अर्थ सर्व पदार्थों से यह वेद में प्रसिद्ध है। घी शब्द के भी अनेक प्रयोग हैं।

विज्ञान, कर्म, ज्ञान, चैतन्य आदि भी इसके अर्थ हैं। अर्ध च का तात्पर्य यह है कि ईश्वर की कृपा से ही मननशील पुरुष प्रत्येक पदार्थ में ज्ञान और कर्म देखते हैं प्रत्येक पदार्थ को ज्ञानमय और कर्ममय समझते हैं। जैसे हर पदार्थ में ईश्वरीय कौशल तथा क्रिया देखते हैं।

मन्त्र सं 10 पृ. सं 212 :-

दाता मे पृषतीनां राजा हिरण्यवीनाम्।
मा देवा मघवा रिषत्॥

अर्थात् हमलोगों की प्रिय वस्तु है गौ, क्योंकि थोड़े ही परिश्रम से वह महत् उपकार करती है। स्वच्छन्दता से वन में चर कर बहुत देती है। अतः इसकी प्राप्ति के लिए अधिक प्रार्थना है और जो जन धन जन ज्ञानादि से हीन हैं वे समझते हैं कि हमारे ऊपर उनकी कृपा नहीं हैं समय के अनुसार वस्तु के महत्व करते हैं या बहुत बढ़ जाते हैं। गोधन एक बड़ी शक्ति मानी जाती रही है इसके लालन-पालन से सुखमय जीवन की लालसा पूर्ण होती है।

उक्ति प्रसिद्ध है इस सन्दर्भ में :- गोधन, गजधन, वाजिधन और रतनधन खान, जब आवे संतोष धन, सवधन धूलि समान।।

अर्थात् धन की व्याख्या कई अर्थों में तथा कई उद्देश्यों से की जाती है। एक युग ऐसा भी था जब गाएँ श्रेष्ठ धन समझी जाती थीं लोगों को लालन-पालन करने में कोई कष्ट नहीं होता था। उससे इतना अधिक दूध बिना परिश्रम का प्राप्त हो जाता था, जिससे कि पूरे परिवार का भरण-पोषण सम्पन्न हो जाता था लोगों की आवश्यकताएँ समयानुकूल धरती है तथा बढ़ती भी है लेकिन वेदकालीन, युग में गोधन की प्रधानता थीं। लोगों क्षुधातृप्ति एवं संतुष्ट जीवन की प्राप्ति लेकर ही जीवित रहने की आकाँक्षा रखते थे जिसकी पूर्ति गोधन के माध्यम से हो जाती थी। परिस्थिति बदलने से वस्तु की महत्ता घटती है या बढ़ती है। युगानुरूप वस्तु की कीमत मानी जाती है।

मन्त्र सं 12 पृ. 213

नो पातो दुर्गहस्य मे सहस्त्रेण
सुराधसः श्रवो देवस्वक्रत।

अर्थात् इस मन्त्र से पुत्र-पौत्र प्रपौत्र दौहित्रादि को सुखी होने के लिए ईश्वर से प्रार्थना करनी चाहिए।

प्रस्तुत मन्त्र के माध्यम से पारिवारिक कुशल-क्षेम हेतु प्रार्थना करने का मन्त्र प्रस्तुत किया गया है।

मन्त्र 1 पृ. 213 :-

तरो भिर्वो विदद्वसुभिन्द्रे सवाध उतये।
वृहद् गायन्तः सुतसोभे अध्वरे हुवे भरं न कारिणम्।।

अर्थात् अध्वर यानि संसार इस शब्द का अर्थ आजकल याग होता है। इस याग का भी बोध संसार को देखने से ही होता हैं आम्र प्रतिवर्ष सहस्त्र फल देता है, उसका क्या उद्देश्य है, किस अभिप्राय से इतने फल एवं वृक्ष में लगते हैं, विचार से इसका उद्देश्य परोपकार ही लगता है। वे ही उदाहरण मानव को भी परोपकार वो परस्पर सहायता की ओर ले जाते हैं इसी से अनेक यागविधान उपजे हैं –

प्रस्तुत मन्त्र के माध्यम से वैदिकयुग का आख्यान प्रस्तुत किया गया है। आम्रवृक्ष में फलों की संख्या बहुत अधिक रहती है जिससे प्रतीत होता है कि प्रकृति कुछ विशेष संकेत देने हेतु ही इतने अधिक फलों को एक वृक्ष से ही प्राप्त करने की विशेष व्यवस्था प्रदान किया है। मनुष्य को अपने स्वार्थ की पूर्ति के अतिरिक्त अन्य भी उस वृक्ष से लाभ उठावें यही प्रकृति का संकेत। वृक्ष कबहुँ न फल भखै, नदी न संचय नीर परमारथ के कारणे साधुन धरा शरीर जैसी ध्वनि प्रकृति प्रदत्त है जिसकी अवहेलना नहीं की जानी चाहिए।

मन्त्र 2 पृ. 214 :-

मित्रो नो अत्येहति वरुण पर्षदर्यमा
आदित्यासोयथाविदु:।

अर्थात् मित्र जो स्नेहमय एवं प्रेम का आगार हो वरुण जो न्यायदृष्टि से दंड दे तथा सत्यता का स्तम्भ हो। आर्यमा वैश्यो का माननीय यद्वा न्याय हेतु जिसके पास लोग पहुँचे वह आर्यमा जो प्राप्त होकर प्रजा का हनन करे जिसका आगमन असह्य हो। समासदेव हो जो बुद्धिमान परिश्रमी उद्योगी, सत्यवादी निर्लोभी व परहित में समर्थ हो।

मन्त्र व पृ. 118 :-

अव स्वराति गर्गरो गोधा परिसनिष्वणत्।
पिङ्गा परिचनिष्कददिन्द्राय ब्रह्मोद्यतम्॥

अर्थात् संसार एक भयानक रणभूमि है, इसमें प्रतिक्षण अपने-अपने अस्तित्व हेतु प्रत्येक जीव संघर्ष कर रहा है। अन्य जीवों की अपेक्षा मनुष्य समाजों में अधिक संघर्ष है। अतः इसमें कौन बचेगा और कौन नहीं, इसका निश्चय नहीं, इस हेतु पहले परमात्मा का स्मरण करो।

मन्त्र 15 पृ. 219

अर्भको न कुमार कोऽध तिष्ठन्नयं रथम्।
स पक्षन्महिषं मृगं पित्ते मात्रे विभुक्रतुम्॥

अर्थात् ऐश्वर्य इच्छुक व्यक्ति का अन्तिम व महान लक्ष्य प्रभु ही है। उसका मार्ग दर्शन अन्वेषण उसकी प्राप्ति के लिए यत्न करना ही व्यक्ति का महान लक्ष्य है। प्रशंसनीय शरीर रथ वही है जिसके वाहक इन्द्रियाश्व बुद्धिरूपी सारथी और मनरूपी प्रग्रह के माध्यम से जीव के पूर्णतया वश में हो। इसी से प्रभु प्रत्यक्ष होता है।

प्रस्तुत मन्त्र के माध्यम से प्राणी के लक्ष्य पर विचार किया गया है। सांसारिक सुखभोग क्षणिक आनन्द देने वाला होता है। धार्मिक आनन्द प्राप्ति के उपरान्त मानव सही लक्ष्य की ओर मुड़ता है। सही लक्ष्य परमेश्वर की शक्ति में विलीन हो जाना ही कहा गया है। मानव मन अपने स्वार्थ की पूर्ति के उपरान्त अव असीम सत्ता की खोज में अपने अस्तित्व को विलीन कर देना चाहता है। उक्ति प्रसिद्ध है :-

''बड़े जतन मानुष तन पावा'' के स्मरण होते ही वह सही दिशा की ओर मुड़ता है। अनेक द्वारा बाधाओं-विघ्नों को पार करने के उपरान्त उसे उन्हें परमसत्ता की दिशा मान होता है। उसी असीम सत्ता में विलीन होना कठिन होते हुए भी वह प्रत्यनशील अवश्य होता है। लक्ष्य की प्राप्ति या लक्ष्य से भटकाव दोनों ही स्थिति में उसे निरविकार होकर उस परम परमेश्वर का मान होता जिसमें विलीन होने की चेष्टा करता है।

मन्त्र संख्या-13 पृ. 194 :-

यदाविर्यदयीच्यं देवासो अस्ति दुष्कृतम्।
ऋते तद्वत्स्मस्य आरे अस्मद्द धातनानेहसीव प्रतयः
सुऊतयो वो ऊतयः॥

अर्थात्- हे प्रभो इस दुनियाँ भाँति-भाँति के विध्न नाना उपद्रव विविध क्लेश बहुविध प्रलोभन उपस्थित हैं उन सबसे हमें दूर करें।

प्रस्तुत मन्त्र के माध्यम से जीवन की अन्तिम बेला की आह की अभिव्यक्ति बड़ी स्पष्टता के साथ हुई। सम्पूर्ण जिन्दगी में अनेक विध्न-बाधाओं से जूझना अनिवार्य हो जाता है लेकिन जीवन की अन्तिम बेला में वह एक मात्र परमसत्ता पर भरोसा कर उनके अस्तित्व में विलीन न हो जाने का प्रयास करता है लेकिन जीवधारी वह पात्र किस दशा में अपने प्राणों का त्याग करता है जिसका विश्लेषण नहीं किया जा सकता है। परमेश्वर अपनी माया से पूरे संसार को अभिभूत किये रहते हैं फिर भी वह मनुष्य उस परमेश्वर की सत्ता का आभास प्राप्त कर संसार-त्याग की अवस्था से ही गुजरता है।

मन्त्र 15 पृ. 194 :-

निष्कं वा धा कृणवते श्रजं दुहित दिवः।
त्रिते दुःस्वप्यं सर्वमाप्तये परि दधस्यने
हसो उतयः सुउतयो व उतयः॥

अर्थात् बुद्धि के द्वारा विचार करना चाहिए कि स्वप्न क्या होते हैं। जब सिर में गर्मी पहुँचे तो नींद भली भाँति नहीं आती। उस समय लोग भाँति के स्वप्न देखते हैं। इसलिए सिर को सदा टेढ़ा रक्खें। पेट सदा शुद्ध रक्खें बलवीर्य से शरीर को निरोग बनावें। व्यसनों में न फँसे ऐसे उपायों से स्वप्न कम होंगे।

प्रस्तुत मन्त्र के माध्यम से जीवन के अन्तिम क्षण के स्वप्न पर विचार किया गया है। सम्पूर्ण जीवन जिनका छल-प्रपंच से घिरा रहा है उन्हें उन प्रपंचों से अन्तिम बेला में भी मुक्ति नहीं मिलती है। प्राणान्त

ही मुक्ति प्रदान करता है और मानव किस दिशा एवं दशा से गुजरता है यह अनुमान मात्र ही लगाया जा सकता है क्योंकि उस स्थिति को अभिव्यक्ति से वंचित ही रहना पड़ता है। यह ईश्वरीय विधान है जिसका उल्लंघन करना सम्भव सभी के लिए नहीं है।

मन्त्र 6 पृ. 194 :-

परिहवृदेदुना जनो युष्मादत्रस्य वायति अदभ्रमाशवो।
यमादित्यो अहेतनानेहसो व उतयः सुउतयो व उतयः॥

अर्थात् राष्ट्र नियमों के अनुरूप आचरण करने से ही जगत में कल्याण होता है। राष्ट्र संचालक विद्वान हितैषी निःस्वार्थी विषय विमुख हों।

प्रस्तुत मन्त्र के माध्यम से राष्ट्र-संचालक विद्वान के चरित्र पर प्रकाश डाला गया है। उक्ति इस सन्दर्भ में प्रसिद्ध है :-

जननी जन्मभूमिश्च स्वर्गादपि गरीयसी। मातृभूमि के प्रति स्नेह-श्रद्धा की अभिव्यञ्जना सतत् होती रही है। जो देश या जन्मभूमि के प्रति स्वार्थ त्याग नहीं कर अपने हित-साधन में जुड़ जाता है उसके लिए गद्दार शब्द का प्रयोग होता है। देश द्रोही या मातृभूमि की अवहेलना करने वाले व्यक्ति की समाज में कड़ी निन्दा होती है। व्यक्ति अपने स्वार्थ या व्यक्तिगत हित का त्याग कर देश कल्याण में लग जाते हैं उस देशसेवक की प्रतिष्ठा चतुर्दिक फैलती है। मातृ ऋण, पितृ ऋण के बाद मातृभूमि ऋण पर विचार किया जाता है। देश की बलिवेदी पर जीवन चढ़ा देने वालों की कमी कभी नहीं रही हैं मातृभूमि का स्थान स्वर्ग से भी बढ़कर होता है यह उक्ति देशभक्त के मुख से ही निकलती है और देश के नाम पर फाँसी पर हँसते हुए चढ़ जाने वाले वीरों के उदाहरण कभी कम नहीं होते हैं। प्रस्तुत मन्त्र देशभक्ति समन्वित है।

मन्त्र 7 पृ. 194

न तं तिग्मं चनत्यजो न द्रासदमि तं गठ।
यस्मा उ शर्म सप्रथ आदित्यासो आराध्यमने
हसो व उतयः सुऊतयो व उतयः॥

हे सभा जनों! कवचों में हो अर्थात् कवच धारण कर और योद्धा के समान हम भी आपके अन्तर्गत विद्यमान हैं। हे सभ्यों! आप विपुल पाप, महान क्लेश, तथा आपत्ति से हमें बचाते हैं। और छोटे-छोटे से अपराधों व दुखों से भी आप हमें बचाते हैं। ईश्वरीय एवं राष्ट्र सम्बन्धी आदेशों को मानने से ही मनुष्य सुख पाता है।

प्रस्तुत मन्त्र के माध्यम से देशभूमि की लहर का उल्लेख किया गया है। देशभक्ति की लहर जब फैलती है तो कुर्बानी देने वालों की कमी नहीं रहती है। मन्त्र में यह सलाह दी गई है कि मनुष्य को युग एवं परिस्थिति देखकर आत्मबलिदान के लिए आगे बढ़ने की चेष्टा करनी चाहिए। जो राष्ट्रहित में देश की माँग के अनुसार अपनी जान बलि पर चढ़ा देते हैं वे ही अपनी जिन्दगी में यश-प्रतिष्ठा प्राप्त कर संसार से विदा होते हैं। कायर या डरपोक व्यक्ति को वह प्रतिष्ठा नहीं मिलती है जो देश के नाम पर कुर्बानी ध्यान में रखते हुए देशहित में प्राण गवाँ देते हैं। मातृभूमि को स्वर्ग से अधिक समझने वाले वीर जीवन का सही उपयोग करने हेतु बलिदेव पर सहर्ष चढ़ते हैं तथा देश के नाम पर जीवन-पुष्प चढ़ा डालते हैं। सत्याग्रही वीरों ने देश की आजादी के लिए प्राणों के उत्सर्ग करने में तनिक भी पीछे नहीं हटते हैं यह सच्चे देशभक्त का धर्म कहा गया है।

मन्त्र सं 9 पु. सं. 194

अदिति र्न उरुष्यत्वदितिः शर्म यच्छतु।
माता मित्रस्य रेवतोऽर्यम्णो वठणस्य
चानेहसो व उतयः सुऊतयः व ऊतयः।

सारी प्रजा मिलकर सुदृढ़तर राजसभा स्थापित करें। उसमें देश के बुद्धिमान विद्वान शूरवीर और प्रत्येक दल के मुख्य-मुख्य पुरुष और नारियाँ सभासद हों जो देश का सब प्रकार से हित साधन करें।

प्रस्तुत मन्त्र में राजनीतिक चेतना, देशभक्ति चेतना तथा देशभक्ति के नाम पर मर मिटने की कामना की लहर स्पष्ट परिलक्षित होती है। मनुष्य जब देशभक्ति से ओतप्रोत हो उठता है तो प्राणों को बलिवेदी पर समर्पित करने से तनिक भी पीछे कदम नहीं रखते हैं। देशभक्ति की लहर जब फैलती है तो जीवनोत्सर्ग कर देना बड़ा ही सरल-सहज काम समझा जाता है जिससे स्पष्ट है कि किसी उच्चभावना में आकर प्राणों की बलि चढ़ाने में गर्व का अनुभव करते हैं। दूसरे अनेकों उदाहरण देश के समक्ष उपस्थित हुआ है।

मन्त्र 17 पृ. 195 :-

यथा कलां यथा सफ यथ ऋणं सन्नमयामसि।
एवं दुःष्वप्न्यं सर्वमाप्त्मे सं नयामस्यनेहसो
व उतयः सुऊतयो व उतयः॥

परमात्मा से प्रार्थना करें कि वह स्वप्न न दिखाये, क्योंकि उससे हानि होती है। इसका तात्पर्य है कि अपने शरीर व मन को ऐसा स्वस्थ, शान्त, नीरोग व प्रसन्न बना रखें कि वह स्वप्न न देखें।

प्रस्तुत मन्त्र के माध्यम से स्पष्ट किया है कि स्वप्न दर्शन की बुरी स्थिति का परिचायक है मन की प्रबलता एवं शरीर की दुर्बलता का ही परिणाम स्वप्न माना गया है। मनुष्य का दिवा स्वप्न देखना यह मानसिक एवं शारीरिक दोनों तरह की कमजोरियों के चिह्न मात्र हैं।

मन्त्रकार ने ही विश्लेषण करते हुए मन्त्र के द्वारा यह संदेश दिया है कि शरीर तथा मन ऐसा स्वस्थ रहें जिससे वह स्वप्न न देखें। दोनों की कमजोरी की अवस्था में ही स्वप्नदर्शन अधिक हुआ करता है।

मन्त्र 5 पृ. 195 :-

इमे मा पीता यशस उरुष्य वोरथं न गावः
समनात पर्वसु ते मा रक्षन्तु विससश्चरित्रादुत
मा स्रामाद्यबयन्त्विन्दवः॥

अर्थात्- हम मानव ऐसे अन्न खायें जिनसे शरीर की रक्षा हो, स्फूर्ति आवे, वीरता प्राप्त हो। उत्तेजक मद्यादि ना पीयें जिससे चरित्र भ्रष्ट न हो और व्याधियाँ न बढ़े। अन्नों के खाने पीने से ही विविध रोग होते हैं। अतः विधि के साथ अन्न सेवन करें।।

मन्त्र के माध्यम से मानव मन की कमज़ोरियों से वचन हेतु निदान प्रस्तुत किये गए हैं।

मन्त्र 4 पृ. 218 :-

अभिप्रगोपति गिरेन्द्र मर्च यथा
विदे सुनु सत्यस्य सत्यतिम्।।

अर्थात् प्रभु को प्रत्यक्ष नहीं देखते अतः उनके अस्तित्व में लोग संदेह करते हैं और उसकी पूजा पाठ में आलस्य दिखाते हैं इसलिए विश्वासार्थ कहा गया है कि विज्ञात पुरुष जैसे देखते उसे पूजते हैं वैसे ही उसे भी समझो क्योंकि यदि वह न हो तो ये पृथिवी इत्यादि कहाँ से हो। उसका विचार करो।

प्रस्तुत मन्त्र के माध्यम से आस्तिक चिंतन के महत्त्व प्रतिपादित किये गए हैं। ईश्वर के अस्तित्व पर संदेह करना यह मान्य तथा उपयुक्त नहीं है। सम्पूर्ण सृष्टि के संचालक की शक्ति पर अविश्वास करना यह समुचित नहीं कहा जा सकता है तथा ईश्वर के अस्तित्व को झुठलाना भी उपयुक्त एवं सत्य से मुख मोड़ना ही है क्योंकि परम्परागत कथन के कारण ही ईश्वरीय शक्ति को विद्यमान देखा गया है। विश्वास ही फल देने वाला माना जाता है।

मन्त्र 18 पृ. 219 :-

अनु प्रत्नस्योकसः प्रियमेधास एषाम्।
पुर्वानु प्रयति पृक्तवर्हिषोहित प्रयसआशत।।

अर्थात्-स्वर्ग का अर्थ है सुखमय। लोक का अर्थ है स्थान या स्थिति। सुखमयी स्थिति है ब्राह्मी स्थिति, इसकी प्राप्ति के उपाय इस मन्त्र में बताया

गया है कि इसकी प्राप्ति का संकल्प कर अपने अन्तःकरण को स्वच्छ करो स्वच्छ अन्तः में ही परमेश्वर के वास होते हैं। इसी का नाम सुखमयी स्थिति है।

प्रस्तुत मन्त्र के माध्यम से आध्यात्मिक चिंतन पर प्रकाश डाला गया तथा परमेश्वर के अस्तित्व पर भी प्रश्न चिह्न लगाते हुए उनके अस्तित्व पर विश्वास हेतु तर्क प्रस्तुत किए गए हैं जिससे मानव मन में भटकाव नहीं आवे तथा परमेश्वर के अस्तित्व पर शंका उठाकर नास्तिकता का प्रचार-प्रसार न किया जा सके यह चेष्टा मन्त्र के माध्यम से की गई है। सम्पूर्ण संसार के मालिक परमेश्वर को ही समझा जाता है जिनके अस्तित्व को सृष्टि के प्रारम्भ से ही स्वीकार किया गया है जिससे मानव मन भ्रमित होकर ईश्वर को न मानकर अपनी नास्तिकता का परिचय न देने लगे यह प्रयास मन्त्र के माध्यम से हुआ है।

मन्त्र 17 पृ. 223 :-

सोमस्य मित्राव रुणोदितासूर आ ददे।
तदातु रस्य भेषजं।

अर्थात्-पौष्टिक अन्न आदि का रस विशेषतया सोम नामक बलकारी औषधि का सार सब रोगों की दवाई है। विभिन्न औषधियों के गुणों का यत्नपूर्वक अध्ययन करें, उनका यथा विधि सेवन करें।

प्रस्तुत मन्त्र के माध्यम से यह स्पष्ट किया गया कि मानसिक, शारीरिक, आध्यात्मिक शक्ति की सम्पन्नता ही सही चिंतन करने में सक्षम बनाती है। रुग्न एवं अन्य कभी के फलस्वरूप स्वस्थ एवं सही चिन्तन सम्भव नहीं हो सकता है। मनुष्य को पहले स्वस्थ एवं सबल होना चाहिए जिससे अनेक सारे तर्क निरर्थक न हो बल्कि तर्क में सबलता एवं सत्य की समीपता प्राप्त हो सके। ईश्वरीय अनुकम्पा से होने वाले कल्याणकारी कार्य की अनदेखी नहीं की जा सकती है। अतः मानव मन की स्वस्थता एवं सबलता से ही सही निर्णय की प्राप्ति हो सकती है ऐसा विश्वास रखना चाहिए जिससे भ्रम की स्थिति में कोई निर्णय सत्य नहीं हुआ करता है।

मन्त्र पृ. 233 :-

अति नो विष्पिता पुरु
नोभिरषोपर्षथ युयमृत स्वरथ्यः।

अर्थात्- प्राणी जगत में आकर नाना कर्म करता है इस कर्मजाल में घिरा वह दिव्य पदार्थों की सहायता से ही पार उतरता है जैसे नौका की सहायता से नदी सुगमता से पार किये जाते हैं। अतः साधकों को प्रभो प्रदत्त दिव्य पदार्थों की सहायता ग्रहण करनी चाहिए।

प्रस्तुत मन्त्र के माध्यम से ईश्वरीय अनुकम्पा की प्राप्ति को स्वीकार करने के पक्ष में तर्क प्रस्तुत किये गए हैं। मनुष्य जीवन में अनेक परिस्थितियाँ उत्पन्न होती हैं। उस विपत्ति के क्षण में अपनी कमजोरी या दिशाहीनता में ईश्वरीय शक्ति को अस्वीकार कर देना समुचित नहीं माना जाता है।

मन्त्र में यह स्पष्ट किया गया है कि मनुष्य अनेक प्रकार के कार्य-कलापों में उलझा हुआ रहता है। कार्यभार से पीड़ित होकर किसी विशेष परिस्थिति वश ईश्वर के अस्तित्व को नकारने की चेष्टा सही कार्य नहीं माना जा सकता है। इस तरह मानव के मन मस्तिष्क दोनों की स्वस्थता में लिया गया निर्णय सही कहा जा सकता है।

मन्त्र 5 पृ. 233 :-

वामस्य हि प्रचप्त ईशा नासो रिशादसोः
नेमादित्यो अधस्य यत्।

आदित्य ब्रह्मचारी जो प्रवोध देते हैं, वह प्रशंसनीय वो ग्रहण करने योग्य होते हैं। कारण कि पाप का ज्ञान वे अपनाते ही नहीं हैं।

प्रस्तुत मन्त्र के माध्यम से सत्य तक पहुँचने की चेष्टा की गई है। आदित्य ब्रह्मचारी के प्रति कुछ अधिक विश्वास प्रगट किया गया है। आदित्य ब्रह्मचारी की पवित्रता के फलस्वरूप उनके व्यक्तित्व में पाप का समावेश सम्भव नहीं हो पाती है। अतः ऐसी परिस्थिति में भटकाव या भ्रम का समावेश सम्भव नहीं होता है। मन्त्र में सत्य तक पहुँचने या

सत्य का उद्घाटित करना ही उद्देश्य है ऐसी स्थिति में सत्य तक की पहुँच अनिवार्य समझी जाती है। यदि भ्रम का समावेश न हो और चिंतन में सत्यता तथा निष्पक्षता हो तो सत्य का उद्घाटन एक विशेष उपलब्धि मानी जाती है। मन्त्र में यह सिद्ध करने का प्रयास है कि सत्य की उपलब्धि एक विशेष स्थिति तक पहुँचने का प्रयास। वेद साहित्य में सत्य के देवता पूषणदेव माने गए हैं। उस पूषणदेव से प्रार्थना की जाती है कि सत्य हमेशा ही आवेष्ठित रहता है। यदि पूषणदेव ही चाहें तो ''सत्य अपावृणु'' करने हेतु वे तैयार हो सकते हैं।

मन्त्र 8 पृ. 233 :-

योअप्सु चन्द्रमा इव सोमश्च ददृशे।
पिवेदस्य स्वोमोशिपे।

जिस तरह अन्तरिक्ष में विचरता चन्द्रमा सबको आहलाद देता है वैसे ही साधक स्वकर्मों से सबको आनन्द देता है।

प्रस्तुत मन्त्र के माध्यम से यह स्पष्ट किया गया है कि जो साधक होते हैं वे सत्य तक पहुँचने की सफल चेष्टा करते हैं। सत्य की उपलब्धि सबसे बड़ी सफलता समझी जाती है।

''तत् त्वं पुषण अपावृणु सत्यधर्माय दृष्टे'' यह वैदिक युग की प्रार्थना है जिसकी सफलता मिलने से बड़ी उपलब्धि मानी जाती है।

मन्त्र सं. 9 पृ. सं 233 :-

यं ते श्येनः पदागरत्तिरो रजास्यस्पृतम्।
पिवेदस्य त्वमीशिषे।।

विद्वान जन साधक को ज्ञान का वह प्रकाश देता है कि जो अजेय होता है, साधक को चाहिए कि वह ध्यान से उसे ग्रहण करे।

मन्त्र संख्या 1 पृ. सं 233 :-

देवानामिदवो महत्तदा वृणीमहे वयम्।
वृष्णामस्मभ्यमतये।

अर्थात् परमात्मा की सृष्टि में अनेक जड़ चेतन मूर्त, अमूर्त दिव्यगुणी पदार्थ हैं, वे हमें सुख देते हैं। किन्तु हमें सावधान होकर उनकी देन को स्वीकार करनी चाहिए। मन्त्र के माध्यम से परमात्मा की शक्ति का उल्लेख बड़ी स्पष्टता के साथ हुआ है। उस शक्ति की देन जिसे मिल जाती है, निश्चय ही उसके जीवन की सबसे बड़ी उपलब्धि या जीवन की सबसे बड़ी सफलता समझी जा सकती है।

मन्त्र सं. 8 पृ. सं. 233 :-

य मातृतं सुदानवोऽध द्विता समान्या मातुर्गर्मे मरामहे।।

अर्थात् सभी दिव्यगुणियों का आपस में मातृत्व तो है ही, पर उसमें द्वित्व भी है जिसका वे परस्पर आदर करते हैं गुणों को भिन्नता से उनमें परस्पर द्वेष भावना नहीं, अपितु उनकी द्विता होते हुए भी भ्रातृत्व है। वे एक दूसरे के पालक हैं। इस मातृत्व का कारण यही है कि सभी प्रकृति माता की सन्तान हैं उसी के गर्भ में निवास कर रहे हैं।

प्रस्तुत मन्त्र के माध्यम से ईश्वरीय शक्ति की एक निष्ठता पर प्रकाश डाला गया है। प्रकृति की शक्ति से जब जुड़ने की स्थिति है तो आपसी बिलगाव या मतभेद की सम्भावना कुछ घट जाती है। द्वित्व होने पर भी प्रकृति माता के सम्पर्क का यह फल है कि दोनों एक दूसरे से विलग या अलग-थलग नहीं हैं। मन्त्र में स्पष्ट उल्लेख किया गया है कि गुणों की भिन्नता के कारण भी विभेद नहीं है।

मन्त्र संख्या 9 पृ. सं 233 :-

यूयं दिष्ठा सुदानव इन्द्रज्येष्ठा अभिधवः।
अधाचिद्वउत ब्रुवे।।

अर्थात्- सभी देवों में प्रमुख महादेव प्रभु ही प्रभु हैं। वे जहाँ बाह्य स्वरूप से प्रकाशित हैं वहाँ वे स्वयं ज्ञानी हैं या ज्ञान से भी जाने जाते हैं। अतएव ज्ञान की ज्योति से भी प्रकाशित हैं।

मन्त्र में देवों की प्रधानता पर विचार किया गया है। महादेव का स्थान सभी देवों में श्रेष्ठतम कहा जाता है। ऐसा होने पर उनमें कोई अहंकार

भाव नहीं हैं अहंकार हमारी लघुता का द्योतक कहा जाता है ज्ञान जहाँ है वहाँ अहंकार या घमण्ड का लेशमात्र भी दृष्टिगत नहीं होता है। ज्ञान वह शक्ति है जिसकी विनयशीलता स्वाभाविक रूप से समाविष्ट हो जाता है।

मन्त्र सं 4 पृ. 234 :-

कया ते अग्नि अङ्गिर ऊर्जो
नपादुपस्तुतिम् बराये देव मन्यवे।

अर्थात् व्यक्ति को सम्यक् जीवन निर्वाह हेतु तेजस्विता की भी आवश्यकता है। इसीलिए अन्यत्र भी मन्यु की प्रार्थना है। मन्यु का अर्थ तेजस्विता है। जो मानव को निस्तेज नहीं बनाती। अग्नि इस शक्ति का प्रतीक है।

प्रस्तुत मन्त्र के माध्यम से व्यक्ति की तेजस्विता परिभाषित की गई है। यह व्यक्तित्व में प्रखरता लाती है। मनुष्य अपनी प्रतिभा तथा ज्ञान से आगे बढ़ने की चेष्टा करता है। उसकी तेजस्विता ही इस परिस्थिति में सहायक होती है।

मन्त्र 1 पृ. 234 :-

आ मे हर्व नासत्याश्विना गच्छतं यवम्।
मध्वः सोमस्य पीतये।

अर्थात् अश्विनी देवताओं के वैद्य हैं। उपासक का जीवन यापन भी यज्ञ ही है। इस प्रक्रिया में वह कई प्रकार से दान करता है और ग्रहण करता है। शरीर, मन, आदि जीवन-यापन के साधन हैं अपने कार्य से कभी चूकें नहीं; ऊस्वस्थन हों। अतः प्राण और अपान को अचूक बनाना जरूरी है। इसके लिए आवश्यक है कि बीर्यशक्ति सदैव इन साधनों में ही खपती रहे। प्राण, आदान व अपान दान विसर्जन क्रिया का प्रतीक है।

प्रस्तुत मन्त्र के माध्यम से मनुष्य की आन्तरिक एवं बाह्य शक्ति का विश्लेषण बड़ी स्पष्टता के साथ किया गया है। मानव शरीर की विशेषता

है कि वह परिस्थिति विशेष में अपने को परिस्थिति के अनुसार ढालने का प्रयास करता है। प्राण अपान आदि सभी अङ्गों का स्वस्थ रहना किसी विशेष कार्य की सम्पन्नता हेतु अनिवार्य है। मानव की शक्ति सीमित रहती है, वह अपने बल को संतुलित रखकर ही किसी कार्य की सम्पन्नता में सहायक सिद्ध हो सकता है।

मन्त्र 3 पृ. 234

अयं वा कृष्णो अश्विना हवत
बाजिनीयसु मध्वः सोमस्यपीतये।

अर्थात् जो उपासक स्वमन की दुर्भावनाएँ मिटाना और परिणामस्वरूप शारीरिक, मानसिक व आत्मिक बल प्राप्त करना चाहे वह प्राण व अपान को नियन्त्रण में करें। प्राण व अपान शरीर को बल तथा स्फूर्तिं देते हैं। उक्ति है "प्राणापानौ तथा व्यानम् उदानम च समानकम्" के अनुसार ये सारे सहायक अङ्ग हैं जो स्फूर्ति प्रदान करने में सहायक सिद्ध होते हैं। मनुष्य को शक्ति संचित कर कार्यक्षेत्र में प्रवेश करने पर ही सफलता प्राप्त होती है। बिना पूर्व सतर्कता को आगे रक्खे वह कार्यों की सम्पन्नता में सफलीभूत नहीं हो सकते हैं। अतः सारी शक्ति एक साथ सहायक होती है तब ही सफलता प्राप्त होती है।

मन्त्र 8 पृ.सं. 135

त्रिवन्धुरेण त्रिवृता रथेना
यातमश्विना मध्वा सोमस्य पीतये।

अर्थात् प्राण व अपान की गति को नियंत्रित कर वीर्यशक्ति को शरीर में विलीन करने के लिए शरीर-रचना का ज्ञान जरूरी है। यथा यह शरीर वात, पित्त व कफ प्रकृति इन तीन प्रकार के पदार्थों पर आश्रित है और सत्व, रज, एवं तम के तत्त्व इसमें सदा रहते हैं शरीर की रचना को जानने वाला उपासक ही अपने प्राण व अपान तत्त्वों को नियंत्रित कर पाता है।

मन्त्र सं. 1 पृ. 236

द्युम्नी वां स्तोमो आश्विना क्रिविर्मसेक आगतम्।
मध्वः सुतस्य सदिवि प्रियोनरापातं गौराविवेरिणे॥

अर्थात् गृहस्थ नर नारी शास्त्रों का अध्ययन व अध्यापन इस प्रकार करे कि वह सर्वत्र विख्यात हो। जिस कुएँ में काफी जल होता है सिंचाई हेतु वह विख्यात हो जाता है फिर उनका अध्ययन अध्यापन कर्म पदार्थ व विज्ञान के सार को निष्पन्न करने में सहायक हो। उस सार को इस तरह ग्रहण करें जैसे कि ऊपर भूमि में अचानक मिले पानी को प्यासे मृग अधीरता से पीते हैं।

प्रस्तुत मन्त्र के माध्यम से मन्त्रकार ने कृषि व्यवस्था एवं सिंचाई के विशेष कार्य को उल्लिखित किया है। कृषि प्रधान देश होने के फलस्वरूप साधारण जन की रुचि इन सारे तथ्यों में प्रविष्ट कर आवश्यकतानुसार अपना अभिमत भी प्रस्तुत कर सकता है।

मन्त्र 1 पृ. 233

प्रेष्ठं वो अतिथि स्तुष्ष मित्र
प्रणम अग्नि रथं न वेद्यम।

अर्थात् प्रभु अन्तःकरण में प्रकट हैं, वे मेरे अतिथि हैं। उनके प्रादुर्भूत होने का समय निश्चित नहीं है। मेरा शरीर ही मेरा रथ है और प्राण मेरा सखा है। वे मुझे प्रिय हैं, परन्तु प्रभु इन सबसे अधिक प्रिय हैं। मैं उनका गुण गाता हूँ।

प्रस्तुत मन्त्र के माध्यम से मनुष्य की चिंतनगत समस्या का उल्लेख यहाँ हुआ है ईश्वरीय शक्ति का आभास सदा हृदयगत ही होता है। जिसे इसकी अनुभूति होती है निश्चय ही वह पात्र श्रेष्ठ एवं वरिष्ठ हैं क्योंकि यह स्थिति सभी के साथ नहीं होती है। उक्ति प्रसिद्ध है–

यस्य नास्ति स्वयं प्रज्ञा शास्त्रम किं करिष्यति।

अर्थात् जिसे अपनी बुद्धि या विवेक नहीं है उसे शास्त्र कोई लाभ नहीं पहुँचा सकता है। शास्त्र द्वारा प्रदत्त ज्ञान लाभप्रद विवेकी पुरुष के

लिए ही है। यदि विवेक का ही अभाव है तो शास्त्र उसे लाभान्वित नहीं कर सकता है।

अतः मनुष्य को चिन्तनशील एवं विवेकयुक्त होना चाहिए। प्रस्तुत मन्त्र के द्वारा इस तथ्य का उल्लेख हुआ है जो मार्गदर्शन कराता है। परमेश्वर किसी को बाध्य नहीं करता है। ईश्वरीय शक्ति के संकेत से लाभान्त्रित केवल ज्ञानी व्यक्ति ही होते हैं क्योंकि प्रचलित उक्ति से ऐसा ही संकेत प्राप्त होता है।

मन्त्र सं. 1 पृ. सं. 237

वृहदिन्द्राय गायत् मरुतो वृत्रहन्तमम्।
येन ज्योति रजन् यन्नृतावृथो देवं देवायजागृधि॥

मानव के लिए उचित है कि सर्वदा युक्त आहार-विहार के द्वारा शारीरिक-आत्मिक विघ्न-बाधाओं को दूर करते हुए प्रभु गुणों का कीर्त्तन वृहत सामगान से करें।

मन्त्र के माध्यम से ऐसी उक्ति प्रस्तुत की गई जिसके द्वारा मानव के चिंतन-मनन पर काफी प्रभाव पड़ सकता है। ईश्वरीय शक्ति या अलौकिक संकेत मानव के भ्रमित मस्तिष्क के लिए एक विशिष्ट संकेत अवश्य दिया गया है।

मन्त्र सं. 1 पृ. 238

कन्यावार वायती सोममपिश्रुता विदत्।
अस्तं भरन्त्य व्रवीदिन्द्रायसुनवै त्वा शक्राय सुनवैं त्वा।

अर्थात्–जो कन्या किसी रोग के कारण शरीर निर्बल निस्तेज हो उसे विवाह के पूर्व सोम लता आदि रोगनाशक औषधियों का रस सेवन करा कर पहले समर्थ और शक्तिशाली बनाना चाहिए। ऐसा हो जाने पर ही वस्तुतः पति के स्वीकार योग्य बनती है।

प्रस्तुत मन्त्र के माध्यम से वैद्यक सलाह यहाँ दी गई है जिससे व्यक्ति स्वस्थ शरीर की प्राप्ति कर सकता है। अलौकिक संकेत कभी-कभी मानव हेतु लाभकारी प्रतीत होते हैं। मनुष्य को संघर्ष पूर्ण जीवन व्यतीत

करने के लिए बाध्य होना पड़ता है। उक्ति प्रचलित है कि "यह मत कहो संघर्ष निरर्थक है।" मानव के जीवन में ऐसी घटनाएँ स्वाभाविक हैं।

मन्त्र संख्या 5 पृ. 239

इमानि त्रीणि विष्टया तानोन्द्र विसोह्य।
शिरस्ततस्योर्वरा मादिद म उपोदरे॥

अर्थात् शरीर तीन क्षेत्रों या गुहाओं में विभाजित है—शिरोगुहा, उरोगुहा तथा उदरगुहा। पुत्रपौत्रादि रूप में फैलने वाला—आगे चलने वाला शरीर है उसका ही यहाँ तत् से संकेत है—इसकी दो गुहाएँ शिर तथा 'उदर' तो यहाँ स्पष्ट ही संकेतित है उर्वरा तथा उरस शब्द का मूल उरो गुहा में हृदय, फेफड़े एवं धमनियाँ हैं जो प्राण आदि के द्वारा निरन्तर गतिशील हैं। इस प्रकार इन तीनों क्षेत्रों की शुद्धि से ही शरीर शुद्ध तथा सशक्त होता है। शारीरिक शक्ति की अभिवृद्धि में किन-किन तत्त्वों की आवश्यकता है इस सन्दर्भ में तथ्य प्रस्तुत किये गये हैं।

मंत्र 6 पृ. 239

असौ च या न उर्वरादिमा तन्वं मम।
अथो ततस्य यच्छिरः सर्वा ता रोमशा कृधि॥

अर्थात् शिरो गुहा में स्थित मस्तिष्क तथा ज्ञानेन्द्रियाँ, उरोगुहा के हृदय तथा उदर गुहा में स्थित आँते, गुर्दे आदि अंग बुद्धिशील तथा सशक्त हों तो मानव स्वस्थ रहता है। प्रस्तुत मन्त्र के माध्यम से शरीर के विभिन्न अङ्गों के सन्दर्भ में तथ्य प्रस्तुत किये गए हैं जिससे शरीर विज्ञान की विशेषताएँ परिलक्षित होती हैं। मानव शरीर के भिन्न-भिन्न अवयवों पर प्रकाश डाला गया है जो शरीर विज्ञान से सम्बद्ध जानकारी प्रस्तुत की गई है।

मन्त्र 3 पृ. 238

ब्रह्मा त इन्द्र गिर्वणः क्रियन्ते अनतिद्भुता।
इमा जुषस्व इर्यस्व योजनेन्द्र या ते अम्महि॥

अर्थात् प्रभु के गुणों का वर्णन जो वेदवाणी में है, वह सर्वथा स्वाभाविक है। जब साधक उन्हीं शब्दों में प्रभु के गुणों की स्तुति करता है, तब उसे यह आज्ञा होनी स्वाभाविक है कि उन गुणों को धारण करने का प्रयास करने वाले साधक को भगवान की सयुज्यता प्राप्त होगी।

प्रस्तुत मन्त्र में परमेश्वर की सत्ता या शक्ति से जुड़ने के सम्बन्ध में विचार किया गया है। ईश्वर की अनुकम्पा सभी को प्राप्त नहीं होती है। जो पात्र स्वयं ईश्वरीय गुणों में विलीन अपने को पाता है उसे ही उस परम सत्ता का सायुज्य प्राप्त होता है। असीम सत्ता में विलीन हो जाने की कामना बहुतों में हो सकती है लेकिन अपने को उसमें विलीन पाना यह कठिन है।

मन्त्र 4 पृ. 238

त्यं हि सत्यो मघवन्ननानतो वृत्रा भूरिन्यञ्जसे।
स त्वं शविष्ठ वज्रहस्त दाशुषेऽर्वाञ्चे रयिमा कृधि॥

अर्थात् ज्ञान, बल, धन इत्यादि समृद्धि की प्राप्ति में अनेक बाधाएँ आती हैं। उपासक इन्हें भगवान की सहायता से ही दूर कर सकता है। कैसे? जब वह भगवान के गुणों का कीर्तन करता हुआ और उन्हें स्व अन्तःकरण में धारण करने का प्रयास करता हुआ। परमात्मा के प्रति समार्पित हो जाय। "विश्वासो फलदायकः" की भावना जब मानव के मन-मस्तिष्क में पूर्णरूपेन समाविष्ट होती है तब ही उसे उस परमसत्ता का साक्षात्कार होता है जहाँ पहुँचने पर निजत्व का बोध पूर्णरूपेण समाप्त हो जाता है।

त्वमिन्द्र जज्ञा अस्यजीषो शवशसस्पते।
त्वं वृत्राणि हंस्यप्रतीन्येक इदनुत्ता चर्षणीधृता॥

अर्थात् :- उपासक के लिए आवश्यक है कि वह भगवान की सायुज्यता प्राप्त करने का प्रयास करे। उनका गुणगान उसी उद्देश्य से किया करें उसके नेतृत्व में दिव्य सुख प्राप्ति का सरलतम मार्ग मिल जाता है। जो सब विघ्न-बाधाओं से रहित है। प्रस्तुत मन्त्र के माध्यम से परमसत्ता की प्राप्ति के सन्दर्भ में कई तथ्यों के उल्लेख हुए हैं। ईश्वर की शक्ति

उसे ही प्रदत्त होती है जो अपने को ईश्वरीय सत्ता से भिन्न नहीं मानता है। अनेकों उदाहरण इसके विद्यमान हैं।

मन्त्र सं. 10 पृ. 242:

दुर्गे चिन्नः सुगं कृधि गृणान
इन्द्र गिर्वणः त्वं च मधवन वशः।

अर्थात्–मानव की जीवन यात्रा का प्रदेश अनेकानेक कठिनाइयों तथा रुकावटों से उबड़-खाबड़ है उसमें चलने हेतु सरल मार्ग समाहित मन से ही मिल सकता है और वह भी तब जब समाहित मन भी जीवात्मा के वश में रहे।

प्रस्तुत मन्त्र में परम सत्ता के सायुज्य प्राप्ति हेतु सरल उपायों के आख्यान यहाँ प्रस्तुत किये गए हैं। समर्पित व्यक्ति ही उस दिशा को गन्तव्य स्थल मानता है अन्य यदि किसी प्रलोभनवश चेष्टा करता है तो निर्दिष्ट स्थल तक पहुँचने के धैर्य का संवरण करना साधारण व्यक्ति के लिए सम्भव नहीं हो पाता है। यह मार्ग कठिन होने पर भी उपासक या साधक वहाँ तक पहुँचने में सफल हो जाता है यदि समर्पण की बलवती भावना कार्य करती रहती है।

त्वमेतदधारयः कृष्णासु रोहिणीषु च।
परुष्णीषु रुशात् पयः।।

अर्थात् शारीरिक क्रियाओं का संचालन वातनाड़ियों द्वारा होता है। इनके भीतर एक तरल पदार्थ तथा ऊपर सूत्रतन्तु होता है। प्रत्येक तन्तु के दो सिरे होते हैं। इनमें से एक मस्तिष्क में और दूसर भिन्न-भिन्न अंगों में होता है। वे दो प्रकार के हैं। एक से इन्द्रियों की अनुभूति मस्तिष्क तक और दूसरे प्रकार के सूत्रों से मस्तिष्क की प्रेरणायें अंगों तक पहुँचाती हैं। उष्ण तरल पदार्थ इनके जीवित होने का लक्षण है। इस भाँति मस्तिष्क ही इन दो प्रकार के वात सूत्रों के द्वारा शरीर के चैतन्य का धारणकर्त्ता बना रहता है।

प्रस्तुत मन्त्र में मानव-शरीर विज्ञान के कुछ प्रमुख तत्त्वों के विश्लेषण प्रस्तुत किये गए हैं। शरीर की विभिन्न अवस्थाएँ होती हैं। जब यह शरीर स्वस्थ रहता है तो आन्तरिक एवं वाह्य शक्ति कार्यरत रहती है। अस्वस्थ हो जाने पर उसकी शिथिलता के फलस्वरूप शरीर अनेक स्थलों पर कार्य करना बन्द कर देता है। यदि अगतिशीलता प्रबल हो जाती है तो शरीर के सारे कार्यकलाप स्वतः छूट जाते हैं। धीरे-धीरे यह रुग्णता जीवन की अन्तिम अवस्था में बदल जाती है तो वह समय प्राणान्त की स्थिति कही गई है। मानव अपने जीवन काल में संघर्षशीलता को प्रश्रय देता है लेकिन शरीर की रुग्णता सारी शक्ति को शरीर से तिरोहित कर देती है और वह प्राणान्तकाल कहा गया है जिस स्थिति की जानकारी वैद्यराज ही अनुभव करते हैं।

मन्त्र 1 पृ0 244

गौर्धयति मरुतां श्रवस्युर्माता मधोनाम्।
युक्ता वहनी रथानाम्।।

अर्थात् धरती व्यक्तियों की माता के तुल्य है। इस पर तथा इसमें विभिन्न रमणीय व सुखकारी पदार्थ हैं। इनके द्वारा यह मनुष्यों का निर्माण करती है। वह माता मनुष्य को अन्न आदि से न केवल बलवान् और विविध पदार्थों के द्वारा ऐश्वर्यवान बनाती है अपितु मानव को इन पदार्थों के समुचित प्रयोग से विश्व में यशस्वी भी बनाती है। प्रस्तुत मन्त्र के माध्यम से पृथ्वी माता के महत्त्व प्रतिपादित किये गए हैं।

पृथ्वी माता प्रातः स्मरणीया हैं। मन्त्र की पंक्ति इस प्रकार हैः-

समुद्र वसने देवी पर्वत स्तन मण्डले।
विष्णु पत्नी! नमस्तुभ्यं पादस्पर्श क्षमस्वमे।।

पृथ्वी से प्राप्त सारे लाभ उल्लेखनीय हैं। यह पृथ्वी माता ऐश्वर्यवान् बनाने की क्षमता रखती हैं। पृथ्वी पर ही सारे सुख प्रदान करने वाली

वस्तुएँ उपलब्ध होती हैं। प्रातः काल उठते ही इस मन्त्र पाठ के साथ पृथ्वी देवी का चरण स्पर्श आवश्यक माना गया है।

चरण पृथ्वी पर प्रातःकाल रखते समय माता को अभिवादन करना अनिवार्य माना गया है यह भारतीय परम्परा चिर काल से चली आ रही है। मन्त्र की पंक्ति प्रसिद्ध है फिर भी सम्यक उल्लेख कर मन्त्र की अभिव्यक्ति उल्लिखित है।

मन्त्र संख्या 8 पृ. सं. 247

त्रिः षष्टिस्त्वा मरुतो वावृधाना
उस्त्रा इव राशयो याज्ञयासः।
उप स्वेमः कृधि नो भागधेयं
शुष्मं त एना हविषा विधेम॥

अर्थात् प्राण, अपान इत्यादि भाँति-भाँति के मरुतों की सहायता से जीव शक्ति पाता है। मानव का शरीर व शरीरस्थ इन्द्रियों को मरुतों के द्वारा प्रदत्त प्राणशक्ति सें से अपना-अपना भाग प्राप्त होता है और ये अंग प्राप्त बल को जीवात्मा को सौंप उसे बलशाली बनाते हैं।

प्रस्तुत मन्त्र के माध्यम से मरुतदेव की शक्ति तथा उनकी आराधना से मिलने वाले फल के सन्दर्भ में कुछ आवश्यक तत्त्वों के उल्लेख बड़ी स्पष्टता के साथ किया गया है। सम्पूर्ण शरीर की निगरानी तथा शक्ति प्रदान करने की प्रतियां मरुतदेव के अधीन माना गया है। श्वास-प्रश्वास के माध्यम से शरीर आवश्यकतानुसार शक्ति-ग्रहण करता है जो दृष्टिगत नहीं होता है लेकिन यह वेदवाक्यों से स्पष्ट परिलक्षित होता है इसकी सत्यता औषधविशेषज्ञ भी मानते हैं।

मन्त्र सं. 18 पृ.सं. 248

त्वं ह त्यद्वृषभचर्षणीनां धनो वृत्राणां तविषो वभूथ।
त्वं सिन्धुरसृजस्तस्त मानान त्वमयो अजयो दासपत्नीः॥

अर्थात् जीवन प्रवाह में बाधाऐं आती हैं। विवेकशील कर्मठ व्यक्ति शुभसामर्थ्य से उन्हें छिन्न-भिन्न कर प्रवाह को पुनः प्रस्त्रवनशील बनाते हैं, और उसकी कर्मशक्ति फिर अपने मार्ग पर अग्रसर होने लग जाती है।

प्रस्तुत मन्त्र में औषधविशेषज्ञता स्पष्ट परिलक्षित होती है। मनुष्य अपने विवेक चेतन शक्ति का उपयोग कर शरीर स्वस्थ करते हैं।

मन्त्र सं. 10 पृ. सं. 249

विश्वाह पृतना अभिभूतरं नरं
सजतएत तक्षरिन्द्रं जगनुश्चराजसे।
कत्वा वरिष्ठं वर आमुरितो-
ग्रमोजिष्ठंतवसंतरस्विनम्॥

अर्थात्–वेद में इन्द्र पद से मनुष्यों के नेता राजा का वर्णन भी है। इस मन्त्र में यह विचार प्रस्तुत है कि श्रेष्ठकर्मा शत्रुनाशक बलशाली को इस प्रकार शिक्षित कर अपना नेता बनाना चाहिए कि वह सर्वाति-शक्तिशाली हों।

मन्त्र संख्या 12 पृ.सं. 249

नेमि नमन्ति चक्षसा मेषं विप्रा अभिस्वरा
सुद्दीतयो अद्रहो अच्छिकर्णे तरस्विनः स्मृक्वभिः।

अर्थात्–राष्ट्र की परिधि बना शासक उसकी सभी ओर से रक्षा करता है। इसीलिए बुद्धिमान प्रजाजन उसकी उपस्थिति में ही उसकी याद करते हैं तथा दूसरे प्रजाजनों से भी आग्रह करते हैं कि वे सत्कर्म कर उसके प्रति आदर की भावना प्रदर्शित करें।

प्रस्तुत मन्त्र के माध्यम से कुछ ऐसे तथ्य उल्लिखित किये गए हैं जिसकी क्रियान्विति सभी के समक्ष ही होती है। राजा की सिंहासन-परम्परा जहाँ है उनके लिए पूरा समाज समादर की भावना अभिव्यक्त करता है तथा सामाजिक समारोह में उनके प्रतिभक्ति अभिव्यक्त करते

हुए श्रद्धासुमन अर्पित कर नतमस्तक होते हैं और उनसे आशीष प्राप्त कर अपनी कृतज्ञता की अभिव्यक्ति प्रदर्शित करते हैं।

मन्त्र 2 पृ. 236

पिवतं धर्म मधुमन्तमश्विना बर्हिः सीदतं नरा।
ता मन्दसाना मनुषो दुरोण आ निपातं वेदसा वयः।

अर्थात् गृहस्थ नर-नारी पृथिवी स्थित मानवों के बीच स्थिरता से निवास करते हुए वेदज्ञान के द्वारा प्राप्तव्य आत्मिक मानवता का उपभाग करें। और इस तरह इसी मानव शरीर में ही सब प्रकार का ऐश्वर्य प्राप्त कर स्वजीवन का उपभाग करें।

प्रस्तुत मन्त्र के माध्यम से मन्त्रकार के आदेश जिस प्रकार उल्लिखित हुए हैं वे आदेश न सिर्फ उल्लेखनीय बल्कि अपने जीवन में इसे अक्षरशः उतार लेने की आवश्यकता है।

मन्त्र 3 पृ. 236

आ वां विश्वाभिरुतिभिः प्रियमेधा जहूषत।
ता वर्तिर्यामुम वृक्तवर्हिषो जुष्टं यज्ञं दिविष्टिषु॥

अर्थात्–सभी गृहस्थ नर-नारियों की विवेक बुद्धि को जगाने का इच्छुक, प्रभु उन्हें मानों बुलाकर कहता हो जीवन में यज्ञीय भावना को धार कर ऋत्विक बनो और अपनी दिव्य कामना की पूर्ति के लिए सदैव दान आदान पूर्वक सत्कर्म में रत रहो।

प्रस्तुत मन्त्र के माध्यम से जिस आदेश का उल्लेख स्पष्टता के साथ किया गया है वह निश्चय ही अनुकरणीय है। मानव जीवन को पवित्रमय बनाये रखने के लिए सत्कर्म की ग्रहणशीलता अनिवार्य है। साध्य जब पवित्रतम रहता है तो साधन स्वतः पवित्र प्राप्त होते हैं।

मन्त्र संख्या 4 पृ.सं. 236

पिबतं सोमं मधुमन्तमश्विना वर्हिसादसुमत।
तावावृधाना उप सुष्टुति दिवो गन्तं गौराविवरिणम्॥

अर्थात्–गृहस्थ जन स्वजीवन में प्रभु की सृष्टि के पदार्थों का ज्ञान अधिकाधिक प्राप्त करें और विभिन्न प्रकार के ऐश्वर्यों की प्राप्ति से उन्नति करते हुए प्रशंसित हों।

प्रस्तुत मन्त्र के माध्यम से जो आदेश प्राप्त होता है वह जीवन में सर्वोत्कृष्ट आदेश माना जा सकता है।

उक्ति प्रसिद्ध है "सोई जानत जेहि देहि जनाई"। यानि ज्ञान उन्हें प्राप्त होता है जिसे ईश्वर भी चाहते हैं तथा बिना ईश्वरीय अनुकम्पा-प्राप्ति से कोई मंगल कार्य सिद्ध नहीं होते हैं। "मंगलमय विभु किन-किन अमंगलों में कौन सा कल्याण छिपाये रहता है, यह, कौन कह सकता है? परमेश्वर कल्याण बिखेरते रहते हैं लेकिन इसकी प्राप्ति सभी को नहीं होती है। पूर्वजन्म की पुण्यकृति जब सहायक होती है तो जीवन में अनेक आश्चर्यजनक घटनाएँ घट जाती हैं जिनके पक्ष या विपक्ष में कोई तर्क प्रस्तुत करना सम्भव नहीं हो पाता है। सत्कर्म एवं सद्धर्म के सहयोग से कुछ आश्चर्यजनक उपलब्धि प्राप्त हो जाती है जिसके कारण प्राप्तिकर्त्ता मुग्ध हो जाते हैं और परमेश्वर की विडम्बना पर आश्चर्यचकित होते रहते हैं।

इदं यः श्रद्धया नित्यं पुराणं वेदसम्मितम्।
समपठेच्छृणुयान्मर्त्यः स याति भवनं हरेः॥

ब्रह्मपुराण 246/27

मन्त्र संख्या 5 पृ.सं. 236

आ नूनं यातमश्विनाश्वेभिः प्रुषितप्सुभिः।
दस्रा हिरण्यवर्त्तनी शुभस्पती पातं सोममृतावृधा॥

अर्थात्–ज्ञान एवं कर्मेन्द्रियाँ ही जीवनयात्रा के मुख्य साधक हैं। इन्हें प्राणशक्ति से बलवान रखते हुए ही सुखपूर्वक जीवन-यात्रा सम्भव है। इस भाँति जीवन-यात्रा सम्भव है। इस भाँति जीवन-यात्रा करने वाले नर-नारी दुखों को नष्ट करते हैं। हितरमणीय मार्ग का अनुगमन करते हैं, अपने यथार्थ ज्ञान को बढ़ाते हुए सदैव कल्याण बनाए रखते हैं।

प्रस्तुत मन्त्र के माध्यम से उल्लिखित किया गया है कि मनुष्य में शक्ति, सहनशीलता, परिश्रमशीलता के अभाव नहीं हैं। सदज्ञान एवं सन्मार्ग जिन्हें मिल जाता है उनकी दिशा तथा दशा दोनों ही बदल जाता है क्योंकि "सोई जानत जेहि देही जनाई" परमेश्वर की अनुकम्पा जिन्हें प्राप्त हो जाती है उनके लक्ष्य एवं साधन दोनों ही निश्चित कर लेता है। उसे असीम सत्ता का यदि सहयोग मिल जाता है तो उसकी गतिशीलता में अभिवृद्धि हो जाती है और लक्ष्य तथा निर्दिष्ट साधनों का उपयोग करते हुए लक्ष्य-प्राप्ति में सफल हो जाता है। अतः व्यक्ति की आन्तरिक कामना लक्ष्य प्राप्ति में सहायक बन जाती है।

मन्त्र सं. 6 पृ.सं. 236

वयं हि वाहवाम विपन्यवो विप्रासो वागसातये।
ता वल्गू दस्त्रा पुरुदसखा धियश्विना श्रुष्टयागतम्॥

अर्थात्–परमेश्वर के विविध गुणों का गान करने वाले विद्वान गृहस्थ स्त्री-पुरुषों को उपदेश दें कि वे स्वजीवनयज्ञ में शुभ बोलें, शुभ ही विविध कर्म करें और विवेकशक्ति धारक बुद्धि कभी पृथक न करें।

प्रस्तुत मन्त्र के माध्यम से व्यक्तित्व की विशेषताएँ यहाँ उल्लिखित की गई हैं। मनुष्य को सिर्फ कर्मठता नहीं चाहिए बल्कि विवेकशीलता तथा उसकी सद्भावना लक्ष्य तक पहुँचाने में सहायक होती है। मनुष्यगण सभी आगे बढ़ने की चेष्टा करते हैं लेकिन सद्ज्ञान, सदविचार तथा उसकी प्रज्ञा एवं विवेकशीलता बहुत सहायक होती है।

मन्त्र सं. 1 पृ. सं. 236

तं वो दस्ममृतीबहं वसोर्मन्दानमन्धसः।
अभि वत्सं न स्वसरेषु धेनुर्वइन्द्र गीर्भिर्न वामहे॥

अर्थात्–ऐश्वर्यवान प्रभु का गुणगान उतने ही प्रेम तथा तन्मयता से करें कि जितने स्नेह से बछड़े का आह्वान उसकी माता गोष्ठ में पहुँचकर करती है। माता एवं बालक में परस्पर स्नेह होता है।

मन्त्र के माध्यम से यह स्पष्ट किया गया है कि परमेश्वर की सहायता की कामना में व्यक्ति की भावना की सबलता होनी चाहिए तब ही उस अलौकिक दिव्यशक्ति की अनुकम्पा प्राप्त होती है।

गीता अध्याय "अष्टादश" श्लोक 78 में स्पष्ट उक्ति है-

यत्र योगेश्वरः कृष्णो यत्र पार्थोधनुर्धरः।
यत्र श्री विजयोभूतिर्धुवानीतिमर्तिमम्॥
तत्र सर्वाणि तीर्थानि क्षेत्राणि विविधानि च
यत्र प्रवहते पुण्या शुभा विष्णुकथापरा।
तद्देशवासिनां मुक्तिःकरसंस्थानसंशयः।

स्कन्दपुराण वैष्णव 14-48-50

इस तरह अलौकिक शक्ति का वरदान प्राप्त हो जाने पर सफलता निश्चित मानी जाती है। मानव अपने कर्म एवं कर्त्तव्यनिष्ठा में विश्वास करता है तो उसे प्रवंचित प्रायः नहीं होना पड़ता है। ईश्वरीय अनुकम्पा निश्चय ही मदद करती है जिससे मानव लक्ष्य सिद्धि तक पहुँच पाता है।

वेद ग्रन्थ भी इस तथ्य को स्वीकार करता है जैसा कि वेद वाक्य है:-

मन्त्र 15 पृ. 250

तन्म ऋतमिन्द्र शूर चित्र पात्वपो
न वज्रिष्युरिताति पर्षि भूरि।
कदान इन्द्र राय आ दसस्ये
र्विश्वस्पृहया य्यस्य राजन॥

भगवान विष्णु की कथामृत के उल्लेख श्रीमद्‌भागवत पुराण में इस प्रकार हुए हैं-

वासुदेव भगवति भक्तियोगः समाहितः,
सध्नी चीनेनवैराग्यं ज्ञानं च जनयिष्यति सोऽचिरादेव,

राजर्षे स्यादच्युतकथाश्रयः श्रृण्वतः श्रद्दधानस्य,
नित्यदासादधीयतः श्रीमद्भागवतपुराण॥

भक्तिभावना समन्वित ज्ञान मानव हृदय को विष्णु की उपासना से जोड़ता है।

मन्त्र 15 पृ. 250

तन्त्र ऋतुमिन्द्र शूर चित्र पात्वषो
न नवजिन्दुरितातिपर्षिभूमि।
कदा इन्द्रराय आ दशस्मेर्विश्व
प्सन्यस्य स्पृहयाय्यस्यराजन॥

अर्थात् उपासक की एक मात्र आशा प्रभु ही है। परन्तु वह यह भी समझता है कि सकल संसार उसके सत्य-अबाधित नियमों में आबद्ध है। उसे विदित है कि यदि प्रभु की सहायता मिले तो सारी दुर्भावनाओं, दुष्ट विचारों से सरलता से मुक्ति मिल सकती है।

मंत्र में उल्लिखित विचारों से अनेक समस्याओं के निराकरण होने की सभी आशाएँ दीख पड़ती हैं। इस कार्य में प्रभु की सहायता की अपेक्षा की जाती है अन्यथा यह समस्या अपनी विकटता की ओर अग्रसर होती चली जायेंगी और मानव की शक्ति सीमित है यह ध्यान में रखने की बात है जिससे मानव सृष्टि में संतुलन कायम रह सके।

मन्त्र सं 6 पृ. 250 :-

त्वं हि शश्वती नामिन्द्र तर्ता परमसि।
हन्ता दस्योर्ष्मनो वृधः पतिर्दिवः॥

मानव के अन्तःकरण में दुर्भावनाओं के अनेक क्षेत्र हैं। उन्हें अपने भरण-पोषण हेतु वही सब कुछ प्राप्त होता रहता है। प्रभु के मनन से अन्तःकरण में प्रभु को आसीन कर सकने वाले साधक ही इन क्षेत्रों का विध्वंसक है। फिर ये प्रवाह रूप से अनादि, अनन्त हैं। बार-बार टूटकर फिर बन जाते हैं। इसलिए मनन भी बार बार करना अनिवार्य है।

प्रस्तुत मन्त्र में प्रभु की सत्ता एवं उनके दायित्व पर विचार किया गया है जिससे यह भावना व्यञ्जित है कि प्रभु की शक्ति के उपभोग मानव के द्वारा हो सकता है यदि मानव अपने त्याग, तपस्या एवं बलिदान की भावना से अनुप्राणित होकर कर्मक्षेत्र में अडिग होकर डटे रहें।

मन्त्र 7 पृ. 250 :-

अधा हीन्द्रगिर्वण उपत्वा कामान्यहः ससृज्महे।
उदेवयन्त उदभिः।

अर्थात् जलपूरित जलाशयों के पास जाने वाले जलों से पूर्ण हो सकने वाली अभिलाषाओं की सृष्टि कर सकते हैं। प्रभु तो सभी ऐश्वर्यों से परिपूर्ण हैं फिर उसके सानिध्य में साधक के किसी भी कामना की पूर्ति की आशा रखना संभव है।

मन्त्र 8 पृ. 250 :-

वार्ण त्वा य व्याभिर्वर्धन्ति शूर ब्रह्माणि।
वावृध्वांसंचिदद्रिवो दिवे-दिवे।।

अर्थात् जल से सागर वृद्धि पाता है। यह पूर्णतः प्रत्यक्ष है। ऐसे ही प्रभु की वृद्धि अर्थात् हमारे अन्तःकरण में उसकी अधिकाधिक दृढ़ता से स्थिति हमारी वाणियों के द्वारा हम जो उनके गुणों का उच्चारण कर उनका अध्ययन करते हैं, उनसे वृद्धि होती है।

मन्त्र 9 पृ. 250 :-

युञ्जन्ति हरी इषिरस्य गाथयोरौ रथ उरुयुगे।
इन्द्रवाहा वचोयुजा।।

अर्थात् प्रभु की वन्दना के माध्यम से ही हमारी ज्ञान तथा कर्मेन्द्रियाँ आत्मा के वश में इस प्रकार रहती हैं कि वे रथी आत्मा को नितांत सुख तक पहुँचाती हैं।

प्रस्तुत मन्त्र के माध्यम से ईश्वरीय अनुकम्पा की प्राप्ति में होने वाली बाधाओं पर विचार किया गया है। प्रभु की असीम शक्ति है जिसकी

अनुकम्पा-प्राप्ति के प्रयास मानव द्वारा किये जाते है। ईश्वरीय अनुकम्पा के बिना मानव की सारी योजनाएँ निष्फल हो जाती हैं। अतः मानव इस दिशा में सतत् जागरूक रहकर प्रभु का सामीप्य तथा संरक्षण की कामना करता है।

मन्त्र 11 पृ. सं. 250 :-

त्वं हि नः पिता वसो त्वं माता शतंक्रतो वभविथ।
अधा ते सुम्नमीमहे॥

अर्थात् चतुर्दिक से साधन जुटाकर बसाने वाला पिता तथा सारी देख-रेख कर शरीर व चरित्र का निर्माण करने वाली माता ये दोनों ही पुत्र को सुख देने वाले होते हैं। प्रभु में ये दोनों शक्तियाँ निहित हैं। इनसे ही यह सकल संसार को सुख देता है।

प्रस्तुत मन्त्र के माध्यम से पारलौकिक शक्ति-प्राप्ति के प्रयास मानव द्वारा किया जाता है। ईश्वरीय वरदान या ईश्वरीय अनुकम्पा प्राप्ति के पात्र जो होते हैं वे ही तीव्रगति से निकलकर अपने आकर्षक व्यक्तित्व एवं कृतित्व का परिचय देकर शीघ्रातिशीघ्र सामान्वित होते हैं। लेकिन परमेश्वर की शक्ति की प्राप्ति के प्रयास सतत् मानव द्वारा होता रहता है। उक्ति है ''स्व इच्छा वलम् नास्ति, दैवेच्छा वलीयसी'' जब तक अलौकिक शक्ति का संयोग नहीं होता है तब तक चमत्कारिक कार्यों की अनुपस्थिति बनी रहती है ''अतः यह कथन प्रचलित है :-

रहिमन चुप हो वैठिये, देख दिनन के फेर।
जब नीके दिन आइहैं वनत लगहैं देर ॥

उस असीम सत्ता की प्रार्थना की जानी चाहिए लेकिन उनकी स्वेच्छा पर बलाघात सम्भव नहीं है। अतः मानव मन को धैर्य से काम लेने की सलाह सतत् मिलती रही है जिसका उल्लंघन नहीं किया जा सकता है।

मन्त्र संख्या 6 पृ. 251 :-

अनु ते शुष्मं तुरयन्तमीयतु क्षीणो शिशुं न मातरा।
विश्वास्ते स्पृधः शनथयन्त मन्यवे वृत्रं यदिन्द्र तूर्वसि॥

अर्थात् माता-पिता अपने अधीन परन्तु स्वदोषों को क्षीण करने में रत शिशु के अनुकूल आचरण करते हैं। संसार के सभी प्राणी प्रभु के बल के अनुकूल स्वआचरण बना लेते हैं - परमात्मा की शक्ति को सदैव अपने साथ विद्यमान अनुभव करने लगते हैं तो मानव का अज्ञान मिट जाता है और आगे बढ़ने को उत्साहित होता है। इस प्रकार अन्तःकरण की सारी दुर्भावनाएँ शिथिल हो जाती हैं।

मनुष्य सतत् आगे बढ़ने की चेष्टा करता है। ईश्वरीय अनुकम्पा का सहारा उसे रहता है। परमेश्वर परमपिता की संज्ञा से अभिहित होते हैं। ऐसी अवस्था में परमेश्वर की शक्ति से अनेक कार्यों में सिद्धि मिलती है। उस असीम सत्ता की शुभकामना की प्राप्ति का प्रयास मानव धर्म है। "जेहि सुमिरत सिद्धि होय; सुरनायक कबिवर वदन" इसी तरह "दैव इच्छा वलीयसी" की मान्यता के आधार पर मनुष्य अपने कर्त्तव्य से जुड़ा रहता है। फल की कामना अवश्य करता है लेकिन एक अबोध, निरीह बालक की तरह उस परमचिता परमेश्वर की अनुकम्पा प्राप्ति हेतु बार-बार असीम सत्ता की सुदृष्टि प्राप्ति की इच्छा अभिव्यक्त करता है। "समय एव करोति बला वलम् पुरुषम" के अनुसार प्रतीक्षा तो करनी पड़ती है।

अथर्ववेद

साहित्य समाज का दर्पण माना गया है। सारे दुख-सुख, हर्ष-विस्मय आदि तत्त्व तदयुगीन साहित्य में अभिव्यञ्जित होते हैं। महाभारत ग्रन्थ के सन्दर्भ में कथन है " यन्न भारतम्, तन्न भारतम्" अर्थात् जो तथ्य "महाभारत ग्रन्थ" में वर्णित नहीं हुआ है वह भारत में भी नहीं है।

संत तुलसीकृत रामायण तत्कालीन समाज का दर्पण माना गया है। उक्ति प्रसिद्ध है :-

सुजस पुराण विदित निगमागम्।
गावत सुर-नर-मुनि, संत समागम्।।

अर्थात् जन समुदाय यानि देववर्ग, मानवजन, ऋषि-मुनि तथा संत-समाज सभी मिलकर सस्वर पाठ जिन ग्रन्थों के करते हैं वे ग्रन्थ नियमशास्त्र यानि वेद एवं उपनिषद् आदि ग्रन्थ हैं। आगमशास्त्र यानि उपनिषद् तथा मनुस्मृति आदि धर्मशास्त्र परिगणित होते हैं।

शिवपुराण की उक्ति इस संदर्भ में उल्लिखित है :-

पित्रोश्च पूजनं कृत्वा प्रक्रान्तिं च करोति यः।
तस्य वै पृथिवीजन्यफलं भवति निश्चितम्।।

अपहाय गृहे यो वै पितरौ तीर्थमाव्रजेत।
तस्य पापं प्रोत्त्मं हनने च तयोर्यथा।।

पुत्रस्य च महात्तीर्थं पित्तोश्चरण पंकजम्।
अन्यतीर्थं तू दूरे वै गत्वा सम्प्राप्यते पुनः।।

इदं संनिहितं तीर्थं सुलभं धर्म साधनम्।
पुत्रश्च स्त्रियाश्चैव तीर्थं गेहे सुशोभनम्।।

शिवपुराण,-रु. सं.-कु. खं.-19-39-42

वैदिक समाज

मन्त्र संख्या 51 पृ. सं 170 यजुर्वेद

ये नः पूर्वे पितरः सोम्यासोऽनूहिरेसोमपीथं वशिष्ठः।
ते भिः यमासथंरराणो हविस्युशन्नशद्भिः॥

पितादि पुत्रों के साथ और पुत्र पिता आदि के साथ सब सुखदुखों को भोगकर और सदा सुख की वृद्धि और दुख का नाश करे। भारतीय परम्परा का निर्वाह वेदग्रन्थों द्वारा सर्वत्र किया गया है। धर्म से समीपता एवं पाप से दूरी बनाए रखने की परम्परा के निर्वाह की शिक्षा वेद ग्रन्थों से प्राप्त होती है।

ॐ हिरण्यगर्भः समवर्तताग्रे भूतस्य
जातः पतिरेक आसीत् स दधारं पृथिवीं
द्यामुतेमां कस्मै देवाय हविषा विधेम॥

यजुर्वेद 13/4

शिवौ तेऽऽस्तां द्यावपृथिवी असंतापे अभिश्रियौ,
शं ते सूर्य आ तपतु शं वातो वातु ते हृदे।
शिवा अभिक्षरन्तु त्वापो दिव्याः पयस्वतीः॥

अथर्ववेद सं 8/2/14

अर्थात् हे बालक! तेरे निष्क्रमण के समय द्युलोक तथा पृथ्वीलोक कल्याणकारी सुखद एवं शोभाप्रद हों। सूर्य तेरे लिए कल्याणकारी प्रकाश करें। तेरे हृदय में स्वच्छ कल्याणकारी वायु का संचरण हो। दिव्य जल वाली गंगा-यमुना आदि नदियाँ तेरे लिए निर्मल स्वादिष्ट जल का वहन करें।

1. पारिवारिक
2. सामाजिक
3. माङ्गलिक कार्यों के स्वरूप का वर्णन।

वेद ग्रन्थों में जिन-जिन संस्कारों के महत्त्व दिए गए हैं वे संस्कार आवश्यक समझे गए हैं तथा उनके उल्लेख बड़ी स्पष्टता के साथ हुए हैं।

अन्नप्राशन संस्कार के संदर्भ में मन्त्र उल्लिखित किए गए हैं जिस मंत्र का समावेश अथर्ववेद ग्रन्थ में इस प्रकार हुआ है। :-

शिवौ ते स्तां व्रीहियवावबलासावदोमधौ।
एतौ यक्ष्मं वि वाधेते एतौ मुञ्चतो अंहसः॥

अथर्ववेद (8/2/18)

अर्थात् हे बालक! जौ और चावल तुम्हारे लिए बलदायक तथा पुष्टिकारक हों। ये दोनों वस्तुएँ यक्षमा नाशक हैं तथा देवान्न होने से पाप नाशक भी हैं।

यजुर्वेद में चूड़ाकरण संस्कार सम्पन्न करना सामाजिक उत्सव माना गया है। यजुर्वेद ग्रन्थ में इस संस्कार का उल्लेख बड़ी स्पष्टता के साथ किया गया है। चूड़ाकरण संस्कार के मन्त्र इस प्रकार हैं :-

नि वर्तयाम्यायुषेडन्नाद्याम प्रजननाय
रायस्पोषाय सुप्रजास्त्वाय सुवीर्याय।

यजुर्वेद (3/63)

अर्थात् हे बालक! दीर्घ आयु के लिए तथा अन्नग्रहण करने में समर्थ बनाने के लिए उत्पादन शक्ति प्राप्ति के लिए ऐश्वर्य वृद्धि सुन्दर सन्तान के लिए, बल तथा पराक्रम प्राप्ति के योग्य होने के लिए मुण्डन संस्कार सम्पन्न किया जाता है।

यजुर्वेद ग्रन्थ के अनुसार कर्णवेध संस्कार किया जाता है। कर्णवेधरहित पुरुष को श्राद्ध का अधिकारी नहीं माना गया है। सूर्य की किरणें कानों के छिद्र से प्रवृष्ट होकर बालक बालिका को पवित्र करती हैं, तथा तेज सम्पन्न भी बनाती है। यजुर्वेद ग्रन्थ में यह मन्त्र इस प्रकार उल्लिखित हुआ है। जिस मन्त्र के माध्यम से बालक अथवा बालिका का अभिमन्त्रण संस्कार सम्पन्न किया जाता है :-

भद्रं कर्णेभिः शृणुयाम देवाः भद्रं पश्येमाक्षभिर्यजत्राः।
स्थिरेरेङ्गैस्तुष्टुवाँ सस्तनूभिर्व्यशेमहि देवहितं यदायुः॥

(यजुर्वेद 25/21)

द्वितीय तथा तृतीय वर्षों में क्रमशः वैदिक महामन्त्र तथा उपनिषद् व्रत किया जाता है। इसमें वेदों की ऋचाओं तथा उपनिषदों के श्रद्धापूर्वक पाठ किये जाते हैं और अन्त में सावित्री स्नान होता है। इसके अन्तर वेदाध्यायी स्नातक कहलाता है। इसमें सभी मन्त्रसंहिताओं का गुरुमुख से श्रवण किया जाता है। यह वेदारम्भ ब्रह्मचर्या श्रम-संस्कार भी कहा जाता है।

वेदवर्णित समाज के स्वरूप-विश्लेषण में यह मन्त्र समाविष्ट किया जाता है।

विघ्नेश विघ्न चयखण्डन नामधेय
श्रीशंकरात्मज सुराधिप पवन्द्यपाद।
दुर्गामहाव्रत फलाखिलमङ्गलात्मन्
विघ्नं ममापहर सिद्धिविनायकत्वम्॥

विद्यया लुप्यते पापं विद्ययाऽऽयुः प्रवर्धते।
विद्यया सर्वसिद्धिः स्यात् विद्ययामृतमश्नुते॥

अर्थात् वेद विद्या के अध्ययन से सारे पापों का लोप होता है, आयु की वृद्धि होती है, सारी सिद्धियाँ प्राप्त होती हैं, यहाँ तक कि उसके समक्ष साक्षात् अमृतरस अशनपान के रूप में उपलब्ध हो जाते हैं। सामवेद में इस सन्दर्भ में सम्बद्ध उक्ति इस प्रकार उल्लिखित हुई है-

विदा मधवन् विदागातुमनुशँ सिषो दिशः॥
शिक्षा शचीनां पते पूर्वीणां पुरुवसो॥ सामवेद 641

अर्थात् अत्यन्त वैभवशाली, उदार एवं परमपूज्य परमात्मन्! आप सम्पूर्ण वेदविद्याओं के ज्ञान से सम्पन्न हैं एवं आप सन्मार्ग एवं गम्य दिशाओं को भी ठीक-ठीक जानते हैं। हे आदिशक्ति; के स्वामिन! आप हमें शिक्षा का साङ्गोपाङ्ग रहस्य बतला दें।

वेदारम्भ संस्कार में यह ब्रह्मचर्याश्रम संस्कार कहा जाता है। ब्रह्मचारी गुरुकुल में वेदों का स्वाध्याय करते हैं।

केशान्त संस्कार :- वेदारम्भ संस्कार में ब्रह्मचारी गुरुकुल में वेदों का स्वाध्याय तथा अध्ययन करते हैं। उस समय ब्रह्मचर्य का पूर्ण पालन किया जाता है। वेदाध्ययन जब पूर्ण हो जाता है तब गुरुकुल में ही केशान्त संस्कार सम्पन्न होता है।

वेदस्नान :-

समावर्त्तन :- समावर्त्तन विद्याध्ययन का अन्तिम संस्कार है। विद्याध्ययन पूर्ण हो जाने के उपरान्त स्नातक ब्रह्मचारी अपने पूज्य गुरु की आज्ञा पाकर अपने घर में समावर्तित यानि लौट आता है। गृहस्थ जीवन में प्रवेश पाने का अधिकारी हो जाना समावर्तन संस्कार का फल माना जाता है।

वेदकालीन समाज आचार बन्धन को महत्त्व देता था। ''आचारहीन न पुनन्ति वेदा:''। अर्थात् आचारहीन पात्र वेद पाठ से भी पवित्र नहीं होते हैं, उक्ति ऊपर उल्लिखित की गई है जिसके आधार पर सदाचार युक्त व्यक्ति ही गृहस्थाश्रम में प्रवेश करते थे :-

आचार वन्तो मनुजा लभन्ते
आयुश्च वित्तं च सुतांश्च शौरव्यम्।
धर्मं तथा शाश्वतमीश लोकमात्रापि
विद्वज्जन पूज्यतां च॥

शास्त्रों की मान्यता है कि आचार ही सर्वश्रेष्ठ धर्म है। आचारहीन पुरुष यदि पवित्रात्मा भी हो तो उसको परलोक तथा इहलोक दोनों नष्ट हो जाते हैं।

1. हिरण्यमयेन पात्रेण सत्यास्यपिहितं मुखम्।
तत्त्वं पूषापावृणु सत्यधर्माय दृष्ट ये॥

इषावास्योपनिषद् मन्त्र संख्या 15

2. हिरण्यमयेन पात्रेण सत्यारस्यचिहितंमुखम्।
योऽसावादित्ये पुरुषः सोऽसाबह्य। ओम खं ब्रह्य॥

यजुर्वेद पृ. 292 मन्त्र सं. 17

वेद वर्णित :-

"भारतीय समाज के चिन्तन तथा जीवन के स्वरूप"

मन्त्र सं. 41 पृ. 21- यजुर्वेद :-

3. गृहा मा विभीत मा
वेपध्वमूर्ज्ज विभ्रतडएमसि।
ऊर्ज्जं विभ्रद्वः समनाः सुमेधा
गृहानैमि मनसा मोदमानः॥

अर्थात् ब्रह्मचर्याश्रम के उपरान्त गृहस्थाश्रम की मुक्त कण्ठ से वेद में प्रशंसा की गई है। उक्ति है- हे मनुष्यों! तुम गृहस्थाश्रम को यथावत् प्राप्त होओ। उस आश्रम के अनुष्ठान से तनिक भी भयभीत नहीं होओं। गृहस्थाश्रम को प्राप्त हुए लोगों को धैर्य, आध्यात्मिक शक्ति तथा सामाजिक सौहार्द आदि विशेष गुणों को ग्रहण कर गृहस्थाश्रम को ग्रहण करें। उत्तम ज्ञान, उत्तम बुद्धि तथा वैज्ञानिक चिंतन के साथ इस आश्रम के उत्साह युक्त होकर सुखमय जीवन रखने की प्रतिज्ञा कर लेनी चाहिए। ग्रन्थकार ने स्वयंवर के विधान से सामाजिक रीति का पालन करते हुए विवाह कर शरीर और आत्मा के बल को सुदृढ़ करते हुए पुत्रोत्पन्न करना चाहिए।

किसी भी पात्र को गृहस्थाश्रम के अनुष्ठान से भय नहीं करना चाहिए। सभी आश्रमों का मूल गृहस्थाश्रम है इस मान्यता के साथ सुखमय जीवन बिताने की योजना रखनी चाहिए। वैवाहिक जीवन का संदर्भ वेद के अगले मन्त्र में विशेष रूप से स्पष्ट किया गया है।

4. मन्त्र संख्या 42 पृ. 21 :-

येषामद्ध्येति प्रवसन् येषु सौमनसो वहुः।
गहानुपह्व यामह ते नो जानन्तु जानतः॥

अर्थात् गृहस्थों को वैवाहिक जीवन व्यतीत करते हुए अतिथि सत्कार भी करना चाहिए। गृहस्थ वर्ग के साथ पूरी सहानुभूति पूरे समाज को रखनी चाहिए विद्या की उन्नति करनी चाहिए तथा सद्ज्ञान एवं सत्कृत्य को सर्वाधिक महत्त्व देना चाहिए। इस वैवाहिक जीवन को सुखमय बनाने के लिए वेदमन्त्रों में अनेक तथ्य उल्लिखित हुए हैं।

5. मन्त्र 43 पृ. 21 :-

उपहूताऽइह गावऽउपहूतो ऽअजावयधः।
अथोऽअन्नस्य कीलाल उपहूजो गुहेषु नः।
क्षेमाय वः शान्यै प्रपद्ये शिवँ शुग्मँ शंयोः शंयोः॥

अर्थात् गृहस्थ के लिए उचित है कि उसकी आज्ञा के पालने से गौ, हाथी, घोड़े आदि पशु तथा खाने-पीने योग्य स्वादु भक्ष्य पदार्थों का संग्रह अपनी तथा औरों की रक्षा करते रहें। धर्म विद्या और पुरुषार्थ से इस लोक का तथा परलोक के सुखों को प्राप्त करने की चेष्टा करें।

किसी भी पुरुष को आलस्यपूर्ण जिन्दगी नहीं बितानी चाहिए। सारे मनुष्यों को पुरुषार्थ युक्त होकर चक्रवर्ती राज्य आदि धनों का उपभोग करें। गृहस्थाश्रम पर इस मन्त्र मे भी प्रकाश डाला गया है।

6. मन्त्र 44 पृ. 21 :-

प्रधासिना हवामहे मरुतश्च रिशादसः।
करंभेण सुजोषसः॥

अर्थात् गृहस्थ परिवार के लिए उचित है कि वैध, शूर वीर, और यज्ञ सिद्ध करने वाले मनुष्यों को बुलाकर उनकी यथावत् पूर्ण सत्कार के साथ उनकी सेवा करनी चाहिए।

7. मन्त्र 45 पृ. 21- में गृहस्थ परिवार की कुशलता के लिए बड़ी सहृदयता के साथ विचार किया गया है।

यद ग्राम यदरण्ये यद् सभायां यदिन्द्रिये।
यदेनश्चकृमा वयमिदं तदवयजामहे स्वाहा॥

अर्थात् मन्त्र में कर्म के अनुष्ठान करने वाले तथा चारों आश्रमों में रहने वाले मनुष्यों को गृहस्थ एवं उनके परिवार के प्रति सद्‌भावना पूर्ण व्यवहार रखना अनिवार्य है क्योंकि गृहस्थ परिवार की लाचारी पूरे समाज की लाचारी समझी जाती थी। गीता ग्रन्थ में भारतीय समाज के स्वरूप पर प्रकाश जलते मानव-चरित्र का विश्लेषण बड़ी स्पष्टता के साथ हुआ है। यह शास्त्र मानव जीवन से जुड़ा है :-

गीता सुगीता कर्त्तव्या किमन्यैः शास्त्र विस्तरैः।
या स्वयं पद्धनाभस्य मुखद्धाद्विनिःसृता॥

अर्थात् गीता सुगीता करने योग्य है गीता को भली प्रकार पढ़कर अर्थ और भाव सहित अन्तःकरण में धारण कर लेना मुख्य कर्त्तव्य है, जो स्वयं पद्मनाभ भगवान श्रीविष्णु के मुखारविन्द से निकली हुई है। अन्य शास्त्र के विस्तार से क्या प्रयोजन है।

य इमं परमं गृह्यं मद्‌भक्तेष्वभिधास्यति।
भक्ति मयि परां कृत्वा मामेवौष्यत्यसंशयः॥

अर्थात् जो पुरुष मुझमें प्रेम करके इस परम रहस्ययुक्त गीताशास्त्र को मेरे भक्तों में कहेगा वह मुझको ही प्राप्त होगा-इसमें कोई संदेह नहीं है (अ. 18 श्लो. 68)

न च तस्मान्मन्युषेषु कश्चिन्मे प्रियकृत्तमः।
भविता न च मे तस्मादन्यः प्रियतसेभुवि॥

अ. 18 श्लो. 69

अध्येष्यतेचय इमं धर्म्यं सवांदमावयोः।
ज्ञान यज्ञेन तेनाहमिष्टः स्यमिति मे मतिः॥

अ. 18 श्लो.70

अर्थात् जो पुरुष इस धर्ममय हमदोनों के सम्वाद रूप गीता शास्त्र को पढ़ेगा उसके द्वारा भी मैं ज्ञान यज्ञ से पूजित होऊँगा। ऐसा मेरा मत है।

श्रद्धा वान नसूयश्च श्रृणुयादवि यो नरः।
सोऽपि मुक्तः शुभॉल्लोकान्प्राप्नुयात् पुण्यकर्मनाम्॥

अ. 18 श्लो. 71

उससे बढ़कर मेरा प्रिय कार्य करने वाला मनुष्यों में कोई नहीं है, तथा पृथ्वी भर में उससे बढ़कर मेरा प्रिय दूसरा कोई भविष्य में नहीं होगा।

अध्याय 18 श्लोक 71:- जो पुरुष इस धर्ममय हम दोनों के सम्वाहरूप गीताशास्त्र को पढ़ेगा, उसके द्वारा भी मैं ज्ञानयज्ञ से पूजित होऊँगा। ऐसा मेरा मत है।

आचरण :- आ उपसर्ग के साथ चरण शब्द लगने से आचरण शब्द व्युत्पन्न होता है। चरण शब्द कई अर्थों में प्रयुक्त होता है। चरण का साधारण अर्थ इस पंक्ति से स्पष्ट होता है :-

चरण वै मधु विन्दति,
चरण स्वादु उदम्वरम्।
सूर्यस्य पश्य श्रेयमानम्।
जो न तन्द्रय ते चरण
चरैवेति चरैवेति चरैवेति॥

इस श्लोक के सन्दर्भ से एक लघु कथा जुड़ी हुई है। एक राजा थे जिन्हें पुत्र की प्राप्ति की कामना इतनी बलवती थी कि वे जीवन से निराश हो चुके थे। अनेक भविष्य वक्ताओं से राजा ने सम्पर्क किया। वहाँ तक बातें बढ़ती चली गई कि किसी भविष्यविद् ने कह दिया कि वरुणदेव की उपासना से इन्हें पुत्ररत्न की प्राप्ति होगी। राजा की तपस्या वरुणदेव की प्रसन्नता के लिए शुरु हो गई। कुछ ही दिनों के उपरान्त वरुणदेव ने राजा को दर्शन दिया और पुत्ररत्न प्राप्ति का आशीर्वाद भी दिया। मनोकामना की पूर्ति के साथ एक शर्त राजा के समक्ष रख दिया गया। शर्त की बात राजा को स्वीकार करनी पड़ी क्योंकि ''उन्हें यह मन्त्र सुनाया गया कि -

अपुत्रस्य गतिः नास्ति।
स्वर्गः नैवच नैव च॥

अर्थात् अपुत्र व्यक्ति के लिए स्वर्ग पहुँचना बहुत कठिन है। निःसन्तान व्यक्ति के लिए स्वर्ग वर्जित कहा है। राजा ने अपनी प्रार्थना से वरुणदेव को राजी कर लिया लेकिन वरुणदेव की शर्त कठिन थी। शर्त के अनुसार पुत्रजन्म के कुछ दिनों के उपरान्त पुत्र को वरुणदेव के लिए छोड़ देना होगा। राजा को पुत्रवान बनने की इच्छा बहुत बलवती थी जिस हेतु वरुणदेव की शर्त मान लेनी पड़ी।

पुत्र जन्म हो गया अब वरुणदेव की नजर से बचाकर रखना कठिन था। पुत्र न देने की इच्छा से पुत्र को सलाह दे दी गई कि वह पितागृह छोड़कर जंगल में जाकर छिप जाय। पुत्र ने पिता की बात मानकर जंगल की शरण में चला गया। वरुणदेव की शर्त के अनुसार राजपुत्र चाहिए लेकिन पुत्रमोह प्रबल था। बार-बार वरुणदेव लौटते गए और कुपित होकर राजा को जलोदरग्रस्त होने का शाप मिल गया। पुत्र ने पिता का कष्ट देखा और जंगल में छिपने के ख्याल से यत्र-तत्र छिपकर भागते रहते थे। समस्या जटिल थी। कुछ दिनों के उपरान्त राजा के पुत्र ने समाधान खोज लिया। किसी निर्धन ब्राह्मण ने काफी संख्या में गाएँ लेकर अपने पुत्रों को किसी अन्य के हाथ बेच डाला। वह बेचा गया बालक राजपुत्र के हाथ आ गया। गाएँ देकर बच्चे की खरीद का कार्य राजपुत्र ने भी किया। वरुणदेव की समस्या सुलझ गई। अब वरुणदेव हेतु बालक खरीदा, हुआ था। ब्राह्मण पुत्र लेकर वरुणदेव की सेवा में राजपुत्र गया। वरुणदेव की समस्या सुलझ गई थी क्योंकि राजपुत्र के स्थान पर एक गरीब ब्राह्मण पुत्र मिल गया था। वरुणदेव को तो बलि का बकरा प्राप्त हो गया। राजा एवं राजपुत्र अब दोनों ही संकटयुक्त थे। किन्हीं के चरित्र पर अब संकट नहीं था:-

आचारवन्तो मनुजा लभन्ते।
आयुश्च वित्तं च शुतांश्च सौरव्यम्॥
धर्मं तथा शाश्वतमीश लोक्-
मत्रापि विद्वज्जन पूज्यतां च॥

वैदिक युग का सामाजिक स्वरूप यही था। जहाँ मनुष्य की खरीद बिक्री कठिन समस्या नहीं थी।

अथर्ववेद मन्त्र-1-सक्त 7 पृ. 4

स्तवानमग्न आ वह यातुधानं किमीदिनम्।
त्वं हि देव वदिन्तो हन्ता दस्योर्वभूविथ।

जब अग्नि के समान तेजस्वी और यशस्वी राजा दुखदायी चुगलखोर डाकुओं और चोरों को अधीन कर लेता है तो राज्य में शांति-सुख का राज्य होता है।

भारतीय समाज में धर्म का शासन था। धर्म के नियमों के उल्लेख बड़ी स्पष्टता से होता था। धर्म का मार्ग सर्वमान्य था :-

विद्वभिः सेवितः सद्भिः नित्यमद्वेषरागभिः
हृदये नाम्यनुज्ञातो यो धर्मस्तं निवोधन।

वामनपुराण की पंक्ति भी तर्क के साथ जुड़ जाती है।

धर्मोऽस्यमूलं धनमस्य शाखा।
पुष्पं च कामः फल्मस्य मोक्षः॥

वामन पुराण - 14-19

जीवन का लक्ष्य आर्थिक उन्नति नहीं है बल्कि मानव जीवन की प्राप्ति हो जाने के परिणामस्वरूप मोक्ष ही सर्वोपरि उद्देश्य समझा जाता है। प्रातः स्मरणीय मन्त्र की पंक्तियों में जीवन लक्ष्य अभिव्यक्त है।

ब्रह्ममषुरस्तिस्त्रि पुरान्तकारी
भानुः शशीभूमिसुतो वुधश्च।
गुरुश्चशुक्रः शनि राहु केतवः
कुर्वन्तु सर्वे मे सुप्रभातम्॥

सनतकुमारः सनकः सनन्दनः।
सनातनोरच्यासुरिपिङ्गलौ च।
सप्तः स्वतः सप्तरसातलाश्च।
कुर्वन्तु सर्वे मम् सुप्रभातम्॥

सप्तार्णवाः सप्तकुलाचलश्च।
सप्तर्षयो द्वीपवराश्च सप्त।
भूरादिकृत्वा भुवनानि सप्त।
कुर्वन्तु सर्वे मम् सुप्रभातम।।

प्रातः काल जगते ही मंगलकामना के स्वर गुँजायमान हो जाना चाहिए। प्रार्थना में बलवती इच्छा की अभिव्यक्ति हुआ करती है जिसकी पूर्ति में अलौकिक शक्ति की प्राप्ति की कामना की जाती है तब ही फल की प्राप्ति होती है।

आत्मशक्ति सबसे बड़ी शक्ति है। जीवन संघर्ष ही जीवन का प्रेय है। इसके फलस्वरूप ही मनुष्य श्रेय की प्राप्ति कर लेने में समर्थ होता है। सत्य की ही जीत होती है जिस हेतु समय की प्रतीक्षा करनी पड़ती है :-

धर्मो जयति नाधर्मः।
महत पदं पुण्ययशो मुरारेः।।

भवाम्वुधिर्वत्स पदं यदं।
पतं यद् विपदों न तेषाम्।। भागवत 10-14-58

गीता की पंक्ति में भी इस सत्य कथन की अभिव्यक्ति इस प्रकार हुई है :-

त्वमादि देवः पुरुषः पुराण-
स्त्वमस्य विश्वस्य परं निधानम्।
वेत्तासि वेद्यं च परं च धाम्।
त्वया ततं विश्वमनन्त रूपम।।

अर्थात् आप आदिदेव हैं और सनातन पुरुष हैं, आप इस जगत के परम आश्रय और जानने वाले तथा जानने योग्य और परम धाम हैं। हे अनन्तदेव ! आप से यह सब जगत व्याप्त तथा परिपूर्ण है।

गी. अ. 11 श्लोक 39

भगवान के स्वरूप को हृदयंगम् करते हुए उक्ति है :-

किरीटिनं गदिनं चक्रहस्त -
मिच्छामि त्वां द्रष्टुमहं तथैव॥

तेनैव रूपेण चतुर्भुजेन।
सहस्त्र वा हो भव विश्वमूर्त्ते॥

अर्थात् वैसे ही आप को मुकुट धारण किये हुए तथा गदा और चक्र हाथ में लिए हुए देखना चाहता हूँ। इसलिए हे विश्वरूप! हे सहस्त्रवाहो! आप उसी चतुर्भुजरूप से प्रकट होइये।। अ. 11 श्लोक 46

मन्त्र संख्या 3 पृ. 4 अथर्ववेद :-

विलपन्तु यातुधाना अत्रिचो ये किमीदिनः।
अर्यदमग्ने नो हविरिन्द्रश्च प्रति हर्यतम्॥

अग्नि वायु के साथ हवन सामग्री से प्रचण्ड होकर दुर्गन्धादि दोषों का नाश करती है। उसी तरह अग्नि के समान तेजस्वी और वायु के समान वेगवान महाप्रतापी राजा से दुखदायी स्वार्थी, वाचाल लोगों के दण्डित होने पर उनके राज्य में पूर्णशक्ति कायम हो जाती है। ऐसे राजा को जनसमर्थन भी प्राप्त होता है।

अथर्ववेद मन्त्र 4 पृष्ठ 4 :-

यत्रैष भग्निे जनिमानि वेत्थगुहासतामत्त्रिाणा जातवेदः।
तासांत्रम् ब्रह्मणा वावृधाणो जहयेवांशतत्र्हमग्ने॥

राज्य में अग्नि के समान तेजस्वी और वायु के समान वेगवान राजा के राज्य में पूर्ण शान्ति कायम हो जाती है। प्रजा शांतिमय जीवन व्यतीत करती है।

मन्त्र 5 पृष्ठ 4 :- राजा के लिए उचित है कि अपने राज्य में विद्या का प्रचार करे। सब प्रजा के साथ समान व्यवहार करे उपद्रवियों पर पूर्ण रूप से कड़ी नजर रक्खे। यह भी नजर रखनी चाहिए कि राजाज्ञा की अवहेलना नहीं होनी चाहिए।

मन्त्र की पंक्ति है :-

पश्चाम् ते वीर्यं जात
वेदप्रणो ब्रूहि यातुधानान् नुचक्षः॥
त्वया सर्वे परितप्ताः पुरस्तात्
त आयन्तु प्रवुवाणा उपेदम्॥

मन्त्र 6 पृ. 4 :-

आ रमस्व जातवेदो ऽस्मार्काथाय यज्ञिषे।
दुतोनोअग्ने भूत्वा यातुधानान विलापय॥

अर्थात् दूत का अर्थ शीघ्रगामी है और सन्तापहारी है। जैसे दूत शीघ्र चलकर सन्देश पहुँचाता है वैसे ही बिजली रूप अग्नि शरीर में प्रविष्ट होकर वेग उत्पन्न करता है अथवा काष्ठ आदि को जलाता है इसी प्रकार अग्नि के समान तेजस्वी और प्रतापी राजा अपनी प्रजा की दशा जानकर यथोचित न्याय करता है तथा दुष्टों को दण्ड देता है।

मन्त्र संख्या 7 पृष्ठ 4

त्वमग्ने यातुधाना नुपबद्धा इहावह।
अथैषामिन्द्रोवज्रेणापि शीर्षाणि वृश्चतु॥

अर्थात अग्नि के समान प्रतापी और (इन्द्र) वायु के समान वेगवान राजा उत्पातियों को कारागार में डाल दे और उनके सिर उड़ा दे।

सूक्त 8 मन्त्र 1 पृ. 4 :-

इदं हविर्यातुधानान् नदीफेनमिवावहत्।
यं इदं स्त्री पुमानकरिह स स्तुवतां जनः॥

अर्थात् प्रजा की पुकार सुनकर जब राजा दुष्टों को पकड़ते है अपराधी स्त्री और पुरुष अपने अपराध को अङ्गीकार कर लेते और उस प्रतापी राजा की स्तुति करते हैं।

मन्त्र-2 पृ. 4 सूक्त 8

अयं स्तुवान् आगमदिमं स्म प्रतिहर्यत्।
वृहस्पतेवशेलब्ध्वाग्नोषोभाविविध्यतम्॥

अर्थात् जो शत्रु राजा का प्रभुत्व मानकर शरणागत हो, राजा और कर्मचारी उसका स्वागत करें। प्रतापी राजा दूसरे वैरी को साम, दाम, आदि से अपने आधीन रक्खे। अन्य वैरियों को (अग्निषोभा) दण्ड देने में अग्नि सा प्रचण्ड और न्याय करने में चन्द्रमा सा शान्त रहे।

मन्त्र 3 सूक्त 8 पृ. 4 :-

यातुधानस्य जहि प्रजां नयस्व च ।
नि स्तुवानस्य पातय परम क्ष्युतावरम्॥

अमृत पीने वाले अर्थात् शान्तस्वमान राजा दुष्टों का नाश करे और पकड़ लावे। निन्दा फैलाने वाले मिथ्याचारी शत्रु को नष्ट-भ्रष्ट कर दे जिससे वह पापी अपने मन के भीतरी कुविचार और बाहरी कुचेष्टा और कर्म छोड़ दे।

मन्त्र 4 सू. 8 पृ. 4 :-

यत्रैषामग्ने जनिमानि वेत्थ गुहा सतामत्मिणां जातवेदः।
तात्स्त्वं ब्रह्मणा वावृधानो जह्येषां शततर्ह मग्ने॥

गुप्त उपद्रवियों की खोज करे उनको यथानीति कड़े-कड़े दण्ड देकर प्रजा में शान्ति रक्खे।

मन्त्र-1 सूक्त-9 पृ. 5

अस्मिन् वस वसवो धरियन्त्विन्द्रः
पूषावहणो मित्रो अग्निः।
इममादिव्या उत विश्वे च देवा
उत्तरस्मिन् ज्योतिषि धारमन्तु॥

चतुर पुरुषार्थी मनुष्य के लिए परमेश्वर और संसार के सब पदार्थ

उपकारी होते हैं। अथवा जो सूर्य, भूमि, मेघ वायु और अग्नि के समान उत्तम गुण वाले और दूसरे शूरवीर विद्वान लोग (आदित्याः) जो विद्या के लिए और धरती अर्थात् सब जीवों के लिए पुत्र समान सेवा करते हैं और जो सूर्य के समान उत्तम गुणों से प्रकाशमान हैं वे सब नरभूषण पुरुषार्थी मनुष्य के सदा सहायक और शुभचिन्तक रहते हैं।

मन्त्र 2 सूक्त-9 पृष्ठ 5

अस्य देवाः प्रदिशि ज्योतिरस्त
सूर्यो अग्निठत् वा हिरण्यम्।
सपत्ना अस्मदधरे भवन्तत्तमं
नाकमधि रोहयेमम्।।

अर्थात्, प्रकाश वाले, सूर्य, अग्नि की, सुवर्ण आदि की, विद्याएँ अथवा सूर्य अग्नि और सुवर्ण के समान प्रकाश वाले लोग पुरुषार्थी मनुष्य के अधिकार में रहें और वह यथायोग्य शासन करके सर्वोत्तम भोगें।

मन्त्र 3 सू. पृ. 5

अथर्ववेद

येनेन्द्राय समभरः पयांस्युत्तमेन ब्रह्मणा जातवेदः।
तेन त्वमग्न इह वर्धयेमं सजातनां श्रैष्ठय आ धेह्येनम्।

अर्थात् परमेश्वर पुरुषार्थियों को सदा पुष्ट और आनन्दित करता है। मनुष्य को प्रयत्न करके अपनी श्रेष्ठता और प्रतिष्ठा बढ़ानी चाहिए।

मन्त्र 4 सू. 9 पृ. 5

एषा यज्ञमुत वर्चो ददेऽहंरायस्वोषमतचित्तन्यग्ने।
सपत्नां अस्मदधरे भवन्तूत्तमं नाकमधि रोहयेमम्।।

बुद्धिमान नीतिनिपुण पुरुष अपने पक्ष वाले के किए हुए उपकार और सत्कार को सधन्यवाद स्वीकार करें और विपक्षियों को नीचा दिखाकर अपनी प्रतिष्ठा बढ़ावें।

अथर्ववेद सूक्त 10 मन्त्र 1 पृ. 1

अयं देवानाम् असुरोविराजतिवशा
हि सत्या वरुणस्य राज्ञः।
ततस्परि ब्रह्मणा शाशदान उग्रस्य
मन्योरुदिमं नयामि॥

अर्थात् सर्वशक्तिमान परमेश्वर के क्रोध से डर कर मनुष्य पाप न करें और सदा उसे प्रसन्न रक्खे।

सूक्त 9 मन्त्र 4 पृ. 5

अस्य देवाः प्रदिशि ज्योतिरस्त
सूर्यो अग्निरुत हिरण्यम्।
सपत्नां अस्मदधरे भवन्त्
तम नाकमधि रोहयेमम्॥

अर्थात् प्रकाश वाले, सूर्य, अग्नि और सुवर्ण आदि की विधाएँ अथवा सूर्य, अग्नि, सुवर्ण के समान प्रकाश वाले लोग, पुरुषार्थी मनुष्य के अधिकार में रहें। और वह यथायोग्य शासन करके सर्वोत्तम सुख भोगें।

सूक्त 9 मन्त्र 3 पृ. 5

येन नाद्राय समभरः पर्यास्युत्तमेन ब्रह्मणा जातवेदः।
तेन त्वमग्न इव वर्धयेमं सजातानां श्रेष्ठय् आ धेह्मनम्॥

अर्थात् श्रेष्ठता और प्रतिष्ठा बढ़ानी चाहिए।

सूक्त 10 मन्त्र 4 पृ. 5

मुञ्चामि त्वा वैश्वानरादर्णवान्मह तस्परि।
सजातानुग्रहावेद ब्रह्म चाप चिकीहिनः॥

मनुष्य पापकर्म छोड़ने से परमेश्वर के सर्वहितकारी परमेश्वर के कोप से मुक्त होते हैं। परमात्मा सब प्राणियों को उपदेश करता है और सबकी सत्यभक्ति को स्वीकार कर यथार्थ आनन्द देता है।

अथर्ववेद सूक्त 11 मन्त्र 1 पृ. 5

वषट् ते पूषन्न स्मित्तसूता वर्यमा होता कृणोतु वेधाः।
सिस्रतां नापृतप्रजाता विपवोणिजिहतां सूतवे उ॥

अर्थात् प्रसव समय होने पर पति आदि विद्वान लोग परमेश्वर की भक्ति के साथ हवनादि कर्म प्रसूता स्त्री की प्रसन्नता के लिए करें और वह स्त्री सावधान होकर श्वास-प्रश्वास आदि द्वारा अपने अङ्गों को कोमल रक्खे जिससे बालक सुखपूर्वक उत्पन्न हो जाय।

वेदवर्णित भारतीय जीवन के तत्त्वों का विश्लेषण

साहित्य समाज का दर्पण है सम्पूर्ण जीवन-पद्धति के स्वरूप का मूल्यांकन वेद ग्रन्थों में हुआ है। "चत्वारः वेदाः" हमारे वेदकालीन समाज का स्वरूप प्रस्तुत करता है। वेदकालीन जनमानस की कैसी चिन्तनधारा थी उस काल की सामाजिक, आर्थिक, राजनीतिक परिवेश की चिन्तनधारा वेदग्रन्थों में उल्लिखित हुई हैं। हमें अपने क्रमिक विकास का इतिहास वेदग्रन्थों से प्राप्त होता है। वह वैदिक परम्परा अनेक संघर्षों का लेखा-जोखा प्रस्तुत करता है, जिससे हमें अवगत होना चाहिए तथा पूर्वजों के कार्यकलापों एवं उनकी सामाजिक, आर्थिक एवं राजनीतिक चिन्तन के इतिहास से अवगत होने के लिए वेदसाहित्य सबसे उपयुक्त सहारा है जिस पर वेदग्रन्थों की अभिव्यञ्जना से हमें अवगत होकर अपने पूर्वजों के क्रमिक विकास का इतिहास समझना चाहिए।

इशावास्योपनिषद् तथा यजुर्वेद दोनों ही ग्रन्थों में एक ही मन्त्रों की व्याख्या दी गई है और वह सामाजिक इतिहास का अंश कहा जा सकता है। वैसे मन्त्रों के मूल भावों-विचारों की प्रेरक शक्ति के रूप में ग्रहण किया गया है जिनसे अवगत होने पर वह हमारे क्रमिक विकास से जुड़ा है जो नींव की ईंट है जिस पर चिन्तन का विशाल भवन तैयार हुआ है। दोनों ही मन्त्रों की पंक्तियों की भाषा एवं तथ्य के आधार में समानता है जिनकी समझदारी बाद की पीढ़ियों को विश्लेषण से ही प्राप्त हो सकती है।

प्रारम्भिक उन दोनों मन्त्रों में ऐतिहासिक चिन्तन से अवगत होने की आवश्यकता है। आर्यगण अपने सामाजिक चिन्तन को उन प्रारम्भिक मन्त्रों में उल्लिखित करते हैं–

सत्य की खोज या उसका अनुसंधान कठिन कार्य है। यह तथ्य साहित्यिक शैली में उद्घाटित हुआ है। पूषणदेव सत्य के रक्षक देवता कहे गए हैं। उस सत्य को उद्घाटित करना अनेक समस्याओं को सुलझाने का कार्य करना पड़ता है। कहा गया है कि सत्यधर्म हमेशा किसी की ओट में छिपा रहता है। साधारण प्रयत्न से सत्य तक पहुँच पाना कठिन है। सत्य के देवता "पूषणदेव" हैं जो सत्य को आवेष्ठित कर छिपाये हुए धरोहर के रूप में रक्खे रहते हैं। अतः उनकी प्रार्थना की गई है। उनके प्रयास से ही सत्य का उद्घाटन हुआ करता है जिस हेतु प्रार्थना है कि जहाँ सत्य छिपा हुआ है उस स्थल को "अपावृणु" यानि खोलकर या उसे देखने का अवसर प्रदान करें। पुराने तथ्यों को सभी के समक्ष रखने की आवश्यकता है जिसके लिए पूषणदेव की कृपा या सहयोगात्मक दृष्टि की आवश्यकता है। "सत्यधर्माय दृष्टये" से तात्पर्य है कि वह सत्य सभी की दृष्टि से ओझल होकर किसी दुर्गम स्थल में छिपा हुआ है जिसे देखने, समझने तथा तथ्यों को उद्घाटित करने का सुअवसर प्रदान करें इसमें ईश्वरीय शक्ति या अनुकम्पा पूषणदेव की सहयोगात्मक दृष्टि से ही सम्भव है।

हिरण्यमय पात्र में प्राचीन तथ्य या जीवन सत्य छिपा रहता है। साधारण जनों की दृष्टि से वह ओझल ही रहता है। देवशक्ति या ईश्वरीय अनुकम्पा जब प्राप्त होती है तब छिपे हुए भाण्डार के मुख को कोई देवशक्ति ही अपावृणु यानि खोल देने का कार्य कर सकते हैं। इस तरह भारतीय प्राचीन ग्रन्थों से जो सत्य उद्घाटित होते हैं वह सहजता से प्राप्त होना सम्भव नहीं कहा गया है। सत्य तक पहुँचना एक संघर्षपूर्ण यात्रा है। जिस हेतु सतत प्रयत्नशीलता की आवश्यकता है।

हिरण्यमय पात्र को अलग कर देने से सत्य का दर्शन करने की

चेष्टा हो सकती है जिसमें अलौकिक प्रेरणा तथा ईश्वरीय सहायता ही कार्य करती है।

पुनः संत तुलसीदास की उक्ति इस सन्दर्भ में उल्लेखनीय है–

सुजस पुराण विदित निगमागम्
गावत सुरनरमुनि संत समागम्।

इस स्थल पर निगम एवं आगम दो विशिष्ट शास्त्रों के उल्लेख हुए हैं। निगमशास्त्र में वेदग्रन्थ आते हैं तथा आगमशास्त्र में उपनिषद् आदि ग्रन्थ हैं। इन शास्त्रों के माध्यम से भारतीय परम्परा के विश्लेषण किये गए हैं।

वेद ग्रन्थ निगम शास्त्र कहलाता है। इसकी उत्पत्ति ब्रह्मा के मुख से मान्य है। ईश्वर की अलौकिक शक्ति की देन वेदग्रन्थ है।

ऋषि-महर्षि ने अपने अनुभव ग्रन्थ ज्ञान का परिचय वेदग्रन्थों में दिया है। ऋषि शब्द की व्याख्या वेद विचारकों ने की है। महर्षि विशेष की उक्ति है "ऋषयः क्रान्तदशिनः" दूरदृष्टि रखने वाले वेद विचारकों ने वेद-ग्रन्थ के माध्यम से अपने चिन्तन-मनन की अभिव्यञ्जना वेदशास्त्र में की है। इनके विचारों की सत्यता, प्रखरता आदि के उदाहरण वेद की ऋचाओं के अध्ययन से विदित होता है "ऋषयः क्रान्तदर्शिनः" ऋषिगण अपने चिन्तन को ऋचाओं के माध्यम से व्यञ्जित करते हैं।

अथर्ववेद मन्त्रों में सामाजिक स्वरूप

मन्त्र सं. 6 सू. 5 अथर्ववेद पृ. 40

ये धीवानो रथकाराः कर्मारा ये मनीषिणः।
उप स्तीन पर्णमह्यं त्वं सर्वान् कृण्वमितोजनान्॥

अर्थात् सब मनुष्यों और विशेषकर राजा लोगों को चाहिए कि भूमिरथ, आकाशरथ, जलरथ आदि बनाने वाले और शिल्पकर्मी विश्वकर्मा चतुर विद्वानों का सत्कार करते रहें जिससे अनेक व्यापारों से संसार की उन्नति हो।

वेदकालीन समाज विभिन्न कार्यों में संलग्न दीख पड़ता है। वर्णन के क्रम में अनेक उद्योगों के नामोल्लेख हुए हैं जिनसे विदित होता है कि तत्कालीन समाज मात्र कृषक ही नहीं था बल्कि उद्योग-धंधे काफी विकसित होने लगे थे। ये सारे विवरण मंन्त्र के माध्यम से प्रस्तुत किये जा सकते हैं।

मन्त्र सं. 7 पृ. 40

ये राजानोराजकृतः सूता ग्रामण्यश्च ये।
उपस्तीन पर्ण मह्यं त्वं सर्वान् कृण्वमितो जनान्।।

अर्थात् चक्रवर्त्ती राजा सबके राजाधिराज परमेश्वर का ध्यान करता हुआ अपने हितकारी माण्डलिक राजाओं और अन्य प्रधान पुरुषों को यथोचित व्यवहार से अपना इष्ट बनाये रक्खे जिससे उनके सहयोग प्राप्त हों।

प्रस्तुत मन्त्र में पूरे समाज का स्वरूप चित्रित किया गया है जिससे विदित होता है कि अनेक उद्योग धंधे के विस्तार में सम्पन्न वर्ग की अभिरुचि थी जिन धंधों से समाज जुड़ा था वह लाभकारी कार्य न जिससे विशेष वर्ग के जीवन के आधार पालन-पोषण के रूप में सम्पन्न होता था।

मन्त्र सं. 1 पृ. 40 सू. 6

पुमान् पुंसः परिजातोऽश्वत्थः खदिरादचि।
स हन्तु शत्रून् मामाकान् यानहं द्वेष्मि ये च माम्।।

अर्थात् जो पुरुष सर्वरक्षक दृढ़ स्वाभावादि गुण वाले परमेश्वर को विचार करके अपने को सुधारते हैं वे शूरों में महाशूर होकर कुकर्मी शत्रुओं से बचाकर संसार में कीर्ति पाते हैं।

मन्त्र 2 पृ. 40 सूक्त 6

तानस्वत्थ निः शृणीहि शत्रु वैवाधदोधतः।
इन्द्रेण वृत्रध्ना मेदी मित्रेण वरुणेन च।।

अर्थात् राजा सूर्यादि के समान गुणयुक्त होकर भीतरी और बाहरी वैरियों का और सद्वैद्य पीपल के प्रयोग से रोगों का नाश करके प्रज में शान्ति रक्खे।

मन्त्र के माध्यम से तत्कालीन औषधि से अश्वत्थ वृक्ष की पत्तियाँ आदि से रोगों के शमन हेतु उपचार किये जाते थे। तत्कालीन समाज को जड़ी-बूटियों से रोगों के शमन करने का ज्ञान प्राप्त था। औषधिज्ञान में जिसकी पैठ होती थी वह पात्र समाज के लिए ऋषभ रूप में मान्य हो जाता था।

मन्त्र 3 पृ. 40 सूक्त 6 अथर्ववेद

यथाश्वत्थ निरमनोऽन्तर्महत्यर्णवे।
एवा तान्त्स सर्वान्निर्भङ्ग्धयानहं देष्मिये च मान्त॥

अर्थात् मनुष्य को शूरवीर और सद्वैद्य होकर दुख-सागर में डूबे हुए प्रजागणों के उबारने में प्रयत्न करना चाहिए।

औषधि के स्थान पर तत्कालीन वेदकालीन समाज जड़ी-बूटियों का सहारा अधिक लिया करता था। वैद्य से लेकर प्रबुद्ध व्यक्ति अपनी इलाज में जड़ी-बूटियों से अधिक लाभ उठाने की सफल चेष्टा करते थे।

मन्त्र 4 पृ. 40 सू. 6

यः सहमानश्चरषिसासहान इव ऋषभः।
तैनाश्वत्थयावयं सपत्नान्त्सहिषीमहि॥

अर्थात् प्रजागण शूरवीर नीति-निपुण राजा और सदवैद्य की सहायता से शत्रुओं को वश में करते रहें। ऋषभ औषध विशेष है इसकी शब्दकल्पद्रुमकोश में मीठा, शीतल, रक्त, पित्त, विरेचनाशक वीर्य श्लेषस्माकारी और दाहदाय ज्वरहारी आदि लिखा है।

प्रबुद्ध वर्ग समाज की बौद्धिक सहायता करने नें पीछे नहीं रहता था बल्कि साधारण वर्ग की सहायता करना अपना धर्म एवं परम कर्त्तव्य समझता था। वह पात्र समाज में समादृत (ऋषभ) श्रेष्ठ समझा जाता था।

मन्त्र 5 पृ. 40 सू. 6

सिनात्वेनान् निर्ऋतिर्मत्योःपाशैःभोक्यैः।
अश्वत्थ शत्रून् मामकान यानहं द्वेष्मि ये च माम॥

अर्थात् राजा सत्पुरुषों के विरोधी दुराचारियों का दृढ़ बन्धन में डालकर निर्धन और नष्ट कर दें।

सामाजिक बन्धन सबसे अधिक सबल हथियार प्रशासन के लिए था। शांति एवं सुव्यवस्था के प्रति राजतन्त्र सजग रहता था। प्रजावर्ग के सहयोग से प्रशासन पूरे राज्य में शांति, सुख, सम्पन्नता आदि मुख्य कार्यों पर विशेष नजर रखता था तथा सभी की सहानुभूति पर ही प्रजावर्ग आनन्द उठा सकता था।

मन्त्र 6 पृ. 40 सू. 6

यथाश्वत्थ वानस्पत्यानारोहनकृणुषेऽधरान्।
एवा मे शत्रोभूर्धानं विष्वग भिन्धि सहस्व च॥

अर्थात् समस्त और प्रत्येक प्रजागण समर्थ शूरवीर पुरुष या सद्वैद्य को नायक बनाकर शत्रुओं एवं रोगों से अपने को बचावें- मन्त्र की पंक्तियों से स्पष्ट है कि समाज के दो बड़े विकराल शत्रु थे। प्रथम रोग दूसरा अनैतिक कार्य करने वाले व्यक्ति। इन दोनों के शमन हेतु प्रशासन को सजग रहना पड़ता था। राजतन्त्र का ही यह दायित्व माना जाता था कि इन दो शत्रुओं से पूरी प्रजा बचकर और विकास-मार्ग पर चल सकती है। प्रबुद्ध समाज इन दोनों शत्रुओं से सुरक्षा प्रदान करने सहयोग देता जिससे शांति एवं सहयोग की भावना समाजा का अङ्ग बन गया था। राजतन्त्र की सावधानी एवं सजगता का लाभ पूरे समाज को मिलता था।

मन्त्र सं. 6 पृ. 2 सू. 3

यदान्त्रेषु गवीन्योर्यद वस्तावधिसंश्रुतम्।
एवा ते मूत्रं मुच्यता बहिर्बालिति सर्वकम्॥

अर्थात् जैसे शरीर में रुका हुआ सारहीन मल विशेष मूत्र अर्थात् प्रस्राव क्लेश देता है और उसको निकाल देने से चैन मिलता है, वैसे

ही मनुष्य आत्मिक, शारीरिक सामाजिक शत्रुओं को निकाल देने से सुख पाता है।

वेदकालीन सामाजिक चिंतन से स्पष्ट है कि जैसे शरीर में विजातीय द्रव्य रुकते ही कष्ट पहुँचाने लगता है वैसे ही दूषित व्यक्ति पूरे समाज को अपने गलत आचरण से पीड़ित करने लगता है। उस सड़े-गले पदार्थ को शरीर से बाहर निकाल देने पर ही सुख-शांति की प्राप्ति होती थी वैसे ही असामाजिक तत्त्वों को बुरी नजर से देखते हुए उसको समाज बहिर्गत कर देने पर ही सुख-शांति का अनुभव होने लगता था।

वेदकालीन समाज अपने विकास के लिए बुरे तत्त्वों को असामाजिक कहकर बाहर निकाल देने की कोशिश करता था जिसमें सभी का सहयोग एवं समर्थन आवश्यक समझा जाता था।

मन्त्र 7 पृ. 2 सू. 3 अथर्ववेद

प्रतेनिनद्धि मेहनं वर्त्र वेशन्तया इव।
ऐवा ते मुत्रं मुच्यतां वहिर्वालिति सर्वकम्।।

अर्थात् जैसे सद्वैद्य लौह शलाका से रोगी के रुके हुए मूत्र को झील के पानी के समान खोलकर निकाल देता है वैसे ही मनुष्य अपने शत्रु को निकाल दे।

मन्त्र 1 पृ. 2 सू. 4

अम्वयो यन्त्यध्वभिर्जामयो अध्वरीयताम्।
पृञ्चतीर्मधुना पयः।।

अर्थात् जो पुरुष पुत्रों को माता के समान, और भाइयों के लिए बहनों के समान हितकारी होतें हैं, वे सन्मार्गों से आप चलते और सभी को चलाते हैं।

मन्त्र 3 पृ. 3 सू. 4

अपो देवीरुप ह्वये यत्र गावः पिबन्ति नः।
सिन्धुभ्यः कर्त्वं हविः।।

अर्थात् जल को सूर्य की किरणें समुद्र आदि सींचती है वह जल फिर बरस कर हमारे लिए अन्नादि पदार्थ उत्पन्न करके सुख देता है अथवा गो आदि सब प्राणी जल द्वारा उत्पन्न पदार्थों से सुखी होकर सबको सुखी करते हैं। वैसे ही हमको परस्पर सहायता कर उपकारी होना चाहिए।

मन्त्र द्वारा उल्लिखित तथ्यों से स्पष्ट है कि समाज की दृष्टि असामाजिक तत्त्वों पर हमेशा कड़ी रहती थी। उनके कार्य-कलाप की आलोचना समाज के मध्य होती थी तथा झील के पानी की तरह उसे बाहर निकाल देने में तनिक भी संकोच नहीं होता था।

अच्छे पुरुषार्थी समाज के प्रिय व्यक्ति माने जाते थे। उनकी कद्र समाज में हमेशा होती थी। माँ अपने पुत्र के लिए तथा बहन अपने भाइयों के लिए सहृदययुक्त होकर जिस तरह मदद देने से हिचकती नहीं है वैसे ही अच्छे सद्पात्र की पूछ या उसका वर्चस्व समाज में बना रहता था। उस तरह व्यक्ति सतत् आदर एवं सत्कार के योग्य समझे जाते थे।

सामाजिक परिवेश जब स्वस्थ रहता है तो बुरे व्यक्ति समाज को धोखा देकर आदर प्राप्ति की आशा नहीं करते थे। वेदकालीन समाज को स्वस्थ समाज की संज्ञा दी जाती रही है। जन-कल्याण के कार्यों में श्रेष्ठ व्यक्तियों की सेवा ली जाती थी। वे समाज का मार्गदर्शक रूप में कार्य करते हुए ऋषभ के रूप में मान्य समझे जाते थे। व्यक्ति नाम से बड़ा नहीं होता था बल्कि कर्त्तव्य ही उसे बड़े होने की संज्ञा यानि ऋषभ के रूप में मान्य होते थे।

मन्त्र 4 पृ. 3 सू. 4 अथर्ववेद

अपस्वन्तरमृतमप्सु भेषजम्।
अपामुत प्रशस्तिभिरश्वा-
भवथवाजिनो गावो भवथ वाजिनी।।

अर्थात् जल से रोग निवारक पुष्टिवर्धक पदार्थ उत्पन्न होते हैं जैसे जल से उत्पन्न हुए घास आदि से गायें और घोड़े आदि बलवान होकर उपकारी होते हैं उसी प्रकार सब मनुष्य अन्न आदि के सेवन से पुष्ट

होकर और ईश्वर की महिमा जानकर परस्पर उपकारी बनें। यह कामना पूरे समाज की रहती है कि अधिक से अधिक व्यक्ति समाज में स्वस्थ चिंतन एवं सामर्थ्यवान होकर मार्गदर्शक बनकर समाज का नेतृत्व करें। ऐसे व्यक्ति ऋषभ की संज्ञा से समाज में समादृत होते थे।

मन्त्र के माध्यम से समाज के दृष्टिकोण में परिवर्तन लाने का प्रयास किया जाता था।

मन्त्र 1 पृ. 3 सू. 5

आपो हि कामयो भुवस्ता
न ऊर्जे दधातन्।
महे रणाय चक्षुसे।।

अर्थात् जैसे जल, खान-पान खेती-वारी कलायन्त्र आदि में उपकारी होता है वैसे ही मनुष्यों को अन्न, बल और विद्या की वृद्धि से परस्पर वृद्धि करनी चाहिए।

प्रस्तुत मन्त्र के द्वारा विकास की गति में कैसे योगदान सम्भव है इस पर विचार किया गया। आर्य संस्कृति एवं सभ्यता का क्रमिक विकास प्राचीनकाल से ही दृष्टिगत होता है। वेदकालीन समाज अपने संघर्ष के लिए विशेष रूप से जाना जाता है। आर्य संस्कृति एवं सभ्यता का क्रनिक विकास चिरकाल से होता रहा है।

मन्त्र 2 पृ. 3 सू. 5

यो वः शिवतमोरसस्तस्य
भाजपतेह नः उशतीरिबमातरः।

अर्थात्, जैसे माताएँ प्रीति के साथ सन्तानों को सुख प्रदान करती हैं और जैसे जल संसार में उपकारी पदार्थ है, वैसे ही सब परस्पर उपकारी बनकर लाभ उठावें और आनन्द का उपभोग करें।

प्रस्तुत मन्त्र के माध्यम से सामाजिक चेतना पर प्रकाश डाला गया है। मानव समाज सतत् गतिशील रहता आया है। क्रमिक विकास उसके चिन्तन-मनन तथा परिश्रम की देन है।

मन्त्र 3 पृ. 3 सू. 5

तस्मा अरं गमाम् वो यस्य क्षयाय जिन्वय।
आपो जनयथा च नः॥

अर्थात् जैसे जल, अन्न आदि को उत्पन्न करके शरीर को पुष्ट करने और नौका, विमान आदि के चलाने में उपयोगी होता इसी प्रकार जल के समान उपकारी पुरुष सब लोगों को लाभ और कीर्ति के साथ पुनर्जन्म देते हैं।

मन्त्र 4 पृ. 3 सू. 5

ईशा ना वार्याणां क्षयन्तीश्चर्षणीनाम्।
अपो याचामि भेषजं॥

अर्थात् जल से अन्न आदि औषध होकर मनुष्य के धन एवं बल का कारण है वैसे जल के समान गुणी महात्माओं से सहायता लेकर मनुष्यों को आनन्दित रहना चाहिए प्रस्तुत मन्त्र में सामाजिक समस्या सुलझाने का प्रयास दीख पड़ता है। समाज के प्रबुद्ध या ऋषभ वर्ग को विकास का दायित्व सम्भालना पड़ता था। उस वर्ग की चेतना सतत् विकासोन्मुख रहती थी तथा समस्या सुलझाने का प्रयास भी था।

मन्त्र 1 पृ. 3 सू. 6 अथर्ववेद

शं नो देवीरभिष्टय आपो भवन्त पीतये।
शं योरभि स्रवन्तु नः॥

अर्थात् वृष्टि के जल के समान उपकारी पुरुष सबके दुःख की निवृत्ति और सुख की प्रवृत्ति में प्रयत्न करते रहें।

प्रस्तुत मन्त्र आर्यों के कल्याणकारी चिंतन की देन है। सृष्टि में अनेक अकल्याणकारी शक्ति कार्यरत रहती है। वह अदृष्ट शक्ति मानव एवं अन्य जीव-जन्तु के लिए घातक होती हैं। ऋषियों-महर्षियों ने सामाजिक चिन्तन को लाभकारी बनाने के लिए अशुभ शक्तियों को मन्त्र के प्रभाव से दबाने की सफल चेष्टा की है। यह अकल्याणकारी अदृष्ट

शक्ति सतत् जागरूक रहती है जिसका शमन एवं दमन मन्त्र की शक्ति से ही हुआ करता है। यह मन्त्र उसी उद्देश्य की पूर्ति के लिए मन्त्रविद् आर्यों की देन है।

समाज के प्रबुद्ध वर्ग यदि कल्याणकारी चिंतन में संलग्न रहते हैं तो उस शक्ति की निवृत्ति तथा शुभकारी शक्ति की प्रवृत्ति में अभिवृद्धि होती है।

मन्त्र 2 पृ. 3 सू. 6

अप्सु मे सोमो अब्रवीदन्तः विश्वानि
भेषजा अग्निं च विश्वशं भुवम्।

अर्थात् परमेश्वर सब विद्याओं का प्रकाशक है। चन्द्रमा औषधियों को पुष्ट करता और सोमलता मुख औषधि है। वह सब पदार्थ जैसे जल द्वारा औषधि, अन्न आदि शरीरों को बढ़ाने और विद्युत एवं पाचन शक्ति पहुँचाने और तेजस्वी करने में मुख्य कारण होते हैं वैसे मनुष्यों को परस्पर सामर्थ बढ़ाकर उपकार करना चाहिए।

मन्त्र 3 पृष्ट 3 सूक्त 6

आपः पृणीतभेषजं वरुथं तन्मे मम।
ज्योक च सूर्यं दृशे।।

अर्थात् जैसे युद्ध योद्धा की रक्षा कवच से होती है, वैसे ही जल समान उपकारी प्रबुद्ध पुरुष परस्पर सबका सहायक होकर सबका जीवन आनन्द से बढ़ाते हैं।

मन्त्र 4 पृष्ट 3 सूक्त 6

शं न आपो धन्वन्याशमुसन्त्वनूप्याः शं नः।
खनित्रिमा आपः शमु याः कुम्भ-
आमृताः शिवा नः सन्तु वार्षिकीः।।

अर्थात् जैसे जल सब स्थानों में उपकारी होता है वैसे ही जल समान उपकारी ऋषभ मनुष्यों को प्रत्येक कार्य और प्रत्येक स्थान परस्पर लाभ पहुँचा कर सुखी होना चाहिए।

ऊपर उल्लिखित मन्त्रों के माध्यम से कल्याणकारी चिन्तन के द्वारा समाज को दुख, कष्ट आदि से निवृत्ति दिलाने का प्रयास है।

मन्त्र 1 पृ. 42 सूक्त 7

स्तवानमग्न आवह यातुधानम किमिदिनम्।
त्वं हि देव वन्दितो हन्ता दस्योर्वभूविथः।।

अर्थात् जब अग्नि के समान तेजस्वी और यशस्वी राजा दुखदायी चुगलखोरों, डाकुओं और चोरों को अधीन करता है तो शत्रुलोग उसके बल और प्रताप की प्रशंसा करते हैं और राज्य में शांति फैलती है। प्रस्तुत मन्त्रों के माध्यम से सामाजिक कल्याण के लिए चिंतन-मनन के द्वारा लोकहित में कल्याणकारी भावना के प्रचार-प्रसार से शांति-स्थापना का प्रयास प्रबुद्ध वर्ग के द्वारा होता है। ऐसे जनहित कार्यों की भूरि-भूरि प्रशंसा की जाती है। वेदकालीन समाज में कार्यों के कल्याणकारी प्रयास से सम्पन्न होता था जिससे कि उसकी प्रगति में बाधा उपस्थित न हो जाय। समाज के प्रबुद्ध वर्ग का नेतृत्व रहता था। जनहित में उनके सारे प्रयास होते थे। दुष्ट प्रकृति वाले लोगों या विध्वंसकारी चिंतक को प्रश्रय देने वाले समाज के कुछ व्यक्ति होते थे जिनके सन्दर्भ में प्रबुद्ध वर्ग की कड़ी नज़र रहती थी तथा असामाजिक तत्त्वों को प्रश्रय नहीं दिया जाता था। सम्पूर्ण समाज में जो प्रबुद्ध लोग थे उनकी सामाजिक प्रतिष्ठा कायम थी तथा उन्हें अपनी सुखद एव समृद्धियुक्त योजना से पूरे समाज को लाभान्वित करने का प्रयास खुलकर होता था। समाज की कड़ी नजर विध्वंसकारी तत्त्वों पर रहती थी। उन्हें बुरे कामों में समाज का समर्थन प्राप्त नहीं था। ऐसे मन्त्रों की सामाजिक चर्चा होती थी जिससे जनमानस में शांति, सुव्यवस्था का राज्य कायम रहता था, तथा विध्वंसकारी कार्यों पर सामाजिक दबाव कायम था।

मन्त्र-2 पृ. 4 सूक्त 7

आजस्य परमेष्ठिन् जातवेदसतनूवशिन्।
अग्ने तौलस्य प्रशान यातुधानान् विलापय।।

अर्थात् जैसे अग्नि स्रुवादि के तौलया परिमाण से दिये हुए घृतादि हवन सामग्री प्राप्त कर प्रज्ज्वलित होता है वैसे प्रतापी राजा प्रजा का दिया हुआ कर लेकर दुष्टों को दण्ड देता है, उससे प्रजा सदा आनन्द युक्त रहती है।

शासन व्यवस्था की स्थिति तथा उसके कार्यकलापों की व्यवस्था इस मन्त्र के माध्यम से स्पष्ट की गई है। राजतन्त्र प्रजा के लिए किस तरह सजग रहती थी तथा कल्याणकारी योजना के क्रियान्वयन में राजतन्त्र कितनी दिलचस्पी रखती थी इन तथ्यों के विवरण इस मन्त्र के माध्यम से प्रस्तुत किया गया है।

मन्त्र-3 पृष्ट 4 सू. 7

विलपन्तु यातुधाना आत्रिणो ये किमीदिनः।
अथेदम्ने नो हरिरिन्दश्च प्रतिहर्यतम्॥

जैसे अपनी वायु के साथ हवन सामग्री से पचण्ड होकर दुगर्न्धानादि का नाश करती है वैसे ही अग्नि के समान तेजस्वी और वायु के समान वेगवान महाप्रतापी राजा दुखदायी, स्वार्थी लोग अपने किये का दण्ड पाकर विलाप करते हैं, तब राज्य में शांति होती है। प्रस्तुत मन्त्र के माध्यम से राजतन्त्र की शासन व्यवस्था तथा उस तन्त्र के कार्यकलापों पर विशेष ध्यान देकर उस व्यवस्था का स्वरूप वर्णित हुआ है।

मन्त्र के माध्यम से तद्‌युगीन समाज की चिंतनधारा पर विचार करते हुए तत्कालीन राजतन्त्र की कार्यभूमिका का विवेचन प्रस्तुत किया गया है।

राजा की शांति-व्यवस्था में किसी तरह की खलल न पहुँचे इसके लिए राजतन्त्र की नजर हमेशा असामाजिक तत्त्वों पर बहुत कड़ी रहती थी। जिन असामाजिक तत्त्वों को राजतन्त्र के प्रति विरोध अभिव्यक्त करना पड़ता था उस ओर राजतन्त्र सतत् सजग रहता था।

राजा की चिंता प्रजा के लिए रहती थी जिसके लिए सुव्यवस्था कायम रखना राजतन्त्र का परम कर्त्तव्य था। जिन्हें राजतन्त्र की कड़ी दृष्टि

का भाजन बनता पड़ता था वे विरोध में अनर्गल प्रलाप राजतन्त्र के विरोध में किया करता था जिस पर पूरे समाज की कटुदृष्टि लगी रहती थी क्योंकि वैसे लोग अपने सुख के लिए राजा के प्रति आक्रोश अभिव्यक्त करने से हिचकते नहीं थे।

मन्त्र 4 पृ. 4 सूक्त 7

अग्नि पूर्व आरमतां प्रेन्द्रो नुदतु बाहुभान।
प्रवीतु सर्वो यातुमानयमस्मीत्येत्य॥

अर्थात् जब अग्नि के समान तेजस्वी और वायु के समान वेगवान प्रतापी राजा उपद्रवियों को पकड़ता है और देश से निकालता है तब उपद्रवी लोग अपना-अपना नाम लेकर उसके शरणागत होते हैं। राजतन्त्र की शासन व्यवस्था वेदमन्त्रों में अभिव्यक्त हुआ है सभी राजा के समर्थक नहीं थे। कुछ न कुछ ऐसे पात्र आ जाते थे जिन्हें विरोध करने की प्रवृत्ति जग जाती है और उस स्थिति में एक टकराहट का मुद्दा तैयार हो जाता था लेकिन सुशासन कायम रखने के कुछ अप्रिय कार्य करना अनिवार्य हो जाता था।

मन्त्र 5 पृ. सूक्त-7

अथर्ववेद

पश्याम ते वीर्यं जातवेदः
प्रणो व्रूहि यातुधानानृचक्षः।
त्वया सर्वे परितप्ताः पुरस्तात्
त आयन्त प्रव्रुवाण उपेदम्॥

अर्थात् राजा के लिए उचित है कि अपने राज्य विद्या प्रचार कर सब प्रजा पर समान दृष्टि रक्खे और उपद्रवियों को अपने अधीन रक्खे। वे लोग उनकी आज्ञा को सदा मानते रहे।

प्रजावर्ग जनहित से अलग-अलग होकर सोचने की स्थिति उत्पन्न कर दे राजकोप का सामना करना प्रजा के लिए दुखदायी हो जाता था।

मन्त्र सं. 6 पृ. 4 सूक्त 7
अथर्ववेद

आ रमस्व जातवेदोऽस्माकार्थायजझिषे।
दूतो न अग्नेभूत्वा यातुधानान् वि लापय॥

दूत का अर्थ–शीघ्र और सन्तापहारी है। जैसे दूत शीघ्र चलकर संदेश पहुँचाता है वैसे ही बिजली रूप अग्नि शरीर प्रविष्ट होकर वेग उत्पन्न करता है अथवा–काष्ठ आदि को जलाता है। उसी प्रकार अग्नि के समान तेजस्वी और प्रतापी राजा अपनी प्रजा की दशा को जानकर यथोचित न्याय करता और दुष्टों को दण्ड देता है।

मन्त्र 7 पृष्ट 4 सूक्त 7

लभग्ने यातुधानानुपवद्धाॅ इहावह।
अथैबाभिन्द्रो वज्रेनापि शीर्षाणि वृश्चतु॥

अर्थात् अग्नि के समान प्रतापी और वायु के समान वेगवान राजा उत्पातियों को कारागार में डाल दे। तथा शिर उड़ा दे।

प्रस्तुत मन्त्र में सुशासन की चर्चा बड़ी स्पष्टता के साथ की गई है। शांति, सुव्यवस्था कायम रखना राजा का परम कर्त्तव्य था एवं आवश्यक चिन्तन कर समस्यापूर्ण विषय को समझना अनिवार्य था।

मन्त्र 1 पृष्ट 4 सूक्त 8

इदं हवि र्यातुधानान् नदीफेनमिवावहत्।
य इदं स्त्री-पुमानकरिह सस्तु वतांजनः॥

अर्थात् प्रजा की पुकार सुनकर जब राजा दुष्टों को पकड़ते हैं अपराधी स्त्री और पुरुष अपने अपराध को अङ्गीकार कर लेते और उस प्रतापी राजा की स्तुति करते हैं।

मन्त्र–2 पृष्ट 4 सूक्त 8

अयं स्तुदान आगमदिमंस्मप्रति हर्यत्।
वृहस्तपतेवशलब्ध्वाग्नेषोमाविन्ध्यतम्॥

अर्थात् जो शत्रु राजा का प्रभुत्व मानकर शरणागत हो, राजा और कर्मचारी उसका स्वागत करे। प्रतापी राजा दूसरे वैरी को शाम, दांम आदि से अपने अधीन रक्खे और अन्य वैरियों को दण्ड देने में अग्नि सा प्रचण्ड और न्याय करने में चन्द्रमा सा शान्त स्वभाव रहे।

प्रस्तुत मन्त्र के माध्यम से शासन-व्यवस्था पर राजतन्त्र की कैसी पकड़ रहती थी इस तथ्य का विवरण यहा। प्रस्तुत किया गया है जिससे वेदकालीन राजतन्त्र की शासन व्यवस्था का स्वरूप स्पष्टता के साथ अभिव्यञ्जित हो सके। प्रजावर्ग शासन में शांति कायम रखना चाहती है लेकिन असामाजिक तत्त्व अपनी दुष्प्रवृति का परिचय देकर शासनतन्त्र को समस्या में उलझा कर रखना चाहती है।

यातुधानस्य सोमप जहि प्रजां नयस्व च।
नि स्तुवानस्य पातय परमदयुतावबरम॥

मन्त्र 3 पृ. 4 सूक्त 8 अथर्ववेद

अर्थात् अमृत पीने वाला राज्य नाश करे और दुष्टों को पकड़ लावे। निन्दा फैलाने वाले मिथ्या और पाप कर्म छोड़ दे।

मन्त्र 4 पृ. 4 सूक्त 8

यत्रैषामग्ने जानिमानिवेत्थगुहा सतामत्रिणां जातवेदः।
तांस्त्वं ब्राह्मणा वावृधानो जह्मयेषांशततर्हमग्ने॥

अर्थात्- अनेक विद्या वा धनवाले! अग्नि के समान तेजस्वी महाबली राजा गुप्त उपद्रवियों की खोज करे और उनकी यथानीति कड़े-कड़े दण्ड देकर प्रजा में शांति रक्खे।

प्रस्तुत मन्त्र के माध्यम से तत्कालीन वेदवर्णित राजनीति की समस्या का उल्लेख किया गया है। राजतन्त्र को उपद्रवियों से सतत् चौकस रहना पड़ता था। उन्हें अनेक समस्याएँ घेरे रहती थी। प्रजा में शांति कायम रखना राजा का मुख्य कार्य समझा जाता था जिस पर काफी गम्भीरता से विचार किया गया है, जो स्पष्टरूप से यहाँ वर्णित हुआ है।

समाज की कुदृष्टि उपद्रवियों पर रहती थी लेकिन उस वर्ग से टकराना साधारण प्रजा के लिए सम्भव नहीं था। यह समस्या राजा को सुलझानी पड़ती थी।

मन्त्र 1 पृ. 4 सूक्त 9

अस्मिन् वसु बसवो द्यारयन्त्विन्दः
पूषा वरुणो मित्रो अग्निः।
इममादित्या उत विश्वे च देवा
उत्तरस्मिन ज्योतिषि धारयन्त॥

अर्थात् चतुर पुरुषार्थी के लिए परमेश्वर और संसार के सब पदार्थ उपकारी होते हैं। अथवा जो सूर्य, भूमि मेघ, वायु और अग्नि के समान उत्तम गुण वाले और दूसरे शूरवीर विद्वान लोग जो विद्या के लिए और धरती अर्थात सब जीवों के लिए पुत्र समान सेवा करते हैं जो सूर्य के समान उत्तम गुणों से प्रकाशमान हैं, वे सब नरभूषण पुरुषार्थी मनुष्य के सदा सहायक और शुभचिन्तक रहते हैं।

प्रस्तुत मन्त्र के द्वारा शासनतन्त्र की समस्याओं पर विचार किया गया है। राजा के लिए शासनतन्त्र का संचालन समस्यापूर्ण समझा जाता था। उनकी सहायता प्रबुद्ध वर्ग से ही हो पाती थी। इस तरह राजतन्त्र को निपक्ष एवं पूर्ण स्वस्थ रखना कठिन कार्य था।

मन्त्र 2 पृ. 5 सू. 9

अस्य देवाः प्रदिशि ज्योतिरस्त
सूर्यो अग्निरूतवा हिरण्यम्।
सपत्ना अस्मदधरे भवन्तूत्तमं
नाकमधि रोदयेमम॥

अर्थात् सुवर्ण के समान प्रकाश वाले लोग पुरुषार्थी मनुष्य के अधिकार में रहें और वह यथायोग्य शासन करके सुख भोगें।

प्रस्तुत मन्त्र के माध्यम से प्रशासन की समस्या पर विचार किया गया है। राजा के द्वारा शासन व्यवस्था यदि सुदृढ़ नहीं हो पाती है तो

राजतन्त्र की दुर्वस्था आने में देर नहीं लगती थी। इसलिए मन्त्र में पुरुषार्थी एवं ऋषभ कोटि के व्यक्ति ही प्रशासन को चुस्त-दुरुस्त रख सकते थे जिसकी सुव्यवस्था राजतन्त्र द्वारा ही संचालित हुआ करता था।

मन्त्र 3 पृ. 5 सूक्त 9

येनेन्द्राय सम्मरः पर्यास्युत्तमेन ब्रह्मणा जातवेदः।

तेन त्वमग्न इह वर्धयेमं सजातानां श्रैष्ठ्यं आधंहये नम्॥

अर्थात्- बुद्धिमान नीतिनिपुण पुरुष अपने पक्ष वालों के किये हुए उपकार और सत्कार को सधन्यवाद स्वीकार करे। और विपक्षियों को नीचा दिखाकर अपनी प्रतिष्ठा बढ़ावें।

यह प्रशासन की समस्या थी जिसका समाधान बुद्धिजीवी वर्ग राजा के कानों तक पहुँचाने का कार्य करते थे।

मन्त्र 4 पृ. 5 सूक्त 9

ऐसा यज्ञमुत वर्चो ददेऽहं रायस्पोषमुत चित्तान्यग्ने।
सपत्नां अस्मदधरे भवन्तूतमं नाकमधिरोहयेमम्॥

अर्थात् बुद्धिमान नीति निपुण पुरुष अपने पक्ष वाले के किये हुए उपकार और सत्कार को सधन्यवाद स्वीकार करे। विपक्षियों को नीचा दिखाकर अपना प्रत्तिष्ठा बढ़ावें।

भारतीय समाज की मनोदशा का चित्रण मन्त्र द्वारा उल्लिखित हुआ है, राजतन्त्र अपनी सुरक्षा, सुविधा तथा जनहित की बातें में उलझा रहता है दूसरी ओर सामाजिक स्थिति तथा प्रजावर्ग की पीड़ा भी राजतन्त्र के लिए समस्या बनी रहती है।

मन्त्र 1, पृ. 5 सूक्त-10 - अथर्ववेद

अयं देवनामसुरो विराजति वशा
हि सत्यावरुणस्य राज्ञा।
ततस्परि ब्रह्मणा शासदान
उग्रस्यो मनयोरुदिभं नयामि॥

अर्थात् सर्वशक्तिमान परमेश्वर से डर कर मनुष्य पाप न करे तथा सदा उसे प्रसन्न रक्खे।

मन्त्र में एक ओर परमेश्वर की शक्ति का भय मानव मन पर व्याप्त रहता है तो दूसरी ओर राजतन्त्र की कुदृष्टि न पड़ जाय यह भय भी मन–मस्तिष्क में व्याप्त रहता है।

मन्त्र 2 पृ. 5 सू. 10

नमस्ते राजन् वरुणास्तु मन्यवे
विश्वंहियऽग्र निशिकेषि द्रुग्धम्।
सहस्त्रमन्यान् प्रसुवाभि साकं शतं
जावाति शरदस्तवायम्॥

अर्थात् सर्वज्ञ परमेश्वर के महाक्रोध से भय मानकर मनुष्य पातकों से बचें और सबके साथ उपकार करके जीवन भर आनन्द भोगें।

प्रस्तुत मन्त्र के माध्यम से परमेश्वर की असीम शक्ति का उल्लेख करते उस परमशक्ति से लाभान्वित होने का सफल प्रयास किया जाता है

मन्त्र 3 पृ. 5 सं. 10

यदु वक्थानृतं जिह्वायावृजिनं बहु।
राज्ञस्त्वासत्य धर्मणो मुञ्चामि वरुणादहम्॥

अर्थात् जो मनुष्य मिथ्यावादी दुराचारी भी होकर उस प्रभु की शरण लेते हैं और सत्कर्मों में प्रवृत्त होते हैं वे लोग उस जगदीश्वर की न्यायव्यवस्था के अनुसार दुखपाश से छुटकारा पाकर आनन्द भोगते हैं।

प्रस्तुत मन्त्र के द्वारा परमेश्वर की असीम शक्ति का उल्लेख किया गया है जिनकी अनुकम्पा से सारे पापों से छुटकारा प्राप्त है और तदुपरान्त उस पात्र को सुख के सागर गोता लगाने का भी अवसर प्राप्त हो जाता है। ईश्वर असीम शक्ति से मिलने वाले लाभ की व्याख्या की गई है तथा उस परम पिता परमेश्वर की शक्ति का गुणगान भी किया गया है। मानव अपनी कमजोरी से अवश्य भयभीत रहता है जिससे असीम शक्ति की प्राप्ति का प्रयास मानव द्वारा होता है।

मन्त्र 4 पृ. 5 सू. 10 अथर्ववेद

मुञ्चामि त्वा वैश्वानरादर्णवान्महतस्परि।
स जातानुग्रहावदब्रह्ममचापचिकीहिनः॥

अर्थात् मनुष्य पाप कर्म छोड़ने से सर्वहितकारी परमेश्वर के कोप से मुक्त होते हैं। परमात्मा सब प्राणियों को उपदेश करता है और सबकी सत्य भक्ति को स्वीकार कर यथार्थ आनन्द भी देता है।

प्रस्तुत मन्त्र में परमेश्वर की अलौकिक शक्ति का उल्लेख करते हुए उनकी अनुकम्पा प्राप्ति की कामना की जाती है तथा मानव जब पापमुक्त होने की चेष्टा करता तब ही ईश्वरीय अनुकम्पा की प्राप्ति की कामना उसकी सफल होती है।

मन्त्र 1 पृ. 5 सू. 11

वषट् ते पूषन्नस्मिन्त्भूतावर्यमाहोताकृणोतु वेधाः।
सिस्त्रसां आर्यृप्रजाताविपर्णणिजिहतांसूतवा उ॥

प्रसव का समय होने पर पति आदि विद्वान परमेश्वर की भक्ति के साथ हवनादि कर्म प्रसूता स्त्री की प्रसन्नता के लिए करे और स्त्री सावधान होकर स्वास-प्रश्वास आदि अपने अङ्गों को कोमल रक्खे जिससे सुख पूर्वक उत्पन्न हो सके।

प्रस्तुत मन्त्र में अलौकिक शक्ति की प्राप्ति की कामना की गई है जिस शक्ति के बल पर प्रसूता स्त्री की सुरक्षा हेतु प्रार्थना की जाती है जिससे वह स्त्री नवजात शिशु को जन्म दे तथा उसे अपना स्नेह भी अर्पित कर सके।

मन्त्र 2 पृ. 5 सू. 11

चतस्त्रोदिवः प्रदिशश्च तस्त्रोभूम्या उत।
देवा गर्भं समेरयन तं व्यूर्णु वन्तु सूत वे॥

अर्थात् अंग्नि आदि दिव्य पदार्थों के यथार्थ संयोग से ईश्वरीय नियम के अनुसार वह गर्भ स्थिर हुआ है। मनुष्य उन तत्त्वों की अनुकूलता को

माता और गर्भ में स्थिर रखने के लिए सदा प्रयत्न करते रहें जिससे बालक बलवान और नीरोग होकर पूरे समय लेकर उत्पन्न होवे।

प्रस्तुत मन्त्र के माध्यम से स्त्री की प्रजनन शक्ति की सराहना एवं शुभकामना तथा असीम शक्ति की अनुकम्पा का सफल आह्वान किया गया जिससे बच्चा एवं जच्चा दोनों की कुशलता कायम रहे तथा सुरक्षित प्रजनन सम्भव हो सके।

मन्त्र 3 पृ. 6 सू. 11

सूषा व्युऽर्णोतु वियोनि हापयामसि।
श्रभया सूषणे तवमेव त्वं विश्कले सृज॥

अर्थात् गर्भ के पूरे दिनों में गर्भिणी के शारीरिक और मानसिक अवस्था पर विशेष ध्यान देकर स्वस्थ रक्खे। माता के प्रसन्न और सुखी रहने से बालक भी प्रसन्न और सुखी होता है। प्रसूति का गृह भी पहले से देश-काल का विचार कर प्रस्तुत रक्खें जिससे कि प्रसूता स्त्री और बालक भले प्रकार स्वस्थ एवं हृष्ट-पुष्ट रहें।

मन्त्र 4 पृ. 6 सू. 11

नेव मासे न पिपसि नेव मज्जएवाहतम्।
अवैतु पृश्नि शेवलं शुनेजरायात्तवेऽव जरायु पद्यताम्॥

अर्थात् जरायु एक झिल्ली होती है जिसे जेली वा जेरी कहते हैं और जिसमें बालक गर्भ के भीतर लिपटा रहता है। कुछ उसमें से बालक के साथ निकल आती है और कुछ पीछे वह जरायु बालक उत्पन्न होने पर नाभि अदि बंधन से छूट जाती है और साररहित होकर माता के उदर में ऐसी फिरती है जैसे शेवाल नामक जलाशय में। शरीर में उसके रह जाने से रोग हो जाता है उससे उस जरायु का उदर बाहर आ जाना आवश्यक समझा जाता है जिससे प्रसूता नीरोग होकर सुखी रहे।

प्रस्तुत मन्त्र के माध्यम से प्राचीन कालीन प्रसव प्रक्रिया पर प्रकाश डाला गया है जिससे स्पष्ट होता है कि तत्कालीन समाज को इस प्रक्रिया

का पूरा ज्ञान प्राप्त था जिससे बच्चा एवं जच्चा दोनों को पूर्ण सुरक्षित अवस्था में रखकर दोनों की जीवन लीला आगे सुखमय एवं शांतिमय तरीके से व्यतीत हो सके। यह अवस्था बड़ी नाजुक परिस्थिति मानी जाती है जिसे प्राचीन कालीन समाज ने इस स्थिति का गहरा ज्ञान प्राप्त कर लिया था।

मन्त्र 5 पृ. 6 सू. 11

वि ते भिनद्मि गेहनं वियोनिं विगवीनीके।

वि मातरं च पुत्र च विकुमारं जरायुणावजरायुपद्यताम्।।

अर्थात् इस मन्त्र में धातृ (प्रजनन कराने वाली) अपने कार्य प्रणाली का विश्लेषण करके प्रसूता को आह्लादित करती है तथा उसके मनोबल को स्वस्थ, सबल एवं सचेष्ट रखने में सफल प्रयास करती है।

अर्थात् धायी बड़ी सावधानी प्रसव समय प्रसूता के अङ्गों को आवश्यकतानुसार कोमल मर्दन कर स्वस्थ सुरक्षित रखने की सफल चेष्टा करती है। और उत्पन्न होने पर माता तथा संतान की यथायोग्य शुद्धि करके ऐसा यत्न करे कि जरायु अपने आप गिर जावे। दोनों यानि बच्चा और जच्चा दोनों सुरक्षित एवं स्वस्थ रहे।

तत्कालीन वेद वर्णित समाज के स्वरूप का साङ्गोपाङ्ग वर्णन किया गया है जिससे प्रतीत होता है कि वेदकालीन समाज में प्रसव कराने वाली धाय बड़ी सावधानी एवं सतर्कता के साथ प्रसव कराती थी और दो प्राणियों के जीवन की सुरक्षा बड़ी सावधानी से करती थी। इस प्रकार प्राचीन कालीन भारतीय समाज बड़ी सावधानी के साथ अपनी सद्‌बुद्धि एवं सदज्ञान का परिचय देती हुई प्रसवकाल में दोनों जीवों की सुरक्षा की व्यवस्था कर लेती थी। उसे बड़े अस्पताल जाने की सुविधा उस काल में नहीं थी लेकिन प्रसूति की प्रजनन परिस्थिति संकटापन्न नहीं थी।

मन्त्र 1 पृ. 6 सू. 12

जरायुजः प्रथम उस्त्रियो

वृषावातभ्रजास्तन यन्नेतिवृष्टया।

नो मृडाति तन्व ऋजगोरुजन
य एकमोजस्त्रेधा विचक्रमे॥

अर्थात् जैसे माता के गर्भ से जरायु में लिपटा हुआ बालक उत्पन्न होता है वैसे ही प्रकाशवान हिरण्यगर्भ और मेघस्वरूप परमेश्वर सृष्टि में प्राण डालकर पाचन शक्ति और तेज देता हुआ सब संसार को प्रलय के पीछे प्रकृति स्वभाव का सामर्थ्य से उपकार करता है वही त्रिकालज्ञ और त्रिलोकीनाथ जगदीश्वर हमें सदा आनन्द देवें।

प्रस्तुत मन्त्र के माध्यम से वेदकालीन समाज की प्रसव प्रक्रिया कितनी सफल होती थी इसका साङ्गोपाङ्ग विश्लेषण या वर्णन प्रस्तुत किया गया है। आधुनिक युग की सुरक्षा का ज्ञान उन्हें न भी रहा हो लेकिन वे अपने कार्य में निपुण रहती थी तथा प्रसव काल में उसकी सावधानी पराकाष्ठा पर पहुँच जाती थी जिससे विदित होता है कि शरीर के सारे अवयवों के ज्ञान धनिक वर्ग की स्त्री रखती थी तथा प्रजनन क्रिया में कोई दुर्घटना या चिंता मुक्त प्रजनन कराने की क्षमता उस "धाय" में रहती थी जिससे किसी तरह की दुर्घटना या अनावश्यक विशेष पीड़ा आदि का दृश्य पैदा ही नहीं होता था।

मन्त्र 2 पृ. 6 सू. 12

अङ्गे अङ्गे शोचिषा शिश्रियाणं
नमस्यन्तस्वाहविषा विधेम।
अङ्गान्त्समङ्गान् हविषा विधेम
यो अग्रभीत् पर्वास्या प्रभीता॥

अर्थात् परमात्मा हमारे और सब व्यष्टि और समष्टि रूप जगत के रोम-रोम में परिपूर्ण हैं। उस प्रकाश स्वरूप के गुणों को जानकर हम लोग उस पर पूरी श्रद्धा से आत्मसमर्पण करें। वह हमारे शरीर और आत्मा को बल देकर सहायता और आनन्द देता है।

प्रस्तुत मन्त्र के माध्यम से अलौकिक शक्ति का स्वरूप प्रस्तुत

किया गया है। सृष्टि में व्यष्टि एवं समष्टि दोनों स्वरूपों में ईश्वरीय शक्ति का आभास प्राप्त होता है।

मन्त्र 3 पृ. 6 सू. 12

मुञ्चशीर्षक्तया उतकास एनं
परुष्यपरुरविवेशा यो अस्य।
यो अभ्रजा वातजा यश्र
शुष्मो वन्स्पतीन्त्सचतां पवर्तश्च॥

अर्थात् खाँसी सब रोगों की माता है। जैसा कि प्रसिद्ध है "लड़ाई का घर हॉसी रोग का घर का खाँसी" जैसे सद्वैद्य मन्त्र में कहे अनुसार मस्तक की पीड़ा और खाँसी आदि बाहरी और भीतरी रोगों का निदान जानकर रोगी को स्वस्थ करता है। इसी प्रकार परमेश्वर वेदज्ञान से मनुष्य को दोषों से छुड़ाकर और ब्रह्मज्ञान देकर अत्यन्त सुखी करता है, उसी प्रकार राजप्रबन्ध और गृहप्रबन्ध आदि व्यवहार में विचारना चाहिए।

प्रस्तुत मन्त्र के माध्यम से कई एक सामाजिक समस्याओं पर विचार किया गया है। लोक में प्रचलित उक्ति के आधार पर यह समझाने का प्रयास हुआ है कि मानव जीवन में जब गम्भीरता नहीं रहती है तो सामाजिक एवं व्यावहारिक जीवन में अनेक दुर्घटनाएँ हो जाती हैं। व्यक्ति अपने समाज के स्वरूप के अनुसार आचरण करता है तो संघर्ष एवं टकराहट की सम्भावना कम हो जाती है। अतः "लड़ाई का घर हाँसी और रोग का घर खाँसी" कहकर जीवन के सत्य का उद्घाटन करते हुए संयमित आचरण के साथ व्यवहार होना चाहिए जिससे सामाजिक वैमनस्य से बचा जा सकता है इस तथ्य को वेदग्रन्थ के माध्यम से प्रस्तुत कर समाज के विशेष स्वरूप का परिचय दिया गया है।

वेदकालीन समाज अपने विकास मार्ग से जुड़ा दीख पड़ता है। उसका नैतिक दायित्व था कि समाज में सामञ्जस्य बना रहना चाहिए जिससे अशांति एवं अनावश्यक विवाद उत्पन्न हो जाय जिससे विकास मार्ग से अलग-थलग होकर दुखपूर्ण जीवन व्यतीत करना पड़े। यह

सामाजिक चिंतन प्रशंसनीय है तथा स्वस्थ समाज का स्वरूप स्पष्ट रूप से दीख पड़ता है।

मन्त्र 4 पृ. 6 12

शं मे परस्मै गात्राय शमस्त्ववराय मे।
शं मे चतुर्भ्यो अङ्गेभ्यः शमस्तु तन्वे म॥

अर्थात् चारों अंग दो हाथ और दो पद हैं। मनुष्य के लिये उचित है कि परमेश्वर की प्रार्थनापूर्वक अपने इस अमूल्य शरीर को प्रयत्न से सर्वथा स्वस्थ रक्खे और मानसिक बल बढ़ाकर संसार नें उपकारी हो और सदा सुख भोगें।

प्रस्तुत मन्त्र के माध्यम से मानव शरीर के महत्त्व पर एक ओर प्रकाश डाला गया है तो दूसरी ओर स्वस्थ शरीर की आवश्यकता पर भी बल दिया गया। वेदकालीन चिंतनधारा के विवेचन में यह उल्लेखनीय तथ्य है कि तत्कालीन समाज सतत् विकास से जुड़ा था। अनेक समस्याओं से सहर्ष जूझने की परम्परा चल पड़ी थी। आर्थिक, सामाजिक तथा नैतिक दायित्वों को समझते हुए तथा निर्वाह करते हुए जीवन को सुखपूर्ण तरीके से व्यतीत करने की उत्कट अभिलाषा दृष्टिगत होती है।

समाज का चतुर्दिक विकास करना आर्यों के जीवन का लक्ष्य था। अपनी समस्याओं को जीवन का अङ्ग मानते हुए आर्यगण संघर्षशील एवं चरित्रवान थे जिन्हें आगे बढ़ने की उत्कट अभिलाषा थी और संघर्ष ही लक्ष्य है यह मान्यता थी।

मन्त्र 1 पृ. 6 सूक्त 13

नमस्ते अस्तु विद्युते नमस्ते स्तनयित्नवे।
नमस्ते अस्त्वश्मने येना दूडाशे अस्यसि॥

अर्थात् न्यायकारी परमात्मा दुःखदायी अधर्मी पापियों को अधि-दैविक आदि दण्ड देकर असह्य विपत्तियों में डालता है, इसलिए सब मनुष्य उसके कोप से डर कर उसकी आज्ञा का पालन करें और सदा आनन्द भोगें।

धर्म, कर्म तथा संघर्षशीलता जीवन का अभिन्न अङ्ग था जिससे आर्यसमाज सतत् विकासोन्मुख दीख पड़ता है। मन्त्र द्वारा उनके दैनिक जीवन के कार्यकलापों पर प्रकाश डाला गया है। सारी शक्ति विकास को अग्रगामी बनाने की चेष्टा में लगी रहती थी। सामाजिक सौहार्द के कारण उनकी प्रगति दिन-दूनी रात-चौगुनी थी।

मन्त्र 2 पृ. सूक्त 13

नमस्ते प्रवतो नपाद् यतस्तपः समूहसि।
मृडया नस्तनूभ्यो मयस्तोकेभ्यस्कृधि।।

अर्थात् परमेश्वर भक्तों को आनन्द और पापियों को कष्ट देता है। सब मनुष्य नित्य धर्म में प्रवृत्त रहे और संसार भर में सुख की वृद्धि करें।

प्रस्तुत मन्त्र भारतीय समाज के चरित्र का इतिहास है। जब किसी तरह की विपत्ति आती थी तो सन्मार्ग का त्याग करना उचित नहीं समझते थे। संघर्ष ही जीवन है यह उस समाज की मान्यता थी जिससे विकासोन्मुख समाज के स्वरूप का दर्शन वेदग्रन्थों से प्राप्त है।

मन्त्र 3 पृ. 7 सूक्त 13

प्रवतो नपान् नम् स्वास्तु
तुभ्यं नमस्ते हेतवे तपुषे च कृण्भः।
विद्ध ते धाम परमं गुहा यत्
समुद्रे अन्तर्निहितासि नाभिः।।

अर्थात् उस भक्त रक्षक दुष्ट नाशक परमात्मा का महत्व सबके हृदय में और सब अगम्य स्थानों में वर्तमान है। जैसे सब नाड़ियों को बन्धन में रखकर शरीर के भार को समान तौलकर रखती है वैसे ही परमेश्वर अन्तरिक्ष या प्रकाश में स्थित मनुष्य आदि प्राणियों और सब पृथ्वी, सूर्य आदि लोकों को धारण करने वाला केन्द्र है। विद्वान महिमा को जानकर संसार में उन्नति करते हैं।

प्रस्तत मन्त्र के माध्यम से नैतिक धार्मिक एवं सांस्कृतिक उत्थान का प्रयास स्पष्ट रूप से प्रतिभासित होता है। समाज धार्मिक आचरण से प्रतिबन्धित था और जीवन में आगे बढ़ने की ललक एवं संघर्षपूर्ण चेष्टा परिलक्षित होती है तथा सामाजिक एवं नैतिक तथा धार्मिक आचरणों को सर्वाधिक महत्त्व दिया जाता रहा है जिससे समाज की प्रगतिशीलता परिलक्षित होती है। मानव-जीवन सुखपूर्ण रखने का सतत् प्रयास था जिसमें उनकी प्रगति स्पष्ट रूप से परिलक्षित होती है। समाज को आगे बढ़ाने का लक्ष्य था। जिससे वैदिक मन्त्रों में प्रगतिपूर्ण सामाजिक चिंतन का स्वरूप परिलक्षिति है।

मन्त्र 4 पृ. 7 सू. 13

या त्वा देवा असृजन्त विश्व
इषु कृण्वाना असनाय धृष्णुम।
सा नो मृड विदथे गृणाना
तस्यै ते नमो अस्तु देवि॥

अर्थात् विद्वान लोग परमेश्वर के क्रोध को सब संसार के दोषों को नाश के लिए बरछी रूप समझकर सदा सुधार और उपकार करते हैं तब संसार में प्रतिष्ठा और मान पाकर सुख भोगते और परमात्मा के क्रोध का धन्यवाद देते हैं।

आध्यात्मिक चिंतन के विकास के फलस्वरूप आर्यों की मान्यता थी कि ईश्वरीय प्रेरणा से सभी प्रभावित हैं। ईश्वर की अनुकम्पा ही समाज के विकास का वाहक है। इस तरह आर्य समाज अपने जीवन को सुखमय बनाने का सफल प्रयास करते थे।

भारतीय परम्परा का उल्लंघन कहीं नहीं दीख पड़ता है तथा परमेश्वर के मार्गदर्शन पर पूरा समाज को विश्वास था।

मन्त्र 1 पृ. 7 सूक्त 14

भगमस्या वर्च आदित्यधि वृक्षादिव स्त्रजम्।
महाबुध्न इव पर्वतो ज्योक् पितृत्वास्ताम्॥

अर्थात् यह "वर" का वचन है। विद्वान पुरुष खोजकर अपने समान गुण वाली स्त्री से विवाह करके संसार में ऐश्वर्य और शोभा पाता है जैसे वृक्ष सुन्दर से फूलों से शोभित होता है। वधु अपने सास-श्वसुर आदि मनीषियों की सेवा और शिक्षा से दृढ़चित्त होकर घर के कामों का सुप्रबन्ध करके गृहलक्ष्मी की तरह रहें। और पति पुत्र आदि कुटुम्बियों में बड़ी आयु भोग कर आनन्द करें।

प्रस्तुत मन्त्र में पारिवारिक सुखमय जीवन का उल्लेख हुआ है। समाज में शांति सुव्यवस्था के सारे लाभ परिवार को प्राप्त हो जाया करता था।

संघर्ष एवं कल्याणकारी चिंतन के फलस्वरूप सामाजिक प्रगति स्पष्टरूप से परिलक्षित होती। चतुर्दिक विकास करना ही उनके जीवन के लक्ष्य थे जिससे उनकी संघर्षशीलता विकासोन्मुख बनी रहती थी। समाज के प्रबुद्ध वर्ग मार्ग-दर्शन कराने का कार्य बड़ी सहृदयता के साथ किया करते थे जिससे पारिवारिक सामञ्जस्य के स्वरूप स्पष्ट रूप से परिलक्षित हैं।

मन्त्र 2 पृ. 7 सूक्त 14

एषा ते राजन् कन्या वधूर्निधूयतां यम।
सा मातुर्वध्यतां गृहेऽथो भ्रातुरथोपितुः॥

अर्थात् वधु पक्ष के वचन निर्दिष्ट हैं। वधु के माता-पिता आदि "वर" कहें कि यह सुशिक्षित गुणवती कन्या आपको सौंपी जा रही है। यह आपके माता-पिता और भ्राता आदि सब कुटुम्बियों में कहकर अपने सुप्रबन्ध से सबको प्रसन्न रक्खे और सुख भोगे।

वैवाहिक जीवन की प्रथम धरना बहुत आकर्षक हुआ करती थी क्योंकि परिवार मुख्य सदस्यगण की उपस्थिति अनिवार्य रूप से रहती थी जिस पारिवारिक सौहार्द की झलक मिलती है तथा जीवन की गतिशीलता के स्वरूप पर भी प्रकाश डाला गया है। कन्या जब पतिगृह में प्रवेश करती थी तो एक नवीन दृश्य आकर्षण के साथ समुपस्थित

हो जाता था। आवश्यक रूप से आशीर्वाद देकर कन्या की शुभकामना की जाती थी और पारिवारिक सौहार्द की शुभकामना की अभिव्यक्ति होती थी तथा वर-वधु को आशीर्ष प्रदान कर नये जीवन का शुभारम्भ समझा जाता था जिसके लिए शुभ आकांक्षा की अभिव्यक्ति बड़ी स्पष्टता के साथ अभिव्यञ्जित होती थी।

मन्त्र 3 पृ. 7 सू. 14

एषा ते कुलया राजन् ताम ते परिदद्मसि।
ज्योक् पितृष्वासाता आशीर्ष्णः समोप्यात्॥

अर्थात् फिर वधुपक्ष वाले माता-पिता आदि इस मन्त्र से जमाता की विनती करते और स्त्री धर्म का उपदेश करते हुए कन्यादान करके गृहाश्रम में प्रविष्ट कराते हैं।

मन्त्र 4 पृ. 7 सू. 14

असितस्य ते ब्रह्मणा कश्मावस्यगयस्य च।
अन्तः कोशभिवजामयोऽपि मह्याभि भगम्॥

अर्थात् इस मन्त्र के अनुसार वधु पक्ष वाले पुरुष और स्त्रियाँ विनती करके श्रेष्ठ वर और कन्या को धन भूषण वस्त्रादि से सत्कार करके विदा करें।

प्रस्तुत मन्त्रों के माध्यम से पारिवारिक एवं सानाजिक परिवेश का विश्लेषण तथा दायित्वों का समायोजन बड़ी स्पष्टता के साथ परिलक्षित होता है, जिस उल्लासपूर्ण माहौल में वैवाहिक कार्यक्रम सम्पन्न होता है वह अत्यन्त आकर्षक एवं शुभकामनाओं का माहौल दीख पड़ता है जिसमें कन्या पक्ष का स्वागत एवं सत्कार किया जाता है जो भारतीय परम्परा का शुभ उदाहरण है।

मन्त्र 1 पृ. 7 सू. 15

सं सं स्त्रवन्तुसिन्धवःसंवाताः संपतत्रिणः।
इमं यज्ञं प्रदिवोमे जुषन्तां संस्त्राव्येणहविषा जुहोमि॥

अर्थात् मनुष्यों के लिए उचित है कि नौका आदि से समुद्र यात्रा को, विमान आदि से वायुमण्डल जाने-आने के मार्गों को और यथायोग्य व्यवहार से पक्षी आदि सब जीवों को अनुकूल रक्खें, और विज्ञानपूर्वक सब पदार्थों से उपकार लेवे और विद्वानों में पूर्ण प्रीति और श्रद्धा रक्खे जिससे वे भी उत्साहपूर्वक वर्त्ताव करे।

प्रस्तुत मन्त्र के माध्यम से कल्याणकारी चिंतन प्रस्तुत किया गया है। मानव जीवन प्राप्त कर मनुष्य को अनेक दिशाओं से लाभ उठाने की चेष्टा करनी चाहिए।

उक्ति प्रसिद्ध है "अग्रसो ची सदा सुखी" अर्थात् अपने जीवन में अनेक तत्त्वों से लाभ उठाने की सफल चेष्टा करनी चाहिए। वायुमान से आकाश मार्ग की यात्रा करनी चाहिए। उन्हें वायुयान की सुरक्षा में पक्षी ही सहायक बनकर दुर्घटना से बचाता है। इस तरह मानव को सोचना पड़ता है– "जहाँ काम आवे सुई, कहाँ करे तलवार" अर्थात् आकाशमार्ग की यात्रा असुरक्षित होती है यदि वायुयान से पक्षी टकराकर यान को नष्ट कर दे। ऐसी अवस्था में सबों की शुभदृष्टि ही जीवन के लिए लाभकारी है।

मन्त्र 2 पृ. 7 सू. 15

इहैव हदमा यान म इह संस्त्रावना उतेमं वर्धयता गिरः।
इहैतु सर्वो यः पशुरस्मिन् तिष्ठतुया रयिः॥

अर्थात् विद्वान लोग विद्या के बल से संसार की उन्नति करते हैं। इससे मनुष्य विद्वानों का सत्संग पाकर सदा अपनी वृद्धि करे और उपकारी जीवों और धन का उपार्जन पूर्णशक्ति से करे।

प्रस्तुत मन्त्र में विद्या की कल्याणकारी शक्ति को ध्यान में रखना आवश्यक बतलाया गया है जिस विद्या से समुचित लाभ हो सके। मनुष्य में जब अहंकार आता है तब वह अपनी शक्ति की नशा में दूसरी शक्ति की उपेक्षा कर देता है लेकिन यह विनाशकारी चिंतन है जिससे बचने की चेष्टा विद्वानों को करनी चाहिए। मानव होने के कारण उसे चतुर्दिक

दृष्टि होनी चाहिए और अपने लिए कल्याणकारी चिंतन की उपलब्धि को ध्यान में रखना चाहिए जिससे मनुष्य की बुद्धि तथा उसकी विद्या मौके पर काम में आ जाय जिससे अपना तथा दूसरे का भी जीवन रक्षा में अपनी सक्रियता दिखाकर पुण्य का भागी बन सके।

मन्त्र 3 पृ0 सू0 15:-

ये नदीनां संस्त्रवण्त्यु त्यासः सदमक्षिताः।
ते भिर्मे सर्वैः संस्त्रावैर्धनंसंस्त्रावथामसि॥

अर्थात् जैसे पर्वतों जल के स्त्रोतों के मिलने से वेगवती और उपकारिणी नदियाँ बनती है जो ग्रीष्म ऋतु में भी नहीं सूखती हैं। इसी प्रकार हम सब मिलकर विज्ञान और उत्साहपूर्वक तड़ित, अग्नि, वायु, सूर्य, जल, पृथ्वी आदि पदार्थों से उपकार लेकर अक्षय धन बढ़ावें और उसे उत्तम कार्यों में व्यय करें।

प्रस्तुत मन्त्र के माध्यम से स्पष्ट किया गया है कि ''बुद्धिर्यस्य वलं तस्य निर्बुद्धिः कुतो बलम्। एक बहती हुई जलधारा अपने वेग से मानव जीवन को सुरक्षा प्रदान कर देती है। अतः उसकी शक्ति को पहचानने की चेष्टा करनी चाहिए तथा अवसर उपस्थित हो जाने उसकी शक्ति की श्रेष्ठता समझनी चाहिए जिससे विपत्तिकाल में वह सहायक सिद्ध हो जाये तथा अन्य को भी ऐसी शिक्षा देकर कल्याणकारी शक्ति को पहचानने की चेष्टा करनी चाहिए और मौका मिल जाने पर उससे लाभान्वित होना चाहिए।

मन्त्र 3 पृ0 8 सू0 15

ये सर्पिषः संस्त्रवन्ति क्षीरस्य चोदकस्य च।
तेभिर्मे सर्वैः संस्त्रावैर्धनं सं स्त्रावयामसि॥

अर्थात् जैसे घी, दूध और जल की बूँदें मिलकर धाराएं बन जाती हैं और उपकारी होती हैं, उसी प्रकार हम लोग उद्योग करके, थोड़ा-थोड़ा

संचय करके बहुत-सी विद्याएं धन और सुवर्ण आदि प्राप्त करके उत्तम कार्यों में व्यय करें।

प्रस्तुत मंन्त्र के माध्यम से वेदकालीन समाज के स्वरूप का विश्लेषण प्रस्तुत किया गया है। उक्ति प्रचलित है "बूँद-बूँद से घट भरें"। यानि संचय के कार्य एक दिन में सम्पन्न नहीं होते हैं। संचय एक प्रवृत्ति है जिसे परमेश्वर की कृपा से प्राप्त करते हैं। मनुष्य संचित सम्पत्ति का सुख भोगता है। यदि यह प्रवृत्ति नहीं है तो इसका तात्पर्य है कि परमेश्वर की कृपा इस दिशा में उसे नहीं मिली है। धीरे-धीरे संचित सम्पत्ति काफी फैल जाती है यदि ऐसा नहीं है तो कोई बहुत बड़े धनी माने जाते हैं और कोई साधारण सम्पत्तिवान बनकर जीवन व्यतीत कर लेते हैं। परमेश्वर की अनुकम्पा से ही इस तरह की प्रवृत्ति का होना या कभी विरोधी चिन्तन से ही सारी सम्पत्ति का विनाश देख लेना पड़ता है। मनुष्य अपने कर्त्तव्य से जुड़ा रहता है। फल या परिणाम यह ईश्वरीय विधान है कि किसे किस रूप में प्राप्त या अप्राप्त होगा।

मन्त्र 1 पृ0 8 सू0 16:-

ये मा वास्यां रात्रिमुदस्युर्वाजमस्त्रिणः।
अग्निस्तुरीयो यातुहा सो अएमम्यमधि व्रजत॥

अर्थात् जो दुष्टजन अंधेरी रातों में गोशाल आदि में धावा करके प्रजा को सताने को प्रतापी राजा ऐसे राक्षसों से रक्षा करके राज्य भर में शांति फैलावें।

प्रस्तुत मन्त्र में राजा के कर्त्तव्य की ओर ध्यान आकृष्ट किया गया है। शासन तन्त्र का दायित्व यह है कि वह अपनी प्रजा को किस तरह सुरक्षा प्रदान कर सकता है इस समस्या पर विचार करें और राजा होने के कारण सारी शक्ति राजतन्त्र में चली जाती है। यदि राजतन्त्र से सुरक्षा की आशा रखते हैं और आशा फलवती होती है तो राजा की सभी प्रशंसा करते हैं। शासनतन्त्र के कमजोर रहने पर प्रजा की स्थिति नाजुक हो जाती

है। किसे धन प्राप्त होगा और किसे दरिद्रता मिलेगी यह तो ईश्वरीय विधान है। इसमें कोई हस्तक्षेप करके किसी को धनी बना सकता है और न किसी को दरिद्र या धनहीन बना सकता है प्रजा की रक्षा उसके क्रमिक विकास तो राजा की नीति पर आश्रित है। सुशासन में न्याय मिलता है। सभी धनी हो जाये या सभी गरीब हो जाये यह किसी के हाथ में नहीं है। सुव्यवस्था से प्रजा प्रसन्न रहती है तथा अपने अर्जन के बल पर वह धनी भी हो सकता है या गरीब भी रह सकता है। धन तो भाग्याधीन माना गया है।

मन्त्र 2 पृ0 8 सूक्त 16-

सीसायाध्याह वरूणः सीसायाग्निरूपावति।
सीसं म इन्द्रः प्रायच्छत तदङ्ग यातु चातनम्।

अर्थात् जल, अग्नि, वायु, पदार्थ ईश्वर की आज्ञा से परस्पर मिलकर हमारे लिए बाहर और भीतर उपकारी होते हैं। वह ब्रह्मज्ञान प्रत्येक मनुष्य आदि प्राणी को परमेश्वर ने दिया है। उस ज्ञान को साक्षात करके प्राणी दुःखों से छूटकर शारीरिक, आत्मिक और सामाजिक आनन्द पाते हैं।

प्रस्तुत मन्त्र के माध्यम से प्रजा की सुव्यवस्था एवं शाँति की कामना की गई है। परमेश्वर की अनुकम्पा के कारण कोई धनी हो जाता है और ईश्वर की अनुकम्पा जिसे नहीं मिलती है वह अपनी गरीबी का मुकाबला जीवन संघर्ष के द्वारा झेलता है। सभी एक जैसा धनी हो या एक जैसा गरीब हो जाये ऐसी कल्पना नहीं करनी चाहिए। मनुष्य को धैर्य धारण कर सही दिशा में जीवन को ले जाना चाहिए यह मानव धर्म या कर्त्तव्य कहा गया। यद्यपि कि ऐसी उक्ति भी प्रचलित है:-

दैवायत्तं कुले जन्म मम आयत्तं तु पौरूषम्।।

अर्थात दुःख-सुख भाग्याधीन माना गया है। धैर्य धारण कर संघर्ष करने की चेष्टा मानव कर्त्तव्य है।

मन्त्र 3 पृ0 8 सूक्त 16-

इदं विषकन्धं सहत इदं बाधते अत्रित्यणः।
अनेन विश्वा ससहे या जातानि पिशाच्याः।।

अर्थात् दूरदर्शी पुरुषार्थी मनुष्य उत्तम ज्ञान के सामर्थ्य से अपने क्लेशों के कारण को जानते और कुवासनाओं के कुसंस्कारों को अपने हृदय में नहीं जमन देते।

दुःख-सुख यह ईश्वरीय विधान है। धनी-अमीर यह परमपिता परमेश्वर की कृपा पर निर्भर है। ऐसी अवस्था में मनुष्य अपने कर्त्तव्य से जुड़ा रहकर परिश्रम तथा संघर्ष करे यह उसका परम कर्त्तव्य है। भाग्य को कोसना या दुःख से घबड़ाना मानव धर्म नहीं माना गया है। मनुष्य अपने परिश्रम पर विश्वास रखकर संघर्षपूर्ण जीवन ही उसकी सबसे बड़ी सफलता है।

प्रत्येक मनुष्य न तो गरीबी लेकर आता है और न धन लेकर आता है। संसार यह कर्मक्षेत्र है जो जैसा करता है उसे वैसे ही फलों की प्राप्ति भी होती है। मनुष्य अपने भाग्य का विधाता है उसे अपनी शक्ति से सुख का संसार बसाना पड़ता है। उक्ति प्रचलित है-

कर्मण्येव अधिकारस्ते मा फलेषु कदाचन-कर्त्तव्य करना अधिकार में है, फल अपने अधीन नहीं रहता है।

मन्त्र 4 पृ0 8 सूक्त 16-

यदिनो गां हंसियदश्वं यदि पूरूषम्।
तं त्वा सीसेनोविध्यामो यथानौऽसो अवीरहा॥

अर्थात् मनुष्य वर्तमान क्लेशों को देखकर आने वाले क्लेशों को यत्नपूर्वक रोककर आनन्द भोगें।

मन्त्र 1 पृ0 8 सूक्त 17-

अभूर्यायन्ति योषितो हिरा लोहितवाससः।

अभ्रातर इस सूक्त में नाड़ी खोलने का वर्णन है। मन्त्र का अभिप्राय यह है कि नाड़ियाँ रुधिर संचार का मार्ग होने से शरीर की सेवा करने वाली सेवा योग्य है। जब किसी रोग के कारण वैद्यराज नाड़ी छेदन करे और रुधिर निकलने से रोग बढ़ाने में नाड़ियाँ ऐसी असमर्थ हो जाये जैसे माता-पिता और भाईयों के बिना कन्याएँ असहाय हो जाती है। सब नाड़ियों को रुधिर बहने से रोक दे।

मानव के शरीर विज्ञान का तत्व वेदकालीन औषध-विशेषज्ञ को ज्ञात था जिसका उल्लेख ऋचा के माध्यम से बड़ी स्पष्टता के साथ हुआ है। समाज के प्रबुद्ध लोग इस ज्ञान का सहारा लेकर जनहित में अपना योगदान समर्पित करने की दिशा में कार्य रहते थे। सामाजिक सौहार्द के बल पर स्वस्थ वातावरण का लाभ सभी को मिलता था। मनुष्य की प्रवृत्ति थी कि आवश्यकतानुसार शरीर विज्ञान की समझ का लाभ पूरे समाज को सतत् मिलते रहना चाहिए। वेद की ऋचाओं से उसे लाभकारी ज्ञान का विस्तार समाज में व्याप्त हो चुका था जिससे स्वस्थ समाज के चिंतन का प्रचार-प्रसार स्पष्ट दीख पड़ता है।

मन्त्र 2 पृ0 8 सूक्त 17-

तिष्ठावरे तिष्ठ पर उत त्वंतिष्ठ मध्यमे।
कनिष्ठिका चतिष्ठति तिष्ठादिदधमनिर्मही।।

अर्थात् चिकित्सक सावधानी से सब नाड़ियों को अधिक रुधिर बहने से रोक देवें। मनुष्य अपने चित्त वृत्तियों को ध्यान देकर कुमार्ग से हठावें और हड़बड़ी करके अपने कर्त्तव्य को न बिगड़ने दें।

वेदमंत्रों के माध्यम से भारतीय चिंतन का विश्लेषण बड़ी स्पष्टता के साथ किया गया है। समाज अपने सौहार्दपूर्ण आचरण के कारण बड़ी सबलता के साथ सुसंगठित था।

प्रस्तुत मन्त्र में चिकित्सक के कार्य-कलाप का विश्लेषण हुआ है। शरीर-विज्ञान की जानकारी चिकित्सकों ने सम्पूर्ण समाज के लिए प्राप्त कर ली थी। चिकित्सक अपने सद्ज्ञान का लाभ पूरे समाज के लिए समर्पित करने हेतु सतत् तैयार रहते थे। ऋचा के माध्यम से जो भाव-विचार अभिव्यञ्जित हुए हैं उनसे ज्ञात होता है कि चिकित्सक समाज हित में कार्यरत थे। उनकी आवश्यकता समाज को थी और उनके सद्ज्ञान से लाभान्वित होकर स्वस्थ समाज के निर्माण में सारा समाज लगा रहता था। आपसी सामञ्जस्य उस सीमा तक पहुँच चुकी थी कि प्रबुद्ध व्यक्ति अपनी बुद्धि-ज्ञान तथा कल्याणकारी चिंतन से पूरे समाज को आगे बढ़ाने की सफल चेष्टा करते थे जिससे समाज की विच्छृङ्खलता दष्टिगत नहीं होती है।

मन्त्र 3 पृ0 8 सूक्त 17-

शतस्य धमनीनां सहस्त्रस्य हिराणाम्।
अस्थरिन्मध्यमा इमाः साकमन्ता अरंसत॥

अर्थात् नाड़ी से असंख्य धमनी और सिरा नाड़ियों का रुधिर यथाविधि चिकित्सक निकाल कर बन्द कर देवें जिससे नाड़िया पहले के समान चेष्टा करने लगे।

समाज में सद्ज्ञान का प्रचार-प्रसार खुलकर होता था। लोकहित में प्रबुद्ध व्यक्ति अपने कर्त्तव्य से तनिक भी च्युत नहीं होते थे। ऋचा में जिन तथ्यों के समावेश हुए हैं वे सारे अनुभवजन्य ज्ञान लोकहित में प्रयुक्त होते थे। ऋचा में व्यक्त सामाजिकता, सद्ज्ञाननिष्ठा के स्वरूप स्पष्टरूप से परिलक्षित होते हैं। पूरे वर्ग एवं समाज एक सूत्र से जुड़े थे जिनकी देखरेख का दायित्व प्रबुद्ध व्यक्ति पर था। वैसे पात्र जनहित में कार्यरत रहते थे जिनकी कार्यप्रणाली का उल्लेख बड़ी स्पष्टता के साथ हुआ है। शरीर विज्ञान का व्यावहारिक कार्य-कलाप का उल्लेख ऋचा के माध्यम से हुआ है। नाड़ी विज्ञान के तत्त्वों से चिकित्सक परिचित थे जिसका उल्लेख ऋचा में बड़ी स्पष्टता के साथ किया गया है। वेदकालीन समाज सद्ज्ञान के बन्धन से जुड़े थे। उस ज्ञान का लाभ सम्पूर्ण समाज को मिलता था। सामाजिक समस्याओं विचार करते हुए उनके निर्णय अकाव्य होते थे जिसका उल्लेख ऋचा में किया गया है।

मन्त्र 4 पृ0 8 सूक्त 17-

परि वः सिकतावती धनूर्बृहत्यक्रमीत्।
तिकतेलयता सु कम्॥

अर्थात् धनु चार हाथ परिमाण को कहते हैं। इसी प्रकार की पट्टी से जो सूक्ष्म चूर्ण बाल से या बाल के समान राल आदि औषध से युक्त होवे, चिकित्सक घाव को बाँध दे जिससे रक्त बह न सके और घाव भर कर सब नाड़ियाँ यथा नियम चलने लगे। मन प्रसन्न रहे और शरीर पुष्ट हो।

प्रस्तुत मन्त्र में कई तत्त्वों का उद्घाटन किया गया है। धनु की लम्बाई का उल्लेख एक विशेष सन्दर्भ में किया गया है। प्रतीत होता है

कि माप का साधन पूर्वकाल में धनुष रहा होगा जिसका उल्लेख मन्त्र में हुआ है। चिकित्सक एवं घावग्रस्त रोगी को एक स्थल पर प्रस्तुत कर मन्त्र में इसके निदान प्रस्तुत किये गये हैं। शरीर के व्रण जो रुधिर-प्रवाह का कार्य करने लगता है उससे त्राण पाने की चेष्टा चिकित्सक को करनी पड़ती है। इस तरह तत्कालीन समाज की चिन्तनधारा का उल्लेख करते हुए मन्त्र के माध्यम से निदान भी प्रस्तुत कर दिया गया है। ऋषियों महर्षियों के चिन्तन की उपज ही ऋचाएँ होती है। तत्कालीन समाज की समस्या एवं मन्त्रों में अभिव्यञ्जित होती है तथा समाज को निदान खोजना पड़ता है जिनके विवरण मन्त्र में उपलब्ध होते हैं। काया जनजाति का विकास-इतिहास बड़ा सरस होता है। पूर्वकाल में उनकी कैसी समस्याएँ थी उनसे अवगत होते हुए उनके निदान से भी अवगत होना पड़ता है।

मन्त्र 1 पृ0 8 सूक्त 18-

निर्लक्षम्यं ललाम्यै निरराति सुवामसि।
अथ या भद्रा तानि नः प्रज्ञाया अरातिं नयामसि॥

अर्थात् राजा अपने और प्रजा की निर्धनता आदि दुर्लक्षणों को मिटावें और शत्रु को दण्ड देकर प्रजा में आनन्द फैलावें।

प्रस्तुत मंत्र के माध्यम से वैदिक ऋषि ने तत्कालीन समाज की निर्धनता पर कड़ी चोट की है। गरीबी सबसे बड़ी ग्लानि समझी जाती है। निर्धनता वह राग है जिसका शमन न किया जाये तो वह लाचारी में लाकर लील जाने की सफल चेष्टा करती है। आर्य ऋषि ने राजा और प्रजा दोनों को इससे बचने का आदेश दिया है। इस सन्दर्भ उक्ति प्रसिद्ध है दरिद्रता सबसे बड़ा अभिशाप है। रोगग्रसित की इलाज करके स्वस्थ किया जा सकता है लेकिन निर्धनता के वज्राघात से बचा पाना कठिन हुआ करता है। इसलिए कथन है कि सारी विपदायें झेली जा सकती हैं लेकिन निर्धनता का दुःख-दर्द जान लेवा ही होता है। सब रोगों की इलाज करके स्वस्थ किया जा सकता है लेकिन निर्धनता के आघात से बचा पाना कठिन हुआ करता है।

मंत्र के माध्यम से राजा एवं प्रजा दोनों को दरिद्रता रोग से मुक्त हो जाने का आग्रह किया गया है।

मन्त्र 2 पृ0 9 सूक्त 18-

निररीणं सविता साविषत्
पदोर्निहस्तयो वरूणो मित्रो आयमा।
निरस्मभ्यमनुमती रराणा प्रेमां
देवा असाविषुः सौभगाय।।

अर्थात् शुभ लक्षणों वाला राजा और प्रजा परस्पर हितबुद्धि से और शुभचिन्तक महात्माओं की सहायता से क्लेशों का नाश करके सबका ऐश्वर्य बढ़ावें।

प्रजा वर्ग निरीह है, वह लाचारी की चक्की पिसाती रहती है। उसकी शक्ति बहुत सीमित होती है। बहुत प्रयत्न करने के उपरान्त भी जब गरीबी का दुःख-दर्द समाप्त नहीं होता है तो पीड़ित पात्र हतप्रभ होकर अपनी जिजीविषा को बढ़ाने में या दरिद्रता की गाड़ी खींचने में प्रजा असमर्थ होकर प्राणान्त तक कर अपनी समस्या का समाधान करता है। यह समस्या का समाधान नहीं है बल्कि गरीबी से हारकर जीवन लीला समाप्त कर बैठता है। वेदकालीन समाज के आगे जीविका के साधन बहुत सीमित थे। आज जैसी परिस्थिति उस वेदकालीन समाज में नही थी। वैदिक युग आर्यों का प्रारम्भिक युग है जहाँ से हमारी सभ्यता संस्कृति का उदय काल माना जाता है। प्रारम्भिक अवस्था में गरीबी या लाचारी स्वाभाविक है। क्रमिक विकास हमारे संघर्ष पूर्ण जीवना की गाथा है।

मन्त्र 3 पृ0 9 सूक्त-18-

यत्त आत्मनि तन्वां घोरमस्ति
यद्वा केशेषुप्रतिचक्षवे वा।
सर्व तद् वाचाप हन्मो
वयं देवस्त्वा सविता सूदयतु।।

अर्थात् जब मनुष्य अपने आत्मिक और शारीरिक दुर्गुणों और दुर्लक्षणों को विद्वान के उपदेश और सत्संग से छोड़ देता है तब परमेश्वर उसे अपना बनाकर अनेक सामर्थ देता और आनन्दित करता है।

प्रस्तुत मन्त्र के माध्यम से विकास का क्रमिक विकास इतिहास अभिव्यञ्जित होता है। भारतीय जीवन गाथा का इतिहास संघर्ष की कथा का इतिहास है। जब दारिद्रय दुःख अपनी सीमा का उल्लंघन करता है तो मानव जीवन संघर्ष से हारकर जल-प्रवाह में ही छ्लाँग लगा लेता है। समाज के दुःख-दर्द के अन्त की कहानी ऐसी भी हुआ करती है। अतः शासक तन्त्र को मन्त्र के माध्यम से सजग कर दिया है कि दरिद्रता रोग प्रशासन की सहानुभूति से समाप्त हुआ करता है। मनुष्य अपनी लाचारी से संघर्ष करता है लेकिन कब वह परिस्थिति से जूझते हुए हार मान लेगा यह चिन्तनीय विषय है जिसके लिए प्रशासन को ही सजग होने की जरूरत है अन्यथा "हारे को हरिराम है" यह उक्ति जीवन का अन्त ही कहा गया है।

मन्त्र सं० 4 पृ० 9 सू० 18-

रिश्यपदी वृषदती गोषेधां विधमामुत।
विलीढयं ललाभ्यं ता अस्मन्नाशयामसि।

अर्थात् सब स्त्री-पुरुष मनुष्य स्वभाव से विरुद्ध कुचेष्टाओं को छोड़कर विद्वानों के सत्संग से सुन्दर स्वभाव बनावें और मनुष्य जन्म को सफल करके आनन्द भोगें।

प्रस्तुत मन्त्र के माध्यम से प्राचीन समाज की पीड़ा से अवगत कराने का प्रयास है। मनुष्य यदि सुशिक्षित नहीं हो सका तो उसका जीवन पशुवत ही रह जाता है। मन्त्र से स्पष्ट है कि सृष्टि में मानव जीवन की तीन श्रेणियाँ हैं- कुछ मनुष्य होकर भी देवत्व के स्थान पर पहुँच जाता है। पूरा समाज या पूरी सृष्टि में उसकी कीमत बढ़ जाती है और देववत ही पूजित होता है। दूसरा वर्ग मध्यवर्ग है जो देवत्व तो प्राप्त नहीं कर सका लेकिन मानव श्रेणी परिगणित अवश्य होने लगता है और अन्तिम श्रेणी मानव होकर भी दानवत्व की श्रेणी पहुँच जाता इसे मन्त्र में ऋषि ने मानव को दानवत्व युक्त ही माना है क्योंकि वह अपनी पाशविकता का दमन नहीं कर पाता है और कुरीतियों-कुसंगितियों के चक्कर में पड़कर राक्षसीवृत्ति अपना कर अपनी जीवन लीला समाप्त कर लेता है।

मन्त्र 1 पृ0 9 सू0 19-

मा नो विदन् विव्याधिनो मो अभिव्याधिनो विदन्।
आराच्छारदव्या अस्मद् विषूचीरिन्द्र पातय।।

अर्थात् सर्वरक्षक जगदीश्वर पर पूर्ण श्रद्धा करके चतुर सेनापति अपनी सेना को रणक्षेत्र में इस प्रकार खड़ा करें कि शत्रु लोग पास न आ सकें और न उसके अस्मशस्त्रों के प्रहार अपने किसी को लगे।

वेदकालीन समाज संघर्षयुग का समाज है। एक ओर उसकी गरीबी थी तो दूसरी ओर कुशिक्षा, कुप्रवृत्ति, कुसंगति एवं उसकी कुवृत्ति उसकी जीवन गाथा समाप्त करने पर लगी हुई रहती थी। मानव के संघर्ष पूर्ण जीवन की कहानी से यह तथ्य स्पष्ट होता है कि आर्य संस्कृति सभ्यता संघर्ष की कहानी से जुड़ी हुई है। वेदकालीन समाज को स्वर्णयुग नहीं माना जा सकता है। गरीबी, अज्ञानता, कुसंगति, कुशिक्षा आदि गलत दिशाएँ पकड़ाने में ही सहायक होती थी। वेदमन्त्र हमारी सृष्टि के प्रारम्भिक इतिहास की कहानी है। उसे समाज के कई वर्गों से संघर्ष करना पड़ता था। सुशिक्षा, सदाचार, एवं सद्वृत्ति के अभाव थे। लोगों को एक ओर पेट की ज्वाला थी दूसरी ओर कुशासन के भी प्रभाव थे। ऐसी अवस्था में'' जीवन सुखदायी नहीं था। संघर्ष और कुव्यवस्था ही तत्कालीन समाज की समस्या थी।

मन्त्र 2 पृ0 9 सू0 19-

विश्ववञ्चो अस्मच्छरवः पतन्तु ये अस्ता ये चास्याः।
दैवीर्मनुष्ये षवो ममाभित्रान् विविध्यत्।।

अर्थात् सेनापति अपनी सेना को इस प्रकार व्यूह करे कि वे अपनी सेना को न लगे और उस निपुण सेनापति के योद्धाओं के दिव्य अथवा आग्नेय, वारूणेय अस्त्र से शत्रुओं को निरन्तर छेद कर डाले।

प्रस्तुत मन्त्र में संघर्ष का इतिहास है। आर्य जाति अनेकानेक टकराहट का सामना करती रही है। जीवन की असुविधाएँ आगे बढ़ाने से रोकती थीं। संघर्ष का इतिहास लेकर ही वैदिक युग शुरू हुआ है। आर्यों की ऋचाएँ जो वेदग्रन्थों में समाहित हैं उन्हें अध्ययन करने से विदित होता

है कि एक सैन्यबल का सामना करना था, दूसरी ओर गरीबी, लाचारी, अशिक्षा का सामाज्य था। वेदग्रन्थों में तत्कालीन समाज के संघर्षों के इतिहास हैं। उन्हें युद्ध करना था और समाज में सुव्यवस्था कायम रखना भी आवश्यक कार्य था। वैदिक मन्त्रों की पंक्तियाँ उनके जीवन से जुड़ी हुई थीं। पूरे समाज की प्रगति में अनेक रुकावटें थी जिनका उन्मूलन आर्य जाति को करना पड़ा था उसका इतिहास वैदिक ऋचाओं में प्रतिभासित होता है।

मन्त्र सं0 3 पृ0 9 सू0 19-

यो न स्वोयो अरणः सजातउत
निष्ट्यो यो अस्माँ अभिदासति।
रूद्रः शरव्यायैतान् ममाभित्रानविविध्यतु।

दुष्टों को यथोचित दण्ड देकर राज्य में शांति रखनी चाहिए

राज्य में जिन समस्याओं का सामना करना पड़ता था उनके उल्लेख मन्त्रों में बड़ी स्पष्टता के साथ हुए हैं। राजतन्त्रों की अपनी सीमाएं थी। उनकी शक्ति सीमित थी। एक ओर जीवन-निर्वाह की समस्या था तो दूसरी ओर वर्ग या जाति संघर्ष भी था। सभी को झेलते हुए जीवन-यापन करना पड़ता था। राजतन्त्र की नींव सदा हिलती ही रहती थी। प्रजा अपनी गरीबी-लाचारी झेलती हुई संघर्षपूर्ण जीवन व्यतीत करती थी।

आपसी युद्ध की लाचारी में जीवन व्यतीत करना पड़ता था।

वेदकालीन ऋषियों नें समाज का इतिहास बड़ी स्पष्टता से प्रस्तुत किया है। राजतन्त्र के लिए किसी एक का पक्ष लेना उचित नहीं समझा जाता था। यह आपसी संघर्ष का कारण बन जाता था तथा संघर्ष जदा-कदा लम्बे समय तक खींचा चला जाता था। इस दुर्घटना से बचने का प्रयास सबसे उपर्युक्त एवं कारगर सिद्धान्त यह था कि राजतन्त्र में राजा को निष्पक्ष आचरण का प्रदर्शन करना जरूरी माना जाता था जिससे किसी तरह की आपसी टकराहट से बचा जा सके प्रस्तुत मन्त्र में इस तथ्य को सामने लाने का प्रयास हुआ है।

मन्त्र 4 पृ0 9 सू0 19-

यः स पत्नो योऽस पत्नो यश्च द्विषन् छपाति नः।
देवास्तं सर्वे धूर्वन्तु ब्रह्म वर्म नमान्तरम्॥

अर्थात् छानबीन करके प्रकट और अप्रकट प्रतिपक्षियों और अनिष्ट चिन्तों को शूरवीर विद्वान महात्मा नाश कर डालें। वह परमब्रह्म सर्वरक्षक कवचयुक्त होकर होकर धर्मात्माओं के रोम-रोम में भर रहा है। वही आत्मबल देकर युद्ध क्षेत्र में सदा उनकी रक्षा करता है।

मन्त्र में अलौकिक शक्ति से प्रार्थना की जाती है कि अनावश्यक संघर्ष से राजतन्त्र एवं पूरे आर्य समाज को बचे रहने की चेष्टा करनी चाहिए। जब आपसी द्वन्द्व की चिनगारी फैलने लगती है तो संघर्ष का दौड़ काफी लम्बा हो जाता है। ऐसी स्थिति उत्पन्न नहीं होनी चाहिए जिससे समाज में अशांति व्याप्त हो जाये तथा एक राजा जिसके पक्ष में खड़ा है उसका विरोध करने की मंशा से विरोधी का पक्ष ग्रहण कर ले और संघर्ष की लम्बी कहानी चल पड़े यह दुर्दशा समाज की नहीं होनी चाहिए। ऐसी घटना असामाजिक एवं अजनतांत्रिक कही गई है। समाज की प्रगति शांति व्यवस्था कायम रखने पर ही होती है। इस दिशा में यदि राजा निष्पक्ष होकर उचित अनुचित पर विचार करते हुए फैसला करें तो समाज हित की बातें समझी जायेगी जिसमें सभी का समर्थन अवश्य प्राप्त समझा जा सकता है।

मन्त्र सं0 1 पृ0 9 सू0 20-

अदारसृद् भवतु देव सोमास्मिन्
यज्ञे मरूते। मृडता नः।
मा नो विदमिमा मो अशस्ति
र्मा नो विदद् वृजिना द्वेष्या या॥

शत्रुओं को निर्बल कर दें अथवा घरवालों से अलग रखे। और विद्वान् शूरवीरों से भी सम्मति ले जिससे प्रत्येक विपत्ति, अपकीर्ति और कुमति हट जाये। निर्विघ्न अभीष्ट सिद्ध होवे।

राजतन्त्र के लिए उचित मार्ग का ही ग्रहण करना उपयुक्त कहा

गया है। दलबन्दी, गुटबन्दी तथा अनैतिक विचार से किसी एक का पक्ष तथा दूसरा का विरोध अनुपयुक्त माना गया है।

सुव्यवस्था कायम करने के लिए स्वस्थ चिंतन की आवश्यकता समझी जाती थी और राजतन्त्र से यह आग्रह रहता था कि आपसी कटुता को भुलाकर वैमनस्यपूर्ण निर्णय छोड़कर समुचित दिशा को ग्रहण करना चाहिए जिससे आपसी संघर्ष का मार्ग अवरुद्ध हो जाये तथा आपसी टकराहट से दूर हटकर निष्पक्ष चिंतन से राज्य का संचालन करना उपयुक्त माना गया है। इस तरह पूरे समाज के विकास में योगदान प्रदान करना ही राजतन्त्र का परम कर्त्तव्य एवं धर्म समझा गया है जिसके लिए समाज के प्रबुद्ध वर्ग को जागरूक होकर चिंतन-मनन करते रहना चाहिए। धर्म का मार्ग कल्याणकारी होता है यह सामाजिक मान्यता थी जिसका पालन पूरा समाज करता था और वैमनस्य का त्याग अनिवार्य समझा जाता जो मन्त्र से स्पष्ट है।

मन्त्र 2 पृ0 9 सू0 20-

यो अध सेन्यो वधोऽधायूनामुदीरते।
युवं तं मित्रा वरुणावस्मद यावयतं परि।।

जिस समय युद्ध में शत्रु सेना आ दबावे उस समय अपने प्राण, अपान वायु को यथायोग्य सम रखकर और सचेत होकर शरीर में बल बढ़ाकर युद्ध करें तो शत्रुओं पर शीघ्र जीत पावें। श्वांस को साधने से मनुष्य स्वस्थ और बलवान होते हैं।

ये वायु सम्बन्धी वेग है जो मानव शरीर से जुड़ा रहता है। इस परिस्थिति में इन वायु को अपने अधीन रखकर स्वस्थ चिंतन-मनन करना चाहिए जिससे किसी भी पक्ष को नुकसान न उठाना पड़े तथा राजतन्त्र की प्रशंसा सब कोई करने लगे। भारतीय समाज के संघर्ष की कहानी से अलग-थलक रहकर निष्पक्ष निर्णय लेने की प्रेरणा समाज से दी जाती थी जिससे सम्पूर्ण राज्य सुख-शांति अच्छी तरह व्याप्त हो जाये। भारतीय चिन्तनधारा में शांति एवं सुव्यवस्था को सर्वाधिक महत्त्व दिया गया है। ऐसी परिस्थिति उत्पन्न करनी चाहिए जिससे सद्मार्ग का ग्रहण सब कोई कर सकें।

मन्त्र 3 पृ0 9 सू0 20-

हतश्च मुतश्च यदवधं वरुण यावय।
वि महच्छर्म यच्छ वरीयो यावया वधम॥

अर्थात् जो सेनापति ईश्वर पर विश्वास करके अपनी सेना को प्रयत्नपूर्वक शत्रु के प्रहार से बचाता है और वैरी को जीतने का उत्साह बढ़ाता है, वह शूरवीर जीत पाकर आनन्द पाता है।

प्रस्तुत मन्त्र में राजतन्त्र की टकराहट पर प्रकाश डाला गया है। युद्धभूमि में सेना के संचालक या सेनापति अपने कर्त्तव्य मार्ग में किसी तरह की च्युति न करे तो उसकी विजय निश्चित रहती है। ही विजय मिलती है। सेनापति यदि युद्धभूमि में पूर्ण मनोयोगपूर्वक पूर्णशक्ति के साथ शत्रु सेना पर आक्रमण करता है तो विजय निश्चित है। अर्द्ध शक्ति का उपयोग हो और पूरा मनोयोग युद्धभूमि में न लगे तो विजय की सम्भावना कम हो जाती है। मन्त्र में यह उल्लिखित हुआ है कि जीत तब होती है जब तन और मन दोनों एकाग्र होकर शत्रु को पराजित करने में करो या मरो की भावभूमि कार्य करने लगती है तो सेनापति के साथ पूरी सेना भी सारी शक्ति एवं एकजुटता का प्रदर्शन करते हुए सैन्यबल अजेय सिद्ध हो जाता है और शत्रुसेना अपनी सुरक्षा में लगी रह जाती है।

मन्त्र 4 पृ0 10 सू0 20-

शास इत्था महाँ अस्यमित्र साहो अस्तृतः।
न यस्य हन्यते सखा न जीयते कदाचन॥

अर्थात् वह परमात्मा सर्वशक्तिमान शत्रुनाशक है। इस प्रकार श्रद्धा करके जो मनुष्य प्रयत्नपूर्वक आत्मिक, शारीरिक सामाजिक बल बढ़ाते रहते हैं वे ईश्वर के भक्त दृढ़ विश्वासी होकर अपने शत्रुओं पर जय प्राप्त करते हैं।

इसके पूर्व जिस तथ्य का विश्लेषण किया गया है वैसा ही संग्राम यहाँ भी वर्णित हुआ है। आर्यों को संघर्ष करते हुए अपने परमेश्वर पर विश्वास रखकर सैन्यबल के मनोबल को आगे बढ़ाता है उसी सेनापति की जीत सुनिश्चित होने लगती है। मन्त्र के माध्यम तत्कालीन राजतन्त्र

और उसके सैन्यबल की उपलब्धि पर प्रकाश डाला गया है। असीम सत्ता यानि पारलौकिक शक्ति के बिना विजय की सम्भावना कम रहती है। उस परमेश्वर की अनुकम्पा प्राप्ति होने पर ही सैन्यबल की शक्ति अजेय होने लगती है और युद्धभूमि में शत्रुसेना पीछे की ओर देखने लगती है। इस आर्यों का संघर्ष सतत् जारी रहता है और उसके मनोबल तथा परमेश्वर की अनुकम्पा को फलस्वरू युद्धभूमि में जीत होती है।

मन्त्र 1 पृ0 10 सू0 21-

स्वस्तिदा विशां पतिर्वृमहा विमृधो वशी।
वृषेन्द्रः पुर एतु न सोमपा अभयंकरः।।

अर्थात् जो मनुष्य मंत्रोक्त गुणों से युक्त राजा को अपना अगुवा बनाते हैं वे अपने सब कामों में विजय पाते हैं। वह जगदीश्वर सब राजा, महाराजाओं का लोकाधि पति है। उसको अपना अगुवा सनझकर सब मनुष्य जीतेन्द्रिय होता है।

पूर्वोक्त मन्त्रों के समान ही यहाँ भी संघर्ष की बलिवेदी वर्णित है जिस पर आर्य सेना अपनी जीत हासिल करने हेतु कटिबद्ध है

मन्त्र में उल्लिखित है कि राजा का अगुवा होना शुभ होता है। संघर्ष की स्थिति में सारी अनुकूल परिस्थितियाँ जब कार्य करने लगती है तो सेना का मनोबल बढ़ जाता है तथा सारे कार्य सही दिशा में होने लगते हैं। युद्धभूमि में एक भी त्रुटि दीख पड़ती है तो अनेक शंकाएँ उत्पन्न होने लगती हैं। अतः चौतरफा अनुकूलता रहने पर सैन्यशक्ति का मनोबल बहुत ठीक रहता है। सारी विपदाओं को झेलने में सभी का सहयोग एक साथ मिलने लगता है। ''संघे शक्ति कलौयुग'' जैसी उक्ति इसी परिस्थिति में उपयुक्त मानी गई है। जब शत्रुसेना का मनोबल तोड़ना रहता है तो सेना अपनी शक्ति एकजुटता में दिखाती है।

मन्त्र 2 पृ0 10 सू0 21-

विनवे इन्द्रमृधो जहिनी चा पृतन्यतः।
अधर्म गमया तमो यो अस्माँ अभिदासति।।

अर्थात् न्यायशील प्रतापी राजा अन्यायी दुराचारियों को परमेश्वर

के दिये हुए बल से सब प्रकार परास्त करके दृढ़ बन्दीगृह में डाल दे। महाबली परमेश्वर को हृदयस्थ समझकर सब मनुष्य अपनी कुवृत्तियाँ का दमन करें।

परमेश्वर की असीम शक्ति की पुकार वैसी ही दीख पड़ती है जैसी इस मन्त्र के पहले वर्णित है। भाव, विचार की समानता मन्त्रों में स्पष्ट परिलक्षित है।

प्रस्तुत मन्त्र में परमेश्वर की अनुकम्पा की सराहना की गई है। जब चारों ओर से पूर्णता दीख पड़ती है तो परमेश्वर भी अपनी शक्ति का योगदान कर देते हैं जिससे विजय अवश्यम्भावी समझी जाने लगती है। संघर्ष की परिस्थिति का सामना करने में एकजुट शक्ति का महत्त्व बढ़ जाता है। युद्ध में हार या जीत दो में से एक अवश्य मिलती है लेकिन सैनिक के मनोबल को देखते हुए परमेश्वर की भी अलौकिक प्रेरणा, शक्ति या मार्गदर्शन हो जाने पर जीत की सम्भावना बहुत बढ़ जाती है।

यत्र योगेश्वरः कृष्णः यत्र पार्थ धनुर्धरः।
तत्र श्रीविजयो भूतिः ध्रुवा नीतिर्मतिमम्॥

मन्त्र 4 पृ0 10 सू0 21-

वि रक्षो वि मृधो जहि विवृमस्य हन् रूज।
विमत्युमिन्द्र वृत्रहन्नमित्रस्यामिदासतः॥

अर्थात् राजा को पुरुषार्थी होकर शत्रुओं का नाश करके और प्रजा में शान्ति फैला करके आनन्द भोगना चाहिए। सर्वरक्षक परमेश्वर के प्रताप से मनुष्य अपने बाहरी और भीतरी शत्रुओं को पूर्ण निर्बल कर दे।

प्रस्तुत मन्त्र में राजसत्ता की टकराहट के साथ अजेय शक्ति के रूप में आगे -आगे निकल जाने की चेष्टा है। सैन्यबल को परमेश्वर की अनुकम्पा का सहारा भी प्राप्त हो जाने से अजेय मनोबल उस सैन्य शक्ति की जीत का कारण हो जाता है। संघर्षशील सैन्यबल ही आगे बढ़कर शत्रुसेना को पराजित कर देने में समर्थ होती है।

आर्य संस्कृति एवं सभ्यता की देन के फलस्वरूप भारतीय सैन्यबल

कभी पीछे मुड़कर नहीं देखता है। युद्ध में एक ही स्वर गूँजते रहता है- "करो या मरो" दो ही मार्ग रहता है जिसे वरणकर लीजिए वही अच्छा है दोनों में जीत की निश्चितता दीख पड़ती है। शत्रु को पीठ दिखाने की परम्परा भारतीय सैन्यबल में कभी नहीं रही है। युद्धभूमि में वीरगति पाने वाले की प्रतिष्ठा उतनी ही मानी जाती है जितने प्रतिष्ठा कि जीतने वाले को मिलती है।

मन्त्र 4 पृ0 10 सू0 21-

अपेन्द्र द्विषतोऽप जिज्यासतो वधम्।
वि महच्छर्म यच्छ वरीयो यावयावधम्॥

अर्थात् परमेश्वर के विश्वास से मनुष्य अपने पुरुषार्थ और बुद्धिबल से शत्रुओं को निरुत्साहित करके विजय होवे। एक ही तरह के विचार की पुनरावृत्ति यहाँ इस मन्त्र में है। युद्धभूमि की मनोदशा का उल्लेख बड़ी स्पष्टता के साथ हुआ है जिससे विदित होता है कि आर्यजाति अपनी शक्ति का प्रदर्शन प्रारम्भ से करती रही है। "जातस्य हि ध्रुवो मृत्युः ध्रुवं जन्म मृतस्य च" यानि-

आये हैं जो, जायेंगे राजा, रंक फकीर।
एक सिंहासन चढ़ि चले एक बँधे जंजीर॥

आर्यों की मनोदशा में अजस्त्र शक्ति का संचार होते रहता था। दूसरे की भूमि पर न जायेंगे और न अपनी भूमि पर दूसरे की उपस्थिति रहने दी जायेगी यह प्रतिज्ञा चिरकाल से होती रही है। प्राचीनकाल में भी वेदकालीन आर्यों ने अपने प्रभुत्व का परिचय दिया था। उनकी मातृभूमि पर दूसरे के पैर पड़े यह असहय दृश्य था जिसके लिए प्रारम्भ से भारतभूमि युद्धभूमि ही बनी रही है। सामाजिक एवं राजनीतिक इतिहास इसके साक्षी हैं।

मन्त्र 1 पृ0 10 सू0 22-

अनुसूर्य मुदयतां हृद् द्योतो हरिमा च ते।
गो रोहितस्य वर्णेन तेन त्वा परि दहमसि॥

अर्थात् प्रातः और सायंकाल सूर्य की किरणें तिरछी पड़ने से रक्त वर्ण दीखती हैं, और वायु शीतल, मन्द, सुगन्धयुक्त रहती है। उस समय मानसिक और शारीरिक रोगी को सदैव वायु सेवन और औषधि सेवन करावें जिससे वह स्वस्थ हो जाये और रुधिर के संचार से उसका रंग रक्तवर्ण सूर्य के समान लाल चमकीला दीख पड़े।

मन्त्र में रोग निवारक औषधि के उदाहरण हुए हैं। प्रकृति द्वारा अपनी शक्ति के उदाहरण प्रस्तुत कर सैन्यबल के लिए अनुकूल वातावरण का विश्लेषण प्रस्तुत किया गया है। इस प्रकृति प्रदत्त अनुकूलता जीत हासिल करने में मदद पहुँचती है। यह सैन्यबल की शक्ति और परिस्थिति की अनुकूलता के उदाहरण हैं जिसे कि भारतभूमि की अजस्त्र शक्ति के स्रोत कहे जाते हैं।

यह गीत भारतभूमि में सतत् गूँजती रहती है

अरुण! यह मधुमय देश हमारा,
जहाँ पहुँ अनजान क्षितिज
को मिलता एक सहारा!
सरस, तामरस, गर्भ विभा पर,
नाच रही तरुशिखा मनोहर,
छिटका जीवन हरियाली परमंगल,
कुंकुम सारा अरुण! यह मधुमय देश हमारा॥

मन्त्र 2 पृ0 10 सूक्त 22–

परित्वा रोहितैर्वर्णै दीर्घायुत्वाय दह्मसि
यथायमरपा असदथो अहरितो भुवत्॥

अर्थात् सद्वैद्य और कुटुम्बी लोग रोगी को प्रातः सायं वायु सेवन और औषधि सेवन कराकर स्वस्थ करें जिससे रुधिर संचार से उसका शरीर रक्तवर्ण हो जाये और ज्वर, पीलियापन शरीर से जाता रहे। स्पष्ट है कि स्वस्थ शरीर में ही स्वस्थ मन का निवास होता है।

प्रस्तुत मन्त्र में रोग निवारक औषधि के उल्लेख हुए हैं। शरीर और मन जब दोनों स्वस्थ रहता है तब ही सफलता उसे मिलती है। मन्त्र में

सफलीभूत होने के तथ्यों का आकलन स्पष्टता से हुआ है जहाँ पर औषध की शक्ति से लाभ उठाने का प्रयास है क्योंकि विशेष परिस्थिति में प्राकृतिक औषधशक्ति ही कार्य करती है।

मन्त्र में कुटुम्बी लोगों के सहयोग की कामना की गई है। उक्ति प्रसिद्ध है–

नेहाभिक्रमनाशोऽस्ति प्रत्यवायो न विद्यते।
स्वल्पमप्यस्य धर्मस्य त्रायते महतो भयात्॥

अर्थात् कर्मयोग में आरम्भ का अर्थात् बीज का नाश नहीं है और उल्टा फलरूप दोष भी नहीं है, बल्कि कर्मयोग रूप धर्म का थोड़ा–सा भी साधन जन्म–मृत्यु रूप महान भय से रक्षा कर लेता है।

गीता अ0 2 श्लोक 40

मन्त्र 3 पृ0 10 सू0 22–

या रोहिणीर्देवत्या गावो या उत रोहिणीः।
रूपंरूपं वयोवयस्ताभिष्ट्वा परिदह्मसि॥

अर्थात् जब सूर्य की किरणों से दिशाएं रक्तवर्ण दिखाई देती हैं, तब प्रातः सायं दोनों समय में सद्वैद्य रोगी को सुपरीक्षित औषधों और यथायोग्य वायु सेवन से सब प्रकार से हृष्ट–पुष्ट और बलवान करें।

प्रकृति की शक्ति से लाभ उठाने की प्रेरणा इस मन्त्र के माध्यम से दी गई है। प्रकृति हमारी शक्ति को क्षीणता प्रदान नहीं करती है। जब मानव मन शक्ति हीनता से ग्रसित होने लगता है तब उसकी सहायता में प्रकृति स्वयं अपनी शक्ति के अजस्त्र स्त्रोत उड़ेल देती है। "मन के हारे हार है मन के जीते जीत" जैसे कथन से बहुत बड़ा सम्बल प्राप्त हुआ करता है।

भयाद्रणादुपरतं मंस्यन्ते त्वां महारथाः।
येषां च त्वं वहुमतो भूत्वा यास्यसि लाधवम्॥

गी0 अध्याय 2 श्लोक 35

प्रस्तुत मन्त्र के द्वारा यह अलौकिक शक्ति को प्राप्ति की त्रिशेष

अवस्था है। जब मानव मन अपनी सीमा से पीछे हटने लगे तो प्रकृति अपनी अगस्त्र शक्ति उड़ेल कर उसे कार्य करने योग्य बनाने की सफल चेष्टा करती है। विपत्ति के अवसर आ जाने पर प्रकृति प्रदत्त शक्ति कार्य करती है।

मन्त्र 4 पृ0 10 सूक्त 22-

सुकेषु ते हरिमाणा रोपणाकासु दह्मसि।
अथो हारिद्रवेषु ते हरिमाणं निदह्मसि॥

अर्थात् सद्वैद्य बाहरी, शारीरिक रोगों को यथायोग्य औषधि और लेप आदि से तथा भीतरी मानसिक रोगों को उत्तम-उत्तम औषधि रसों से नाश करके रोगी को स्वस्थ करें जिससे अचानक किसी रोग के कारण शक्तिहीनता के शिकार वे न बनें।

स्वस्थ शरीर में ही स्वस्थ मन का निवास होता है। सदवैद्य अपनी औषधि माध्यम से तथा प्रकृति अपनी अनुकूल शक्ति के द्वारा रोगी को लाभ पहुँचाती है जिससे उसकी रोग निवृत्ति के फल शीघ्र ही प्राप्त होने लगते हैं। ऐसी अवस्था में रोगनिवृत्ति की सम्भावना पैदा होने लगती है। मनुष्य अपनी नई ऊर्जा प्राप्त कर कार्य से जुड़ जाता है।

वेदकालीन समाज औषधि ज्ञान से अवगत थे। उनकी चेष्टा रहती थी कि शरीर की अपङ्गता प्रयास करने से घटायी जा सकती है।

शारीरिक शक्ति के पीछे मानव के मनोबल कार्य करते हैं। प्रकृति के मध्य जीवन समर्पित कर देने से तथा सदवैद्य की सहायता से रोगनिवृत्ति हो जाया करती है।

मन्त्र 1 पृ0 10 सू0 23-

नक्तजातास्योषधे रामेकृष्ण असिक्नि च।
इदं रजनि रजय किलासं पलितं च यत्॥

अर्थात् सद्वैद्य उत्तम परीक्षित औषधों से रोगों की निवृत्ति करें। रात में उत्पन्न हुई औषधि से यह आशय है कि औषधें गेहूँ, जौ, चावल आदि अन्न और कमल आदि रोग निवर्त्तक पदार्थ चन्द्रमा की किरणों से पुष्ट होकर उत्पन्न होते हैं। उसी प्रकार मनुष्यों को गर्भाधान क्रिया रात्रि

में करनी चाहिए। औषधि आदि मूर्तिमान पदार्थ पाँच तत्वों से बने हैं तो भी उनके भिन्न-भिन्न आकार और भिन्न-भिन्न गुण हैं। यह मूल संयोग-वियोग क्रिया ईश्वर के अधीन हैं। वस्तुतः मनुष्य के यह कर्म रात्रि अर्थात् अन्धकार वा अज्ञान में है। प्रलयरूपी रात्रि के पीछे पहले अन्नादि पदार्थ उत्पन्न होते हैं फिर मनुष्य आदि की सृष्टि होती है। मन्त्र में औषधि की शक्ति का उल्लेख किया गया है तथा सृष्टि की लोकोपकारी एवं लाभकारी शक्ति से अपनी शक्ति में योगदान करने की सलाह दी गई है। पूरे समाज की चिंतनधारा में सहयोग एवं सद्भावना की लहर प्रतीत होती है। सारा समाज तथा वेदकालीन सामाजिक चिन्तन स्वस्थ परम्परा की देन कही जाती है। मंगलमय विभु से प्राप्त ऊर्जा कल्याणकारी थी। भारतीय परम्परा में रात्रि की शक्ति की विशेषता ही यहाँ चर्चित हुई है। जब मनुष्य दिन-भर के परिश्रम से श्रान्त होकर अपने विछावन पर निश्चल होकर लेट जाता है तो वह नयी ऊर्जा की प्राप्ति का प्रयास करता है। रात्रि का समय आराम करने का अवश्य है लेकिन नई ऊर्जा प्राप्ति का काल भी माना जाता है सम्पूर्ण सृष्टि रात्रिकाल विश्रामकाल की संज्ञा से अभिहित है। वेदकालीन समाज की रात्रि के महत्त्व को समझना था और रात्रि में नयी ऊर्जा प्राप्ति का समय माना जाता रहा है। भारतीय परम्परा में दिन-भर कार्य कर लेने के उपरान्त रात्रिविश्राम का समय मान्य हुआ है जिसका दुरुपयोग नहीं किया जाना चाहिए। मनुष्य जब दिन चर से निशाचर बनने की चेष्टा करने लेता है तो उसकी कुप्रवृत्ति निम्नस्तर की परिचायिका मानी जाती है। इसलिए रात्रि के महत्त्व को समझने हेतु मन्त्रों में कई स्थलों पर विशेष रूप से इसके उल्लेख किये गये हैं जिससे रात्रि की उपयोगिता उस वेदकाल से लेकर आज तक अक्षुण्ण रूप में कायम है जिसका उल्लंघन घातक सिद्ध हुआ करता है। प्रकृति की सहायक भी है और गलत उपयोग से घातक भी है इस तथ्य पर विचार हुआ है।

मन्त्र 2 पृ0 11 सू0 23-

किलासं च परिमतं च निरितो नासतो पृषत्।
आ त्वा सो विशतां वर्णः परा शुक्लानि पातमः॥

अर्थात् सद्वैद्य की उत्तम औषधि से रोगों से शरीर का बिगड़ा हुआ

रूप फिर यथापूर्वक सुन्दर रुचिकर और मनोहर हो जाता है।

तत्कालीन वैदिक युग अनेक समस्याओं से ग्रस्त था। विदित होता है कि आर्यों के सद्ज्ञान के फलस्वरूप समाज स्वस्थ था तथा विकासोन्मुख समाज की प्रवृत्ति आगे बढ़ाने की थी। संघर्ष ही जीवन है यह उनकी मान्यता थी। रोग, शोक, परिताप, बन्धन और व्यसन आदि मानव के लिए घातक हुआ करते थे। पूरा समाज इस विकृति से संघर्ष करते हुए बचने की चेष्टा करता था। समाज की अनेक घातक परिस्थितियाँ थीं जिनसे मुक़ाबला करने में पूरी सामाजिक शक्ति के सहयोग प्राप्त थे। सद्वैद्य अपना परमधर्म तथा परम कर्त्तव्य मानता था कि अपनी सद्बुद्धि के प्रयोग से सामाजिक कल्याण किया जाये जिससे जनहित के लिए किये गए कार्यों के फल सभी को मिल सके। सक्रिय सहयोग समाज की सबसे बड़ी शक्ति मानी जाती थी जिसके लिए साधारण वर्ग से लेकर प्रबुद्ध वर्ग तक कल्याणकारी कार्यों में जुटे रहते थे जिससे समाज की दिशा और दशा में सक्रिय सहयोग के फलस्वरूप सुधार आ सके।

मन्त्र 3 पृ0 11 सूक्त 23-

आसितं ते प्रलयन् मास्थानमसितं तव।
आसिक्न्यस्योसेद्ये निरितो नाशयापृषत्॥

अर्थात् सद्वैद्य विचार करे कि यह औषधि पूर्ण लाभयुक्त है या नहीं। यथायोग्य स्थान में उत्पन्न हुई है और सब अंशों में सारयुक्त है। ऐसी औषधि के प्रयोग से रोग निवृत्ति होती है अथवा नहीं इसकी भी परीक्षा हुआ करती थी।

प्रस्तुत वैदिक ऋचा में सद्वैद्य की प्रशंसा की गई है। उनके सहयोग, सद्ज्ञान तथा सद्विचार से सामाजिक कल्याण के कार्य हुआ करते थे जिसके उल्लेख बड़ी स्पष्टता से हुए हैं।

प्रस्तुत मन्त्र के माध्यम से लोक हित की चर्चा की गई है जिसके अनुपालन से सामाजिक, पारिवारिक संकट से बचने की सम्भावना बनी रहती है। मन्त्र में तत्कालीन समाज के स्वस्थ एवं सद्ज्ञान के अवलोकन से विदित होता है कि तत्कालीन समाज अपने बुद्धि बल से आगे बढ़ने की चेष्टा करता था। समाज का दायित्व इतना अधिक रहता था कि समाज

के प्रबुद्ध व्यक्ति की सक्रियता से सहयोग मिल जाता था। और प्राकृतिक रूप से शरीर की शक्ति बढ़ जाने से सहर्ष में ही संघर्ष पूर्ण जीवन को स्वीकार करने की सफल चेष्टा होती थी। "मन एवं मनुष्यानां कारणम् वन्धमोक्षयो:" यानि मन के हारे हार है मन के जीते जीत का सिद्धान्त सर्वकालिक था जिस कारण वह समाज स्वस्थ है।

मन्त्र 4 पृ0 11 सू0 23-

अस्थिजस्य किलासस्य तनुजस्य च यत त्वचि।
दूष्या कृतस्य ब्राह्मणा लक्ष्म श्वेतमनीनशम्।।

अर्थात् भारी रोग दो प्रकार के होते हैं- एक अस्थिज से उत्पन्न होने वाले अर्थात् भीतरी रोग जो ब्रह्मचर्य के खण्डन और कुपथ्य भोजन आदि के कारण भज्जा और वीर्य के विकार से हो जाते हैं और दूसरे शरीर उत्पन्न हुए बाहरी रोग जो मलिन वायु मलिन घर आदि के कारण होते हैं। इस प्रकार वैदिक ज्ञान से रोगों का निदान करके उत्तम परीक्षित औषधियों से रोगियों को स्वस्थ करें।

प्रस्तुत मन्त्र में लोकहित की भावना समाविष्ट हुई है। समाज अपने विकास हेतु सतत् संघर्षशील रहा था जिसके फलस्वरूप उसके विकास क्रमशः होते चले गए हैं। मनुष्य अपनी शक्ति तथा परमेश्वर की अलौकिक शक्ति से लाभ उठाते हुए आगे बढ़ने की चेष्टा करते थे। उनके मनोबल ही सारी समस्याओं के समाधान प्रस्तुत करने में सहायक होते थे। मन्त्र के द्वारा समाज के विकास का इतिहास स्पष्ट होता है। संघर्ष की स्थिति उन्हें आगे बढ़ने में सहायता प्रदान करती थी। जनहित में भलाई करना उन आर्यों का सामाजिक दायित्व था। सतत् आगे बढ़ने एवं लोकोपकारी कार्यों में संलग्न रहना लक्ष्य था।

मन्त्र 1 पृ011 सूक्त 24-

सुपर्णो जातः प्रथमस्तत्य त्वंपित्तमासिथ।
तदासुरो युधा जिता रूपं चक्रवनस्पतीन्।।

अर्थात् सृष्टि के पहले वर्तमान परमेश्वर की शक्ति से औषधि, अन्नादि में पोषण सामर्थ्य रहता है। वह परमेश्वर की शक्ति युद्ध अर्थात्

प्रलय के अंधकार के उपरान्त प्रकाशित होती है, जैसे अन्न और घास-पात आदि का बीज शीत और गृष्म ऋतुओं में भूमि के भीतर पड़ा रहता और वृष्टि जल पाकर हरा-भरा हो जाता है।

प्रस्तुत मंत्र के माध्यम से परमेश्वर की अनुकम्पा की शक्ति से प्राप्त विकास गति से प्राप्त लाभ की प्रशंसा की गई है। ईश्वर मानव सृष्टि से लाभ की आशा रखते हैं। ईश्वर द्वारा प्रदत्त कल्याण के उपभोग मानव द्वारा ही होते हैं।

बहुत सारी वस्तुओं की कल्याणकारी शक्ति छिपी रहती है। उदाहरण स्वरूप बहुत सारी बात पृथ्वी पर फैली रहती है धूप एवं गर्मी के प्रभाव से बचाने में पृथ्वी उसे अपने उदर यानि मिट्टी के आवरण में छिपा कर रख लेती है। जब पूरी वृष्टि होती है उन चीजों के अंकुरण होता है और थोड़ी अवधि के बाद उस पौधे में स्वतः विकास होते हैं और कुछ समय के उपरान्त उसमें फल-फूल भी लगने लगते हैं। इस तरह जो बीज रूप में पृथ्वी पर यों ही फेंका हुआ था वह अपने आप उपकारी पौधे होकर फल-फूल आदि से लद जाते हैं यह प्रकृति एवं परमेश्वर की अनुकम्पा मानी जाती है।

मन्त्र 2 पृ0 11 सूक्त 24-

आसुरी चक्रे प्रथमेदं
किलासभेसजमिदं किलासनाशनम्।
अनीनशत् किलासं सरुपामकरत त्वचम्॥

अर्थात् प्रकाशस्वरूप परमेश्वर की शक्ति से प्रलय के पश्चात् अनेक विघ्नों के हटाने पर मनुष्य के सुखदायक पदार्थ उत्पन्न हुए जिससे पृथ्वी पर समृद्धि और क्षुधा आदि रोगों की निवृत्ति हुई।

सृष्टि के क्रमिक विकास के फलस्वरूप अनेक पेड़-पौधे अपने आप उगते हैं तथा कुछ दिनों के बाद वे फल-फूल आदि से लदकर सम्पूर्ण सृष्टि के लिए लाभदायक सिद्ध होने लगते हैं। परमेश्वर ने यह सारी व्यवस्था सृष्टि के स्वरूप को कायम रखने के लिए तथा उसके लालन-पालन के लिए कर रखा है। उन पदार्थों से सृष्टि के जीवों की

क्षुधा निवृत्ति होती है तथा पालन-पोषण के कार्य स्वतः सम्पन्न होने लगता है। जिस परमेश्वर ने सृष्टि को स्वरूप प्रदान किया वही परमेश्वर इसके सुख सम्पन्नता में योगदान देने के लिए अनेक पेड़-पौधे भी उत्पन्न कर दिये जिससे सृष्टि का भरण-पोषण के स्त्रोत अपने-आप तैयार हो जाते हैं। ऐसा क्रम परमेश्वर की अनुकम्पा के कारण कायम होता है और सृष्टि में जीवों की क्षुधा की निवृत्ति भी होने लगती है। प्रतीत होता है कि यह सृष्टिकर्त्ता का दायित्व जिसका निर्वाह उन्होंने किया है।

मन्त्र 3 पृ0 11 सू0 24-

सरूपा नाम ते माता सरूपो नाम ते पिता।
सरूपकृत त्वमोषधे सारूपमिदं कृधि॥

अर्थात् क्षुधा रोगादि निवर्तक वस्तु को औषध कहते हैं जिससे शरीर में उष्णता आती है, उसकी प्रकृति वा पृथ्वी से प्राप्त लाभ और परमेश्वर वा मेघ वा सूर्य की कृपा है जिनके गुण स्वभाव सब प्राणियों के लिए समान है। ईश्वर से प्रेरित प्रकृति से अथवा भूमि और मेघ या सूर्य के संयोग से सब पुष्टिदायक और रोगनाशक पदार्थ उत्पन्न होते हैं। विद्वान लोग पदार्थों के गुणों को यथार्थ जानकर नियमपूर्वक उचित भोजन आदि के लिए सेवन और यथोचित उपयोग से अने को और अपनी सन्तानों को रूपवान और वीर्यवान बनावें। ये वस्तुएं प्रकृति प्रदत्त हैं जिन्हें सृष्टि के विकास में उपयुक्त माना है। अपने आप उत्पन्न हुई लता वृक्षादि बूटियाँ सृष्टि के लिए पोषक तत्व हैं जिनसे सृष्टि के विकास सम्भव हो सके हैं। उन पौधों से औषधि निर्माण भी होते हैं जो रोग निवारक जड़ी-बूटियाँ कहलाती हैं।

समान शक्ति प्रदान करने वाली ये औषधियाँ हैं जिनके प्रयोग से मानव जीवन का अस्तित्व कायम रह जाता है। यह कथन प्रसिद्ध है-

मंगलमय य विमु किन-किन अमंगलों में कौन-सा कल्याण छिपाए रहता है यह कौन कह सकता है? जिजीविषा उत्कृष्ट थी जिससे सारे रोग-शोक-परिताप शीघ्र समाप्त हो जाते थे।

मन्त्र 4 पृ0 11 सू0 24-

श्यामा सरूपं करणी पृथिव्या अध्युद्भृता।
इदभूषु प्र साधय पुना रूपाणि कल्पय॥

अर्थात् जैसे उत्तम वैद्य उत्तम औषधों से रोग को निवृत्त कर रोगी को सर्वाङ्ग पुष्ट करके आनन्द युक्त करते हैं, उसी प्रकार दूरदर्शी पुरुष सब विघ्नों को हटाकर कार्य सिद्धि कर आनन्द भोगते हैं।

प्रस्तुत मन्त्र में एक ओर सद्वैद्य की प्रशंसा की गई है तो दूसरी ओर दूरदर्शी व्यक्ति के कार्यकलापों की प्रशंसा की गई है। मनुष्य शक्ति के अनुसार कल्याणकारी योजना में संलग्न है। सृष्टि में अनेक बाधाएं एवं कष्टदायक शक्तियाँ कार्य करती रहती हैं लेकिन परमेश्वर जो सृष्टि की संरक्षणशक्ति से जुड़े हैं वे कल्याणकारी योजनाएं ही मानव समाज के आगे प्रदर्शित करते हैं। यह उस अदृष्ट शक्ति का कार्यकलाप है कि कौन फँसते हैं। सृष्टिकर्त्ता अपने लोकमंगल की भावना से कार्य करते हैं लेकिन उनके भाग्य में कौन-सा सुख या दुःख पूर्ण भाग है यह सृष्टि की विशेषता समझ से परे की बातें मानी जाती हैं। संघर्ष को ही जीवन का आवश्यक अङ्ग समझने की चेष्टा करते, आर्यगण या वैदिक समाज के लिए संघर्ष ही जीवन का अङ्ग समझा जाता था। सम्पूर्ण वैदिक समाज संघर्षशील जीवन ही पसन्द करते थे।

मन्त्र 1 पृ0 11 सू0 25-

यदग्नि रापो अदहत् प्रविश्य
यत्रकृण्वन् धर्म्मधृतो नमांसि।
तत्र त आहु परमं जनित्रं स
नः सं विद्वान् परि वृङ्ग्धि तक्मन्॥

अर्थात् जो परमेश्वर उष्ण स्वभाव अग्नि द्वारा शीतल स्वभाव जल को तपाता है अर्थात विरुद्ध स्वभाव वालों को संयोग-वियोग से अनुकूल करके सृष्टि को धारण करता है, जिसे परमेश्वर से बढ़कर कोई मर्यादा पालक नहीं है, जो स्वयंभू जगदीश्वर का स्मरण करते हुए, सब पापों से बचकर सदा आनन्द भोगे, सब विद्वान लोग उस ईश्वर के आगे सिर झुकाते हैं।

प्रस्तुत मन्त्र में ईश्वर की शक्ति का उल्लेख करते हुए यह स्पष्ट किया गया है कि परमेश्वर शीतल स्वभायुक्त जल को तपाने का कार्य करता है। विद्वान ईश्वर के प्रति अपनी श्रद्धा-भक्ति अभिव्यक्त करते हुए उनके प्रति नतमस्तक होकर सतत् श्रद्धा-सुमन अर्पित करते हुए उनकी कृपा प्राप्ति का प्रयास करते थे।

आचार-विचार की पवित्रता के कारण वैदिक समाज सतत् गतिशील बने रहने की सफल चेष्टा करते थे। जीवन में आलस्य, मद, मोह आदि दुर्गुणों से समाज अलग-थलक रहने के लिए कटिबद्ध था जिस कारण कल्याणकारी चिन्तन के फलस्वरूप सारी सुविधाएँ समाज को प्राप्त थीं। जीवन को सुखी बनाने में संघर्ष से मुख मोड़ने की स्थिति नहीं थी।

मन्त्र 2 पृ0 11 सू0 25-

यद्यर्चिर्यदि वासिशेचिः
शकल्येषियदिवाते जनियम्।
हुदुर्नामासि हरितस्य देव स
नः संविद्वान परिवृङ्ग्धि तक्मन्॥

अर्थात् वह परब्रह्म ज्वर आदि रोग से दुष्कर्मियों की नाड़ी-नाड़ी को दुःख से दबा डालता है जैसे कोई किसी को दबाने की कल को दबावें। उस न्यायी जगदीश्वर का स्मरण करते हुए पापों से बचकर सदा आनन्द भोगे।

प्रस्तुत मन्त्र के द्वारा परमब्रह्म की शक्ति का उल्लेख किया गया है। मनुष्य अपनी शक्ति से अनेक बाधाओं, विपत्तियों तथा रोगों आदि से संघर्ष करता है। ईश्वर की शक्ति अलौकिक है। जब मानव मन थक जाता है तो ईश्वरीय शक्ति का सहारा लेता है। यह उक्ति प्रसिद्ध है कि "हिम्मते मर्दते खुदा" अपनी हिम्मत आगे रहती है और ईश्वरीय ताकत पीछे से कार्य करती है। प्रस्तुत मन्त्र के माध्यम से मनुष्य की शक्ति और ईश्वरीय शक्ति दोनों के प्रभाव की आवश्यकता समझी जाती है तब ही हमें संघर्ष में सफलता मिलती है। जगदीश्वर धर्म के अनुयायी का ही

साथ देते हैं। पाप ग्रस्त पात्र ईश्वर की सहायता लेने से वंचित हो जाता है। प्रस्तुत मंत्र के द्वारा ईश्वर की असीम शक्ति पर भरोसा रखकर ही आगे बढ़ने की चेष्टा करनी चाहिए। ''जब नीके दिन अवाहिं बनत लगिहैं देर'' मनुष्य को असीम सत्ता पर विश्वास रखना पड़ता है। अपनी शक्ति लाकर ही चुप नहीं रहना चाहिए बल्कि परमेश्वर की अनुकम्पा की कामना अवश्य करनी चाहिए।

सामवेद

मन्त्र 2 पृ0 2 दशती-3

> **अग्निस्तिमेन शोचिषा यंसद्विश्वं**
> **शोचिषा यं सद्विश्वं न्यत्रिणम्।**
> **अग्नि नो वसते रयिम॥**

अर्थात् परमेश्वर अपने प्रचण्ड तेज से पापियों को नियम में रखता है और परमेश्वर ही हमें धन देता है। असीम सत्ता यानि परमेश्वर की अनुकम्पा राजतन्त्र की शक्ति समझी जाती थी जो अनिवार्य था।

मन्त्र 3 पृ0 2 दशती-3-सामवेद-

> **अग्ने मृड महाँ अस्मय आ**
> **देवयुञ्जनम् इयेथ वर्हिरासदम्॥**

अर्थात् हे परमेश्वर तू महान और सर्वव्यापक है, तूँ दैवीशक्ति से युक्त और ज्ञान में स्थित पुरुष को भली प्रकार सुखी करता है।

मन्त्र सं0 5 पृ0 2-

> **अग्ने युङ्क्ष्वा हिये तवाश्वासो देव साधकः।**
> **अरं वहन्त्याशवः॥**

अर्थात् हे परमेश्वर जो विद्वान कर्मण्य साधुजन तुझे पर्याप्त रूप से अपने अन्दर धारण करते हैं उन्हें तू योग से युक्त करता है तथा अदृश्य सत्ता की कृपा का प्राप्ति का मार्ग प्रशस्त करता है।

परमेश्वर की अलौकिक शक्ति की प्राप्ति से ही मानव कल्याण की सम्भावना दीख पड़ती थी। अतः ईश्वर की आराधना तथा उनकी उपासना से शक्ति प्राप्ति के प्रयास में सफल होना आवश्यक समझा गया था।

मन्त्र 6 पृ0 2 दशती-3

नित्वा नक्ष्य विश्पते द्युमन्त धीमहेवयं।
सुवीरमग्न आहुत।

अर्थात् हे उपासनीय प्राणीमात्र के स्वामी स्तुत्य परमेश्वर हम लोग तुझको उत्तम बलशाली के रूप में धारण करते हैं।

मन्त्र 10 पृ0 3 दशती-3

परि वाजपतिः कविरग्नि हं व्यान्यकमीत।
वधद्रत्नानि दाशुषे॥

अर्थात् यजमान के रत्नों को धारण करते हुए बलों के स्वामी सर्वज्ञ परमेश्वर समस्त ह्व्य-पदार्थों में व्याप्त हो रहे हैं।

मन्त्र में पारलौकिक शक्ति के माध्यम से कल्याण करने की चेष्टा की जाती थी। ईश्वर की अनुकम्पा के सहारे संघर्ष में सफलीभूत होने की कामना जिसमें सभी के सहयोग की प्राप्ति की कामना की जाती थी। इस तरह तत्कालीन समाज अपने संघर्षशील जीवन को आगे बढ़ाने की सफल चेष्टा करते थे। संघर्ष के अनेक कारण उपस्थित हो जाने के फलस्वरूप संघर्ष से बचने का प्रयास भी चलते रहता था जिससे राजतन्त्र की शक्ति अक्षुण्ण बनी रहे और आवश्यकता होने पर उस शक्ति का उपयोग सफलता के साथ किया जाये। अभिमान आदि दुर्गुणों का त्याग कर अपनी आन्तरिक शुद्धि करनी चाहिए। साथ ही शास्त्रोक्त आचार धर्म को स्वीकार कर बाह्यशुद्धि कर लेनी चाहिए, जिससे उपासक देह, इन्द्रिय, मन, बुद्धि, अहंकार तथा अन्तरात्मा की भौतिकता एवं लौकिकता का समूल उन्मूलन हो सके और उसमें रसात्मकता तथा पूर्ण दिव्यता का अविर्भाव हो जाये यह प्रयास सदा रहता था। उपासना के द्वारा निखित रसामृत मूर्ति सच्चिदानन्द धन भगवत्स्वरूप की अनुभूति प्राप्त करने में समर्थ हो सकते हैं। मनुष्य की प्रकृति उसका स्वभाव और रुचि में वैमिन्य दृष्टिगत होतें हैं, अर्थात् सबके स्वभाव, सबकी प्राकृतिक एवं प्रवृत्ति और सभी की रुचि एक जैसी नहीं होती है, इसलिए शास्त्र-पुराणों में देवोपासना के विभिन्न स्वरूप एवं प्रकार प्रस्तुत किये गए हैं, जिससे प्रत्येक व्यक्ति अपनी रुचि

और प्रकृति के अनुसार भगवत प्राप्ति के लिए अपने इष्ट की उपासना में संलग्न होते थे। यही कारण है कि शास्त्रकारों ने एक ही ब्रह्म का कई रूपों में वर्णन किया है- "एक सद्विप्रा वहुधा वदन्ति।" साथ ही अनेक रूपों में और अरूपों में भी उनकी उपासना का विधान प्रस्तुत किया है। इस प्रकार साधक अपनी मन-स्थिति के अनुसार अपने इष्टदेव, ईश्वर की निश्चित सुविधा प्राप्ति का प्रयास था। त्यागपूर्वक उपासना में संलग्न होकर सिद्धि प्राप्त की चेष्टा थी। उपासना में निर्गुण निराकार सगुण साकार कोई भी भगवत् स्वरूप को लक्ष्य बनाकर शक्ति प्राप्ति का प्रयास रहता था। उपासना में भक्ति की प्रमुखता मानी गई है। जो व्यक्ति जितना मनोयोगपूर्वक अपने इष्टदेव की सेवा, अर्चना, पूजा और आराधना करता था उसकी उपासना उतनी है प्रगाढ़ होती थी। यह उपासना नित्य और नैमित्तिक दो प्रकार से की जाती थी। नित्योपासना में अनुराग भक्ति का बहुत महत्त्व बतलाया गया है, जैसे अबोध बालक का आश्रय उसकी नासमझी थी। माता के बिना वह रह नहीं सकता है। जैसे खग शावक अधीरतापूर्वक अपने मातृखग की प्रतीक्षा करता है और बछड़ा चरने के लिए गई हुई अपनी माता गो के लिए अधीर होकर प्रतीक्षा करता है। उसी प्रकार किसी भक्त के लिए उसके इष्टदेव का क्षण भर भी वियोग असहय होता है। अत: निरन्तर अपने इष्टदेव के प्रति उसकी आराधना, सेवा सुश्रुषा चलती रहती है। उसके बदले में उसे अपने आराध्य से कुछ नहीं चाहिए। वह अपने आराध्य के सुख में सुख-प्रसन्नता में प्रसन्न रहता है। वह मन्त्रों के द्वारा अपने आराध्य की प्रीति और प्रेम का आकाँक्षी होता है। इस प्रकार के साधन निष्काम भी होते हैं। वे भगवान से कोई लौकिक वस्तु नहीं माँगते हैं।

नित्योपासना भी दो प्रकार की पूजा बतायी है। 1. मानस पूजा, 2. वाह्य पूजा साधक दो दोनों प्रकार की पूजा करनी चाहिए तब ही पूजा की पूर्णता है। अपनी सामर्थ्य और शक्ति के अनुसार वाह्य पूजा के उपकरण अपने आराध्य के प्रति श्रद्धा-भक्ति निवेदन करना चाहिए। शास्त्रों में उल्लिखित है कि-

"वित्तसाष्य न समाचरेत्" अर्थात् देवपूजादि में कंजूसी नहीं करनी चाहिए।

(42) आसन मन्त्र-

सर्वान्तयामिणे देव सर्ववीजमयं ततः।
आत्मास्थाय परं शुद्धमासनं कल्पयाभ्यहम्।

स्वागत-

यस्य दर्शनमिच्छन्ति देवाब्रह्मरादयः।
कृपया देवदेवेश मद्ग्रे संनिधौ भव॥
तस्य ते परमेशान स्वागतं स्वागतं प्रभो।

(43) आवाहान मन्त्र-

कृतार्थोऽनुगृहीतोऽस्मि सफलंजीवितं तु मे।
यदागतोऽसि देवेश चिदानन्दमयाव्यय॥
अज्ञानाद्वा प्रभादात् वा वैकल्यात् साधनस्य च।
यदपूर्णं भवेत् कृत्यं तथाप्यभिमुखी भव॥

(44) पाद्यसमर्पण मन्त्र-

यद्भक्ति लेशसम्पर्कात् परमानन्दसम्भवः।
तस्मै ते परमेशान पाद्यं शुद्धाय कल्पये॥

आचमन मंत्र-

देवानामपि देवाय देवानां देवात्मने।
आचामनं कल्पयामीश सुधायाः स्रुति हेतवे॥

(61) अर्ध्य मन्त्र-

(45) तोपत्रयहरं दिव्यं परमानन्द लक्षणम्
तापत्रय विमोक्षाय तवार्ध्यं कल्पयाभ्यहम्॥

मधुपर्क मन्त्र

(46) सर्वकल्मषहीनाय परिपूर्ण सुधात्मकम्।
मधुपर्कमिनं देवकल्पयाभि प्रसीद मे।

पुनराचमनीयम मंत्र

उच्छिष्टोऽप्यशुचिर्वापियस्य स्मरणमामनः।

(47) शुद्धिमाप्नोति तस्मै ते पुनराचमनीयकम्।

श्रीमद्भागवतपुराण के 11-5-33-34 में उल्लिखित चरणारविन्दों की महिमा इस प्रकार अभिव्यक्त है-

(49) ध्येयं सदा परिभवघ्नभीष्ट दोहं तीर्थास्पहं

शिवविरिञ्चिनुतं शरण्यम्।
मृत्यार्तिहं प्रणतपाल भवाब्धिपोतं
वन्दे महापुरुष ते चरणारविन्दम्।।
त्यक्त्वा सुदुस्त्यजसुरेप्सित राजलक्ष्मी।
धर्मष्ठि आर्यवचसा यदगादरण्यम्।
मायाभृगं दयित येप्सित मन्वधावदे्

वन्दे महापुरुष ते चरणारविन्दम्।।

इन सारे कर्मकाण्डों के पालन पूरी निष्ठा के साथ उस समय उस काल की आवश्यकता थी। ईश्वरीय शक्ति की अनुकम्पा प्राप्ति हेतु कर्मकाण्डों का सहारा ग्रहण करना जीवन का परम लक्ष्य माना जाता था। कर्मकाण्ड अलौकिक शक्ति प्राप्ति के मुख्य साधन समझे जाते थे।

आचारवन्तो मनुजा लभन्ते।
आयु श्च वित्तं च सुतां श्च सौरव्यम्।
धर्मं तथा शाश्वतमीश लोक
मत्रापि विद्वज्जन पूज्यता च।।

आचारहीन पुरुष यदि पवित्रात्मा भी है तो उसका लोक एवं परलोक दोनों नष्ट हो जाता है।

मन्त्र संख्या 53 पृ0 23 यजुर्वेद-

मनो न्वाह्वमहे नाशसेन पितृणां च मन्मभिः।

अर्थात् मनुष्य को मनुष्य जन्म की सफलता के लिए विद्या आदि

गुणों से युक्त करना चाहिए जैसे ऋतु अपने-अपने गुणों को क्रम-क्रम से प्रकाशित करते हैं।

प्रस्तुत मन्त्र के माध्यम से व्यक्ति के चरित्र एवं जीवन-यापन पर प्रकाश डाला गया है। मनुष्य एवं पशु में भिन्नता के कई क्षेत्र हैं-

आहारनिद्रा भय मैथुनं च।
सामान्यमेतद नरभिः पशुणाम॥

इस तरह मनुष्य एवं पशु में समता भी यदि तो भिन्नता के आधार पर दो जीवों के बीच लम्बी खायीं जिस कारण कोई प्राणी छलाँग लगाकर भी दूसरी श्रेणी में नहीं पहुँच सकता है। उक्ति प्रसिद्ध है- ''बड़े यत्न मानुष तन पावा'' अर्थात् शास्त्र का कथन है कि कई जन्मों की तपस्या के उपरान्त ही मनुष्य योनि की प्राप्ति जीव को मिलती है।

मनुष्य की उपलब्धि के उपरान्त ही मनुष्यत्व की प्राप्ति होती है। इस जीवन चक्र के ताप को सहने के उपरान्त ही मानवता प्राप्ति के कारण उसकी पशुता स्वतः विलीन होती है लेकिन पाप मुक्त जीवन की उपलब्धि ही उसकी मानवता उसे सही दिशा प्रदान करती है।

जीवन के भटकाव से जो ग्रसित हो जाता है वह इस लाभ से वंचित रह जाता है।

विनिर्गत ग्रन्थ की विशेषताएँ-

वेदग्रन्थ विनिर्गत ग्रन्थ कहा गया है। ''विनिर्गत'' की परिभाषा बड़ी स्पष्टता के साथ दी गई है। इस श्रेणी में वे ग्रन्थ परिगणित होते हैं जिन्हें ''श्रुतिशास्त्र'' कहा गया है। श्रुति की परिभाषा इस प्रकार स्पष्ट की जाती है-

''श्रूयत् एव, न केनचित् क्रियत् इति श्रुतिः। अर्थात् ''जो शास्त्र सुना गया है। किसी के द्वारा किया हुआ नहीं है'' श्वेताश्वरोपनिषद् (श्वे0 उ0 6-18) में यह उक्ति उल्लिखित हुई है-

यो ब्रह्माणं विदधाति पूर्वं।
यो वै वेदां श्च प्रहिणोति तस्मै॥

ऐसी मान्यता है कि "वैदिक शब्द ब्रह्मा के हृदय में प्रतिफलित होकर कंठ से स्वतः स्फुटित होने लगे थे।" इस सन्दर्भ में यह उक्ति भी प्रचलित मानी गई है-

"वेदः नारायणः स्वयम्" ("वेद साक्षात् नारायण स्वरूप है" मनुस्मृतिग्रन्थ की पंक्ति इस प्रकार है-

"वेदशब्देभ्य एवादौ पृथकसंस्था श्च निर्ममे"॥

वेद की तरह पुराणग्रन्थ भी नित्य माना गया है-

अथर्ववेद की उक्ति है-

ऋचः सामानि छन्दांसि पुराणं यजुषा सह॥

इस तरह वेद एवं पुराण ग्रन्थों के आविर्भाव के उल्लेख होते रहे हैं। ये ग्रन्थ पुराण तथा वेद ईश्वर प्रदत्त हैं। पुराणग्रन्थों में यह उक्ति बार-बार दृष्टिगत् होती है-

पुराणं सर्वशास्त्राणां प्रथमं ब्रह्मणा स्मृतम्।
अनन्तरं च वक्त्रेभ्यो वेदास्तस्य विनिर्गताः॥

मत्स्य पुराण 53/3

वेदग्रन्थ के प्रकाश तथा अध्यक्ष दयानन्द संस्थान की उक्ति आशीषवचन के रूप में इस प्रकार अभिव्यक्त हैं।

ज्ञानज्योति की शुभ्र किरण का जग में हो विस्तार,
प्रभु की वाणी के स्वर गूँजे, फैले शुद्ध विचार।
जन-मानस में सत्य सुधा की गूँजे जय-जयकार,
धर्म ध्वजा पहराए भूपर स्वर्ग बने संसार॥

इस तरह वेद रूपी अमृत वाणी का रसास्वादन पठन-पाठन के विस्तार से ही सम्भव हो सकता है। वेदग्रन्थ हमारी संस्कृति, सभ्यता एवं सामाजिक विकास की घटनाओं से सम्बद्ध ऐतिहासिक तथ्यों से समन्वित वेदकालीन सामाजिक संघर्ष का इतिहास है।

इस सन्दर्भ में गीता की उक्ति भी इस प्रकार है-

यतः प्रवृतिभूतानां येन सर्वमिदं ततम्।
स्वकर्मणा तमभ्यर्च्य सिद्धिं विन्दति मानवः॥

अर्थात् जिस परमेश्वर से सम्पूर्ण प्राणियों की उत्पत्ति हुई है और जिससे यह जगत व्याप्त है, उस परमेश्वर की अपने स्वाभाविक कर्मों द्वारा पूजा करके मनुष्य परमसिद्धि को प्राप्त हो जाता है।

सामवेद पृ0 1 मन्त्र 9 पहली शती-

त्वामग्ने पुरस्करादध्यर्थवा निरमन्थत।
मूर्धो विश्वस्य वाधतः॥

अर्थात् हे परमेश्वर महान अहिंसा व्रती योगी तुझे हृदयाकाश में प्राप्त करता है और मेधावीजन तुझ मूर्त पदार्थों के आधारभूत संसार के मध्य दीखते हैं। परमेश्वर की अलौकिक शक्ति का उल्लेख करते हुए परमेश्वर की समीपता के आभास मात्र से लाभान्वित होने की सफल चेष्टा की जाती है।

मन्त्र 10 पृ0 1 पहली दशती-

अग्ने विवस्वदा भरास्मन्य भूतये महे।
देवो ह्यसि नोदृशे।

अर्थात् हे परमेश्वर हमारी पूर्णरक्षा के लिए हमें अज्ञान निवारक ज्ञान दें। निश्चय ही तूँ हमारे ज्ञान के लिए है।

प्रस्तुत मन्त्र में परमेश्वर की शक्ति का उपयोग करते हुए उस असीम सत्ता के सामीप्य की प्राप्ति की सफल चेष्टा की गई है जिससे बाधाएँ एवं कष्ट की स्थिति का निवारण सफलतापूर्वक हो जाये, यह प्रयास है।

मन्त्र 1 पृ0 4 दशती-5-

एना वो अग्निं नमसोर्जो नपातमहावे।
प्रियं चेतिष्ठ मरतिं स्वध्वरं विश्वस्य दूतंमृतम्॥

अर्थात् हे मनुष्यों मैं तुम लोगों के लिए बलों के रक्षक, चेतन, सबके स्वामी, सारे संसार के दुःख निवारक कल्याणकारी और अजर, अमर प्यारे प्रभु की आराधना करता हूँ।

ईश्वर की अलौकिक शक्ति जब मानव की मंदद तत्पर रहती है तो सारे संकट अपने ही आप दूर हो जाते हैं। प्रस्तुत मन्त्र में उसी असीम सत्ता की आराधना कर संकट से निवृत्त होने का सफल प्रयास किया गया है।

मन्त्र 4 पृ0 5 छठी दशती–

प्रयोराये मिनीषति मर्तो यस्ते वशो दाशत्।
सवीरं छत्ते अग्न उषम्थ शंसिनं तमना सहस्त्र पोषिणम्॥

अर्थात् सबको बसाने वाले परमेश्वर जो मनुष्य उत्तम धन की प्राप्ति के लिए तुझे प्राप्त करना चाहता है और जो तेरी शरण में अपने को समर्पण करता है वह वेदों के वक्ता तथा हजारों का पालन–पोषण करने वाले वीरपुत्र को प्राप्त करता है।

प्रस्तुत मन्त्र में ईश्वर की अनुकम्पा का सहारा प्राप्त कर अपने संकट से निकलने की चेष्टा की गई है। ईश्वरीय अनुकम्पा से जीवन का सबसे सम्बल समझा जाता है।

मन्त्र 4 पृ0 7 आठवी दशती–

इदामग्ने पुरुदंसंसनिंगोः शश्वत्तमं हबमानाय साध।
स्यान्नः सृनुतनयोविजावाग्ने सा ते सुमतिर्भूत्वरमे।

अर्थात् हे परमेश्वर मन–वचन और कर्म से उपासना करने वाले बहुत कर्मों कासामवेद–

पवते ह्र्यतो हरिरति ह्वरा सि ह्या।
अभ्यर्ष स्तोतृभ्यो वीरवद्यशः॥

अर्थात् सबका प्यारा और दुःखहर्त्ता परमेश्वर हमें पवित्र करता है। वह हमारी कुटिलता का तेजी से नाश करता है। वह भक्तों को वीर पुत्र और कीर्ति भी देता है।

प्रस्तुत मन्त्रों में अलौकिक शक्ति की प्रेरणा ही कार्य करती है। संघर्षशीलता परिस्थिति की देन मानी गई है। इस मंत्र में राजशक्ति की विजय के लिए परमेश्वर की अनुकम्पा अनिवार्य समझी गई है जिसके प्रयास मन्त्रों के माध्यम से हुए हैं।

मन्त्र 11 पृ0 56 दशती 9 अध्याय-

अञ्जते व्यञ्जते समञ्जते
क्रतु रिहन्ति मध्वाम्यञ्जते
सिन्धोरूच्छवासे पतयन्तुमुक्षणं
हिरण्य पावाः पशुमप्सुगृभ्णते।

अर्थात् विद्या के तेज से तेजस्वी उपासक जन-जगतकर्त्ता परमेश्वर का विचार करते हैं, अनुभव करते हैं, उसको जानते हैं और ज्ञान के साथ उसको प्राप्त करते हैं। संसार सागर में गिरे हुए अज्ञानी पुरुष को ज्ञानीजन गिरने से बचाते हैं।

मन्त्र के माध्यम से जनशक्ति की प्राप्ति की चेष्टा की जाती है क्योंकि उक्ति प्रसिद्ध है "संघेशक्ति कलौयुगे" सम्पूर्ण समाज की शक्ति जब राजतन्त्र को मिल जाती है तो वह अजेय शक्तिमान हो जाता है।

(134) सामवेद-

मन्त्र 3 पृ0 59 दशती-2

इन्द्र इद्धर्योः सचा सम्मिश्र आवचोयुज।
इन्द्रो वज्री हिरण्ययः।

अर्थात् परमेश्वर ही वाणी का प्रवर्तक और अग्नि तथा वायु के साथ सब प्रकार से मिला हुआ है। वही प्रकाश स्वरूप है और न्यायरूप दण्ड का धारण करने वाला है।

मन्त्र 1 पृ0 68 खण्ड4-

कया नश्चित आ भुवदूती सदावृधः सखा।
कया शचिष्ठया वृता॥

अर्थात् हमें सर्वदा उन्नत करने वाला आश्चर्यमय गुणवाला परमेश्वर सुखकारक रक्षा और प्राप्त करने योग्य सुखदायक ज्ञान के साथ हमारा मित्र होता है।

प्रस्तुत मन्त्र के माध्यम से परमेश्वर की अलौकिक शक्ति से लाभान्वित होने की चेष्टा की गई है। उक्ति प्रसिद्ध है "सोई जानत जेहि

देहि जनाई'' मनुष्य अपनी भक्ति भावना से पारलौकिक शक्ति की प्राप्ति करके अपने जीवन को सफल बनाने की चेष्टा करता है। ईश्वरीय अनुकम्पा की प्राप्ति के प्रयास से मानव मनोबल बढ़ जाता है और उसकी आशा उस परमेश्वर की शक्ति पर टिकी रहती है जिससे जीवन में कल्याणकारी शक्ति उन्हें प्राप्त हो जाये।

मन्त्र 2 पृ0 68 खण्ड 4-

कस्त्वा सत्या मदानां मंहिष्ठो मत्सदन्धसः।
वृढा चिदारूजे वसु।

अर्थात् हे जीव! सदा एकरस आनन्द देने वालों में महान सुख स्वरूप परमेश्वर तुझे आनन्दित करता और तेरे दुःख के नाश के लिए अन्न से प्राप्त होने वाले आनन्द से बढ़कर दृढ़ मोक्षरूप धन भी देता है।

प्रस्तुत मन्त्र में ईश्वर की असीम सत्ता की कृपा से जनकल्याण हेतु शक्ति-प्राप्ति का प्रयास किया गया है। मानव अपनी शक्ति से सफलीभूत होने में जब निराश होने लगता तो वह अलौकिक सत्ता मानव की सहायता में उतर आती है। उसी अदृष्ट सत्ता की खोज आती है जिससे कि जीवन के संकटों से उसका उद्धार हो जाये तथा उस असीम सत्ता की अनुकम्पा से सुखमय जीवन व्यतीत करने का अवसर सुलभ हो जाये, यह प्रयास मानव का चलते रहता है क्योंकि ''हारे का हरिनाम है'' यह उक्ति अलौकिक शक्ति की खोज का प्रयास माना गया है। जब तक मानव थकता नहीं वह असीम सत्ता की ओर देखने या शक्ति प्राप्ति की चेष्टा नहीं करता है।

सामवेद-आग्नेयं काण्डम।
प्रथमो अध्यायः॥ पूर्वार्चिकः

मन्त्र सं0 1 पृ0 1

अग्न आ याहि वीतये गृणानो हव्यदातये।
नि होता सत्सि वर्हिषि॥

अर्थात्- हे परमेश्वर! दाता तू विश्वब्रह्माण्ड में व्यापक है। अतः स्तुत किया हुआ तूँ ज्ञान तथा उत्तम पदार्थों के देने के लिए हमें प्राप्त हो।

मन्त्र 2-

त्वमग्ने यज्ञानां होता विश्वेषां हितः।
देवेभिः मानुषे जने।

अर्थात् हे परमेश्वर! तुम समस्त उत्तम व्यवहारों का दाता तथा विद्वानों और दिव्य पदार्थों के द्वारा मनुष्य समाज पर उपकार करने वाला है।

प्रस्तुत मन्त्रों में ईश्वरीय अनुकम्पा के महत्त्व पर प्रकाश डाला गया है। मानव संघर्ष के बल पर ही सब कुछ प्राप्त कर लेने का अधिकारी हो जाता है। ईश्वरीय शक्ति हमारी प्रार्थना से जगती या अवेहलना से शिथिल पड़ जाती है। मनुष्य को अपने विकास या उत्थान के प्रति सजग रहने की आवश्यकता है। पर ईश्वरीय अनुकम्पा प्राप्ति के अवसर जब आते हैं तो सारी परिस्थिति अनुकूल हो जाती है और यदि विपरीत परिस्थितियाँ आ जायें तो बाधा के आने का अर्थ स्पष्ट है कि ईश्वरीय शक्ति अभी जागृत नहीं हुई है।

अग्नि दूतं वृणीमहे होतारं विश्ववेदसम्।
अस्य यज्ञस्य सुक्रतुम्।

मन्त्र 4 पृ0 1

अग्निर्वृत्राणि जंघनद द्रविणस्युर्विपन्यया।
समिद्धः शुक्र आहुतः।

अर्थात् उपासना से साक्षात किया हुआ, स्तुत्य, शुद्ध स्वरूप तथा समस्त धनों का स्वामी परमेश्वर अज्ञान अंधकारों का विनाश करता है।

मन्त्र 5 पृ0 1-

प्रेष्ठं वो अतिथि स्तुषे मित्रर्मिव प्रियम्।
अग्ने रथन्न वेद्यम्।

अर्थात् हे परमेश्वर! अत्यन्त प्रिय कालबन्धन रहित मित्र के समान प्यारे तथा सूर्य के समान जानने योग्य तुझ प्रभु की स्तुति करता हूँ।

मन्त्र 6 पृ0 1-

प्ने अग्ने महोभिः पाहिविश्वस्या अरातेः।
उत द्विषो मर्त्त्यस्य।

अर्थात् हे परमेश्वर! तू महान गुणों और कर्मों द्वारा समस्त अदानशीलता के भावों और द्वेषी मनुष्यों के सम्पर्क से हमें बचा। सृष्टि की विशेषता का वर्णन यहाँ हुआ है। द्वेष रखने वाले व्यक्ति छिपे रहते हैं जो मौका मिलते ही अपनी द्वेषभावना से प्रेरित होकर नुकसान पहुँचाने पहुँच जाते हैं।

सृष्टि की विशेषता है कि लोकोपकार सज्जनों से भेंट नहीं भी हो सकती है लेकिन दुष्टों को समय शक्ति के उपयोग के लिए भेंट कर लेना का समय बहुत आसानी से प्राप्त हो जाता है।

मन्त्र 7 पृ0 1-

एह्यषु व्रवाणि ते ऽग्न इत्थेतरागिरः।
एभिः वर्धासि इन्दुभिः॥

अर्थात् हे परमेश्वर मैं मानवी वाणी भिन्न तेरी वेदमयी वाणी अथवा स्तुति के उत्तम रूप से वो लूँ। इस प्रकार तूँ मुझे प्राप्त होओ और इन यज्ञादि को द्वारा मुझे बढ़ाओ।

मन्त्र 8 पृ0 1-

आ ते कत्सो मनो यमत परमाच्चित्सध स्तात्।
अग्ने त्वाङ्कभमये गिरा।

अर्थात् हे परमेश्वर! तेरा पुत्र रूप जीव हृदयदेश में साथ रहने वाले तुझ परम प्रभु से मनन योग्य ज्ञान को प्राप्त करता है। मैं भी स्तुति द्वारा तेरी कामना करता हूँ।

मन्त्र 9 पृ0 1-

त्वामग्ने पुष्करादह्यथर्वा निरमन्थत।
मूर्ध्नो विश्वस्य वाधतः।

अर्थात् हे परमेश्वर! हृदयाकाश में महान अहिंसक योगी प्राप्त करता

है, पदार्थों के आधारभूत संसार के मेधावीजन तुझे पदार्थों के आधारभूत संसार के मध्य में देखते हैं।

मन्त्र 10 पृ0 1-

अग्ने विचस्वदाभरास्मभ्यभूतये महे।
देवो ह्यसिं नो दृशे।

अर्थात् हे परमेश्वर! हमारी पूर्ण रक्षा के लिए हमें अज्ञाननिवारक ज्ञान दें। निश्चय तू हमारे ज्ञान के लिए है।

पहली दशती समाप्त-

मन्त्र 1 पृ0 1-

नमस्ते अग्न ओजसे गृणन्ति देव कृष्ट्यः।

अर्थात् हे देव परमेश्वर! तुझे नमस्कार है मनुष्यजन लाभ प्राप्ति के लिए तेरी स्तुति करते हैं।

हे प्रभो तूं शक्तियों से पाप का नाश कर।

मन्त्र 2 पृ0 1 (दूसरी दशती) सामवेद-

दूतं वो विश्ववेदसं ह्व्यवाहम मर्त्त्यम।
यजिष्ठ मृञ्जसे गिरा।

अर्थात् हे परमेश्वर! मैं तुझ दुःख नाशक, सर्वज्ञ कर्मफल दाता और अमर प्रभु की वेदवाणी से स्तुति करता हूँ।

मन्त्र 2 पृ0 1-

दूतं वो विश्ववेदसं ह्व्यवाहममर्त्त्यम्।

यजिष्ठ मृञ्ज से गिरा। हे परमेश्वर! मैं मुझ दुःखनाशक, सर्वज्ञ, कर्मफल दाता और अमर प्रभु की वेदवाणी से स्तुति करता हूँ।

प्रस्तुत मन्त्र के माध्यम से ईश्वर की शक्ति का आह्वान मन्त्र द्वारा किया गया जिससे उनकी कल्याणकारी शक्ति सतत् क्रियाशील होकर सहायता पहुँचाने की कोशिश कर सके।

मन्त्र 3 पृ0 1-

उप त्वा जामयो गिरोदेदिशतीर्हविष्कृतः।

वायोरनीके अस्थिरन।।

मन्त्र 4 पृ0 1-

उप त्वा अग्ने दिवे- दिवे दोषावस्तर्धियावयम्।

नमोमरन्त एमसि- अर्थात् हे परमेश्वर! प्रतिदिन सायं-प्रातः ज्ञानपूर्वक तुझे नमस्कार करते हैं तथा तुम्हारे समीप उपस्थित होते हैं।

मन्त्र 5 पृ0 2-

जरा बोध तद्विविड्ढ विशेविशे यज्ञियाय।
स्तोमंरूप्राय द्वशीकम्।

अर्थात् स्तुति से ज्ञान प्राप्त करने वाले विद्वान तूँ प्रत्येक प्राणी के पूजनीय परमेश्वर की स्तुति करो।

मन्त्र 6 पृ0 2-

प्रतित्यञ्चसमध्वरङ्गोपीथाय प्र ह्यूसे।
मरूद्भिरग्न आ गहि।

हे परमेश्वर! तू इस संसार यज्ञ को उद्देश्य में रखकर पृथ्वी तथा इन्द्राहि पदार्थों की रक्षा के लिए विद्वानों से पुकारा जाता है।

हे भगवान! तुम हमें प्राप्त होओ।

मन्त्र 7 पृ0 2-

अश्वन्न त्वा वारवन्तं वन्दध्या अग्निन्नमोमि।
समाज तमध्वराणाम्।

अर्थात् हे परमेश्वर! सूर्यवत प्रकाशवान तथा कल्याणकारी यज्ञों के सम्राट तुझ महाप्रभु की मैं स्तुतियों से वन्दना करता हूँ।

मन्त्र 8 पृ0 2-

और्वभृगुवच्छुचिमप्नवानवदामहुवे।
अग्निं समुद्रवाससम्।

पृथ्वीस्थ विद्वान और कर्मनिष्ठों की भाँति मैं भी आकाशवत् व्यापक परमेश्वर की स्तुति करता हूँ। मन्त्र 9 पृ0 2- अग्नि भिन्धानो मनसाधिवं सचेत मर्त्यः।

अग्निमिन्धे विवस्वभिः।

मनुष्य को चाहिए कि वह यज्ञ की अग्नि को प्रदीत करता हुआ मन के साथ बुद्धि मन के साथ बुद्धि को संयुक्त करें और ज्ञान ज्योतियों से अपने अन्दर परमेश्वर को प्रकाशित करें।

मन्त्र 10 पृ0 2-

आदित्यप्रत्नस्य रेतसो ज्योतिः पश्यन्ति वासरन।

परो यदिध्यते दिवि। अर्थात् योगीजन इस प्रकार से सनातन और सब प्रकार के कारण परमेश्वर की सर्वत्र फैली हुई इस परम ज्योति को देखते हैं जो कि चमकने वाले सूर्य आदि पदार्थों में भी प्रकाशमान हो रही है।

दूसरी दशती समाप्त-

मन्त्र 1 पृ0 2-

अग्नि वो वृधन्तम ध्वराणां पुरुतमम्।
अच्छा नात्रे सहस्वते।।

अर्थात् उन्नति देने वाले यज्ञों के परमेश्वर की तुम लोग पूर्ण करने वाले भली प्रकार पौत्र के लिए बलशाली है।

अर्थात् हे मनुष्यों, तुम लोग अपने उन्नतिदाता तथा यज्ञों के पूर्ण करने वाले परमेश्वर की बलशाली पुत्र पौत्र आदि की प्राप्ति के लिए स्तुति करो।

गीता का उक्ति-

ज्ञानयज्ञेन चाप्यन्ये यजन्तो मामुपासते।
एक त्वेन पृथक त्वेन वहुधा विश्वतो मुखम्।।

अर्थात् दूसरे ज्ञानयोगी मुझे निर्गुण निराकार ब्रह्म का ज्ञानयज्ञ के द्वारा अभिन्न भाव से पूजन करते हुए भी मेरी उपासना करते हैं।

भगवान के मुख से दिया गया परिचय विशेष इस प्रकार है-

अहं क्रतुरहं यज्ञः स्वधाहममौषधम्।
मन्त्रोऽहमहमेवाज्यमहमग्निरहं हुतम्॥

अर्थात् क्रतु मैं हूँ, यज्ञ मैं हूँ, स्वधा मैं हूँ, औषधि मैं हूँ, मन्त्र मैं हूँ, घृत मैं हूँ,

अग्नि मैं हूँ और हवनरूप क्रिया मैं हूँ।
पितामहस्य जगतो माता धाता पितामहः।
वेधं पवित्रमोङ्कारंऋक्सामयजुरेव च॥

अर्थात् सम्पूर्ण जगत का "धाता" अर्थात् धारण करने वाला एवं कर्मों के फल देने को देने वाला, पिता, माता, पितामह, जानने योग्य, पवित्र ओङ्कार तथा ऋग्वेद, सामवेद और यजुर्वेद भी मैं ही हूँ॥

गी0 अ0 9 श्लोक-17

ऐसी ही उक्ति पुनः इस प्रकार दुहरायी गई है-

वेदानां सावदोऽस्मि देवानामस्मि वासवः।
इन्द्रियानां मनश्चास्मि भूतानाभस्मि चेतना।

अर्थात् मैं वेदों में साववेद हूँ। देवों में इन्द्र हूँ, इन्द्रियों में मन हूँ और भूत प्राणियों की चेता मैं हूँ, अर्थात् जीवनी शक्ति मैं हूँ।

पृष्ठ 68 मन्त्र 1- चतुर्थ खण्ड-

तं वो दस्म मृतीष हं वसो र्मन्दा नमन्धसः।
अभि वत्सं नो त्व सरेषुधेनवः इन्द्रंगोर्भिर्नवा महे॥

अर्थात् हे मुमुक्षु लोगों! तुम्हारे अज्ञान के नाशक, काम, क्रोध, आदि शत्रुओं को दमन करने वाले परमात्मा के आनन्द से आनन्दित ब्रह्मज्ञानी के प्रति आत्मा-परमात्मा सम्बन्धी प्रश्नोत्तरों से उसी प्रकार प्रेम दरसाते हैं जिस प्रकार गोशालाओं में गाएं-बछड़ों अपनी आवाजों से प्रेम दर्शाती है।

पृष्ठ 68 मन्त्र 2 चतुर्थ खण्ड-

द्युक्षुं सुदानुं तवीषीभिरावृतंगिरि न पुरुभोजसम्।
क्षुमन्त वाजं रात्तिनं सहस्त्रिणमक्षुगोमन्तमीमहे॥

अर्थात् हम प्रकाश रूप, महादानी सर्वशक्तिमान मेघ के समान सबका करने वाले परमेश्वर से अन्न प्राप्त करने सैकड़ों और हजारों वस्तुओं की शिक्षा देने वाले वेदमय ज्ञान की याचना करते हैं।

प्रस्तुत मन्त्रों के माध्यम से ईश्वरीय शक्ति द्वारा प्राप्ति संरक्षण के माध्यम से जीवन में संकटों से बचते हुए सतत् विकासशील बनकर ईश्वर की कृपा का स्मरण करते हुए जीवन संघर्ष में आगे बढ़ने की सफल चेष्टा की प्रेरणा प्राप्त कर ईश्वर के प्रति कृतज्ञता यहाँ ज्ञापित की गई है और मानव अपनी शक्ति प्राप्ति से लाभान्वित होकर कृतज्ञता की अभिव्यक्ति भी दीख पड़ती है।

मन्त्र 1 पृ0 68 खण्ड चतुर्थ- सामवेद

तरोभिर्वो विवद्वसुमिन्द्रं सवाधउतये।
वृहद् गायन्त सुतसोमे अध्वरे हुवे भरं न कारिणम्॥

अर्थात् हे मनुष्यों ज्ञान प्राप्ति के क्षेत्र इस संसार में त्रिविध ताप के सताए हुए भलीभाँति भजन करने वाले तुम और हम अपनी रक्षा के लिए पालन-पोषण करने वाले ज्ञानदाता परमेश्वर का स्मरण करते हैं।

मन्त्र 2 पृ0 68 चतुर्थ खण्ड-

न यं दुघ्रा वरन्ते न स्थिरामुरोमदेषुशिप्रमन्धसः।
य आवृत्या शशमानाय सुन्वते दाता जरित्र उक्थ्यम्।

अर्थात् जो प्रशंसनीय ज्ञानस्वरूप परमात्मा को उदण्डपुरुष नहीं जानते और न धन के मद में चूर मनुष्य ही जान सकते हैं। वह परमेश्वर आदर से मन्त्रों के द्वारा स्तुति करने वाले तथा ऐश्वर्य के प्रेमी के लिए मन चाहे फल के दाता है।

प्रस्तुत मन्त्रों के माध्यम से अलौकिक शक्ति की अनुकम्पा से प्राप्त सुख समाग्री से लाभान्वित होकर परमेश्वर के प्रति कृतज्ञता अभिव्यञ्जित

करना अत्यन्त स्वाभाविक है जिसकी शक्ति की अलौकिकता स्पष्ट परिलक्षित है क्योंकि मानव अपने अनुकूल फलों की प्राप्ति कर कृतज्ञता अभिव्यक्त करता है।

सामवेद-पृष्ठ 98 मन्त्र 2

सुभ्रमन्धो देववातमत्सु धौतंनृभिः सुतम्।
स्वदन्तिगावः पयोभिः॥

अर्थात् श्रोता लोग ज्ञान के द्वारा ज्योतिस्वरूप विद्वानों से प्राप्त किये जाने वाले प्रत्येक शुभ कर्म में स्मरण किये गए तथा सृष्टिकर्त्ता परमेश्वर का आनन्द लेते हैं।

मन्त्र 3 पृ0 98 पञ्चम खण्ड-

आदीमश्वं न हेतारंमशूशुमन्नमृताय।
मधोरस सधमादे॥

अर्थात् ज्ञानीजन अग्नि के समान गतिशील तथा ज्ञान को उठाने वाले विद्वान पुरुष को परमेश्वर की प्राप्ति के लिए ज्ञान यश में सारी शक्तियों से सुशोभित करते हैं।

मन्त्र 1 पृ0 98-

अभिद्युम्नं वृहद्यश इषस्पते दिर्विह देवदेवयुम।
विकोशं मध्यमं युव॥

अर्थात् हे अन्नादि के स्वामी परमेश्वरदेव हमारे अन्न की उत्पत्ति को उद्देश्य में रखकर तुम दिव्यगुणों से युक्त करने वाले महानसूर्य को प्रकाशित करता तथा आकाश में होने वाले मेघ वृष्टि के लिए प्रेरित करता है।

ऊपर निदृष्ट इन मन्त्रों के माध्यम से अलौकिक शक्ति का आह्वान किया गया है जिससे पृथ्वी लोक में कल्याण की भावभूमि सर्वत्र दीख पड़े।

पृष्ठ 99 मन्त्र 1 षष्ठः खण्ड

इन्दुर्वाजी पवते गोन्योधा इन्द्रे सोमः सह इन्वन्मदाय।
हन्ति रक्षो वाधते पर्य्यरातिं वरिवस्कृण्वन्वृजनस्य राजा।।

अर्थात् ज्ञानवान् इन्द्रिय समुदाय से युक्त बल का स्वामी तथा ऐश्वर्यमान् जीवात्मा परमेश्वर में शक्ति को जानता हुआ आनन्द की प्राप्ति के लिए अपने को पवित्र करता है। वह ज्ञानरूपी धन को प्राप्त करता हुआ दुर्गुण राक्षस का विनाश करता है और काम आदि शत्रुओं को बाधा पहुँचाता है।

प्रस्तुत मन्त्र के माध्यम से परमेश्वर की अनुकम्पा प्राप्ति की कामना की गई है। मानव जब अपनी शक्ति की अल्पता (शक्तिहीनता) से अवगत होता है तो वह परमेश्वर की असीम शक्ति की प्राप्ति की कामना करते हुए अपने लक्ष्य तक पहुँचने की चेष्टा करता है।

मन्त्र 2 पृ0 99 षष्ठ खण्ड–

अध धारया मध्वा पृचना स्तिरो रोम पवते अद्रिदुग्धः।
इन्दुरिन्द्रस्य सख्यं युवानो देवो देवस्य मत्सरोमदाय।।

अर्थात्– मेघ आदि पूर्ति करने वाला आनन्दस्वरूप ऐश्वर्यशाली तथा जीव की मित्रता को स्वीकार करने वाला परमेश्वरदेव जीव के आनन्द के लिए मधुर वाणी के साथ अपने ज्ञान में प्राप्त सामों को सम्बद्ध करता हुआ उसे पवित्र करता है।

मन्त्र में ईश्वरीय शक्ति की प्राप्ति होने वाली कल्याणकारी उपलब्धि से सुख के उपभोग का अवसर मिलता है।

मन्त्र 3 पृ0 99 षष्ठ खण्ड–

अवि व्रतानि पवते सुनानि
देवो देवां त्स्वेन रसेन पृञ्चन।
इन्द्रर्धर्माण्युतुथा वसानो दश
क्षिपो अव्यत सानो अव्ये।।

अर्थात्, इन्द्रियों को अपने संयुक्त और पवित्र करता हुआ तथा ऋतु के अनुसार धर्मों को धारण करता हुआ ऐश्वर्यवान जीव अपने अनेक कर्मों को पवित्र करता है और प्रकृति के उच्च शिखर पर अपनी दश अंगुलियों को रस देता है अर्थात् अधिकार कर लेता है।

प्रस्तुत मंत्र में मानव की उत्कट आकाँक्षा की पूर्ति में परमेश्वर की अनुकम्पा किस तरह कार्य करती है इस तथ्य का विश्लेषण बड़ी स्पष्टता के साथ किया गया है। मन्त्र के माध्यम से कल्याणकारी परमेश्वर के कार्य-कलापों का उल्लेख हुआ है जो मानव की अपनी शक्ति में अलौकिक शक्ति का योगदान से चार चाँद लग जाता है।

मन्त्र सं0 1 पृ0 104 खण्ड चतुर्थ-

इन्द्रायेन्दो मरूत्वते पवस्य मधुमत्तमः।
अर्कस्य योनि मासदम

अर्थात् हे ऐश्वर्यशाली विद्वान पुरुष तूँ धनादि से युक्त पुरुष के लिए उपदेश प्रदान कर मैं पूजनीय परमेश्वर के मोक्षधाम में स्थित होऊँ।

मन्त्र के माध्यम से मानव की शक्ति जगाने की चेष्टा की गई है। यह शक्ति जब ईश्वरीय कृपा से युक्त हो जाती है तब ही सर्वकल्याण की प्राप्ति होती है।

मन्त्र सं0 1 पृ0 104 चतुर्थ खण्ड-सामवेद-

समिन्दणोत वायुना सुत एति पवित्र आ।
सं सूर्यस्य रश्मिभिः।।

अर्थात् सृष्टिकर्त्ता परमेश्वर विद्युत, वायु और सूर्य किरणों के साथ पवित्र जगत में व्यापक हो रहा है।

मन्त्र में उल्लिखित परमेश्वर की असीम सत्ता का आभास प्रान्त होते ही मानव मन अपनी आकाँक्षा पूर्ति होने का आभास प्राप्त कर लेता है। ईश्वर की शक्ति मिल जाने से ही मानव की शक्ति संघर्ष में सफल हो जाती है।

प्रस्तुत मन्त्र के माध्यम से मनुष्य को सफलता की ओर अभिप्रेरित

करने का प्रयास हुआ है। ईश्वरीय अनुकम्पा ही साहस प्रदान करती है जिससे मानव-मन अपने लक्ष्य तक पहुँचने की चेष्टा करता है।

मन्त्र में ईश्वरीय शक्ति का उल्लेख हुआ है जिससे मानव की सफलता प्राप्ति की आशा उसके समीप पहुँच पाती है।

मन्त्र 1 पृ0 107 सप्तम खण्ड- सामवेद-

प्र व इन्द्राय वृत्रहन्तमाय
विप्राय गाथं गायता शं जुजोषते।

अर्थात् हे विद्वद्जन! आप लोग बुरी वृत्तियों से दूर रहने वाले, ज्ञानगुण सम्पन्न जीव की प्रशस्ति करो।

जिसको प्रभु चाहता है उसको स्वीकार करता है। प्रस्तुत मंत्र के द्वारा बुरे मनुष्यों के प्रति घृणा अभिव्यक्त की गई है। चरित्रवान की प्रशंसा सभी करते हैं और ईश्वर की सहायता भी उसी को मिलती है। चरित्रहीनता सबसे बड़ा अपराध है।

मंत्र सं0 3 पृ0 107 सप्तम खण्ड-

उप प्रक्षे मधुमति क्षियन्तः पुष्येम रयिं धीमहि त इन्द्र॥

अर्थात् हे परमेश्वर! विद्या और योगबल युक्त शरीर में रहते हुए हम आत्मिक धन को पुष्ट करें और तुझको धारण करें।

प्रस्तुत मंत्र में मनुष्य की आध्यात्मिक शक्ति का उल्लेख हुआ। चरित्रवान ही अध्यात्मवादी कहलाता है। ईश्वर की कृपा ऐसे ही सद्पात्र को प्राप्त हुआ करती है। मनुष्य का शारीरिक बल नगण्य माना जाता है। जब आध्यात्मिक शक्ति उसकी प्रकट होती है तो उसके प्रति श्रद्धा एवं सहानुभूति की धारा प्रकट हो उठती है और वह सद्पात्र की श्रेणी परिगणित होता है।

यजुर्वेद

मन्त्र 44 पृ० 145-

अभीषां चित्तं प्रतिलोभयन्तो गृहाणङ्गान्यावेपरेहि।।
अभिप्रेहि निर्दह हृत्सु शोकैरन्धेना
मित्रास्तमस्ण सचन्ताम।।

अर्थात् सभापति आदि को योग्य है कि जैसे अति प्रशंसित हृष्ट-पुष्ट अङ्ग उपाङ्गादियुक्त शूरवीर पुरुषों की सभा को स्वीकार करे वैसे शूरवीर स्त्रियों की भी सेना स्वीकार करें और जिस स्त्री सेना में अव्यभिचारिणी स्त्री रहे और उस सेना से शत्रुओं को वश में स्थापन करें।

प्रस्तुत मन्त्र के माध्यम से युद्धभूमि के सन्दर्भ में उल्लेखनीय विचारों की अभिव्यक्ति बड़ी स्पष्टता के साथ प्रस्तुत की गई है। स्त्रियों की सहभागिता युद्धक्षेत्र में किस प्रकार संचालित की जानी चाहिए इस पर गम्भीरता से विचार से प्रस्तुत किया गया है। तत्कालीन युद्धभूमि की दशा एवं दिशा का उल्लेख इस मन्त्र में हुआ है। शत्रुसेना के कार्य-कलापों पर गम्भीर चिंतन प्रस्तुत किया गया है जिससे विदित होता है वेदकालीन युद्धकला की अपनी विशेषता थी जो यहाँ पर स्पष्टरूप से उल्लिखित हुई है।

मन्त्र सं० 45 पृ० सं० 145-

अवसृष्टा परा पत शरव्येब्रह्मसंशिते।
गच्छामित्रान् प्र पद्यस्व मामीषां कञ्चनोच्छिपः।।

अर्थात् सेनापति आदि को चाहिए कि जैसे युद्धविद्या से पुरुषों को शिक्षा दे वैसे स्त्रियों को भी शिक्षित करें। जैसे वीर पुरुष युद्ध करें वैसे ही स्त्री भी युद्ध करें।

जो युद्ध में मारे जायें उनसे शेष अर्थात् बचे हुए को निरन्तर कारागार में स्थापन करें।

यह स्थिति निश्चय ही उल्लेखनीय है कि वेदकालीन युद्धभूमि स्त्रियाँ किस तरह अपने कर्त्तव्यों का पालन करती थीं और युद्ध की दिशा पर किस तरह नारी का कर्त्तव्य निर्धारित होता था वह अत्यन्त ही प्रशंसनीय है।

मन्त्र सं0 46 पृ0 145-

प्रता जयता नरइन्द्रो वः शर्मा यच्छतु।
उग्रा वः सन्तु वाहवो ऽनाधृष्याः यथाऽसथ।।

अर्थात् जो शत्रुओं को जीतने वाले वीर हों उनका सेनापति धन, अन्न, गृह और वस्त्रादि से निरंतर सत्कार करें तथा सेनास्थ जन जैसे बलि हो वैसा व्यवहार व्यायाम और अस्त्रों का चलाना सीखें।

मन्त्र सं0 52 पृ0 146 यजुर्वेद-

यस्य कर्मो गृहे ह्विस्तमग्ने वर्द्धया त्वम्।
तस्मै देवाऽअधिव्रु वन्नयं च ब्रह्मणास्पतिः।।

अर्थात् पुरोहित का यह काम है कि जिससे यजमान की उन्नति हो और जो जिसका जितना जैसे काम करें उसको उसी तरीके (ढंग) से उतना ही नियम किया हुआ धन देना चाहिए। विद्वान जन सबके प्रति सत्य का उपदेश करें। राजा भी सत्योपदेश करें।

प्रस्तुत मन्त्र के माध्यम से युद्धभूमि के कार्य-कलापों पर विचार किया गया है। वेदकालीन युद्ध व्यवस्था तथा उसके सही संचालन की दिशा का उल्लेख बड़ी स्पष्टता के साथ किया गया है। युद्ध कौशल एवं युद्ध व्यवस्था पर बड़ी गम्भीरता के साथ विचार दिया गया है जिसका उल्लेख मन्त्रों के माध्यम से हुआ है।

मन्त्र सं0 58 पृ0 सं0 146-

सूर्यरश्मिर्हरिकेशः पुरस्तात्सविता
ज्योरूदयाँऽ अजसम।।
तस्य पूषा प्रसवे याति
विद्वानसम्पश्यन्वि श्वा भुवनानिगोपाः

अर्थात् यो यह सूर्यलोक है उसके प्रकाश में श्वेत और हरी रंग-बिरंगी अनेक किरणें हैं जो सब लोकों की रक्षा करता है। उसी से सबको सब प्रकार से सदा रक्षा होती है। यह जानने योग्य तथ्य है।

प्रस्तुत मन्त्र के माध्यम से प्राकृतिक स्वरूप का उल्लेख बड़ी स्पष्टता के साथ हुआ है।

मन्त्र सं0 50 पृ0 146-

विमान ऽ एष दिवा मध्यऽआस्त ऽ
आपप्रिवान्नोद सीऽ अन्तरिक्षम्।
स विश्वाचीरमिचष्टे धृताचीरन्तरा
पूर्वमपरं च केतुम॥

जो सूर्य लोक ब्रह्माण्ड के बीच स्थित हुआ अपने प्रकाश से सबको व्याप्त हो रहा है वह सबका आकर्षण करने वाला है ऐसा मनुष्यों को जानना चाहिए। तात्पर्य यह कि प्रकृति का स्वरूप अत्यन्त आकर्षक है जो मानव हृदय को प्रभावित कर लेता है। युद्ध के उपरान्त प्राकृतिक सौन्दर्य के दर्शन से मन का हल्का होना आवश्यक समझा गया है जिसका उल्लेख यहाँ हुआ है।

मन्त्र 60 पृ0 147 यजुर्वेद-

उक्षासमुद्रोऽ अरुणः सुपर्णः
पूर्वस्य योनि पितराविवेश।
मध्यो दिवो निहितः
पृश्निरश्मा विचक्रमे रजसस्पात्यन्तौ।

मनुष्यों को अनेक धन्यवाद करना चाहिए क्योंकि जिस ईश्वर ने अपने जनाने के लिए जगत की रक्षा का कारणरूप सूर्य आदि दृष्टान्त दिखाया है वह कैसे न सर्वशक्तिमान हो।

प्रस्तुत मन्त्र के माध्यम से ईश्वर की असीम शक्ति के स्वरूप का दर्शन मानव जगत को प्राप्त होता है। ईश्वर ने अपनी शक्ति एवं सामर्थ्य का परिचय देते हुए अनेक अलौकिक दृश्य प्रस्तुत किया है जो सृष्टि के

लिए न सिर्फ आश्चर्यजनक वस्तु के रूप में दीख पड़ता है बंल्कि इसकी सुन्दरता एवं मानव जगत की उपादेय वस्तु के रूप में परिलक्षित होता है। सृष्टि को आकर्षक एवं लाभकारी बनाने की जितनी कला हो सकती है उनके उपयोग सृष्टिकर्त्ता ईश्वर ने कर दी है। हमारी जिज्ञासा होनी चाहिए कि इस सृष्टि के अन्तर्गत कितनी आकर्षक वस्तुएँ हैं जो न सिर्फ मनोविनोदार्थ हैं बल्कि ये वस्तुएँ उपकारी शक्ति समन्वित भी दीख पड़ती है। मानव की चिन्तनशक्ति के फलस्वरूप ही वे सारी वस्तुएं सृष्टि के लिए महत्त्वपूर्ण परिलक्षित होती हैं।

मन्त्र सं0 61 पृ0 147-

इन्द्रं विश्वा अवीवृधन्त्समुद्रव्यचसं गिरः।
रथीतम रथी नां वाजना सत्यपतिं पतिम्॥

अर्थात् सब मनुष्यों को चाहिए कि सब वेद जिसकी प्रशंसा करते हैं, योगीजन जिसकी उपासना करते हैं और मुक्त पुरुष जिसको प्राप्त होकर आनन्द भोगते हैं, उसी को उपासना के योग्य इष्टदेव मानें। प्रस्तुत मंत्र में अनेक अलौकिक एवं लाभकारी वस्तुओं के उल्लेख हुए हैं जिससे यह सृष्टि पूर्णरूप से आकर्षक दीख पड़ती है। मानव-मन शान्तिचित्त होकर सृष्टि की इन आकर्षक वस्तुओं को देखकर कृतज्ञ होना चाहिए कि सृष्टिकर्त्ता ईश्वर ने मानवहित में कितना अधिक चिन्तन-मनन करने के उपरान्त इन वस्तुओं का सृजन किया जिससे यह सृष्टि चतुर्दिक आकर्षक जैसी प्रतीत होती है। मानव को अपनी इच्छा के अनुसार इन सारी वस्तुओं का स्वरूप चिन्तन-मनन करना चाहिए तथा सृष्टिकर्त्ता ईश्वर को बार-बार अपनी कृतज्ञा अभिव्यक्त करनी चाहिए।

मन्त्र सं0 62 पृ0 सं0 147-

देवहूर्यज्ञऽ आ च वक्षत्सुम्नर्ह्यज्ञऽआचवक्षत्।
यक्षदग्निर्देवो देवाँऽआ च वक्षत्॥

अर्थात् जो उत्तम शास्त्र जानने वाले विद्वानों से उपासना किया जाता था सुख स्वरूप और मंगल कार्यों को देने वाला परमेश्वर है उसकी समाधियोग से मनुष्य उपासना करें।

मंत्र के माध्यम से सृष्टिकर्त्ता की अलौकिक शक्ति की सराहना की जाने की आवश्यकता का उल्लेख हुआ है क्योंकि परमपिता परमेश्वर ने इस सृष्टि को यथासम्भव सुरुचिपूर्ण एवं आकर्षक बनाने की सफल चेष्टा की। इस सृजन के प्रति मानव को अपनी कृतज्ञता अभिव्यञ्जित करनी चाहिए तथा सृष्टिकर्त्ता के प्रति बारम्बार आश्चर्यचकित होते हुए उनके प्रति भावाभिभूत होकर नतमस्तक होना चाहिए।

मन्त्र सं0 64 पृ0 सं0 147–

उद ग्रामं च निग्रामं च ब्रह्म देवाऽअवीवृधन्।
अधासपत्नानिन्द्राग्नी मे विषूचीनान्व्यस्यताम्।।

अर्थात् जो मनुष्य सज्जनों का सत्कार और दुष्टों को मार–पीटकर धन को बढ़ाकर निष्कण्टक राज्य का सम्पादन करते हैं वे ही प्रशंसित होते हैं। जो राजा राज्य में बसने वाले सज्जनों का सत्कार और दुष्टों का निरादार करके अपने तथा प्रजा के ऐश्वर्य को बढ़ाता है, उसी की सभा और सेना की रक्षा करने वाले जन शत्रुओं का नाश करने में समर्थ होते हैं।

प्रस्तुत मंत्र के माध्यम से कल्याणकारी चिन्तन के स्वरूप प्रस्तुत किये गए। समाज या देश के अन्तर्गत कल्याणकारी कार्यों की सतत् सराहना होती रहती है। ईश्वर भी ऐसे कार्य करने वालों का उपकार ही करते हैं। अनिष्टकारी शक्ति पर वे ईश्वर नियंत्रण रखते हैं तथा उपकारी प्राणी की सहायता में सक्रिय सहयोग प्रदान करते हैं। मानव हृदय की कुत्सित वासनाएँ कभी न कभी उस पात्र के अहित पूर्ण कार्यों में सहयोग प्रदान कर देती हैं जिससे जनमानस के लिए यह चर्चा का विषय बन जाता है कि ''जैसी करनी वैसी भरनी'' यानि जैसा किया वैसा ही पाया'' इस तरह मानव जगत में यह तथ्य प्रचारित होता है कि ''सदा सन्मार्ग का आश्रय लेना है।

मन्त्र 66 पृ0 147–

प्राचीमनु प्रदिशं प्रेहि
विद्वानग्नेरग्ने पुरोऽअग्निर्भवेह।

विश्वाऽआशा दीद्यानो वि वि
माह्यूर्ज नो धेहि द्विपदे चतुष्पदे॥

अर्थात् जो पूर्ण ब्रह्मचर्य से समस्त विद्याओं का अभ्यास कर युद्धविद्याओं को जान सब दिशाओं में स्तुति को प्राप्त होते हैं, वे मनुष्यों और पशुओं के खाने योग्य पदार्थ की उन्नति और रक्षा का विधान कर आनन्द युक्त होते हैं। मन्त्र में यह सिद्धान्त प्रतिपादित हुआ है कि मनुष्य अच्छा या बुरा जो भी करता है उसका प्रतिफलन उसी को ही भोगना पड़ता है। कभी-कभी ईश्वर के द्वारा दुष्ट व्यक्ति बुरी तरह दण्डित हो जाते हैं जिस तथ्य को लोग समझ नहीं पाते हैं। मनुष्य को यह स्मरण रखना चाहिए कि "रोपे विश्वा आक के आम कहाँ ते होय" अर्थात् बुरे कर्म करके मुक्ति या मोक्ष प्राप्ति की आशा तो निरर्थक ही सिद्ध होती रहती है। मनुष्य को बुरे कर्मों के फल बुरे ही भोगने पड़ते हैं तथा अच्छे एवं उपकारी कर्मों के फल सफल माने जाते हैं और सभी की वाह-वाही भी मिलती जाती है। अतः सृष्टि के अन्तर्गत उदाहरणों से सीख लेनी चाहिए और बुरे कर्म तथा अच्छे कर्म के फल कर्मानुसार ही होते हैं यह अकाट्य तथ्य है।

मंत्र सं0 67 पृ0 147-

पृथिव्याऽअहमुदन्तरिक्षमारूहमन्तरिक्षद्दिवमारूहम।
दिवो नाकस्य पृष्ठात् स्वजर्योतिरगामहम्।

अर्थात् जब मनुष्य अपनी आत्मा के साथ परमात्मा के योग को प्राप्त होता है तब अनिमादि सिद्धि उत्पन्न होती है उसके पीछे कहीं से न रुकने वाली गति से अभीष्ट स्थानों को जा सकता है अन्यथा नहीं।

प्रस्तुत मंत्र के माध्यम से अच्छे कर्म करने वाले पात्र को सतत् अच्छा फल मिलता है यह निर्विवादित तथ्य है। इस सन्दर्भ में कुछ सिद्धियों के उल्लेख मंत्र द्वारा हुए हैं। उक्ति है-

अणिमामहिमा श्चैव लक्ष्मिा गरिमातथा।
प्राप्तिः प्राकाम्यमिसिद्धं विशित्वं चाष्टसिद्धयः॥

अर्थात् आठ प्रकार की सिद्धियाँ होती हैं जिसकी प्राप्ति कर्म के अनुसार होती है। जिनके जैसे कर्म होते हैं उन्हें वैसा ही कर्मफल भोगना पड़ता है। इसमें किसी तरह की छूट मिलने की सम्भावना नहीं रहती है।

मंत्र संख्या 68 पृ0 सं0 148- यजुर्वेद-

स्वर्यन्तो नापेक्षन्त ऽआ द्याथं रोहन्तिरोदसी।
यज्ञं ये विश्वतो धारम सुविद्वासो वितेनिरे॥

अर्थात् जैसे सारथि घोड़े को अच्छे प्रकार से सीखकर अभीष्ट में चलाकर सुख से अभीष्ट स्थान शीघ्र पहुँच जाते हैं वैसे ही अच्छे विद्वान योगीजन जीतेन्द्रिय होकर नियम से अपने को अभीष्ट परमात्मा को प कर आनन्द का विस्तार करते हैं।

प्रस्तुत मंत्र के माध्यम से वेदकालीन विचारकों के सत्यसमन्वित तथ्यों के विस्तार बड़ी स्पष्टता के साथ हुए हैं। वेदकालीन समाज की जो मान्यता है वह चिरकाल के चिंतन-मनन एवं प्रतिफलन की देन कही जाती हैं मंत्रकार ने समाज के अनेक उदाहरणों को देखते हुए यह चिंतन अकाल सत्य के रूप में प्रस्तुत किया गया है जिसका प्रतिफलन सतत् घटित होते रहा है।

मंत्र 69 पृ0 148-

अग्ने प्रेंहि प्रथमो देवयतां चक्षुर्देवानामुतमर्त्या नाम्।
इयक्षमाणा भृगुभिः सजोषाः स्वर्य्यन्त यजमानास्वस्ति॥

अर्थात् हे मनुष्यों! विद्वानों अविद्वानों के साथ प्रीति से बातचीत करके सुख को तुम लोग प्राप्त होओ।

प्रस्तुत मंत्र में जिस सत्य का उल्लेख हुआ है वह जीवन का अकाट्य तथ्य है।

मंत्र सं0 70 पृ0 148-

नक्तोषासा समनसा विरूपे
धातयेते शिशुमेकँ समीची।
द्यावा क्षामारूक्मऽि अन्तर्विभाति
देवाऽअग्निंधारयन द्रविणादाः॥

अर्थात् मनुष्यों को चाहिए कि जैसे संसार रात्रि और प्रातः समय की बेला अलग रूपों से वर्तमान और विगुली, अग्नि सर्वपदार्थों में व्याप्त वा जैसे प्रकाश और भूमि अतिसहनशील है वैसे अत्यन्त विवेचना करने और शुभ गुणों में व्यापक होकर पुत्र के तुल्य संसार को पालें।

प्रस्तुत मंत्र में व्यावहारिक चिंतन के उल्लेख बड़ी स्पष्टता के साथ हुए हैं। मानव की सफलता अथवा असफलता दोनों ही कर्माधीन हैं। जैसी करनी होती है वैसी भरनी यानि वैसा ही परिणाम भोगना पड़ता है। कर्म प्रधान विश्वकरि राखा जो जस करई सो तस फल चाखा।।

मंत्र 77 पृ0 149- यजुर्वेद-

अग्ने तमाद्याश्वन्न स्तोमैवः कतन्न भद्रँहृदिखृशम्।
ऋध्यामा तऽओहैः।

अर्थात् शरीर आदि स्थिर हुए बिजली आदि से वृद्धिवेग और बुद्धि सुख बढ़ें वैसे विद्वानों की लिखावट और पालन आदि मनुष्यादि सब वृद्धि को पाते हैं।

मन्त्र 78 पृ0 149-

चित्तिं जुहोमि घृतेन यथा
देवाऽहुहागमन्वीति होमा ऽ ऋतावृधः।
पत्ये विश्वस्य भूमनो जुहोमि
विश्वकर्मणेविश्वाहा दाम्यँ हविः।।

अर्थात् जैसे काष्ठों में चिनी हुई अग्नि घी से बढ़ती है वैसे विज्ञान से बढ़ूँ या जैसे ईश्वर की उपासना करने वाले संसार के कल्याण करने का प्रयत्न करते हैं वैसे मैं भी यत्न करूँ।

प्रस्तुत मंत्र के माध्यम से स्पष्ट किया गया है कि मानव जीवन सतत् शिक्षा-दीक्षा ग्रहण करने के लिए ही प्राप्त हुआ है। लेकिन मुनीनां च मतिभ्रमः'' की उक्ति सत्य पर पर्दा हमेशा डाला जाता है जिससे मानव समुदाय भ्रमित होकर असत्य की ओर अभिमुख हो जाता है जिसका दुष्परिणाम भोगना पड़ता है।

मन्त्र 79 पृ० 149–

> **सप्त ते अग्ने समिधः सप्त जिह्वाः**
> **सप्तऽऋषयः सप्तधाम प्रियाणि।**
> **सप्त होत्राः सप्तधा त्वा यजन्ति**
> **सप्तयोनिरापृणस्व धतेन स्वाहा।।**

अर्थात् जैसे इन्धन से अग्नि बढ़ती है वैसे ही विद्यादि शुभगुणों से समस्त मनुष्य वृद्धि को प्राप्त होवे।

जैसे विद्वान अग्नि में घी आदि को होम से जगत का उपकार करते हैं वैसे हम लोग भी करें।

मंत्र 82 पृ० 149–

> **ऋत श्च सत्य श्च ध्रुवश्च, धरण श्च।**
> **धर्त्ता च विधर्त्ता च विधारयः।।**

अर्थात् जो मनुष्य विद्या उत्साह सज्जनों का संग और पुरुषार्थ से विशेष ज्ञान को धारण कर अच्छे स्वभाव को धारण करते हैं वे ही आप सुखी हो सकते और दूसरों को भी सुखी कर सकते हैं।

प्रस्तुत मंत्रों में मानव जीवन को सुखी बनाने की कामना की गई है। जब तक मनुष्य संघर्ष को प्रश्रय देकर आगे बढ़ने की सफल चेष्टा न करें तब तक अपना जीवन तथा अपने आश्रितों के जीवन को सुखमय बनाने की क्षमता से युक्त नहीं हो सकते हैं। ''आप भला तो जग भला'' जैसी उक्ति यहाँ चरितार्थ हुई है।

> **ऋतजिच्च सत्यजिच्च सेनजिच्च सुषेण श्च।**
> **अन्तिमित्र श्चदूरे ऽ अमित्र श्चगणः।।**

जो मनुष्य विद्या और सत्य आदि कर्मों की उन्नति करें तथा मित्रों की सेवा और शत्रुओं से वैर करें वे ही लोक में प्रशंसित होते हैं। प्रस्तुत मंत्र के माध्यम से जीवन की सरसता एवं सत्यता का सतत् अनुभव होना ही जीवन की सफलता है।

मंत्र 83 पृ0 149-

ऋतजिच्च सत्य जिच्च ध्रुव श्च धरुण श्चे।
धर्त्ता च विधर्या च विधारयः॥

अर्थात् जो मनुष्य विद्या और सत्य आदि कामों की उन्नति करें और मित्रों की सेवा एवं शत्रुओं से वैर करें वे ही लोक में प्रशंसा योग्य होते हैं।

प्रस्तुत मंत्र में व्यक्तित्व एवं पुरुषार्थ दोनों के महत्त्वों पर प्रकाश डाला गया है। विशेष ज्ञान को बढ़ाने वाला सम्मानयोग्य होते हैं।

मंत्र 84 पृ0 150-

ई दृक्षासऽ एतादृक्षासऽ उषुणः
सदृक्षासः प्रतिसदृक्षासएतनी।
नितासश्च सम्मितासो नो
ऽअधे समरसो मरुतो यज्ञेऽस्मिन्।

अर्थात् जब धार्मिक विद्वान कहीं मिलें, जिनके समीप जावें पढ़ावें या शिक्षा देवें तब वे उन सब लोगों के सत्कार करने योग्य हैं। विद्वानों के अच्छे कर्मों की सराहना अवश्य करनी चाहिए।

मंत्र सं0 85 पृ0 सं0 150- यजुर्वेद-

स्वतवाश्च प्रयासी च शान्तपनश्चगृहमेधी च।
क्रीडी च शाकी चोज्जेषी॥

जो बहुत अन्न एवं बल सामर्थ्य से युक्त गृहस्थ होता है वह सब जगह विजय प्राप्त करता है। मंत्र में व्यक्ति की स्थायी सम्पत्ति का महत्त्व यहाँ प्रतिपादित हुआ है। ऐसे पात्र सतत् सभादरणीय माने जाते हैं।

मंत्र 86 पृ0 150-

इन्द्रं दैवीर्विशोमरुतोऽनुवर्त्मानोऽऽ भवन्यथेन्द्रं
दैवीविशोमरुतोऽनुवर्त्मानोऽभवन्।
एवमिमं यजमानं दैवी श्च
विशो मानुषीश्चानुवर्त्मानो भवन्तु॥

अर्थात् जैसे प्रजाजन राजा आदि राजापुरुषों के अनुकूल वर्त्ते। जैसे अध्ययन और उपदेश करने वाले सबके सुख के लिए प्रयत्न करें वैसे सब लोग इनके सुख की चिंता करें।

प्रस्तुत मंत्र में पात्र और अपात्र की पहचान दी गई है। जो सदपात्र हैं उनका आदर सर्वत्र किया जाना चाहिए। यह मानव धर्म के अन्तर्गत समाहित होता है।

मंत्र सं0 86 पृ0 सं0 150-

इन्द्रं दैवीर्विशो मरुतोऽनुवर्त्मानो ऽऽ
भवन्यथेन्द्र दैर्वीविशोमरुतोऽनुवर्त्मानोऽ भवन।
एवमिमं यजमानं दैवी श्च
विशो मानुषीश्चानु वर्त्मानो भविन्तु॥

अर्थात् जैसे प्रजाजन राजा आदि राजपुरुषों के अनुकूल वर्त्ते वैसे ये लोग भी प्रजाजनों के अनुकूल वर्त्ते। जैसे अध्ययन और उपदेश करने वाले सबके सुख के लिए प्रयत्न करें वैसे सब लोग इनके सुख के लिए प्रयत्नशील बने रहें।

मंत्र 87 पृ0 150-

इमँ स्तनभूर्ज स्वन्तं धयापां प्रपीनमग्ने सरीरस्यमध्ये।
उत्स जुषस्व मधुमन्तमर्वन्त्समुद्रियँ सदनमाविशस्व॥

अर्थात् जैसे बालक और बछड़े स्तन के दूध को पी करके बढ़ते हैं वा जैसा घोड़ा शीघ्र दौड़ता है वैसे मनुष्य यथायोग्य भोजन और शयनादि आराम से बढ़े हुए वेग से चलें।

मंत्र 88 पृ0 150-

घतं मिमिक्षे घृतमस्य योनिर्घृते श्रतोघृतमवस्य धाम।
अनुष्वधमा वह मादयस्व स्वाहाकृतं वृषभवक्षिह्वयम्॥

अर्थात् जितना अग्नि जल में है उतना जलधिकरण अग्नि बढ़ती है वैसे जल से सब पदार्थ बढ़ते हैं। अन्न के अनुकूल घी आनन्द को बढ़ाने वाला होता है।

मन्त्र 91 पृ0 150-

चत्वारि शृङ्गत्रयोस्यपादा द्वे शीर्षे सप्तहस्तासोऽस्या।

त्रिधा वद्धो वृषभो रोरवीति महोदेवाभर्त्याऽऽ आविवेशा॥

अर्थात् जो मनुष्य यज्ञ विद्यांश का विद्या को जानते हैं वे महाशय विद्वान होते हैं।

मंत्र 92 पृ0 150-

त्रिधाहितं पणिभिर्गुह्यमानं गविदेवासो घृतमन्वविन्दन्।
इन्द्रऽ एकँ सूर्य एकअजान वेनादेक स्वधया निष्टतक्षुः॥

अर्थात् तीन प्रकार के स्थूल, सूक्ष्म और कारण के ज्ञान कराने वाले बिजली और सूर्य के प्रकाश तुल्य प्रकाशित बोध को आप्र अर्थात् अपने शास्त्रज्ञ विद्वानों से जो मनुष्य प्राप्त हो, वे अपने ज्ञान को व्याप्त करें।

मन्त्र सं0 93 पृ0 150-

एताऽ अर्षन्ति हृद्यात्समुद्राच्छत
व्रजा रिपुणा नावचक्षे।
घृतस्य धाराऽअभिचाकशीमि
हिरण्ययो वे सोमध्यऽ आसाम्॥

अर्थात् जैसे उपदेशक विद्वान लोग जो वाणी पवित्र विज्ञानयुक्त अनेक मार्गों वाली शत्रुओं से अखण्ड और घी का प्रवाह अग्नि को जैसे उत्तेजित करता है वैसे श्रोत्राओं को प्रसन्न वाली हैं उन वाणियों को प्राप्त होते हैं, वैसे सब मनुष्य अच्छे यंत्र से इनको प्राप्त होवें।

प्रस्तुत मन्त्र के माध्यम से स्पष्ट किया गया है कि जैसे घी का प्रवाह अग्नि को उत्तेजित करती है वैसे ही श्रोताओं को ये वेदवाणियाँ प्रभावित करती हैं।

मंत्र सं0 95 पृ0 151-

सिन्धोरिव प्राध्वने शूधनासो
वातप्रमियः पतयन्ति यह्वाः।

घृतस्य धाराऽअरुषो नवाजी
काष्ठा भिन्दन्नूर्मिभिः पिबवमानः॥

अर्थात् जो नदी के समान कार्यसिद्धि के लिए शीघ्र धावने वाले घोड़े के समान वेग वाले जन, जिनकी सब दिशाओं में कीर्ति प्रवर्त्तमान हो रही हैं और परमेश्वर के लिए उपेश से बड़े-बड़े दुःख सहते हैं तथा उनके श्रोताजन संसार के स्वामी होते हैं। और अन्य नहीं।

प्रस्तुत मंत्र के माध्यम से परमेश्वर की कृपा प्राप्त करने वाले पात्र अन्य व्यक्ति को बड़ी सरलता एवं सहजता से प्रभावित कर लेते हैं।

मंत्र में परमेश्वर की अनुकम्पा प्राप्त करने वाले पात्र की शक्ति का प्रभाव स्पष्ट किया गया है। जिसे ईश्वरीय अलौकिक शक्ति प्राप्त हो जाती है वे अपने प्रभाव से सभी के समक्ष अपने दवंग व्यक्तित्व का परिचय देते तथा सभी लोग उनकी विलक्षणबुद्धि की प्रशंसा भी करते हैं।

मंत्र 96 पृ0 151-

अभिप्रवन्तु समनेव योषाः
कल्याण्यः स्मयमानासोऽअग्निम।
घृतस्य धाराः समिधो नसन्त
ता जुषाणो हर्यति जातवेदाः॥

अर्थात् जैसे प्रसन्नचित्त आनन्द को प्राप्त सौभाग्यवती स्त्रियाँ अपने-अपने पतियों को प्राप्त होती हैं वैसे ही विद्या तथा विज्ञान रूप आभूषण से शोभित वाणी विद्वान पुरुष को प्राप्त होती है।

मंत्र 97 पृ0 151-

कन्याऽइव वहतुमेतवा उऽअञ्ज्यध्जानाऽअमि चाकशीमि।
यत्र सोमाः सयते यत्र यज्ञो घृतस्य धाराऽअमि पतत्पवन्तो।

अर्थात् जैसे कन्या स्वयंवर के विधान से अपनी इच्छा के अनुकूल पतियों को स्वीकार कर शोभित होती है वैसे ऐश्वर्य उत्पन्न होने के अवसर और यज्ञसिद्धि में विद्वानों की वाणी पवित्र हुई शोभायमान होती है।

प्रस्तुत मंत्रों में वेदकालीन समाज के स्वरूप का विश्लेषण किया गया है। वाणी की समाज विदग्धता से विद्वानों का परिचय प्राप्त होता है। समाज में विद्वानों को सरस्वती के वरदपुत्ररूप की संज्ञा दी जाती है। उस सरस्वती की अनुकम्पा प्राप्त व्यक्ति की समाज में प्रतिष्ठा बनी रहती है। सम्पूर्ण जनसमुदाय सरस्वती के वरदपुत्र का समादृत करता है। तत्कालीन समाज में ज्ञानवान की प्रतिष्ठा सर्वाधिक थी। विद्वानों के साथ समस्त समाज का सद् व्यवहार सदा बना रहता था।

मंत्र 33 पृ0 158-

वाजो नोऽअद्य प्र सुवाति दानं
वाजो देवाँ ऋतुभिः कल्पयाति।
वाजो हि मा सर्ववीरं जजान
विश्वाऽआशा वाजपतिर्जयेयम्॥

अर्थात् जितने इस पृथ्वी पर पदार्थ हैं उन सभी में अन्न ही अत्यन्त प्रशंसा के योग्य है जिससे अन्नवान पुरुष सब जगह विजय को प्राप्त होता है।

वेदकालीन समाज सब तरह से सम्पन्न कहा जा सकता है। यदि विद्वानों की प्रतिष्ठा एवं उनकी ख्याति सर्वोपरि समझी जाती थी फिर भी वेदकालीन समाज अन्न को ही सर्वोपरि धन समझता था। कृषक वर्ग या अन्नवान की ख्याति कम नहीं समझी जाती थी। देश, काल एवं परिस्थिति विशेष में अन्नवान ही धनवान की श्रेणी में परिगणित हुआ करते थे। उद्योग धंधों का विकास उस काल में बहुत अधिक नहीं हुआ था। कृषकवर्ग समाज में सम्मानित वर्ग समझा जाता था। तथा खेती-बाड़ी की अच्छी स्थिति उस समाज में थी। कृषकों की सम्पत्ति के महत्त्व कम नहीं थे क्योंकि कृषकों के अन्न भण्डार सर्वोपरि उपयोगी माना जाता था। उस समाज में धन का अर्थ ही अन्नवान माना गया था। आधुनिक रूप में खेती नहीं होती थी लेकिन कृषक वर्ग की समाज में अच्छी प्रतिष्ठा थी।

मंत्र 35 पृ0 158-

सं मा सृजामि पृथिव्याः
सं मा सृजाम्र्याद्भिरोषधीभिः।
सोऽहं वाजयं सनेयमग्ने।

अर्थात् हे मनुष्यों! जैसे मैं वैद्यक शास्त्र रीति से अन्न और पान आदि को सुखी होता हूँ वैसे तुम लोग सभी प्रयत्न किया करो। विद्वानों की गिनती में वैद्यकराज भी आ जाते थे और समाज उनके ज्ञान तथा अनुभव से लाभान्वित होते थे।

मंत्र 36 पृ0 158-

पयः पृथिव्यां पयऽओषधीषु
पयो दिव्यन्तरिक्षे पयो धाः।
पयस्वतीः प्रदिशः सन्तु मह्यम्॥

अर्थात् जो मनुष्य आदि पदार्थों से युक्त पृथ्वी आदि से उत्तम अन्न और रसों का संग्रह करके खाते-पीते हैं वे निरोग होकर सब दिशाओं में कार्य की सिद्धि कर तथा आ जा सकते हैं और बहुत आयु वाले होते हैं।

शुद्ध भोजन की महत्ता जनसमुदाय समझता था। कृषकवर्ग इस दृष्टि से सम्मानजनक स्थान पर था। वैद्य की भी महत्ता जनमानस में व्याप्त थी। वैद्यराज जड़ी-बूटियों के उपयोग से रोगनिवृत्ति करने में सफल हो जाते थे जिससे समाज की दृष्टि में वैद्यराज भी महत्त्वपूर्ण कार्य सम्पन्न करने वाले वर्ग में परिगणित होते थे। स्वस्थ एवं सम्पन्न समाज के रूप में वैदिकों को समाज की प्रतिष्ठा प्राप्त हो चुकी थी। इस प्रकार से तत्कालीन वैदिक समाज की ख्याति समाज में प्रचलित थी।

31 मंत्र 38 पृ0 159-

ऋताषड़ृतधामाग्निर्गन्धर्वस्त-
स्यौषधयोऽप्सरसो मुदो नाम।
स नऽइदं ब्रह्म क्षत्रं पातु तस्मै
स्वाहा वाट् ताभ्यः स्वाहा॥

अर्थात् जो मनुष्य अग्नि के समान दुष्ट शत्रुओं के कुल को दुःखरूपी अग्नि में जलाने वाला और औषधियों के समान आनन्द कराने वाला हो वही समस्त राज्य की रक्षा कर सकता है।

वैदिक युग अति प्राचीन काल का इतिहास प्रस्तुत करता है। समाज, परिवार सुखी सम्पन्न रहे इसकी चिन्ता प्रबुद्ध लोग अवश्य करते थे। सामाजिक सहयोगी की भावना पराकाष्ठा पर पहुँची हुई थी। शांति एवं सुव्यवस्था के प्रति समाज का आकर्षण पूर्व से चला आ रहा था। वैद्यराज यदि आदरणीय पद पर थे तो कृषक की भी अवहेलना समाज में नहीं थी। अन्न भण्डार की पूर्णता का दायित्व कृषक वर्ग पर ही था जो अपने महत्त्व को कायम रखने के लिए संघर्षशीलता का जीवन व्यतीत करने के अभ्यासी हो चुके थे। इस तरह वेदकालीन समाज स्वस्थ एवं सम्पन्न माना गया है। आबादी उनकी असीमित नहीं थी और प्रबुद्ध लोगों के अभाव भी समाज में नहीं था।

मंत्र 41 पृ0 159-

इषिरो विश्वव्यचा वातो गन्धर्वस्त-
स्यापोऽअप्सरसऽऊर्जा नाम।
स नऽइदं ब्रह्म क्षत्रं पातु
तस्मै स्वाहा वाट् ताभ्यः स्वाहा॥

अर्थात् शरीर में जितनी चेष्टा और बल पराक्रम उत्पन्न होते हैं वे सब पवन से होते हैं और पवन ही प्राणरूप और जल गन्धर्व अर्थात् सबको धारण करने वाले हैं यह मनुष्यों को जानना चाहिए।

मंत्र 45 पृ0 159, 160-

समुद्रोऽसि नभस्वानार्द्रदानुः
शम्भुर्मयोभूरभि मावाहि स्वाहा।

मारुतोऽसि मरुतां गणः
शम्भूर्मयोभूरभि मा वाहि स्वाहा।
अवस्यूरसि दुवस्वाञ्छम्भूर्मयोभूरभि मा वाहि स्वाहा॥

अर्थात् जो मनुष्य समुद्र के समान गम्भीर और रत्नों से युक्त कोमल

पवन के समान बलवान विद्वानों के तुल्य परोपकारी और आत्मा के तुल्य सबकी रक्षा करते हैं वे ही सबके कल्याण और सुखों को बाँट सकते थे।

वेदग्रन्थों के तात्विक विश्लेषण करने पर स्पष्ट होता है कि वह समाज ज्ञानी परोपकारी तथा बुद्धि एवं शारीरिक बलों समाज सौहार्दयुक्त एवं परोपकारी समाज के रूप में ही परिगणित किया जा सकता है।

मंत्र 49 पृ0 160-

तत्त्वा यामि ब्रह्मणा
वन्दमानस्तदाशास्ते यजमानो ह्विर्भिः।
अह्नेडमानो वरुणेह वोध्युरुशथं
स मा न आयः प्रमोषीः।।

अर्थात् सत्यवादी शास्त्रवेत्ता सज्जन विद्वान जो चाहे वही चाहना मनुष्यों को भी करनी चाहिए किसी को किन्हीं विद्वानों का अनादर नहीं करना चाहिए तथा स्त्री-पुरुषों को ब्रह्मचर्य त्याग, अयोग्य आचार-विचार आहार-विहार, व्यभिचार अत्यन्त-विषयासक्ति आदि खोटे कामों से परहेज रहता था आयुर्दा का नाश कभी नहीं करना चाहिए।

इस तरह तत्कालीन समाज, परिवार एवं जनसमूह युक्त वातावरण स्वस्थ एवं सम्पन्न था। क्षुधा तृप्ति करने के साधनों में कोई त्रुटि या कभी नहीं थी। जनमानस स्वस्थ एवं सबल रहता है तो उनकी समस्याएं स्वतः हल होती जाती हैं और लोग दीर्घायु जीवन की सफल कामना करते थे।

मंत्र 50 पृ0 160-

स्वर्ण धर्मः स्वाहा स्वर्णार्कः स्वाहा। स्वर्णशक्रः
स्वाहा स्वर्ण ज्योतिः स्वाहा स्वर्ण सूर्य्यस्वाहा।।

अर्थात् यज्ञ करने वाले मनुष्य सुगन्धित युक्त आदि पदार्थों के होम से समस्त वायु आदि पदार्थों को शुद्ध कर सकते हैं जिससे रोग-क्षय होकर सबकी बहुत आयुर्दा होते थे। यज्ञ क्रिया एवं गृहस्थों के द्वारा पूजा-पाठ के क्रम में होमादि कार्य जो सम्पन्न होते हैं उनके अनेकों लाभ मिलते हैं। होम क्रिया वायुमण्डल को सौरभपूर्ण बना डालती है जिससे वायु की शुद्धता के लोग प्राप्त हो जाते हैं।

मंत्र 57 पृ0 161-

इष्टोऽअग्निराहुतः पिपर्त्तु न इष्टदंह्विः।
स्वगेदन्देवेभ्यो नमः॥

अर्थात् मनुष्य अग्नि में अच्छे संस्कार से बनाए अन्न का उत्पादन करने वाला होता है इस कारण उससे विद्वान आदि सत्पुरुषों का सत्कार करना बहुत कठिन कार्य नहीं है।

प्राचीन परम्परा अभी तक विद्यमान है। साधारण विधि-विधान वाले कार्य या पूजा-पाठ का विसर्जन में होमादि क्रिया करने की प्राचीन परम्परा अभी तक कायम है। धनी या निर्धन जो भी हों उनके यहाँ वर्ष में कई बार होमादि क्रिया सम्पन्न होती है। उस क्रिया के परिणाम लौकिक एवं पारलौकिक दोनों ही हैं। वायुमंडल में जब होमक्रिया के धुएं व्याप्त होते हैं तो उस धुएँ से जो सुगन्धि पदार्थ घी आदि के जलने के कारण उत्पन्न होते हैं महान कल्याणकारी कार्य हैं। इस परम्परा को भारतवासी अनिवार्य क्रिया समझकर करते आ रहे हैं।

मंत्र 64 पृ0 162-

यछ तं यत्परादानं यत्पर्त्त याश्च दक्षिणाः।
तदग्निवै श्वकर्मणः स्वर्देवेषु नो दधत्॥

अर्थात् जो पुरुष और जो स्त्री गृहाश्रम चाहे वे विवाह से पूर्व प्रागल्भता अर्थात् अपने में बल पराक्रम परिपूर्णता आदि सामग्री करके ही युवावस्था में स्वयंवर विधि के अनुकूल विवाह कर धर्म से दान- आदान मान-सम्मान आदि व्यवहारों को करें।

सामाजिक अनुष्ठान तथा पारिवारिक अनुष्ठान कार्य की सम्पन्नता के क्रम में होमादिक्रिया आज भी वैदिक परम्परा के अनुसार सम्पन्न होती हैं। उस परम्परा को छोड़ने या तोड़ने के सम्बन्ध में चर्चा करना भी महापाप समझा जाता है। किसी भी जाति के लोग हों यदि वे भारतीय हैं तो होमादि क्रियाएं अवश्य की जाती हैं और वैदिक मंत्रों के उच्चारण आज भी होते हैं इर्द-गिर्द वातावरण में धुएँ के फैलाव से वायुमंडल शुद्ध होते देखते हैं। घी आदि पदार्थों को हवन क्रिया के द्वारा आग में प्रज्ज्वलित कर वैदिक

युग के अनुसार उन प्राचीन मंत्रों के द्वारा पूरे समाज को लाभान्वित कर वायुमंडल की शुद्धता से सभी से रोग मुक्त करने का कार्य सम्पादित करते हैं और होम क्रिया के मंत्रों से तथा धुएँ से पूरे वायुमंडल को सौरभपूर्ण बना डालते हैं।

मंत्र 65 पृ0 162-

यत्र धारा अनपेता मधोर्धृतस्य च याः।
तद् अग्नि वैश्यकर्मणः स्व देवेषु नो दधत्॥

अर्थात् जो मनुष्य वेद आदि को बनाते हैं और सुगन्ध और निष्ठायुक्त पदार्थों को बहुत घृत को अग्नि में हवन करते हैं वे सब रोगों का निवारण करके अतुल सुखभोग को उत्पन्न करते हैं।

प्रस्तुत मंत्र से वेदकालीन समाज के स्वरूप का विश्लेषण उल्लिखित होता है। हवन क्रिया के लाभों के विश्लेषण से विदित होता है कि वेदकालीन समाज अपनी सम्पन्नता को चतुर्दिक विकासों को ध्यान में रखते हुए उनके उपयोगों से सर्वाधिक लाभान्वित होने की चेष्टा करते थे। घृत की उपयोगिता हवन क्रिया में थी। वेदकालीन समाज अपनी सम्पन्नता से पूरे समाज को लाभान्वित करने की दिशा में उदारतापूर्ण आचरण का परिचय दिया करते थे। होमादि क्रिया के महत्त्व सिर्फ धार्मिक नहीं थे बल्कि सम्पूर्ण वेदकालीन अपने धार्मिक अनुष्ठान को व्यक्तिगत लाभ की दृष्टि से नहीं देखते थे बल्कि सामाजिक धार्मिक अनुष्ठान की संज्ञा देकर सम्पूर्ण वातावरण को सौरभपूर्ण बना देने की चेष्टा करते थे। हवन सामग्री में ऐसी वस्तुएँ डाली जाती थीं जिससे पूरा क्षेत्र-विशेष भावविभोर हो उठता था। चतुर्दिक सुगन्धि फैलती थी और वायुमंडल सौरभ युक्त हो जाता था तथा अनेक रोगों के निवारण उससे होते थे।

मंत्र 66 पृ0 162-

अग्नि रश्मि जन्मना जातवेदा
घृतम् मे चक्षुरमृतमा।
अर्क सिघातू रजसो विभामोऽजस्त्रो
आसन धर्मो ह्विरश्मि नाम॥

अर्थात् अग्नि होम किये हुए पदार्थ को वायु में फैला कर दुर्गन्ध का निवारण, सुगन्धि की प्रकटता और रोगों को निर्मूल कर सब प्राणियों को सुख प्रसन्नता प्रदान करती थी। वैसे ही सभी मनुष्यों को होना चाहिए।

प्रस्तुत मंत्र वेदकालीन समाज की उदारता एवं सुख-भोग की कामना की अभिव्यञ्जना प्रस्तुत करती है। जीवन व्यक्ति के सुखभोग तक ही सीमित नहीं था। जीएं लेकिन व्यक्तिगत नहीं बल्कि समाज भी जीने की जिजीविषा प्राप्त कर सके ऐसी ही क्रिया का समाज में आदर था। वैदिक युग इस दृष्टिकोण से सर्वश्रेष्ठयुग कहा जा सकता है। यज्ञानुष्ठान व्यक्तिगत सम्पन्नता के लिए नहीं होता था। पूरा समाज इसे अपना अनुष्ठान समझता था और पूरी उदारता तथा सामाजिक सद्भावना से उस अनुष्ठान को सफल करने की चेष्टा करते थे। ''उक्ति प्रसिद्ध है।

यज्ञात् भवति पर्जन्यः।
पर्जन्यात वृष्टिसम्भवः।।

और यज्ञ के धुएँ जब फैलते थे तो यज्ञोपरान्त वृष्टि स्वाभाविक गति थी। मंगलमय परिस्थिति आ जाती थी।

मंत्र 67 पृ0 162-

ऋचो नामास्मि यजूंषि नामास्मि सामानि नामास्मि।।
ये अग्नयः पाञ्चगन्या अस्यां पृथिव्यामधि
तेषामसि त्वमुत्तमः प्र नो जीवा त बे सुब।

अर्थात् जो मनुष्य ऋग्वेद पढ़ते हैं वे ऋग्वेदीय जो यजुर्वेद पढ़ते हैं वे यजुर्वेदीय जो सामवेद पढ़ते हैं वे सामवेदीय और जो अथर्ववेद पढ़ते हैं वे अथर्ववेदीय जो दो वेदों को पढ़ते हैं वे द्विवेदी और जो तीन वेदों को पढ़ते हैं वे त्रिवेदी और चारवेदों को पढ़ते हैं वे चतुर्वेदी कहलाते हैं। यह वैदिक परम्परा आज भी किसी न किसी रूप में जीवित हैं जो प्रेरणादायक हैं।

जो वेदविद् हों वे अग्नि-होत्रादि यज्ञों से सब मनुष्यों के हित को सिद्ध करें जिससे उनकी उत्तम कीर्ति हो वे और सब प्राणी दीर्घायु होवें।

पुरानी परम्परा आज भी जीवित है। यज्ञ का अनुष्ठान सामाजिक

आधार पर हुआ करता था और आज भी सामाजिक अनुष्ठान के रूप में मान्यता है।

अनेक संक्रामक रोग जैसे प्लेग तथा विसूचिका (हैजा) आदि के शमन में यज्ञानुष्ठान या धार्मिक चेतना को जगाने का कार्य वेदकालीन परम्परा की देन मानी जाती है। समाज अनेक रोगों से जब मुक्त हो जाता था तो उसे पारलौकिक शक्ति की देन समझते हैं लेकिन यह सामाजिक अनुष्ठान पारलौकिक शक्ति को जगाना है जिसके परिणाम को देखा जा चुका है।

मंत्र 68 पृ0 162-

वार्त्रहत्याय शवसे पृतनाषाध्याय च।
इन्द्र त्वा वर्तयामसि॥

अर्थात् जो विद्वान हैं जैसे सूर्य मेघ को वैसे शत्रुओं के मारने को शूरवीरों की सेना का सत्कार करता है, वह सदा विजयी होता है। प्रस्तुत मंत्र में शत्रु को पराजित करने की तैयारी के उल्लेख हुए हैं। मेघ को सूर्य अपना शत्रु समझते हैं। मेघ का विनाश सूर्यद्वारा ही होता है। दोनों में स्वाभाविक वैर भाव है अतः जब भी अवसर प्राप्त होता है सूर्य मेघ पर आक्रमण करने में तनिक भी विलम्ब या समय बर्बाद नहीं करता है। वैसी ही स्थिति युद्धभूमि में भी पैदा होती है। जिसे तनिक भी मौका मिलता है अपने शत्रु पर आक्रमण करने में संकोच नहीं करता है। पृथ्वी पर भी इसी धारणा से शत्रु के प्रति बर्ताव होने पर अपने आप शत्रु के विनाश में कोई कठिनाई नहीं होती है। मौका चूकने पर शत्रु को परास्त करना कठिन होता है यह प्रकृति से भी शिक्षा मिलती है। युद्धभूमि में भी वैसी स्थिति कायम होती है तब ही शत्रु यानि मेघ सूर्य से पराजित होकर तितर-बितर हो जाने की स्थिति में आ जाता है।

मंत्र 70 पृ0 163-

वि न इन्द्र मृधो जहि नीचा यच्छ पृतन्यतः।
योऽ अस्माँऽ अभिदा सत्य घरं गमयातमः॥

अर्थात् सेनापति को योग्य होना चाहिए, जिससे संग्रामों को जीते, उस विजयकारक संग्राम से नीच कर्म करने वालों का निरोध करे राजा प्रजा में विरोध कराने वाले को अत्यन्त दण्ड देवें।

सामाजिक सौहार्द का वातावरण स्वस्थ सामाजिकता की देन कही गई है। मानव अकेले जन्म लेता है और दुनिया से अकेले ही विदा होता है। लेकिन व्यक्ति सिर्फ अपने तक सीमित रखे तो यही पशुता मानी जाती है-

यही पशुप्रवृत्ति है कि आप आप ही जीये।
वही मनुष्य, मनुष्य है जो मनुष्य के लिए जिए॥

समाज की शक्ति सर्वोपरि कही गई है। 'मनुष्य एक सामाजिक प्राणी है' इस कथन को झुठलाया नहीं जा सकता है। मनुष्य का धर्म या मानव धर्म की परिभाषा में कहा जाता है हमारी उदारता और सार्वभौम मंगलकामना ही मनुष्य प्रदान करती है।

मंत्र 72 पृ0 163-

श्वानरो न ऊतयँ आ प्र यातु परावतः।
अग्निर्नः सुष्टतीरूप॥

जो पुरुष सूर्य के समान दूरस्थ होकर भी न्याय से सब व्यवहारों को प्रकाशित कर देता है वैसे ही दूरस्थ सत्यगुणों से युक्त सद्पुरुष प्रशंसित होता है। यह तथ्य मनुष्य को पशु की श्रेणी से अलग-थलक कर देता है। यही पशुप्रवृत्ति है कि जो आप-आप ही चरे वही मनुष्य है जो मनुष्य के लिए मरे।

सामाजिक प्राणी हमारी आवश्यकता की निशानी है अतः समाज को ध्यान में रखते हुए ही व्यक्ति अपने स्वार्थ की पूर्ति में संलग्न होता है।

मंत्र 77 पृ0 163-

त्वं यविष्ठ दाशुषो नृः पाहि शृणुधि गिरः।
रक्षा तोकमुत त्मना॥

अर्थात् सभा और सेना के अधिष्ठाताओं को दो कर्म अवश्य करना चाहिए एक विद्वानों का पालन और उनके उपदेश का श्रवण, दूसरा युद्ध में मरे हुए को सन्तान स्त्री आदि का पालन, ऐसे आचरण करने वाला पुरुषों के सदैव विजय धन और सुख की वृद्धि होती है।

प्रस्तुत मंत्र के माध्यम से मनुष्य की उदारता तथा किसी शत्रु के प्रति कटु-व्यवहार करने योग्य कार्य पर विचार किया जाता था तथा सहयोग एवं समर्थन देने की चेष्टा थी। युद्ध में शत्रु की स्त्री के प्रति कटुता की भावना नहीं होनी चाहिए क्योंकि मनुष्यता यह थी कि शत्रु की स्त्री होने पर भी उसके प्रति सहृदयता का त्याग नहीं होना चाहिए। युद्धभूमि में वीरता का प्रदर्शन आवश्यक है। लेकिन यह वीरता शत्रुपत्नी के प्रति प्रदर्शित नहीं होनी चाहिए क्योंकि मानव धर्म है कि नारी अबला है उसके आगे शौर्य, पराक्रम का प्रदर्शन जघन्य पाप ही कहा जाता है।

मंत्र 1 पृ0 164 अ0 19-

स्वाद्वीं त्वा स्वादुना तीव्रां तीव्रेणामृताममृतेन
मधुमतीम्मधुमता सृजामि संदसोमेन सोमोऽस्य-
शिवभ्यां पच्यस्व पच्यस्वेन्द्राय सत्राम्णे पच्यस्व।

अर्थात् मनुष्य को योग्य है कि वैद्यक शास्त्र की रीति से अनेक मधुरादि प्रशंसित स्वादयुक्त अतिउत्तम औषषों को सिद्ध कर उनके सेवन से आरोग्य प्राप्त होकर धर्मार्थ, काम, मोक्ष की सिद्धि के लिए निरंतर प्रयत्न करना चाहिए।

जीवन में संकीर्ण भावना का त्याग जरूरी है यदि पराक्रम दिखाना पड़े तो नारी के समक्ष नहीं क्योंकि वीरता और कायरता में अन्तर समझाना ही मानव का परम कर्त्तव्य होता है।

रोगमुक्त समाज की संरचना करना उस समाज का शायद प्राथमिक कार्य था। मंत्र की पंक्तियों से अभिव्यक्त होता है कि वैधक शास्त्र का यथोचित विकास हो चुका था। औषधि बनाने वाले वैद्यराज सतत् प्रयत्नशील रहते थे जिससे औषधि की चर्चाएं अनेक बार होती रही हैं जिनसे स्पष्ट है कि रोगों का शमन वैद्यराज के उपचारों से होता था। अकालमृत्यु या रोगग्रस्त मृत्यु के उदाहरण वेदपंक्तियों में उपलब्ध नहीं है। सुख-शांति का साम्राज्य कायम हो जाने के फलस्वरूप वह युग लोकमंगल भावना एवं लोकमंगल कार्यों को प्राथमिकता के साथ निपटाने की चेष्टा करते थे।

मंत्र 2 पृ0 164-

परीतो षिञ्चता सुतदं सामो य उत्तमदं हविः।
दधन्वान् यो नयोऽअप्स्वन्तरा सुषाव सोममद्रिभिः॥

अर्थात् मनुष्यों को योग्य है कि उत्तम औषधियों को जल में डाल मंथन कर सार रस को निकाल इससे यथायोग्य जठराग्नि को सेवन करके बल और आरोग्यता को बढ़ाया करें।

वेदकालीन समाज को औषध ज्ञान में कोई कमी नहीं थी। वैद्यराज जड़ी-बूटियों के रस से रोगी को स्वस्थ करने की चेष्टा किया करते थे और इस कार्य में उन्हें सफलता मिलती जाती थी।

समाज की तत्कालीन आवश्यकता व्यक्ति की सुरक्षा का चिन्तन करना था। आबादी की अधिकता नहीं थी लेकिन जिन्होंने जन्मग्रहण किया था उनकी देखभाल, सुरक्षा तथा समुचित विकास यह समस्या व्यक्ति की नहीं बल्कि पूरा समाज की यह समस्या जिसके लिए परिवार एवं समाज चिन्तित एवं सजग रहता था। मनुष्य के प्राणों की सुरक्षा अनिवार्य कार्य था। इस दिशा में समाज के प्रबुद्ध वर्ग तथा वैद्यराज सतत् कार्यरत थे। उनकी शक्ति एवं ज्ञान तथा योग्यता के बल पर मनुष्य जीवन की रक्षा परमकर्त्तव्य समझा जाता था। रोगों के शमन हेतु पुष्टिकारक भोजन उपलब्ध थे। औषधि के उपयोग होते थे और जड़ी-बूटियों से रोगी की सुरक्षा कर ली जाती थी।

मंत्र 3 पृ0 164-

वायोः पूतः पवित्रेण प्रत्याङ् सोमोऽअतिद्रतः।
इन्द्रस्य युज्यः सखा। वायोः पूतः पवित्रेण
प्राङ् सोमोऽअतिद्रुतः इन्द्रस्य युज्यः सखा।

अर्थात् जो औषधि शुद्ध स्थल जल और वायु में उत्पन्न होती है और पूर्व और पश्चात होने वाले रोगों का शीघ्र निवारण करती है उनका मनुष्य लोग मित्र के समान सदा सेवन करें।

जिन औषधियों की आवश्यकता समझी जाती थी वे सारी औषधियाँ

वैद्यराज तैयार करते थे जिसका उपयोग रोग-निवारण कार्य में किया जाता था। वैद्यराज की प्रतिष्ठा समाज में थी उनके द्वारा किये गए उपचार रोग-निवारण में सहायक होते थे जिसकी चर्चा वेदमंत्रों में कई स्थलों पर की गई है। वैद्यराज के साथ-साथ समाज के प्रबुद्ध लोग रोग निवारण में सहयोगी के कार्य करते थे। अपनी बुद्धि विवेक तथा वैद्यक ज्ञान का लाभ रोगियों को देने में कभी पीछे नहीं रहते थे। सामाजिक तथा पारिवारिक सौहार्द का वातावरण था इसलिए रोगों के शमन करने में दवाओं के उपयोग प्रचलित थे जिनसे रोगी को आराम मिल जाता था तथा वैद्यराज की सामाजिक प्रतिष्ठा कायम रहती थी।

मंत्र 4 पृ0 164-

पनाति ते परिस्त्र तदं सोमंद सूर्य्यस्य दुहिता।
वारेण शश्वता तना।।

अर्थात् जो मनुष्य सूर्योदय से पूर्व शौच कर्म से निवृत्त हो यज्ञानुकूल औषधि का सेवन करते हैं वे रोगरहित होकर सुखी रहते हैं।

प्रस्तुत मंत्र में रोगी को रोगमुक्त करने की दिशा नें उठाए गए कदम की मान्यता समाज में दी गई थी। रोगमुक्त करना यद्यपि वैद्यराज का काम था लेकिन समाज के प्रबुद्ध व्यक्ति इस दिशा में कारगर कदम उठाने में सहयोग करते थे तथा रोग का शमन करना यह सामाजिक दायित्व समझा जाता था जिस कार्य के लिए सामाजिक सहयोग प्राप्त था।

मंत्र 5 पृ0 164-

ब्रह्म क्षत्रं पवते तेज इन्द्रियंद
सुरया सोमः सुत आसुतो।
मदाय। शुक्रेण देवदेवताः
पिपृग्धिः रसेनान्नं यजमानायधेहि।।

अर्थात् इस जगत् में किसी मनुष्य को योग्य नहीं है कि जो श्रेष्ठ रस के बिना अन्न खावे, सदा विद्या शूरवीरता बल और बुद्धि लिए महौषधि के सारों को सेवन करना चाहिए। रोग निवारक औषधियों के प्रचार-प्रसार में कोई कमी नहीं थी। रोग की पहचान करने वाले वैद्यराज समाज हित

में कार्य करते रहते थे तथा प्रबुद्ध व्यक्ति भी इसी दिशा में कारगर कदम उठाने में सतत् आगे रहते थे। लोगों में शांति तथा विश्वास था जिससे रोगी मौत के मुँह में जाने से प्रायः बच जाते थे।

मंत्र 6 पृ0 164–

कुविदङ्ग यवमन्तो यवं चिद्यथा
दान्त्यनुपूर्व वियूय इहेहैषां कृणुहि
भोजनानि ये वहिषो नम उक्तिं यजन्ति।
उपयामगृहीतोऽस्यश्विम्यां त्वा
सरत्स्वयै त्वेन्द्राय त्वा सत्रामऽएष ते
योनिस्तेजसे त्वा वीयाया त्वा बलाया त्वा।।

अर्थात् जो राजपुरुष कृषि आदि कर्म करने, राज्य में कर देने और परिश्रम करने वाले मनुष्यों को प्रीति से रखते और सत्य उपदेश करते हैं वे इस संसार में सौभाग्य वाले होते हैं।

प्रस्तुत मंत्र के माध्यम से समाज की समस्या पर विचार किया गया है। सामाजिक चिंतन एवं प्रबुद्ध व्यक्ति के सहयोग से रोगों के निवारण कर दिये जाते थे। मनुष्य साधारणतया स्वस्थ जीवन व्यतीत करते थे तथा स्वस्थ रहने के लिए अनेक प्रकार के सामाजिक उपचार या वैद्यराज की सलाह के अनुसार उपचार प्रचलित थे जिसके द्वारा प्राणरक्षा करना कठिन कार्य नहीं समझा जाता था।

मंत्र 7 पृ0 165–

नाना हि वॉ हेतंद सदस्कृतं
मा संदसृक्षाथां परमे व्योमन्।
सुरा त्वमसि शुष्मिणं सोमऽएष
मा मा हिंदसीः त्वां यानिमाविशान्तां।।

अर्थात् जो राजा प्रजा के सम्बन्धी मनुष्य बुद्धि, बल आरोग्य और आयु बढ़ाने वाले औषधियों के रसों को सदा सेवन करते हैं और प्रमादकारी पदार्थों का सेवन नहीं करते वे इस जन्म और परलोक में धर्म, अर्थ, काम और मोक्ष को सिद्ध करने वाले होते हैं।

प्रस्तुत मंत्र में रोग निवारक औषधि तथा साथ-साथ अनेक प्रकार के उपचारों से रोगों का नाश किया जाता था। रोगी को बचाने की चेष्टा सतत् चलती रहती थी जिस सम्बन्ध में मंत्रों में अनेक स्थलों पर विचार-विमर्श किया गया है जिससे रोगी रोगमुक्त हो जाया करते थे।

"शरीरम् व्याधिमन्दिरम्" जैसी उक्ति स्वस्थ समाज की नहीं है। स्वस्थ परिवार और समाज का चिन्तन एवं आचरण दूषित नहीं होता है जिसके फलस्वरूप वह परिवार शारीरिक एवं मानसिक दोनों आधारों पर स्वस्थ तथा सबल माना जाता है। मनुष्य के जीवन में दोनों तरह के रोगों के प्रकोप हुआ करते हैं। मानसिक शिथिलता तथा शारीरिक शिथिलता दोनों ही कष्टदायक होते हैं। दोनों से स्वस्थ होने पर ही दीर्घायु होने की सम्भावना है।

मंत्र 9 पृ0 165-

तेजोऽसि तेजे। मयि धेहि
वीर्यमसि वीर्य मयिधेहि बलमसि।
बलं मयि धेह्योजोऽस्योजो मयि धेहि
मन्युरसि मन्युं मयि धेहि सहोऽसि सहो मयि धेहि।

अर्थात् सब मनुष्यों के प्रति ईश्वर की यह आज्ञा है कि जिन शुभ गुण कर्म स्वभावों को विद्वान लोग धारण करें उनको औरों में भी धारण करावें और जैसे दुष्टाचारी मनुष्यों पर क्रोध करें वैसे धार्मिक मनुष्यों में प्रीति भी निरंतर किया करें।

रोगी के जीवन की सुरक्षा पर विचार करने हेतु वैद्यराज के साथ-साथ समाज के प्रबुद्ध व्यक्ति सहयोग एवं सलाह से रोगी को स्वस्थ बनाने की सफल चेष्टा किया करते थे जिसके फलस्वरूप रोग निवारण में सफलता मिल जाती थी।

वेदकालीन समाज संघर्षशील था। उनके जीवन में समस्याएं कम नहीं थीं। होमादिक्रियाएं वेदकालीन समाज की अपनी विशेषताएं थीं। वैदिक युग सुसंस्कारसमन्वित युग कहा गया है। आचार-विचार की पवित्रताएं ही समाज परिवार को स्वस्थ रखने में अधिक सहयोग करती थी। संघर्षशील

समाज अपनी सबलता तथा शक्ति को महत्त्व देता था। जन समर्थन की भावना बहुत सबल थी। आपसी द्वन्द्व एवं कटुता का नामोनिशान नहीं था। एक व्यक्ति की समस्या पूरी समाज की समस्या बन जाती थी। आपसी सद्भावना मनोबल प्रदान करने में बहुत सहायक होती थी। आबादी की अधिकता नहीं थी।

मंत्र 11 पृ0 165-

यदापिपेष मातरं पुत्रः प्रमुदितो धयन्।
एतत्तदग्नेऽअनृणो भवाम्यहतौ पितरौ मया।
सम्पृचस्थ सं मा भद्रेण पृङ्क्त
विपृच स्थ वि मा पाप्मना पृङ्क्त।

अर्थात् जैसे माता-पिता-पुत्र का पालन करते हैं वैसे पुत्र को माता-पिता की सेवा करनी चाहिए सब मनुष्यों को इस जगत में ध्यान कि हम माता-पिता का यथावत सेवा करके पितृ-ऋण से मुक्त होवें। जैसे विद्वान धार्मिक माता-पिता अपने सन्तानों को पापरूप आचरण से पृथक करके धर्माचरण में प्रवृत्त करें वैसे सन्तान भी अपने माता-पिता से बर्ताव करे।

प्रस्तुत मंत्र में सामाजिक दायित्व का उल्लेख हुआ है जिन साधनों को अपनाकर रोग-निवारण के कार्य बड़ी सफलतापूर्वक कर लिए जाते थे जिसकी प्रशंसा वेद-मंत्रों के माध्यम से हुई है। भोगवृत्ति समाज में अधिक नहीं थी। सहृदयता तथा सामाजिक जागरूकता समाज में विद्यमान थी। आचरण की पवित्रता के कारण समाज का चिन्तन दूषित नहीं था। आपसी सहयोग तथा सामाजिक संगठन बहुत मजबूत था जिससे वेदकालीन युग भारत में स्वर्णयुग माना जा सकता है। बाहरी शत्रु से लड़ने के लिए समाज को सुसंगठित जीवन बिताना पड़ता था जिसके परस्पर सहयोग से वह समाज पूर्ण सबल तथा स्वस्थ था।

मंत्र 33 पृ0 168-

यस्ते रसः सम्भृतऽओषधीषु
सोमस्य शुष्मः सुरया सुतस्य।

तेन जिन्व यजमानं मदेन
सरस्वतीमश्विनाविन्द्रमग्निम्॥

अर्थात् जो विद्वान मनुष्य महौषधियों के सारों को आप सेवन कर अन्यों को सेवन कराके निरंतर आनन्द बढ़ावे वे धन्यवाद के योग्य हैं।

औषधि तथा महौषधि के उपभोगों से रोग-निवारण के कार्य किये जाते हैं। सामाजिक दायित्व यह था कोई बीमारी बड़े पैमाने पर फैल नहीं जाये इसके लिए पूरी व्यवस्था पहले से ही की जाती थी। होमादि क्रियाएं वायुमंडल की शुद्धता हेतु चलती रहती थीं। समाज पूर्ण सुसंगठित था और आपसी सद्भावना तथा पारस्परिक सहयोग के कारण सबल तथा स्वस्थ जीवन प्राप्त था।

मन्त्र 38 पृ0 168-

अग्नऽआयूदंषि पसऽआ सवोर्जमिषं च नः।
आरे वाधस्व दुच्छुनाम्।

अर्थात् पिता आदि लोग अपने सन्तानों में दीर्घ आयु पराक्रम और शुभ इच्छा को धारण कराके अपने सन्तानों को दुष्टों के संग से रोके और श्रेष्ठों के संग में प्रवृत्त कराके धार्मिक चिरंजीवी करे जिससे वे वृद्धावस्था में भी अभिप्रियाचरण कभी न करे।

समाजहित में अनेक कार्यकलाप वेदकालीन समाज में प्रचलित थे। आपसी सद्भावना उन्हें आगे बढ़ने में प्रेरणा प्रदान करती थी। अतः वेदकालीन चिन्तनधारा स्वस्थ तथा जनहित सम्बद्ध थी पूरा समाज संघर्षशील चिंतन समन्वित था।

मन्त्र 39 पृ0 168-यजुर्वेद

पुनन्तु मा देवजनाः पुनन्तु मनसा धियः।
पुनन्तु विश्वा भूतानि जातवेदः पुनीहिमा॥

अर्थात् विद्वान पुरुष और विदुषी स्त्रियों का मुख्य कर्त्तव्य यही है कि जो पुत्र और पुत्रियों को ब्रह्मचर्य और सुशिक्षा से विद्वान और विदुषी सुन्दर, शीलयुक्त निरन्तर किया करें।

प्रस्तुत मंत्र के माध्यम से पारिवारिक प्रतिष्ठा की अभिवृद्धि हेतु आवश्यक चिंतन प्रस्तुत किया गया है। चरित्र बल की प्रधानता मंत्र में प्रतिपादित की गई है, जिसके बल से व्यक्ति विकास के साथ सामाजिक चेतना में भी अभिवृद्धि होती है।

ज्ञान-प्राप्ति जीवन का उद्देश्य होना चाहिए। भौतिक सम्पदा की प्राप्ति कोई बड़ी उपलब्धि नहीं मानी गई है यह वेदग्रन्थों की मान्यता है।

वेदकालीन समाज अपनी श्रेष्ठता स्थापित करने हेतु सतत् ज्ञान प्राप्ति को ही महत्त्व देता आ रहा है। मनुष्य एवं पशु में यदि कोई अन्तर है तो ज्ञान ही विभेद रखा है-

उक्ति प्रसिद्ध है-

> **हित अनहित पशु पंछि जान।**
> **मानुष तन गुण-ज्ञान निधाना।।**

जीवन रक्षा हर प्राणी करता है लेकिन मानव धर्म में यह कहा गया कि उसे ज्ञानी होना अनिवार्य है।

मंत्र 40 पृ0 169-

> **पवित्रेण पुनीहि मा शुक्रेन देव दीधत्।**
> **अग्ने क्रत्श्वा क्रतूँ ऽरनु।।**

पिता, अध्यापक और उपदेशक लोग स्वयं धार्मिक और विद्वान होकर अपनी सन्तानों को भी ऐसे ही धार्मिक एवं योग्य विद्वान बनावें।

मंत्र सं0 25 पृ0 205-

> **माता च ते पित च ते ऽअग्रे वृक्षस्व क्रीडतः।**
> **विवक्षत्ऽइव ते मुखं ब्रह्मन्मात्वं वदो वहु।।**

अर्थात् जो माता-पिता सुशील, धर्मात्मा, लक्ष्मीवान कुलीन हों उनसे सिखाया हुआ ही पुत्र प्रमाणयुक्त, अल्पभाषी होकर कीर्ति को प्राप्त करता है-

प्रस्तुत मंत्र के माध्यम से अभिभावक के दायित्वों पर विचार करते हुए उल्लिखित किया गया है कि ''आत्मा एव जायते पुत्रः'' के अनुसार

पुत्र को पिता की मर्यादा एवं पारिवारिक सामाजिक परम्परा को कायम रखने की चेष्टा करनी चाहिए।

धर्म की रक्षा करना यह सामाजिक परम्परा का निर्वाह करना कहा गया है। "धर्मो रक्षति रक्षितः" कथन के महत्व को समझना मानव कर्त्तव्य कहा गया है। क्योंकि जिसे धर्म रक्षित करता है वही सही अर्थ में रक्षित माना जाता है।

मंत्र 41 पृ0 169-

यत्ते पवित्रमचिष्यग्ने विततमन्तरा।
व्रह्म तेन पुनातु मा।।

अर्थात् हे मनुष्यों तुम लोग जो देवों का देव पवित्रों का पवित्र, व्याप्तों में व्याप्त, अन्तर्यामी ईश्वरी और विद्या वेद है, उसके अनुकूल आचरण से निरंतर पवित्र होइए।

मंत्र सं0 12 पृ0 212- यजुर्वेद

त्र्य वयो गायत्र्यै पञ्चावयस्त्रिष्टुभे दिव्ययाहु जगत्यै।
त्रिवत्साऽअनुष्टुभेतुर्यवाह उष्णि हे।।

अर्थात् जैसे विद्वानजन पढ़े हुए गायत्री आदि छन्दों के अर्थों से सुखों को बढ़ाते हैं वैसे ही पशुओं को पालने वाले घी आदि पदार्थों को बढ़ावें।

प्रस्तुत मंत्र में आर्थिक विकास करने की बलवती इच्छा की अभिव्यक्ति बड़ी स्पष्टता के साथ निर्दिष्ट की गई है। उक्ति प्रसिद्ध है "धनात्धर्मः ततः सुखम्" धन के द्वारा धर्म का अर्जन बड़ी सरलता एवं सहजता से किया जा सकता है, यदि धन का अपव्यय न किया जाये क्योंकि मनुष्य की आवश्यकताएं सीमित हो सकती यदि धार्मिक मार्ग का अनुसरण करने की चेष्टा करता रहे।

मंत्र 42 पृ. 169-

पवमानः सोऽ अद्यनः पवित्रेण विचर्षणिः।
यः पोता स पुनातु मा।।

अर्थात् मनुष्य लोग ईश्वर के समान धार्मिक होकर अपनी सन्तानों को धर्मात्मा करें ऐसे किये बिना अन्य मनुष्यों को भी वे पवित्र नहीं कर सकते।

मंत्र के भाव एवं विचार धर्म-बन्धन से आवेष्टित है। धर्म की रक्षा करना ही परिवार, समाज तथा व्यक्ति विशेष का कर्त्तव्य माना जाता था। ''धृति, क्षमा, दयोऽस्तेयं शौच इन्द्रिय निग्रह'' आदि कार्यों की प्राथमिकता थी। पूरा वेदकालीन न समाज धर्म-बन्धन को सर्वोपरि समझते थे और जीवन पर्यन्त धर्म के पालन से जुड़े रहते थे।

मंत्र की पंक्तियों के भाव तथा विचार धर्म-पालन से जुड़े हुए हैं जिनके प्रति पूरा समाज या परिवार तथा व्यक्ति विशेष समर्पित रहते थे।

मंत्र 43 पृ0 169-यजुर्वेद

उभाम्यान्देव सवितः पवित्रेण सवेन च।
मा पुनीहि विश्वतः॥

जो ईश्वर सब मनुष्यों को शुद्धि और धर्म को ग्रहण कराता है उसी का आश्रय करके अधर्माचरण से सदा भय किया करो।

समाज की धार्मिक प्रवृत्ति के उल्लेख हुए हैं। धर्म के महत्त्व को पूरा परिवार और समाज समझता था और यह मान्यता थी कि ''धर्मो रक्षति रक्षितः'' सबसे बड़ी शक्ति धर्म की थी जिसके उल्लंघन करने की प्रवृत्ति न तो समाज में थी और न व्यक्ति विशेष में ही यह प्रवृत्ति देखी जाती थी।

मंत्र 44 पृ0 169-

वश्वदेवी पुनती देव्या।

जैसे सब राजा कन्याओं को पढ़ाने के लिए पूर्ण विद्या वाली स्त्रियों को नियुक्त करके सब बालिकाओं को पूर्ण विद्या और सुशिक्षायुक्त वैसे ही बालकों को भी किया करें। जब वे सब पूर्ण युवावस्था वाले हो तभी स्वयम्वर विवाह करावें।

स्त्री शिक्षा पर काफी ध्यान दिया जाता था। कन्या का विदुषी होना अनिवार्य समझा जाता था जिसके लिए परिवार तथा समाज समर्पित था।

मंत्र 46 पृ0 169-

ये समानाः समनसो जीवा जीवेषु मामकाः।
तेषां श्रीर्मयि कल्पतामस्मिँल्लोके शतं समाः॥

अर्थात् संतान लोग जब तक पिता आदि जीवें तब तक उनकी सेवा किया करें। तब तक वे सत्कार के योग्य होवें और जो पिता आदि का धनादि-वस्तु हो वह पुत्रों और जो पुत्रों का हो वह पिता आदि का रहे।

मंत्र की उक्ति है पुत्र पिता की सेवा से जुड़ा रहता था। यही जीवन की प्रमुखता थी जिसमें किसी तरह का खलल पहुँचाना असम्भव समझा जाता था दूसरा लक्ष्य यह भी था पुत्र ही पिता की सम्पत्ति का स्वामी बने तथा पुत्र की सम्पत्ति पर पिता का अधिकार भी समान रूप से प्राप्त था।

सामाजिक, पारिवारिक सौहार्द पूर्ण जीवन के अधिकारी पिता तथा पुत्र दोनों ही माने जाते थे जिसकी चर्चा पूर्ण स्पष्टता के साथ हुई है।

मंत्र 47 पृ0 169-

द्वे सृती ऽ ऊ श्रीनवं पितृणांमहं देवानामुयुत मर्त्यानाम्।
ताम्यामिदं विश्वयेजत्समेति यदन्तरा पितरंयातरं च॥

अर्थात दो ही जीवों की गति है। एक माता-पिता से जन्म को प्राप्त संसार विषय सुख के भोगरूप और दूसरी विद्वानों के संग आदि मुक्ति सुचर के भोगरूप हैं। इन दोनों गतियों के साथ ही सब प्राणी विचरते हैं।

स्वस्थ समाज तथा परिवार स्वस्थ रहने पर उनके चिन्तन भी स्वस्थ हुआ करते थे। पूरे जीवन में सुख-प्राप्ति ही लक्ष्य था। सामाजिक सहयोग हर कार्यों में प्राप्त हो जाते थे। मंत्र की पंक्तियों में जीवन लक्ष्य की अभिव्यक्ति बड़ी स्पष्टता से की गई। जीवन लक्ष्य की उद्भावना बड़ी स्पष्टता के साथ की गई है। पारिवारिक सुख को सर्वोपरि सुख की संज्ञा दी गई है। विद्वान बनने की सफल चेष्टा की जाती थी और इसे जीवन-लक्ष्य की संज्ञा दी गई है। विद्वानों की संगति की कामना वेदकालीन समाज की चिन्तनधारा में प्रमुख स्थान था जिसकी प्राप्ति में सामाजिक सहयोग था।

मंत्र 48 पृ0 169

> **इदं ह्वि प्रजननं मेऽअस्तु दशवीरंसर्वगण स्वस्तये।।**
> **आलासनि प्रजासनि वसुसनि लोकसन्य भयसनि।**
> **अग्निः प्रजां वहस्मां मे।**
> **करोत्वन्नं पयो रेतो ऽ अस्मासु धत।।**

अर्थात् जो स्त्री-पुरुष पूर्ण ब्रह्मचर्य से सकल विद्याओं का संग्रह कर परस्पर प्रीति से स्वयंवर विवाह करके ऋतुगामी होकर विधिपूर्व सन्तान की उत्पत्ति करते हैं उनकी वह प्रजा युक्त समन्वित सुखी से होकर माता-पिता आदि को सुखी करते हैं।

मंत्र में उल्लिखित तथ्यों से स्पष्ट है कि प्रजा की सुख-शांति में किसी संकट की सम्भावना नहीं रहती थी। धनी आबादी का भय नहीं था। सन्तान-उत्पत्ति को पारिवारिक एवं सामाजिक दायित्व के रूप में माना जाता था। यह पुनीत कर्त्तव्य की श्रेणी में परिगणित हुआ करता था।

पूरा समाज इस परिस्थिति को झेलने के लिए तत्पर रहता था और कोई भी कष्ट होने पर वह व्यक्तिगत नहीं बल्कि सामाजिक दायित्व अभिन्न अङ्ग के रूप में स्वीकृत था।

मंत्र सं0 50 पृ0 170-

> **अङ्गी रसो नः पितरो नवग्वा**
> **अथर्वाणो भृग्वाः सोभ्यासः।**
> **तेषां वयं सुमतो यज्ञियानामपिभद्रेसमनसे स्याम्।।**

अर्थात् संतानों को योग्य है कि जो पिता आदि बड़ों का धर्मयुक्त कर्म होवे उसका सेवन जो अधर्म युक्त होवे उसको छोड़ देवे। ऐसे पिता आदि बड़े लोग भी संतानों के अच्छे-अच्छे गुणों का ग्रहण और बुरों का त्याग करें।

मंत्र 51 पृ0 170-

> **यो नः पूर्वे पितरः सोम्यासोऽनूहिरे सोमपीथं वशिष्ठः।**
> **तेभिः यमासथंरराणो ह्विष्युशन्निसद्धिप्रतिकामतत्तु।।**

अर्थात् पितादि पुत्रों के साथ और पुत्र पितादि के साथ सब सुख दुःखों के साथ भोग और सदा सुख की वृद्धि और दुःख नाश किया करें। पारिवारिक सौहार्द एवं सामञ्जस्य की स्थिति का चित्रण बड़ी स्पष्टता के साथ किया गया। जब समृद्धि के दर्शन होते हैं तो पारिवारिक सामञ्जस्य भी दृष्टिगत होते हैं। ''उक्ति प्रसिद्ध हैं-

दिये लोभचश्मा चखनी, लघु पुनि बड़ो लखाय। सारे सुख परिवार से प्राप्त होने पर सभी सदस्यों की सुखानुभूति के माहौल में साधारण त्रुटि या दोष का विस्मरण स्वाभाविक माना जाता है। पिता-पुत्र का आपसी प्रेम सम्पन्नता की देन मानी जा सकती है-

मंत्र संख्या 58 पृ0 171-

आ यन्तु नः पितरः सोभ्यासोऽग्निष्वात्ताः पथिभिर्देव यानैः।
अस्मिन् यज्ञे स्वधया मदन्तोऽधिव्रुवन्तु तेऽवन्त्व स्मान्।।

अर्थात् विद्यार्थियों को उचित है कि विद्या और आयु में वृद्ध विद्वानों से विद्या और रक्षा को प्राप्त होकर सत्यवादी निष्कपटी परोपकारी उपदेशकों के मार्ग से जा-आ के सबकी रक्षा करें।

समाज में धन का महत्त्व सर्वाधिक कहा जाता है। उक्ति है ''धनात धर्मः ततः सुखम्'' प्रस्तुत मंत्र के माध्यम से चरित्र-धन सर्वोपरिधन समझा जाना चाहिए। मंत्र में चरित्रबल की प्रधानता स्थापित की गई है। सत्संगति से ही चरित्र का उज्जवल होना माना गया है। इस सन्दर्भ में एक पंक्ति प्रसिद्ध है- ''चंदन विष व्यापत नहीं लिपटे रहत भुजंग''।

सर्पराज अपने विष के साथ ही चंदन वृक्ष से लिपट जाता है क्योंकि चंदन की सुगन्धि के कारण विषधर सर्पराज का चंदन वृक्ष से लिपट जाना है। लिपट जाने के फलस्वरूप सर्प का विष तनिक भी चंदन वृक्ष में नहीं आता है। उस वृक्ष की सुगंधि सर्पराज को आकृष्ट कर लेती है और उस वृक्ष का आश्रय लेकर सर्पराज चंदन की सुगन्धि का आनन्द अवश्य भोगता है लेकिन उसके विष से चंदन की सुगन्धि प्रभावित नहीं हो पाती है। चरित्र-निर्माण में इन तथ्यों की अनदेखी न कर यह बड़ी निष्ठा के साथ कहा जाता है कि चन्दन की सुगन्धि से सर्पराज का विष प्रभावित

नहीं होता है। मानव-मन दृढ़प्रतिज्ञा होने की बलवती इच्छा के कारण ही अपने चरित्र-निर्माण का फल प्राप्त करता है।

मंत्र 59 पृ0 171-

अग्निष्वात्ताः पितर एह गच्छत्
सदः सदः सदत् सुप्रणीतयः।
ऊत्ता ह्विषि प्रयातनि वर्हिष्यथा
रयिमसर्वं वीरं दधातन।।

अर्थात् जो विद्वान् उपदेश के लिए घर-घर के प्रति गमनागमन करके सत्य-धर्म का प्रचार करते हैं वे गृहस्थों में श्रद्धा से दिये हुए अन्न-पान आदि का सेवन करें। सबको शरीर और आत्मा के बल से योग्य पुरुषार्थी करके श्रीमान् करें।

प्रस्तुत मंत्र में सामाजिक सौहार्द के स्वरूप का उल्लेख बड़ी स्पष्टता के साथ किया गया है। जनहित में सामाजिक चेतना को जागृत करना ही मानवतापूर्ण कार्य कहा जाता है। लोकमंगल की कामना से सभी को जागृत करना तथा समाजहित में सक्रिय सहयोग प्रदान करना यह मानव का पुनीत कर्त्तव्य के अन्तर्गत माना गया है।

मंत्र 86 पृ0 174-

आमाणि स्थालीर्मधपिन्वमाना
गुदाः पात्राणि सदुधानधेनुः।
श्येनस्य पत्रं न प्लीहा
शचीभिरासन्दी नाभिरूदरं न माता।।

अर्थात् जो मनुष्य लोग उत्तम संस्कार किये हुए उत्तम अन्न और रसों से शरीर को रोग रहित करने का प्रयत्न करते हैं वे अभीष्ट सुख को प्राप्त होते हैं। प्रस्तुत में मंत्र से स्पष्ट होता है कि स्वस्थ शरीर में ही स्वस्थ मस्तिष्क रहता है और सभी तरह की शांति एवं सुव्यवस्था में ही जनहित के कार्य सम्पादित होते हैं। अतः मनुष्य के लिए सर्वप्रथम शारीरिक स्वास्थ्य अनिवार्य है उसके बाद ही स्वस्थ मस्तिष्क का परिचय देकर समाज का नेतृत्व कर सकते हैं।

मंत्र सं0 60 पृ0 171-

येऽअग्निष्वाता येऽ अनग्निष्वाता
मध्येदिवः स्वधयामादन्ते।
तेभ्यः स्वराडसु नीतिमेतां
यथावशं तन्वं कल्पयाति।।

मनुष्यों को परमेश्वर से ऐसी प्रार्थना करनी चाहिए कि हे परमेश्वर! जो अग्नि आदि की पदार्थ विद्या को यथार्थ जान के प्रवृत्त करते और जो ज्ञान तत्पर विद्वान अपने पदार्थ के भोग से सन्तुष्ट रहते हैं वे शरीर को दीर्घायु करते हैं।

प्रस्तुत मंत्र के माध्यम से शरीर की स्वस्थता का महत्त्व प्रतिपादित किया गया है। परमेश्वर की अनुकम्पा से ही मानव को सद्ज्ञान की प्राप्ति होती है। सद्ज्ञान के फलस्वरूप ही स्वस्थचिन्तन की उपज स्वाभाविक मानी जाती है। स्वस्थ शरीर से सामाजिक कार्यों में प्रगति सहजरूप से दृष्टिगत होती है। चिंतन में जब मनुष्य निस्पृह रहता है तो उसके नेतृत्व की कद्र सब कोई करते हैं लेकिन संकीर्णभावना या स्वार्थपरता देखते ही सामाजिक सहयोग की सम्भावना कम हो जाती है और मनुष्य आगे बढ़कर नेतृत्व प्रदान करने में या सामाजिक कार्य-कलाप में आगे बढ़ने में संकोच करने लगते हैं जिसके फलस्वरूप विकास की गति धीमी हो जाती है।

मंत्र 61 पृ0 171- यजुर्वेद-

अग्निष्वात्तानृतमतो ह्वामहे नाराशंसे सोमपीयं यऽआशुः।
ते नो विप्रासः सुहवा भवन्तु वयं स्यामपतया रयीणाम्।।

अर्थात् संतान लोग पदार्थ विद्या और देशकाल के जानने और प्रशंसित औषधियों के रस का सेवन करने वाले विद्या और अवस्था में वृद्ध पिता आदि को सत्कार के अर्थ बुलाकर उनकी सहायता से अन्नादि ऐश्वर्य वाले हों।

प्रस्तुत मंत्र में जनहित कार्यों के प्रति समर्पण की भावना स्पष्टरूप से परिलक्षित है। सामाजिक कार्यों में त्याग-बलिदान की भावना अपेक्षित

है। जब सम्पूर्ण समाज किसी व्यक्ति विशेष से टकराहट का अनुभव नहीं करता है तो सार्वजनिक हित में अपने को समर्पित करने में उत्साह व अनुभव अवश्य करती है।

वेदकालीन समाज अनेक आवश्यकताओं की पूर्ति हेतु सामाजिक सहयोग की अपेक्षा कर उसमें जनहित हेतु त्याग एवं समर्पण का आदर्श रखा जाता था।

मंत्र सं0 62 पृ0 सं0 171-

आच्या जायु दक्षिणतो
निषद्येयं यज्ञमभिगृणीत विश्वे।
या हिंसिष्टि पितरः केन चिन्नो
यद्व आगः पुरुषता कराम॥

अर्थात् जिनके पितृ लोग जय समीप आवें अथवा संतान लोग उनके समीप जावें तब भूमि से घुटने टिका नमस्कार कर उनको प्रसन्न कर पितर लोग भी आशीर्वाद विद्या और अच्छी शिक्षा के उपदेश से अपने सन्तानों को प्रसन्न करके सदा रक्षा किया करे।

सामाजिक कार्यों के लिए वयोवृद्ध की सहानुभूति वैदिकयुग भी अवश्य समझी जाती थी। युवावर्ग पूरे समाज को संगठित रखते हुए बुजुर्गों के प्रति अपनी श्रद्धा-भक्ति का उदाहरण प्रस्तुत करते थे जिससे सार्वजनिक कार्यों में स्वाभाविक प्रगति होने लगती थी। वेदकालीन समाज में वैमनस्य एवं स्वार्थ भावना नहीं थी जिससे सामाजिक या सार्वजनिक हित साधन के दायित्वों का निर्वाह सरलता से सम्भव होता था।

मंत्र 63 पृ0 171-

आसी नासो ऽ अरुणी नामुपस्थेरयिं
छत्त दाशुषे मर्त्याय।
पुत्रेभ्यः पितरस्तस्य वस्वः
प्रयच्छत्तऽइहोर्ज दधात्॥

अर्थात् वे ही वृद्ध हैं जो अपनी स्त्री ही के साथ प्रसन्न अपनी पत्नियों का सत्कार करने वाले सन्तानों के लिए यथायोग दयाभाव और

सतपात्रों का सदा दान देते हैं और वे सन्तानों को सत्कार करने योग्य होते हैं।

वैदिक समाज या वेदकालीन समाज में आपसी सहयोग एवं सद्भावना सतत् कार्य करती रहती थी। वैमनस्य या स्वार्थान्धता का नामोनिशान नहीं था बल्कि स्वस्थ चिंतन से सामाजिक कार्यों में सभी की सहमति एवं सद्भावना प्राप्त करने में कठिनाई नहीं होती जिससे समाज की प्रगति में विशेष कठिनाई नहीं होती थी।

मंत्र 64 पृ0 171-

यमग्ने कव्यवाहन त्वं चिन्यन्यसेरयिम्।
तन्नौ गीर्भिः श्रवार्य्य देवत्राप नया युजम्।।

अर्थात् पिता आदि ज्ञानी लोगों को चाहिए कि पुत्रों और सतपात्रों से प्रशंसित धन का संचय करे उस धन से उत्तम विद्वानों को ग्रहण करें उनको सत्य धर्म के उपदेश बनाकर विद्या और धर्म का प्रचार करें और करावें।

मंत्र 80 पृ0 173-

सीसेन तंत्रं मनसा मनीषिण उर्णासूत्रेण कवयो वदन्ति।
अश्विना यज्ञं सविता सरस्वतीन्द्रस्य रूपं वरुणं भिषज्यन्।।

अर्थात् जैसे विद्वान लोग धातु और साधक विशेषों से वस्त्रादि को बनाकर अपने कुटुम्ब का पालन करते हैं पदार्थों का मेरुरूप यज्ञ को कर पथ्य औषधिरूप पदार्थों को देके रोगों से छुड़ाते हैं और शिल्प क्रियाओं से प्रयोजन को सिद्ध करते हैं वैसे अन्य लोग भी किया करें।

प्रस्तुत मंत्रों के माध्यम से सामाजिक सौहार्द एवं जन-कल्याण सम्बन्धी चिंतन के महत्त्व को स्पष्ट किया है जिससे पूरे समाज हित में कार्यों के सम्पादन में ही विरोध या अड़चन की सम्भावनाएं स्वतः टल जाये जिससे जनहित की भावना से सभी एकजुट होकर एक-दूसरे के कल्याण के सम्बन्ध में आवश्यक कार्यों का सम्पादन कर सकें।

मंत्र 65 पृ0 171-यजुर्वेद-

योऽग्निः कव्यवाहनः पितृन्य क्षदृता वृधः।
प्रदु ह्वानि वो चति देवेभ्यश्चपितृभ्य आ।।

अर्थात् जो पूर्ण ब्रह्मचर्य से पूर्णविद्या वाले होते हैं वे विद्वानों में विद्वान और पितरों में पितर गिने जाते हैं।

मंत्र 81 पृ0 174-

तदस्य रूपममृत शचीभिस्तिस्त्रो
दधुर्देवताः संरराणाः।
लोमानि शष्पैर्वहुधा न
तोक्मभिस्त्वगस्य मांसमभवन्न लाजाः।।

अर्थात् जो बहुतकाल पर्यन्त दाढ़ी मूंछ धारण पूर्वक ब्रह्मचारी अथवा पूर्ण विद्या वाले जितेन्द्रिय भद्रजन हैं वे ही यजधातु के अर्थ को जानने योग्य अर्थात् यज्ञ करने योग्य होते हैं अन्य बालबुद्धि अविद्वान नहीं हो सकते। वह हवनरूप ऐसा है कि जिसमें मांस, क्षार, खट्टे से भिन्न पदार्थ वा तीखा आदि गुणरहित सुगन्धित पुष्ट भिष्ट तथा रोग नाशकादि गुणों के सहित हो वही हवन करने योग्य होवें।

प्रस्तुत मंत्र के माध्यम से चरित्र की पवित्रता उल्लिखित हुई है। मानव मन अपनी भोगवृत्ति के दमन करने पर ही प्रतिष्ठा का भागी बन सकता है यह तथ्य मन्त्र के माध्यम से स्पष्ट किया गया है।

समाज में आडम्बर के प्रति स्वाभाविक घृणाभावना अभिव्यक्त होती है जो स्वाभाविक स्थिति का चित्रण करता है।

मंत्र 66 पृ0 172-

त्वमग्नऽईडितः काव्यवाहना
वाङ्ढ व्यानि सुरभीणि कृत्वी।
प्रादाः पितृभ्यः स्वधया तेऽ
अक्षन्नद्धित्वं देव प्रयता ह्वीषि।।

पुत्रादि सब लोग अच्छे संस्कार किये हुए सुगन्धादि संयुक्त अन्न पानों से पितरों को भोजन कराके आप भी इन अन्नों का भोजन करें यही

पुत्रों की योग्यता है। जो अच्छे संस्कार किये हुए अन्न-पानों को करते हैं वे रोगरहित होकर शतवर्ष पर्यन्त जीते हैं।

मंत्र 82 पृ0 174-

> **तदश्विना भिषजा रुद्रवर्तनी**
> **सरस्वती वयति पेशोऽअन्तरम्।**
> **अस्थि मज्जानं मासरैः**
> **कारोतरेण दधतो गवां त्वचि॥**

जैसे वैद्यक शास्त्र के जानने वाले पति लोग शरीर को आरोग्य करके स्त्रियों को निरंतर सुखी करें वैसे ही विदुषी स्त्री भी अपने पति को रोगरहित किया करें।

मन्त्र 86 पृ0 174-

> **आन्त्राणि स्थालीर्मधपिन्वमाना**
> **गुदाः पात्राणि सदुधा न धेनुः।**
> **श्येनस्य पत्रं न प्लीहा**
> **शचीभिरासन्दी नाभिरुदरं न माता॥**

अर्थात् जो मनुष्य लोग उत्तम संस्कार किये हुए उत्तम अन्न और रसों से शरीर को रोगरहित करके प्रयन्त करते हैं वे अभीष्ट सुखों को प्राप्त होते हैं।

प्रस्तुत मंत्रों में तत्कालीन समाज की चिंतनधारा से अवगत होने के अवसरों का उल्लेख हुआ है। समाज की समस्याओं के उल्लेख से स्पष्ट होता है कि शरीर की स्वस्थता के महत्त्व को जनसाधारण भी समझते थे तथा इसी दिशा में उचित एवं आवश्यक कार्य अनिवार्य रूप से किये जाते थे जिससे लोगों के स्वास्थ्य रक्षा में किसी तरह का व्यवधान उपस्थित न हो।

मंत्र 67 पृ0 172-

> **ये चेह पितरो ये च नेह**
> **यौश्च विद्मयाँ उचन प्रविद्म।**

त्वं वेत्थ यति ते जातवेदः
स्वधामिर्यज्ञसुकृतं युजस्व॥

हे मनुष्यों! जो प्रत्यक्ष या जो अप्रत्यक्ष विद्वान् अध्यापक और उपदेशक हैं उन सभी को आमंत्रित अन्नादि से सदा सत्कार करें, जिससे आप भी सर्वत्र उसी तरह से ही सर्वत्र सत्कारयुक्त हो सकें जिस तरह आप समादृत करेंगे वैसा ही आदर आप भी प्राप्त करेंगे।

मंत्र 12 पृ0 177-

"प्रथमा द्वितीयैर्द्वितीयास्तृतीयैस्तृतीयाः सत्येन
सत्यं यज्ञेन यज्ञो यजुभिर्यजूंषि सामाभिः
सामान्यग्मिर्ऋचः मुरोऽनुवाक्याभिः पुरोऽनु-
वाक्या याज्याभिर्याज्या वष्टकौवष्टकारा आहुति-
भिराहुतयो मे कामान्त्समयर्धन्तु भूः स्वाहा।"

अर्थात् अध्यापक और उपदेशक प्रथम वेदों को सम्यक् रूप से पढ़ाकर पृथिव्यादि पदार्थ-विद्याओं के ज्ञानार्जन कार्य कर के सम्बन्ध से उनके गुणों को साक्षात् कराके हस्तक्रिया से सब मनुष्यों को कुशल किया करें।

प्रस्तुत मंत्रों के माध्यम से समाज को सही दिशा प्रदान करने की सफल चेष्टा की गई है। उक्ति प्रसिद्ध है "यस्य नास्ति स्वयं प्रज्ञा शास्त्रः तस्य करोति किम्?" जिसे अपनी प्रज्ञा यानि स्वयं ज्ञान-चक्षु से रहित है उसे शास्त्र किस तरह से या कैसे लाभान्वित कर सकता है। मनुष्य को स्वयं ज्ञानवान बनने से ही लाभान्वित होने का अवसर मिलता है।

यजुर्वेद वर्णित धार्मिक चिंतन

म. 69 पृ. 184

तमिन्द्रं पशवः सचाश्विनोभा सरस्वती।
दधाना अभ्यनूषत हविषा यज्ञ इन्द्रियैः॥

अर्थात् जो लोग धर्म के आचरण से धन के साथ धन को बढ़ाते, वे प्रशंसा के पात्र हैं।

मन्त्र सं. 70 पृ. 184

य इन्द्रियं दधुः सविता वरुणो भगः।
स सुत्रामा हविष्पतिर्यजमानाय सश्चत॥

अर्थात् जैसे पुरोहित यजमान के ऐश्वर्य को बढ़ाता है वैसे यजमान भी पुरोहित के धन को बढ़ावे। भारतीय समाज में पुरोहित का दायित्व बहुत संकुचित है। मन्त्रों के जाप तथा आवश्यकतानुसार मन्त्रोच्चारण करते हुए पूजा-पाठ का विधान सम्पन्न करा देना पुरोहित का दायित्व माना गया है। इस मन्त्र के माध्यम से पौरोहित्य कार्य का क्षेत्र अतिविस्तृत हो जाता है। यजमान पुरोहित के धन की वृद्धि करें इसके लिए कोई यज्ञानुष्ठान कार्य विहित नहीं है। पुरोहित के धन की वृद्धि दक्षिणा के रूप में धन का दान या योगदान दायित्व यजमान पर रहता है। मन्त्र में यह संकेत दिया गया है कि यजमान को भी अपनी उदारता दिखलानी चाहिए जिससे पौरोहित्य कार्य धन-अर्जन का स्रोत कहा जा सके लेकिन अभी तक यह स्थिति धर्म के क्षेत्र में नहीं दीख पड़ती है। वेद के माध्यम से पुरोहित के प्रति उदारता पूर्वक दान देने का संकेत अवश्य दिया जा रहा है जो अनुकरणीय कार्य माना जाना चाहिए जिससे पौरोहित्य कार्य भी धनवृद्धि का जरिया माना जा सके। भारतीय समाज अपनी उदारता संकुचित न कर सके इस दिशा में प्रस्तुत मंत्र का प्रचार-प्रसार आवश्यक है।

मन्त्र सं. 72 पृ. 184

वरुणः क्षत्रमिन्द्रियं भगेन सविता श्रियम्।
सुत्रामा यशसा बलं दधाना यज्ञमाशत॥

अर्थात् ऐश्वर्य के बिना राज्य, राज्य के बिना राजलक्ष्मी और राजलक्ष्मी के बिना भोग प्राप्त नहीं होते इसलिए नित्य पुरुषार्थ करना चाहिए।

प्रस्तुत मन्त्र के माध्यम से भारतीय चिंतन को भारतीय समाज की कमजोरी से अवगत होने का अवसर प्राप्त होता है। यह कथन उल्लेखनीय है-

विद्या ददाति विनियम्
विनियात् याति पात्रताम्।

पात्रत्वात् धनमाप्नोति
धनात् धर्मः ततः सुखम्॥

स्पष्ट है कि किसी क्रिया के फल दूसरी क्रिया के हेतु में प्रेरणादायक होते हैं। मनुष्य को धार्मिक चिंतन में पीछे नहीं भागना चाहिए। धन से धर्म में वृद्धि यदि न हो तो धन का कोई विशेष महत्त्व नहीं है। उक्ति है "धनस्य तिस्त्रः गतिः"॥

धन की तीन गतियाँ होती है :-

(1) दान (2) भोग और नाश।

किसी कार्य को अनावश्यक समझकर छोड़ देने से व्यक्ति को लाभ नहीं मिलता है।

मन्त्र सं. 73 पृ. स. 184 :-

अश्विना गोभि रिन्द्रिय मश्वेहिवीर्य बलम्
हविषेनद्र सरस्वती यजमानम् वर्धयन्

अर्थात् जो लोग जिनके समीप रहें उनके लिए उचित है कि वे उनको सब अच्छे गुण कर्मों और ऐश्वर्य आदि से उन्नति प्राप्त करें तथा दूसरे को भी करावें। यह कथन सर्वाधिक सत्य माना जाता है

क्योंकि इस सन्दर्भ में कथन है :-

संसर्ग जा दोष गुणाः भवन्ति अर्थात् सम्पर्क या संसर्ग से दोष-गुण स्वाभाविक रूप से एक दूसरे को प्रभावित करते हैं। मन की गति सर्वाधिक तीव्र मानी गई है और इस गति के फलस्वरूप एक दूसरे को प्रभावित करने में बड़ी सहायता से सफलता की प्राप्ति हुआ करती है। "मनः एव मनुष्याणां कारणम् वन्धमोक्षयोः"।

मन ही बन्धन तथा मुक्ति का कारण माना गया है। मन की शक्ति से दूसरे सहयोगी को आकृष्ट कर लेना तथा अपनी ही चिन्तागति में आकृष्ट करते हुए उसी चिन्तनधारा में प्रवहमान करते हुए साथ-साथ दूर तक ले आना स्वाभाविक धर्म या गति कह दी जाती है। इस तरह संसार में प्रभावित करने का स्वाभाविक चक्र सतत् चलता ही रहता है। गति की तीव्रता से

दूसरे को भी खींच लेना यह स्वाभाविक क्रिया है जिससे मुक्त होना प्रायः असम्भव सा प्रतीत होता है क्योंकि कि यह सांसारिक बन्धन है जो हमेशा दृष्टिगत होते रहता है।

मन्त्र संख्या 74 पृ. सं. 184

ता ना सत्या सुपेश सा हिरण्यवर्त्तनी नरा।
सरस्वती हविष्यतीन्द्र कर्मसु नऽवत॥

अर्थात् जैसे विद्वान पुरुष पढ़ने और उपदेश से दूसरे सभी को दुष्ट कर्मों से दूर करके अच्छे प्रकार के कर्मों में प्रवृत्त कर रक्षा करते हैं वैसे ही ये सबके रक्षा करने के योग्य हैं। प्रस्तुत मन्त्र के माध्यम से विद्वान पुरुषों के प्रभाव तथा उनके कर्त्तव्याधिकार पर बड़ी स्पष्टता के साथ विचार की अभिव्यञ्जना प्रस्तुत की गई है।

रहिमन असुवाँ नयन ढरि
जिय दुख प्रकट करेय।
जाहि निकारो गेह से।
कस न भेद कहि देय॥

कहने-सुनने की अपेक्षा मौन रहकर भावाभिव्यञ्जना जितनी सफल एवं कारगर सिद्ध होती है उतनी सम्प्रेषित भाषा कारगर नहीं हुआ करती है। विद्वान पुरुष अपनी भद्रता का त्याग नहीं कर, सहयोगी होते हुए दूसरे की भावना को पढ़कर उसके प्रति सहयोगी होकर विपत्ति की खाई से उबार लेने की वे चेष्टा करने लगते हैं यह विद्वद्जन का स्वाभाविक धर्म या गुण माना गया है। प्रस्तुत मन्त्र में विद्वान पुरुष के चरित्र एवं चिन्तन उल्लिखित हुए हैं तथा विद्वान पुरुष के प्रति सहयोगी के धर्म तथा कर्त्तव्य पर प्रकाश डाला गया है तथा विद्वान की मदद के भाव-विचार व्यक्त हुए हैं।

मन्त्र सं. 75 पृ. सं. 184

ता भिषजा सुकर्मणा सासुदुधा सरस्वती।
स वृत्रहा शतक्रतुरिन्द्राय दद्युरिन्द्रियम्॥

अर्थात् जगत् में जैसे विद्वान लोग उत्तम आचरण वाले पुरुष के समान प्रयत्न करके विद्या और धन को बढ़ाते हैं वैसे सब मनुष्य करें। प्रस्तुत मन्त्र के माध्यम से विद्वान पुरुष के चरित्र एवं कर्त्तव्य यहाँ विश्लेषित किये गए हैं तथा उनके समान अन्य पुरुष भी आचरण करें यह आवश्यक निर्देश मन्त्र के माध्यम से प्रस्तुत किया गया है।

बड़े न हूजै गुणन बिनु,
विड़द बड़ाई पाय।
कहत धतूरे कनकसों
गहनों गढ़ा न जाय।।

समाज की नजर विद्वानों पर स्वाभाविक रूप से आ टिकती है। विद्वान पुरुष अपनी शिक्षा–दीक्षा के लाभ स्वयं तो उठाते ही हैं दूसरे को भी यदि लाभान्वित कर देते हैं तो समाज उनके प्रति अनुगृहीत हो जाता है तथा चिरकाल तक समाज कृतज्ञता के भार से दबा रहता है। नाम के साथ यदि कर्त्तव्य जुड़ा न रहे तो नाम का महत्त्व क्षणिक ही रहता है। इस तथ्य को उदाहरण से भी स्पष्ट किया जाता है। "कनक" शब्द का अर्थ धतूरा तथा सोना भी होता है। धतूरा यदि "कनक" शब्द मात्र से गौरवान्वित हो जाता है तो यह धतूरे का हल्कापन ही समझा जाता है क्योंकि धतूरा कनक कहलाकर नाम पर गर्व कर ले लेकिन मात्र नाम से कुछ लाभ नहीं है क्योंकि कनक होने पर भी वह गहने के काम नहीं लाया जा सकता है।

मन्त्र सं. 76 पृ. सं. 284

युवम् सुरामश्विना न मुचावासरे सचा।
विपिपानाः सरस्वतीन्द्र कर्मस्वावत।।

अर्थात् जो लोग पुरुषार्थ से बड़े होकर ऐश्वर्य को प्राप्त कर धन की रक्षा करके आनन्द भोगते हैं वे सदा ही वृद्धि पाते हैं।

उक्ति प्रसिद्ध है–

नर की वो नल नीर
की गति एके समय होय।

जेते नीचो होय चले
तेते ऊँचो होय॥

प्रस्तुत मन्त्र के माध्यम से मानव जीवन की गतिविधि पर प्रकाश डाला गया है। पुरुषार्थ मानव-मन को संघर्ष की ओर आकृष्ट करता है और पुरुषार्थ से ही धन एवं प्रतिष्ठा की प्राप्ति भी होती है। जिस व्यक्ति को सौभाग्य से सब कुछ प्राप्त हो जाता है उसे आनन्द के भोग की स्थिति प्राप्त हो जाती है। मानव जीवन की सफलता पुरुषार्थ के बल पर ही प्राप्त होती है उस व्यक्ति के जीवन सुखमय रहते हैं और सतत् सुखपूर्ण जीवन का आनन्द उन्हें प्राप्त होता है।

मन्त्र के माध्यम से मानव जीवन की विशेषताएँ यहाँ उल्लिखित की गई हैं जिससे समाज के सभी व्यक्ति ऐसे आचरण से सुख-भोग प्राप्त कर सकें।

मन्त्र सं. 77 पृ. सं. 184

पुत्रमिव पितरावश्विनो-
मेन्द्रावथुः काव्यैर्दसनाभिः।
यत्सुरामं व्यपिवः शचीभिः
सरस्वतीत्वामघवन्नभिष्णक्॥

अर्थात् जैसे माता-पिता अपने सन्तानों की रक्षा करके सदा बढ़ाते हैं वैसे ही अध्यापक और उपदेशक शिष्य की रक्षा करके विद्या से युक्त करने की चेष्टा करें।

प्रस्तुत मन्त्र के माध्यम से अध्यापक तथा उपदेशक के कर्त्तव्य पर विचार किया गया है। उनके कर्त्तव्य में च्युति न हो इस स्थिति पर गम्भीरता से विचार किया गया है जिससे छात्र या शिष्य वर्ग का जीवन सुखमय व्यतीत हो सके। शिष्य अपने गुरु के प्रति श्रद्धानत रहें तो उनके द्वारा दी गई शिक्षा फलवती होती है। उक्ति है–

"श्रद्धावान् लभते ज्ञानम्"

ज्ञान उन्हें ही प्राप्त होता है जो शिष्य या छात्र अपने गुरु के प्रति श्रद्धावान रहते हैं। माता-पिता अपनी संतान की न केवल मंगल कामना

करते बल्कि उनके ज्ञानमार्ग को प्रशस्त एवं संतुलित बनाये रखने की अथक परिश्रम भी करते हैं तब ही उनके पुत्र ज्ञानवान कहलाने के योग्य हो जाते हैं। इस तरह इस मन्त्र के माध्यम से न सिर्फ गुरु-शिष्य को दायित्व से अवगत कराते हैं बल्कि कर्त्तव्य-परायणता पर भी विचार अभिव्यञ्चित किया जाता है।

मन्त्र सं. 78 पृ. सं. 184

यस्मिन्नश्वास ऋषभास
उक्षणोवसामेषा अवसृष्टास आहुताः।
की लालपे सोमपृष्ठाय वेधसे
हदामतिंजनयचारुमग्नये॥

अर्थात् पशु भी सुशिक्षा प्राप्त हुए उत्तम कार्य सिद्ध करते हैं। तो फिर विद्या की शिक्षा से युक्त मनुष्य लोग सब उत्तम कार्य सिद्ध नहीं कर सकते।

प्रस्तुत मन्त्र के माध्यम से सुशिक्षा के महत्त्व पर बड़ी स्पष्टता के साथ विचार किया गया है क्योंकि शिक्षा एवं सद्ज्ञान के कारण ही मनुष्य पशु से भिन्न श्रेणी में आ जाता है। यदि इनसे वंचित रह जाय तो उस व्यक्ति या पात्र की समानता पशु से ही रहती है। थोड़ा यदि अन्तर रह भी जाता है तो यह निश्चय ही पशु का भाग्य समझा जाता है-

उक्ति है-

आहारनिद्राभयमैथुनम् च।
सामान्यमेतद नरभिः पशुनाम्॥
तृणं न खादन्नपि तद् जीवमाना।
तदभागधेयं परमं पशुनाम्॥

मूर्ख मानव पशु के समान घासभूसा आदि बिना खाये जीवित रह जाता है यह पशुवर्ग पर बड़ी कृपा मानी जाती है। अन्यथा पशुवर्ग घास भूसे के बिना न रहकर मौत के मुँह में निराहार रहने से समा जा सकता था।

मन्त्र सं. 79 पृ. सं. 184

अहाव्यग्ने हविरास्ये ते स्त्रचीव घृतं चम्बीव सोमः।
बाजसनि रयिमस्मे सवीरेप्रशस्तं धेहियशसे वहन्तम्॥

अर्थात् गृहस्थ पुरुषों को चाहिए कि उन्हीं का भोजन आदि से सत्कार करे जो लोग पढ़ना, उपदेश और अच्छे कर्मों के अनुष्ठान से जगत में बल, पराक्रम यश, धन और विज्ञान को बढ़ावें।

प्रस्तुत मन्त्र के माध्यम से समाज के स्वरूप-निर्माण पर गम्भीरत से विचार किया गया है। व्यक्ति अपने गुणों के फलस्वरूप आदर, सत्कार एवं सम्मान आदि के पात्र समझे जाते हैं। कभी-कभी समाज में इसके विपरीत आचरण के फलस्वरूप उदाहरण दृष्टिगत होते हैं तो यह चिन्तनीय एवं विचारणीय समस्या बन जाती है। सिर्फ मानव का आकार-प्रकार प्राप्त कर लेने से वह मनुष्य नहीं कहा जा सकता है क्योंकि उक्ति प्रसिद्ध है-"मनुष्यरुपेण मृगाश्चरन्ति" वह मनुष्य के रूप में पशुवत ही कहा जाता है। जिसे सद्ज्ञान से भेंट नहीं वह पात्र मानव समाज का कलंक ही माना गया है। उनके लिए इतना ही कहना पर्याप्त है कि यह "पशु का सौभाग्य है कि उसका चारा घास-भूसा" भी नहीं खा जाता है।

मन्त्र सं. 80 पृ. सं. 185

अश्विना तेजसः चक्षुः प्राणेन सरसस्वती वीर्यम्।
वाचेन्द्रो बलेनेन्द्राय दधुरिन्द्रियम्॥

अर्थात् मनुष्य लोग जैसे-जैसे विद्वानों के संग से विद्या को बढ़ावे वैसे-वैसे विज्ञान में भी रुचि वाले होवें।

प्रस्तुत मन्त्र में मानव समाज को ज्ञानमण्डित करने का प्रयास हुआ है। उक्ति है "ज्ञानात् ऋते मुक्तिः न भवति" क्योंकि मानव की तरह पशु भी "आहार-निद्रा" का सुखभोग उठाता है लेकिन ज्ञान से रहित होने के फलस्वरूप मानवता का समावेश उसके दिल-दिमाग में व्याप्त नहीं हो सकता है अतः वह समाज में पशुवत ही माना गया है। यह चिंतन जब समाज के चिंतन में विलीन हो जायेगा तब ही मानव समाज की पूर्णता

समझी जायेगी अन्यथा वह दो हाथ एवं दो पैर वाला पशु ही कहा जा सकता है। समाज की यह चिंतनधारा बन जाने के फलस्वरूप सामाजिक चेतना के विकसित होने पर मानव समाज का स्वरूप बदला जा सकता है। वेदग्रन्थ की मान्यता के प्रचार-प्रसार से मानववर्ग में यह चिंतन समाहित हो सकता है तब मानव प्रमाण की पूर्णता मानी जा सकती है। वेद के इस मन्त्र का महत्त्व सामाजिक एवं बौद्धिक दृष्टि से बहुत उपयुक्त है।

मन्त्र सं. 81 पृ. सं. 185

गोमदूषुणासत्याश्वझातमश्विना।
वर्त्तीरुद्रानृपाय्यम्॥

अर्थात् गाय, घोड़ा, हाथी आदि पालन किये पशुओं से अपनी और दूसरे की मनुष्यों को पालन करनी चाहिए। प्रस्तुत मन्त्र के माध्यम से मानव की जीविका पर विचार किया गया है। पशुपालन भी जीविका के मुख्य साधनों में से एक मुख्य साधन माना गया है। "कृषिगोरक्ष जीविनः" की उक्ति से स्पष्ट होता है कि समाज जो कृषि पर आधारित रहता है उसे जीवन-निर्वाह हेतु पशुपालन क्रिया भी साथ-साथ करने की आवश्यकता हो जाती है। कृषि जीविका के साधन अवश्य है लेकिन कृषि के साथ पशुपालन कार्य भी एक दूसरे के पूरक रूप में मान्य समझे जाते है। कृषि की सहायता में पशुपालन कार्य अनिवार्य माना गया है। इसे यहाँ तक कहा जाता है कि एक दूसरे का पूरक कार्य है यानि दोनों एक दूसरे पर आश्रित माना गया है। व्यावहारिक जीवन में या ग्रामीण वातावरण में यह स्थिति बड़ी सहजता से दृष्टिगत होती है। इसकी व्याख्या या विश्लेषण यहाँ निरर्थक है लेकिन यह मान्य "जीविक-साधन" जिसकी अवहेलना नहीं की जाती है।

मन्त्र सं. 82 पृ. सं. 185

नो यत्परो नान्तर आदधर्षद्वृषण्वसू।
दुःशसो मर्त्यो रिपुः॥

अर्थात् राजपुरुषों को चाहिए कि जो अति बलवान अत्यन्त दुष्ट शत्रु होवे उसको बड़े यत्न से जीतें।

प्रस्तुत मन्त्र के माध्यम से कृषक एवं पशुपालक वर्ग पर गम्भीरता से विचार किया गया है। असके साथ ही राजन्य वर्ग के दायित्वों पर भी प्रकाश डाला गया है। दुष्ट शत्रु के साथ किस तरह निबटना चाहिए यह विचारणीय समस्या मन्त्र द्वारा उद्‌घाटित हुई है।

राजन्य वर्ग यानि राज कर्मचारी को राजा के साथ-साथ प्रजा वर्ग की भी सुरक्षा करनी पड़ती है। इस सन्दर्भ में गम्भीरतापूर्वक विचार करने की आवश्यकता समझी गई है। प्रशासन के कार्य एवं दायित्व जिनके ऊपर रहते हैं उनकी अनेक कठिनाइयाँ समक्ष आती रहती हैं। दुष्ट से निबटना कष्टदायक होता है। धूर्तता उसके लिए उपयुक्त कवच समझा जाता है ऐसी स्थिति में राजन्य वर्ग के संकट काफी बढ़ जाते हैं। उन्हें अनेक शत्रुओं से सामना करना पड़ता है लेकिन जो दुष्ट होता है वह छद्मवेशी होकर ठकराने की चेष्टा करता है जिससे राजन्य वर्ग या राजकर्मचारी की हार हो जाय और इसका लाभ वह दुष्ट व्यक्ति उठाना चाहता है जिसके लिए चतुर एवं साहसी तथा बलिष्ठ व्यक्ति ही सामना कर विजयी हो सकता है। वेदकालीन समस्या का उल्लेख मन्त्र के माध्यम से किया गया है।

मन्त्र सं. 83 पृ. सं. 185

ता न आ वोढमश्विना रयिं पिशङ्गसन्दृशम्।
धिषण्या वरिवोविदम्।।

अर्थात् सभापति और सेनापतियों को चाहिए कि राज्य के सुख के लिए सब ऐश्वर्य को सिद्ध करे जिससे सत्य, धर्म का आचरण बढ़े।

प्रस्तुत मन्त्र के माध्यम से एक ओर राजतन्त्र की समस्या विश्लेषित की गई है तो दूसरी ओर राजकर्मियों के आवश्यक कार्यों एवं उनके दायित्वों पर भी गम्भीरता से विचार प्रस्तुत किया गया है। वेदकालीन समाज राजन्त्रात्मक सत्ता द्वारा शासित था। अनेक कठिनाइयाँ स्वाभाविक रूप से समक्ष आ जाती थीं जिन समस्याओं को निपटाने में समय एवं शक्ति लग जाती थी। राजन्य वर्ग इस समस्या को सुलझाने बिना शांत नहीं रह सकता था। अतः इस वर्ग की चिन्ता का उल्लेख मन्त्र के माध्यम से हुआ।

मन्त्र सं. 84 पृ. सं. 185

पावकाः न सरस्वती वाजेभिर्वाजिनोवती।
यज्ञं वष्टु धियावसुः॥

अर्थात् मनुष्यों को चाहिए कि धर्मात्मा अध्यापक और उपदेशकों से विद्या और सुशिक्षा अच्छे प्रकार ग्रहण करके विज्ञान की वृद्धि सदा किया करें।

प्रस्तुत मन्त्र के माध्यम से जहाँ प्रशासनिक कठिनाइयाँ आती है उसे सुलझाने में राजतन्त्र को पूरी मशक्कत करनी पड़ती है जिसका वर्णन यहाँ किया गया है।

मन्त्र सं. 88 पृ. सं. 185

इन्द्रायाहि धियेषितो विप्रजूतः सुतावतः।
उप ब्रह्मानि वाधतः॥

अर्थात् विद्वान लोग जिज्ञासा वाले पुरुषों से मिलकर उनमें विद्या के निधि को स्थापित करें।

प्रस्तुत मन्त्र में राजतन्त्र प्रशासनिक समस्याओं को सुलझाते हुए राज्य में शिक्षा एवं ज्ञान के प्रचार-प्रसार विषय पर ध्यान देकर समस्या को सुलझाने की दिशा में लगा हुआ दीख पड़ता है।

मन्त्र सं. 89 पृ. सं. 186

इन्द्रायाहितूतुजान उप ब्रह्माणि हरिवा।
सुते दधिष्व नश्चनः॥

अर्थात् विद्या और धर्म बढ़ाने के लिए किसी को आलस्य न करना चाहिए। प्रस्तुत मन्त्र के माध्यम से राजतन्त्र की चिंता विद्या के प्रचार-प्रसार से सम्बद्ध उल्लिखित है। विद्या या ज्ञान का महत्त्व सर्वाधिक माना गया है। लेकिन विद्या के सन्दर्भ में कथन है–

विद्याधन उद्यम बिना कहो जों पावे कौन।

सम्पूर्ण प्रजावर्ग जब इस दिशा में दृढप्रतिज्ञ होकर जुट जाती है तब ही इसका निदान स्पष्ट होता है।

मन्त्र सं. 1 पृ. 186

इमं मे वरुण श्रुधी हवमद्या च मृडय।
त्वामवस्यु राचके॥

अर्थात् सब विद्या की इच्छा रखने वाले पुरुषों को चाहिए कि अनुक्रम से उपदेश करने वाले बड़े विद्वान की इच्छा करे वा विद्यार्थियों के स्वाध्याय को सुन और उत्तम परीक्षा करके सबको आनन्दित करें।

प्रस्तुत मन्त्र के माध्यम से समाज एवं प्रजा वर्ग शिक्षा के प्रति रुझान पैदा हो इस समस्या पर विचार किया गया है। समाज या प्रजावर्ग जब शिक्षित हो तो अनैतिक या विध्वंसात्मक कार्यक्रम हो जाते हैं जिस कारण राजतन्त्र में भी शिक्षा को प्राथमिक कार्य समझा गया था तथा प्रजा की शिक्षा-दीक्षा यह राजतन्त्र की प्राथमिकता थी।

मन्त्र सं. 2 पृ. सं. 186

तत्त्वा यामि ब्रह्मणा वन्द-
मानस्तदाशस्ते यजमानो हविर्भिः।
अहेडमानो वरुणेह
वोध्युरुशꣳसमा नऽआयुः प्र मोषीः॥

अर्थात् जो मनुष्य जिससे विद्या को प्राप्त हो वह उसको प्रथम नमस्कार करे जो जिसको पढ़ाने वाला हो वह उसको विद्या देने के लिए कपट न करे कदापि किसी को आचार्य का अपमान न करना चाहिए।

प्राचीन परम्परा से चली आ रही व्यवस्था ज्यों के त्यों विद्यमान हैं। विद्या के प्रति असीम श्रद्धा अभिव्यञ्जित हुई है। वेदकालीन समाज पूरे समूह को सुशिक्षित करने के प्रयास में संलग्न दीख पड़ता है।

मन्त्र सं. 4 पृ. सं. 186

स त्वं नो अग्नेऽवमो भवोती
नेदिष्टोऽअस्याऽ उषसो व्युष्टौ।
अव यक्ष्व नो वरुझा रराणो-
वाहिमृडीकसुहवो नडारधि॥

अर्थात् जैसे प्रातः समय में सूर्य समीप स्थित होकर समीप के मूर्त पदार्थों को व्याप्त होता है वैसे शिष्यों के समीप अध्यापक होकर इनको अपनी विद्या से व्याप्त करे।

प्रस्तुत मन्त्र के माध्यम से राजतन्त्र का ध्यान विद्या के विकास की ओर संलग्न दीख पड़ता है। पूरे समाज को शिक्षित एवं ज्ञानवान बना देने से सारी समस्याओं का समाधान स्वतः मिल जाता है। इस दृष्टि से राजतन्त्र की चिंता शिक्षा के प्रति आवश्यक है।

मन्त्र सं. 6 पृ. सं. 187

सुत्रामाणं पृथिवी द्यामनेहस
सुशर्माणमदितिं सुप्रणीतिम्।
दैवीं नाव स्वरित्रामनाग-
समस्त्रवन्तीमारुहेमा स्वस्तये।।

अर्थात् हे मनुष्यों जिसने बहुत घर, बहुत साधन बहुत रक्षा करने वाले अनेक प्रकार का प्रकाश और बहुत विद्वान हों उस छिद्ररहित बड़ी नौका में स्थित होकर समुद्र आदि जल के स्थानों में पारावार देशान्तर और द्वीपान्तर में जाकर और आकर भूगोल में स्थित देश और द्वीपों को जानकर लक्ष्मीवान होवें।

प्रस्तुत मन्त्र के माध्यम से राज्य के विस्तार पर विचार किया गया है जिसके लिए उपयुक्त साधन की व्यवस्था भी कर ली गई है। यह उस युग की समस्या थी जिसका निदान प्राप्ति प्रयास से चलता था।

मन्त्र सं. 7 पृ. 187

सुनावमारुहेयमस्त्रवन्तीमनागसम्।
शतारित्रा स्वस्तये।।

अर्थात् मनुष्य लोग बड़ी नावों की अच्छी तरह परीक्षा करके और उनमें स्थिर होकर समुद्र आदि के पारावार जायें जिनमें बहुत लंगर आदि होवें, वे नावें अत्यन्त उत्तम हों। प्रस्तुत मन्त्र के माध्यम से समाज के प्रबुद्ध लोगों को विदेशगमन हेतु प्रेरणा देने का कार्य मन्त्र के माध्यम से

हुआ है। तथ्यों के अवलोकन से विदित होता है कि नौका की परीक्षा अच्छी तरह की जाती थी जिससे पारावार के समय किसी तरह की दुर्घटना का सामना न करना पड़े। वेदकालीन समाज अपने विकास हेतु चतुर्दिक प्रयास करते थे। यहाँ पर नौका द्वारा समुद्र पार करने की स्थिति पर विचार किया गया है तथा सारी खामियों की जाँच-पड़ताल कर ली गई है जिससे किसी दुर्घटना की आशंका न रहे।

मन्त्र सं. 8 पृ. सं. 187

आ नो मित्रवरुणा घृतैर्गव्यूतिसुक्षतम्।
मध्वा रजासि सुक्रतू॥

अर्थात् जो शिल्प विद्या वाले लोग नाव आदि को जल आदि मार्ग से चलावें तो वे ऊपर और नीचे मार्गों में जाने के लिए समर्थ हो सकें। प्रस्तुत मन्त्र के माध्यम से समुद्रयात्रा का उल्लेख किया गया है। वेदकालीन समाज बड़ी दृढ़ता के साथ जलयान द्वारा जलमार्ग से दूर-दूर तक सहजता से व्यापार तथा किसी विशेष उद्देश्य से जाते-आते रहते थे। यानि सामुद्रिक व्यापार के साधन विद्यमान थे।

मन्त्र सं. 9 पृ. सं. 187

प्र बाहवा सिसृतं जीवस
नऽआ नो गव्यूतिमुक्षतं घृतेन।
आ मा जन श्रवयतं युवाना
श्रतंमित्रावरुणा हवेमा॥

अर्थात् अध्यापक और उपदेशक प्राण और उदान समान सबके जीवन के कारण होवें, विद्या और उपदेश से सब की आत्माओं को जल से वृक्षों के समान सेचन करें। मन्त्र के माध्यम से मंगल कामना के स्वर अभिव्यञ्जित किये गए हैं जिससे यात्रा शुभ एवं कल्याणकारी सिद्ध हो सके।

वेदकालीन समाज सामुद्रिक यात्रा से अवगत थे तथा निर्भीकता के साथ समुद्र के आर-पार किया करते थे।

मन्त्र संख्या 10 पृ. सं. 187 :-

शन्नो भवन्तु वाजिनो हबषु देवताता मितद्रवः स्वर्काः।
जम्मयन्तो ऽहिं वृक रक्षांसि सनेम्यस्मद्युयवन्नमीवाः।।

अर्थात्–जैसे सूर्य अन्धकार को हटाकर सब को सुखी करता है वैसे ही विद्वान लोग प्राणियों के शरीर और आत्मा के सब रोगों को निवृत्त क़र आनन्द युक्त करें।

प्रस्तुत मन्त्र के माध्यम से सामुद्रिक यात्रा के अवसर पर मंगल कामना की सफल अभिव्यक्ति के उदाहरण हैं जिससे यात्रा करने वाले के मनोबल बना रहे और किसी तरह के अनिष्ट की चिंता से पीड़ित नहीं हों, इसलिए ऐसी परिस्थिति उत्पन्न कर दी जाती है कि यात्रा करने वाला आह्लादित होकर अपने सामुद्रिक यान से दूर देश तक सहजता से आ जा सकें।

मन्त्र सं. 11- पृ. सं. 187 :-

वाजे वाजे ऽवत वाजिनो
नो धनेषु विप्रा अमृता ऋतज्ञाः।
अस्य मध्वः पिवत् मादय
ध्वं तृप्ता यात् पथिभिर्देयानैः।।

अर्थात्–जैसे विद्वान लोग विद्यादान से और उपदेश से सबको सुखी करते हैं वैसे ही राजपुरुष रक्षा और अभयदान से सबको सुखी करें तथा धर्मयुक्त मार्गों चलते हुए अर्थ, काम और मोक्ष तीनों ही पुरुषार्थ के फलों को प्राप्त होवें।

प्रस्तुत मन्त्र के माध्यम से मानव के पुरुषार्थ सम्बन्धी तथ्यों पर विचार किया गया है : "धर्मार्थ काम मोक्षाणां प्राणाः संस्थिलवः" के अनुसार जीवन के चारों लक्ष्य ध्यान में रखते हुए संघर्षपूर्ण जीवन व्यतीत करने की कामना सतत् की गई है। जीवन को इस बहादुरी के साथ व्यतीत करना यह भारतीयों की निजी स्थिति थी जिस कारण वे भारतीय लक्ष्य प्राप्ति से सतत् जुड़े रहकर सहर्ष समय व्यतीत करते थे। जिजीविषा एक

ओर यदि थी दूसरी ओर पराक्रमी जीवन जीने की लालसा भी उनमें विद्यमान रहती थी। इस प्रकार सम्पूर्ण जीवन काफी बहादुरी के साथ व्यतीत करने की सीख उन्हें संस्कारवश प्राप्त हो चुकी थी।

मन्त्र संख्या 12 पृ. सं. 187 :-

> **संसिद्धो ऽ अग्निः समिधा सुसमिद्धो वरेण्यः।**
> **गायत्री छन्दऽइन्द्रियं त्र्यविर्गौ वयो दधुः॥**

अर्थात्, विद्वान लोग विद्या से सब की आत्माओं को प्रकाशित और सबको जितेन्द्रिय करके पुरुषों को दीर्घ आयुवाले करें।

वेदकालीन समाज अपनी कर्मठता संघर्षशीलता एवं उच्च लक्ष्य-प्राप्ति की आशा में जीवन-यापन करते थे। मृत्यु भय नहीं था। बड़ी बहादुरी एवं परिश्रमशीलता का परिचय देते हुए जीने की कला उन्हें ज्ञात थी जिस कारण कभी विपत्ति को समीप फटकने भी नहीं देते थे और बहादुरी से सारी कठिनाइयों का समाधान खोजते थे। कभी भावविह्वलता या दुश्चिन्ता उनके हृदय में समा नहीं सकती थी। इस तरह का पराक्रम पूर्ण जीवन जीने की कला कम देशवासियों को मिलती थी भारतवासियों के लिए उपलब्ध थे। सम्पूर्ण जीवन सुखमय था।

दुःसाहसी होना उनके लिए जीवन का आनन्दपूर्ण काल समझा जाता था।

मन्त्र सं. 13 पृ. सं. 187 :-

> **तनूनया च्छुचिव्रतस्तनूपाश्च सरस्वती।**
> **उविणहा छन्दइन्द्रियं दित्य वाड्गौर्वयो दधुः।**

अर्थात् जैसे पवित्र धर्म के आचरण करने से शरीर के ऊपर भार न पड़ने देना किन्तु शरीर की रक्षा करने वालों को ज्ञान की देवी सरस्वती की वाणी को तथा जीव के चिह्न को धारण करना ही धर्म है जैसे खण्डनीय पदार्थों के लिए हित प्राप्त कराने और स्तुति करने वाले विद्वान लोगों की इच्छा की वृद्धि करते हैं। उक्ति है "सुख के माथे सिल पड़े नाम हृदय से जाय बलिहारी उस दुख की पल-पल नाम रटाय।"

इस तरह के मन्त्रों के माध्यम से सहनशीलता एवं पुरुषार्थ के महत्त्वपूर्ण को प्रतिपादित किया गया है जिससे विदित होता है कि सभी जिन्दगी जीने की कला भारतीय को प्राप्त थी और वे कभी घबड़ाने तथा हतप्रभ होने की स्थिति से गुजरना कभी नहीं जानते थे। उनका आदर्श जीवन में कुछ ऐसा था जो प्रेरणादायक एवं सतत् अनुकरणीय था। भारतीय समाज की सहिष्णुता, चिन्तन की विशालता, कर्मठता के साथ जीवन के लक्ष्य प्राप्ति हेतु संघर्षशीलता आदि उद्देश्यों के साथ जिजिविषा की महती कामना सम्पूर्ण सामाजिक जीवन में स्पष्ट रूप से परिलक्षित होती है।

सामाजिक आदर्श था कि सभी में सदवृत्ति के बीज बोये जाँय। सौहार्दपूर्ण आचरण समाज में प्रदर्शित होता था जो प्रकाश-स्तम्भ की तरह सदा देदीप्यमान होते रहता था।

मन्त्र सं. 14 पृ. सं. 188 :-

इडाभिरग्निरीध्रः सोमो देवोऽअमर्त्यः।
अनुष्टुप् छन्दऽइन्द्रियं पञ्चाविगौर्वयो दधुः॥

अर्थात् जो लोग धर्म से विद्या और ऐश्वर्य को प्राप्त होते हैं वे सब मनुष्यों को विद्या और ऐश्वर्य प्राप्त करा सकते हैं।

प्रस्तुत मन्त्र के माध्यम से भारतीय समाज की मनोदशा का बड़ा ही स्पष्ट विश्लेषण इस मन्त्र के माध्यम से किया गया है।

गोधन, राजधन, वाजिधन और रतनधन खान जब आदि हैं संतोषधन सब धन धूलिसमान। धर्म के द्वारा अर्जित धन शक्ति, साहस एवं संतोष प्रदान करता है लेकिन अनैतिक मार्ग से प्राप्त धन हमेशा असंतोष एवं अशांति प्रदान करता है। वेदवर्णित भारतीय समाज ने नैतिक मूल्यों का महत्त्व बड़ी स्पष्टता के साथ समझा था। अतः उन्हें धन की अधिकता की इच्छा हो सकती है लेकिन वह वचन जो तृष्णा से अर्जित है वह शान्त नहीं होती है। क्योंकि-

''तृष्णा न जीर्णा वयमेव जीर्णा।
कालो न जाता वयमेव जाता॥''

अतः भारतीय समाज ने कभी आदर्श का त्याग नहीं किया है जो वेदग्रंथ से स्पष्टतः विदित होता है।

मन्त्र संख्या 15 पृ. सं. 188 :-

सूवहिरग्नि पूषण्वान्त्स्तीर्णवर्हिरमर्त्यः।
वृहती छन्दऽइन्द्रियं त्रिवत्सो गौर्वयो दधुः॥

अर्थात् जैसे अग्नि अन्तरिक्ष में चलती है, वैसे ही विद्वान लोग सूक्ष्म और निराकार पदार्थों की विद्या में चलते हैं, जैसे गाय के पीछे बछड़ा चलता है वैसे ही अविद्वान जन विद्वानों के पीछे चला करें और अपनी इन्द्रियों के वश में लावें।

प्रस्तुत मन्त्र के माध्यम से भारतीय समाज की दिशा एवं दशा दोनों परिलक्षित होती है। मन्त्र के माध्यम यह कामना की गई है कि अविद्वानों को विद्वानों का अनुगामी होना चाहिए। विद्वान अपनी बुद्धि-विलक्षण प्रतिभा से अविद्वान को प्रभावित कर लेते हैं जिसके परिणामस्वरूप अविद्वानों का विद्वान के पीछे चलना स्वाभाविक प्रतीत होता है। ज्ञान का बन्धन इतना सबल होता है कि अविद्वान का सतत् अनुयायी बन जाना कोई आश्चर्य जनक बात नहीं है। ज्ञान का बन्धन सर्वोपरि कहा गया है। भारतीय समाज ज्ञान को सर्वोपरि समझता आ रहा है जिसका उल्लंघन नहीं होता है। वेदकालीन समाज की यह परम्परा आज तक अक्षुण्ण बनी हुई है जिसका पालन करना समाज के लिए अमिट कर्त्तव्य माना गया है। भारतीय समाज जिसकी आधार शिला वेदग्रन्थ है वह आज तक अक्षुण्ण कहा गया है।

मन्त्र संख्या 16 पृ. 188 :-

दुरो देवीदिशो महीब्रह्मा देवो वृहस्पतिः।
पङ्क्तिश्छन्दऽइहेन्द्रियं तुर्य्यवाड् गौर्वयो दधुः॥

अर्थात् कोई भी प्राणी अन्तरिक्षस्थ पवन आदि के बिना कोई नहीं जी सकता है।

प्रस्तुत मन्त्र के माध्यम से यह तथ्य स्पष्ट किया गया है कि यदि कोई वस्तु लघु ही है उसकी इस लघुता के कारण उसका महत्त्व कभी घटता नहीं है। उक्ति प्रसिद्ध है–

रहिमन देखि बड़ेन को,
लघुन दीजिए डारि
जहाँ काम आवे सुई
कहा करे तलवारि॥

हर वस्तु की कीमत एवं जरुरत समय एवं परिस्थिति के अनुसार समझी जाती है। वेदकालीन समाज अपने बुद्धिवैभव के कारण समादृत होते रहा हैं समाज में बुद्धि का महत्त्व समझा गया था। वह समय ऐसा था कि प्रश्न यदि आता कि "बुद्धि बड़ी है या भैंस" तो निश्चय ही भैंस का महत्त्व बुद्धि से अधिक नहीं बतलाया जाता क्योंकि वेदकालीन समाज बुद्धिवैभव के महत्त्व को समझता था।

सामाजिक सद्भाव वेदग्रन्थों की पंक्तियों से सर्वत्र परिलक्षित होती है। समाज की दिशा विकास के चिन्तन से प्रभावित थी। जन मानस में वेद की उक्तियों के प्रति असीम श्रद्धा थी। समाज ज्ञान स्तम्भ के रूप में वेदग्रन्थों को मान्यता देता था।

मन्त्र सं. 18 पृ. सं 188 :-

दैव्या होतारा भिषजेन्द्रण सयुजा युजा।
जगती छन्दऽइन्द्रियमनड्वान् गौर्वयो दधुः।

अर्थात् जैसे वैद्यों से अपने और दूसरों के रोग मिटाके आप और दूसरे को ऐश्वर्यवान् किए जाते हैं वैसे सब मनुष्यों को बरतना चाहिए।

प्रस्तुत मन्त्र के माध्यम से वैद्यों के महत्त्व प्रतिपादित किये गये हैं। औषधि के महत्त्व रोगी व्यक्ति के लिए सर्वाधिक समझा जाता है। रोग मुक्त व्यक्ति ही स्वस्थ चिन्तन के अधिकारी समझे जाते हैं। रोग, शोक, परिताय, बन्धन और व्यसन ये शरीरधारियों के लिए यह शरीर का अपरिहार्य अङ्ग समझा जाता है। कोई भी इन पाँच दोषों से मुक्त होकर नहीं रह सकता है। शरीरधारी के लिए ये पाँचो तत्त्व किसी न किसी रूप में अवश्य व्याप्त रहते हैं। इन सारे दोषों को एक साथ त्याग कर देना प्रायः किन्ही के लिए सम्भव नहीं हो पाता है। अतः इन्हें शरीर का दोष

कहकर इससे घृणा नहीं की जाती है। बल्कि यह मानव शरीर का अङ्ग बनकर रह जाता है।

मन्त्र 19 पृ. 288

तिस्त्रऽइडा सरस्वती भारती मरुतोविशः।
विराट् छन्दऽइहेन्द्रियं धेनुर्गौ र्नवयो दधुः॥

अर्थात् जैसे विद्वान लोग सुशिक्षित वाणी, प्राण और पशुओं से ऐश्वर्य को प्राप्त होते हैं वैसे अन्य सबको प्राप्त होना चाहिए। मन्त्र के माध्यम से सभी के कल्याण हेतु यह चिन्तन अत्यन्त अनुकूल माना गया है।

मन्त्र सं. पृ. 188

त्वष्टा तुरीपोऽदभुतऽइन्द्राग्नो पुष्टिवर्धना।
द्विपदा छन्दऽइंद्रियमक्षा गौर्न वयो दधुः॥

अर्थात् जैसे प्रसिद्ध अग्नि, बिजली, पेट को अग्नि, वडवानल ये चार और प्राण इन्द्रियाँ तथा गाय आदि पशु सब जगत् की पुष्टि करते हैं वैसे ही मनुष्यों को ब्रह्मचर्य आदि से अपना और दूसरों का बल बढ़ाना चाहिए।

प्रस्तुत मन्त्र के माध्यम से जिन प्रमुख तत्त्वों को उल्लिखित किया गया है वे सारे तत्त्व प्राणधारक शक्ति के रूप में परिगणित होते हैं मानव अपनी बुद्धि के आधार पर उन तत्त्वों से लाभान्वित होने की चेष्टा करते हैं। वे सारे तत्त्व प्राणधारक शक्ति समन्वित माने गए है जिसकी महत्ता सर्वविदित कही जा सकती है। उन सारे तत्त्वो से सभी प्राणियों की शक्ति में अभिवृद्धि होती है इसीलिए उन तत्त्वों को प्राणधारक तत्त्व की संज्ञा दी जाती है। प्रस्तुत मन्त्र के माध्यम से उन तत्त्वों को सर्वोपरि कहा गया है। मन्त्र के द्वारा मनुष्य को यह भी संकेत दिया गया है कि ब्रह्मचर्य शरीर का अनिवार्य तत्त्व है जिसकी अवहेलना किसी भी स्थिति में नहीं की जा सकती है। अतः वेदकालीन समाज उन आवश्यक तत्त्वों को गम्भीरता से समझने की एवं धारणा करने की क्षमता से युक्त माना गया है।

मन्त्र संख्या 21 पृ. सं 188 :-

शमिता नो वनस्पतिः सविता प्रसुवन् भगम्।
ककुप छन्दऽइहेन्द्रियं वशा वेहद्वयो दधुः॥

अर्थात् जिस मनुष्य से सर्व रोग की नाशक औषधियाँ और ढाकने वाले उत्तम वस्त्र सेवन किए जाते हैं वह बहुत वर्षों तक जी सकता है।

प्रस्तुत मन्त्र के माध्यम से दीर्घायु होने की औषधियों पर विचार किया गया है। इसके साथ ही यह भी कहा गया है कि शरीर ढ़ाकने वाले उत्तम वस्त्रों के उपयोग से दीर्घ आयु की प्राप्ति होती है।

अनावृत शरीर पर अनेक तरह के कीटाणुओं के आक्रमण हो सकते हैं तथा शरीर रोग ग्रस्त हो सकता है। यदि शरीर ढका हुआ है तो इस तरह के रोगों का आक्रमण शरीर पर सम्भव नहीं है। इस कारण यानि शरीर की सुरक्षा के फलस्वरूप व्यक्ति का दीर्घायु होना स्वाभाविक है। यदि पोषक तत्त्व का अभाव शरीर में पाया जाता है तो इसकी पूर्ति ब्रह्मचर्य के पालन से शक्तिहीनता दूर की जा सकती है। ब्रह्मचर्य पालन न सिर्फ शारीरिक बल्कि मानसिक, आध्यात्मिक शक्तियों में काफी अभिवृद्धि प्राप्त की जा सकती है। इस तरह शरीर को स्वस्थ, सबल तथा दीर्घायु बनाया जा सकता हैं यह स्थापित तथ्य है।

मन्त्र 22 पृ. 189

स्वाहा यज्ञं वरुणः सुक्षत्रो भेषजं करत्।
अतिच्छन्दाऽइन्द्रियं वृहद्‌भभा गौर्वयो दधुः॥

अर्थात् जो लोग पथ्य और औषध के सेवन से रोगों का नाश करते हैं और पुरुषार्थ से धन तथा आयु का धारण करते हैं वे बहुत सुख को प्राप्त होते हैं।

प्रस्तुत मन्त्र के माध्यम से कई एक तथ्यों पर विस्तार से विचार किया गया है। मानव के लिए जाप हेतु प्रसिद्ध मन्त्र है :-

''जीवेम शरदः शतम्।
पश्येम शरदः शतम्।

शृणुयामः शरदः शतम्।
प्रब्रमावः शरदः शतम्।
अदीनाः शरदः शतात्।।''

इन मन्त्रों में निर्धारित शक्ति है जिसकी बार-बार आवृत्ति से दीर्घायु की प्राप्ति होती है।

पुरुषार्थ से मानव को दीर्घ आयु के साथ-साथ धन की अभिवृद्धि भी होती है। रोगों की शमन करने की स्थिति में औषध के प्रयोग भी वैद्यराज द्वारा किये जाते थे जिससे मनुष्य रोगमुक्त हो जाते हैं। इस तरह मानव जीवन को सफल बनाने की चेष्टा करनी पड़ती है। दीर्घ आयु की प्राप्ति में कई एक सहायक कार्य करने लगते हैं जिससे मानव को शतायु प्राप्ति का अवसर मिल जाता है।।

मन्त्र 62 पृ. 24 :-

त्र्यायषं जमदग्नेः कश्यपस्य त्र्यायषम्।
यद्देवेषु त्र्यायुषं तन्नो अस्तु त्र्यायुषम्।।

वेदग्रन्थ में इन पंक्तियों के विश्लेषण उल्लिखित किये हैं जो इस प्रकार पंक्ति प्रकाशित हुई है :-

इस मन्त्र में चक्षुः सब इन्द्रियों में और परमेश्वर सब रचना करने वालों में उत्तम हैं-''ऐसा सब मनुष्यों को समझना चाहिए और ''त्रायुषम'' इस पद की चार बार आवृत्ति होने से तीन सौ वर्ष से अधिक चार सौ वर्ष पर्यन्त भी आयु का ग्रहण किया है उसकी प्राप्ति के लिए ''परमेश्वर'' की प्रार्थना करके और अपना पुरुषार्थ भी करना उचित हैं प्रार्थना इस प्रकार करनी चाहिए :-

हे जगदीश्वर! आपकी कृपा से जैसे विद्वान लोग विद्या, धर्म. और परोपकार के अनुष्ठान से आनन्दपूर्वक ''तीन सौ वर्ष'' पर्यन्त आयु को भोगते हैं, वैसे ही तीन प्रकार के ताप से शरीर, मन, बुद्धि, चित्त, अहंकार स्वरूप अन्तःकरण इन्द्रिय और प्राण आदि को सुख करने वाली ''विद्या, विज्ञान'' सहित आयु को हमलोग प्राप्त करके तीन सौ या चार सौ वर्ष पर्यन्त सुखपूर्वक भोगें।

मन्त्र की व्याख्या के पद भी उल्लिखित हुए हैं :-"त्रायुषम" शुद्धि, बल, और पराक्रम युक्त तीन गुणा आयु, अर्थात् तीन सौ वर्ष से भी अधिक की आयु हमें प्राप्त होवें। शरीर, आत्मा और समाज को आनन्द देने वाले होवें।

मन्त्र सं. 23 पृ. सं. 189 :-

वसन्तेऽऋतुना देवा वसवस्त्रिवृता स्तताः।
रथन्तरेण तेजसा हविरिन्द्रे वयो दधुः॥

जो मनुष्य रहने के योग्य पृथिवी आदि लोकों का वसन्त में विद्वानों की संगति करे वे वसन्त सम्बन्धी सुख को प्राप्त करें।

प्रस्तुत मन्त्र के माध्यम से मनुष्य के स्वास्थ्य एवं वसन्त ऋतु से मिलने वाले स्वास्थ्य सम्बन्धी लाभों पर गहराई से विचार किया गया है।

मन्त्र में वसन्त ऋतु की महत्ता से अवगत कराते हुए पुरुषार्थी पुरुष को इस ऋतु से लाभ उठाने की प्रेरणा दी गई है। समशीतोष्ण हवा-पानी शरीर के लिए अतिलाभ दायक हैं। प्रायः पशुओं को वसन्त ऋतु से अजस्र शक्ति की प्राप्ति होती है। आहार में हरी भरी कोमल घास खाकर वह पशु वर्ग भी बदल जाता है।

वह लाभ मानव को भी मिल सकता है यदि पुरुषार्थी व्यक्ति हो तो क्योंकि परिश्रमशीलता से शरीर नयी स्फूर्ति एवं रक्त संचालन की शक्ति प्राप्त हो जाती है जिससे पशु अत्यधिक लाभान्वित होते हैं। वैसे लाभ पुरुष वर्ग भी उठा सकते हैं यदि वासन्तिक सुषमा सज्जित नव प्रसूनों की सुगन्ध लेने मानव पुरुषार्थी होकर भ्रमणशील जीवन ग्रहण कर लें तो पुरुष की काया भी बदल सकती है।

मन्त्र सं. 24 पृ. सं 189 :-

ग्रीष्मेण ऋतुना देवा रुद्राः पञ्चदशे स्तुतः।
वृहता यशसा बलं हविरिन्हे वषो दधुः॥

जो चालीस वर्ष पर्यन्त ब्रह्मचर्य से विद्वान हुए अन्य मनुष्यों के शरीर एवं आत्मा के बल को बढ़ाते हैं वे भाग्यवान होते हैं।

प्रस्तुत मन्त्र के माध्यम से ऋतुओं के प्रभाव एवं मानव शरीर की सबलता पर काफी गम्भीरता से विचार किया गया है।

इस सन्दर्भ में प्रचलित उक्ति है :-

वसन्त समये प्राप्ते काकः काकः पिकः पिकः॥

अर्थात् ऋतु की शक्ति ऐसी होती है कि पशु के साथ पक्षी भी जाड़े में सिकुड़ते हुए समय बिता देते हैं लेकिन वसन्त ऋतु के आते ही सब प्राणी नयी ऊर्जा से सम्पन्न होते हैं। वह स्थिति मानव शरीर के साथ भी घटित होती है यदि वसन्त का स्वागत उत्साहपूर्वक किया जा सके।

मन्त्र संख्या 25 पृ. सं. 189 :-

वर्षामि ऋतुनाहिस्या स्तोमे सपृदशेस्तुताः।
वैरुपेणविसोजसाः हविरिन्द्रे वयोदधुः॥

अर्थात्–जो मनुष्य लोग विद्वानों के संग से काल की स्थूल, सूक्ष्म गति काल की जानकर एक क्षण भी व्यर्थ नहीं गमाते हैं वे नानाविध ऐश्वर्य को प्राप्त होते हैं।

इस सन्दर्भ में लोकाचार में प्रचलित उक्ति है

काल करे सो आज कर आज करे सो अब।
पल में परलय होयगा बहुरि करोगे कव॥

मनुष्य को एक क्षण भी निरर्थक नहीं गवाना चाहिए।

समय एव करोति।
बलाबलम् पुरुषम्॥

समय को पकड़ने की कला जिन्हें है वह अपनी उन्नति करते हुए आगे बढ़ जाता है जब कि दूसरे देखादेखी करते हुए ही समय व्यतीत कर लेता है फिर समय की गति भिन्न हो जाने से वह पुरुष मौके पर चूक जाता है। पुरुषार्थी को एक क्षण समय का महत्त्व जानना चाहिए। समय चूक जाने से फिर पछताने से कुछ मिलता नहीं बल्कि अपनी ऊर्जा नष्ट करना है।

मन्त्र संख्या 26 पृ. सं. 189 :-

शारदेन ऋतुना देवा एकविंश ऋभवंस्तुताः।
वैसजेन श्रिया श्रियथं हविरिन्द्रेषयो दधुः॥

जो लोग अच्छे पथ करने वाले हैं वे शरद ऋतु में रोगरहित हो जाते हैं और लक्ष्मी को प्राप्त हो जाते हैं।

तात्पर्य यह है कि समय चूक जाने पर सिर्फ हाथ मलना पड़ता है तथा पश्चाताप से मानसिक पीड़ा उठानी पड़ती है जिससे लाभ तो नहीं लेकिन पश्चाताप या आँसू बहाने से शरीर क्षय करके ही चुप लगाना पड़ता है कुछ लाभ प्राप्त नहीं होता है। पुरुषार्थी अपने समय का उपयोग करते हुए जीवन संग्राम में पीछे मुड़कर कभी देखते ही नहीं हैं। उनका लक्ष्य मात्र एक रहता है कि आगे बढ़ना है और समय की गति से यदि छूट गए तो फिर हाथ मलने के सिवा कुछ हाथ लगता नहीं है। इस तरह इस वेदमन्त्र के माध्यम से शरीर के महत्त्व पर विचार करते हुए स्पष्ट संकेत दिया गया है कि पुरुषार्थी व्यक्ति समय को कभी छोड़ते नहीं बल्कि समय पकड़ते हुए निकल जाते हैं।

मनुष्य बली न होत हैं।
समय होत बलवान॥

मन्त्र सं. 27 पृ. सं. 189 :-

हेमन्तेन ऋतुना देवास्त्रिणवे मरुतताः।
बलेन शक्वरीः सहो हविरिन्द्रेः वयो दधुः॥

अर्थात् जो लोग सब रसों को पकाने वाले हैं वे हेमन्त ऋतु में यथायोग्य व्यवहार करते हैं वे अत्यन्त बलवान होते हैं।

प्रस्तुत मन्त्र के माध्यम से हेमन्त ऋतु के महत्त्व पर प्रकाश डाला गया है। पुरुषार्थी व्यक्ति के लिए ऋतु और महीने की गिनती नहीं है। वे अपने समय को कभी व्यर्थ गँवाने की आदत से मुक्त हैं जिससे समय मिलते ही अपने कर्त्तव्य से जुड़ जाते हैं क्योंकि एक-एक क्षण का महत्त्व होता है। समय अपनी गति से भागते हुए निकलता जाता है। उक्ति है

समय किसी की प्रतीक्षा नहीं करता है। वह अपनी गति कायम रखते हुए शीघ्रातिशीघ्र निकलता जा रहा है न तो वसन्त की प्रतीक्षा करता और न ग्रीष्म की प्रतीक्षा करता है। समय अपनी गति को हमेशा कायम रखता है जो समय को पकड़ना जानता है उसके पास कभी समय की कमी नहीं रहती है लेकिन आलसी पुरुष या उचित समय की खोज में रहने वाला हमेशा चूकते ही रहते हैं और वह अपनी आदत से लाचार भी हो जाता है। मनुष्य को तो घड़ी की भाषा समझनी पड़ती है :-

टिक-टिक चलती घड़ी रात-दिन,
सोती नहीं कभी इक क्षण,
तुम भी करो काम सिखलाती,
हरदम घड़ी बीतती जाती।

मन्त्र सं. 28 पृ. सं. 189

शैशिरेण ऽ ऋतुना देवास्त्र यस्त्रिशेऽमृता स्तुताः।
सत्येन रेवतीः क्षत्र हविरिन्द्र वयो दधुः॥

जो लोग पीछे कहे हुए आठ वसु, एक दशष्द्र द्वादश आदित्य, बिजली और यज्ञ इन तीस दिव्य पदार्थों को जानते हैं वे अक्षय सुख को प्राप्त होते हैं। कोई भी समय दोषयुक्त नहीं माना जाना चाहिए। समय की पवित्रता, इसकी मंगल शक्तियाँ क्षण की प्रतीक्षा उचित नहीं है। एक क्षण। मूल्यवान है, मनुष्य को अपने कर्त्तव्य पर ध्यान देना आवश्यक है समय के शुभ मुहूर्त्त की प्रतीक्षा यह दकियानूसी विचार है जिस भ्रम में रहकर समय व्यतीत नहीं करना चाहिए। हर क्षण पवित्र ही है यदि कार्यकर्त्ता मस्तिष्क एवं दिल से स्वस्थ है तो सभी क्षण या मुहूर्त्त शुभ ही माना जाना चाहिए अन्यथा मनुष्य भागमभागी अवस्था में रहते हुए मुहूर्त्त की पवित्रता पर विचार करना आवश्यक नहीं माना गया है। इस तथ्य को व्यावहारिक जीवन में उतार कर परीक्षा भी की जा सकती है। कार्य हो जाने से सभी क्षण शुभ है अन्यथा शुभ मुहूर्त्त में भी कार्य छूट जाने से मनुष्य को पश्चाताप करना ही पड़ता है।

मन्त्र सं. 29 पृ. सं. 189 :-

होता यक्षस्समिधाग्निमिडस्पद्धे
ऽश्विनेन्द्रु सरस्वती मजोधम्रो।
न गाधूमः कुबलैर्भेषणमघशष्पैर्न
तेजऽइन्द्रिय पयः सोमः परिसुता-
घृतंमधु व्यन्त्वा ज्यस्यहोतर्यज॥

अर्थात्- जो लोग इस संसार में साधन उपसाधनों से पृथिवी आदि की विद्या को जानते हैं वे सब उत्तम पदार्थों को प्राप्त होते हैं।

प्रस्तुत मन्त्र के माध्यम से स्पष्ट किया गया है कि पृथ्वी आदि की विद्या को जानने वाले व्यक्ति बड़ी कुशलता के साथ अपने लक्ष्य प्राप्ति में संलग्न हो जाते हैं तथा सफलता के साथ अपने सारे दायित्वों का निर्वाह कर लेते हैं। जिस व्यक्ति में अज्ञानता की प्रबलता रहती है वह बहुत पीछे पिछड़ जाता है जिसके फलस्वरूप अपने लक्ष्य से बहुत दूर हो जाता है और उनका पीछे रह जाना सफलता से आगे बढ़ने के स्थान से बहुत दूर रह जाते हैं और सदा उनके भाग्य में असफलता ही समाविष्ट कर जाती है। ऐसे व्यक्ति को जीवन से निराशा ही मिलती जाती है। जिससे उन्हें प्रतीत होने लगता है उसका दुर्भाग्य इतना सबल है कि सफलता की ओर बढ़ने का अवसर ही प्राप्त नही होती है। इस तरह से कभी-कभी ऐसी भी दुर्घटना हो जाती है कि मनुष्य अपने लक्ष्य से भटक जाता है और अपने को दुर्भाग्यशाली कहकर जीवन से निराश हो जाता है तथा कभी-कभी निराश की पराकाष्ठा पर पहुँचकर अपनी जीवनलीला समाप्त करने पर भी उतर आता है। यह व्यथा अत्यन्त दुखदायी होती है क्योंकि उनकी मान्यता होती है जीवन दुखमय ही होती है। "सर्वम् दुखम्" यही समझ लेता है।

मन्त्र संख्या 30 पृ. सं. 189 :-

होता यक्षत्तनून पाव्सरस्वतीमविर्मेषो न
मेषजं पथा मधुमताभरन्न श्रिनेन्द्राय वीर्यं

वदरैरूप वाकानिः भेषजं तोक्ममिः पथः
सोमः परिस्त्रुताघृतंमध व्यन्त्वार्ज्यस्य होतर्यजः।

हे हवनकर्त्ता जन जैसे देह की उता को पालने अर्थात् किसी प्रकार उसको पालने और ग्रहण करने वाला जो संगति करने वाले जन विद्या और उत्तम शिक्षा युक्त वाणी को प्राप्त होकर पथ्याहार विहारों से पराक्रम बढ़ा और पदार्थों के ज्ञान प्राप्त कर ऐश्वर्य को बढ़ाते हैं वे जगत के मूषक होते हैं।

प्रस्तुत मन्त्र के माध्यम से श्रेष्ठ वरिष्ठ व्यक्ति के महत्त्व का विश्लेषण प्रस्तुत किया गया है। पराक्रमी व्यक्ति ही अपनी परिश्रमशीलता से अपने शरीर को स्वस्थ रखते हुए ज्ञान प्राप्ति के साधनों का सही उपयोग करते हुए अपनी आर्थिक स्थिति को सुदृढ़ करके आगे के जीवन में सफलीभूत होने की सफल चेष्टा करते हैं तथा अपनी प्रतिष्ठा एवं स्वास्थ्य दोनों ही सुदृढ़ करने में सफल होते हैं।

मन्त्र के माध्यम से पुरुषार्थी एवं परिश्रमशीलता व्यक्ति की महत्ता पर प्रकाश डाला गया है। सभी मनुष्य जीवन में एक जैसा बलिष्ट एवं परिश्रमशील नहीं हो सकते हैं। कोई पराक्रमी पुरुष ही शारीरिक बल की अभिवृद्धि करते हुए अपने ज्ञान-विज्ञान के क्षेत्र में भी अपना प्रभाव स्थागित कर लेते हैं तथा समाज में गणमान्य व्यक्ति के दर्जे पर पहुँचकर प्रतिष्ठा के साथ जीवन-यापन करने हुए अपना प्रभाव पूरे समाज पर छोड़कर इस संसार से प्रतिष्ठा के साथ विदा होते हैं।

मन्त्र सं. पृ. 190 :-

होता यक्षन्नराशँ सं न नग्नहुं पति सुरया भेषजं
मेष सरस्वती भिष ग्रंथो न चन्द्रयश्विनोर्वपा
इन्द्रस्य वीर्य वदेरेरूपवाकाभिभेषिजं तोक्मभिः
पयः परिस्त्रुता घृतं मधु व्यन्त्वाज्यस्य होतर्यज।

अर्थात् लोग लज्जाहीन पुरुषों को दंड देते स्तुति करने योग्यों की स्तुति और जल के साथ औषध का सेवन करते हैं वे बल और निरोगता को पाकर ऐश्वर्य वाले होते हैं।

प्रस्तुत मन्त्र के माध्यम से अनेक तरह के पुरुषों की अलग-अलग विशेषताएँ उल्लिखित की गई है। कुछ पात्र जो लज्जाहीन हैं उन्हें दण्डित किया जाता है। जो सद्पात्र हैं उनकी स्तुति तक की जाती है तथा सामाजिक प्रतिष्ठा भी उन्हें प्राप्त होती है। व्यक्ति में भिन्नता मानव समाज की विशेषता है। जो आदर के पात्र है उन्हें समाज समादृत करता है लेकिन जो निम्नस्तरीय हैं उनकी भर्त्सना समाज में बार-बार होती है लेकिन सदज्ञान के अभाव में उनके चरित्र में कोई सुधार नहीं होता है। मन्त्र के माध्यम से पुरुषार्थी व्यक्ति की न सिर्फ प्रशंसा होती है बल्कि उनके साथ लक्ष्मी भी जुड़ती जाती है जिससे समाज में धनी व्यक्ति के रूप में उन्हें मान्यता प्राप्त हो जाती है।

मन्त्र सं. 32 पृ. 190

होता यज्ञदिडेडितऽआ जुहानः सरस्वती
भिन्द्रं बलेन वर्धयन्नषमेण गवेन्द्रि यमश्विनेन्द्राय
भेषजं यवैः कर्कन्धुमिर्मधु लोजेन मासरं पयः
सोमं परिस्त्रुता घुर्तमधु व्यन्त्वा ज्यस्य होतर्यज।

अर्थात मनुष्य ब्रह्मचर्य से शरीर और आत्मा के बल को तथा विद्वानों की सेवा विद्या और पुरुषार्थ से ऐश्वर्य को प्राप्त हो पथ्य और औषध के सेवन से रोगों का विनाश कर नीरोगता को प्राप्त करता हो।

प्रस्तुत मन्त्र मे माध्यम से शरीर को स्वस्थ एवं सबल रखने की चेष्टा पर विचार किया जाता है। स्वस्थ शरीर में ही स्वस्थ मस्तिष्क का निवास माना गया है-''हेल्थी माइन्ड इन ए हेल्दी वॉडी'' की उक्ति से सभी अवगत हैं। अतः स्वस्थ चिंतन की सम्भावना स्वस्थ शरीर वाले से ही की जा सकती है। सामाजिक, आर्थिक एवं आध्यात्मिक दृष्टि से यदि विचार किया जाय तो यह कथन अक्षरशः सत्य माना जा सकता है। उक्ति प्रचलित है-

''अभिवादनशीलस्य नित्य वृद्धोपसेविनः;
चत्वारि तस्य वर्धन्ते आयु विधायशो बलम्''

अर्थात् जिन्हें आशीष प्राप्ति की भावना रहती है वे समाज, परिवार एवं कुटुम्बी जनों के यहाँ जो वयोवृद्ध हैं उनका चरण-स्पर्श करते हुए आशीष प्राप्त करते हैं जिससे उनकी आयु विद्यादि की वृद्धि हो जाती है।

मन्त्र 33 पृ. 190

होता यक्षदवर्हिरुर्णभद्रा भिषङ्नासत्या भिषजाश्विनाश्वा शिशुमतो भिषग्धेनुः सरस्वती भिषग्दुहऽइन्द्राय भेषजं पयः सोमः परिस्रृता घृतं मधु व्यन्त्वाज्यस्य होतर्यज।

अर्थात् जो मनुष्य विद्या और संगति से, सब पदार्थों से उपकार ग्रहण करे तो वायु और अग्नि के समान सब विद्याओं के सुखों को व्याप्त होवें।

प्रस्तुत मन्त्र के माध्यम से व्यक्ति के चरित्र एवं उसकी कार्य क्षमता पर प्रकाश डाला गया है। विद्या के फलस्वरूप उस व्यक्ति की सामाजिक प्रतिष्ठा में अभिवृद्धि होती है। वायु एवं अग्नि के समान चरित्र का होना एक विशेष प्रकार की उपलब्धि जो सभी को प्राप्त नहीं होता है। सभी व्यक्ति के स्तर भिन्न-भिन्न हुआ करते हैं जिनके चरित्र में प्रमुखता है उन्हें अग्नि सदृश व्यक्तित्व वाला कहा जाता है और जो हल्के एवं कम प्रभाव वाले होते हैं वे वायु सदृश इधर से उधर दौड़धूप करते रह जाते हैं और उनके चरित्र में स्थिरता दृष्टिगत नहीं होती है हवा की तरह चलायमान या हमेशा दिशा एवं दशा बदलने वाले लोगों को वायुसदृश ही माना जाता है यानि चरित्र की अस्थिरता उसमें सतत् विद्यमान रहती है जो अधूरे व्यक्तित्व का परिचायक है।

मन्त्र सं. 34 पृ. सं. 190 :-

होता यक्षददुरो दिशः कवष्यो
न व्यचस्वातीरश्विभ्यां न दूरो;
दिशऽइन्द्रो न रोदसी दुधे
दुहेधेनुः सरस्वत्यश्विनेन्द्राय भेषजं।
शक्रं न ज्योतिरिन्द्र यं पयः सोमः
परिसुताधतं मध व्यन्त्वाज्यस्य होतर्यज॥

अर्थात्-जो मनुष्य सब दिशाओं के द्वारों वालें, सब ऋतुओं में सुखकारी घर बनावें वे पूर्ण सुख को प्राप्त होवें। इनके सब प्रकार के उदय के सुख को न्यूनता कभी नहीं होवे।

प्रस्तुत मन्त्र के माध्यम से सुखी व्यक्ति के चरित्र पर प्रकाश डाला गया है। उस व्यक्ति के गृहनिर्माण की कला पर प्रकाश डाला गया है जिससे विदित होता है कि घर के निर्माण में यह ध्यान रखना चाहिए कि चारों दिशाओं से प्राप्त होने वाली हवा का प्रवेश घर में हो जाय तथा उस व्यक्ति को कभी दुख का भार उठाना न पड़े इस तथ्य पर भी प्रकाश डाला गया है। व्यक्ति की सफलता यदि गृहनिर्माण में है, तो उसे सुख-समृद्धि सदा प्राप्त होती रहती है और उस व्यक्ति के जीवन में कभी निराशा या विपदा नहीं आती है जिससे उस व्यक्ति की सफलता समझी जाती है।

मन्त्र सं. 35 पृ. सं. 190 :-

होता यक्ष त्सपेशसोषे नक्तं दिवाश्विना
समञ्जाते सरस्वत्या त्विषिमिन्द्रे न
भेषजं श्येनो नरजसा हृदा श्रिया न म सरं पथः।
साभः परिस्रुता धतं मध व्यन्त्वा ज्यस्य होतर्यज॥

हे मनुष्यों! जैसे रात-दिन सूर्य और चन्द्रमा सबको प्रकाशित करते और सुन्दर रूप यौवन सम्पन्न धर्मपत्नी अपने पति की सेवा वा जैसे पाक विद्या जानने वाला विद्वान पाक कर्म का उपदेश करता है वैसे सबका प्रकाश और सब कामों का सेवन करो और भोजन के पदार्थों को उत्तमता से बनाओं।

प्रस्तुत मन्त्र के माध्यम से ऐसे पात्र के चरित्र का विश्लेषण किया गया है जो अनेक कार्यों में सिद्ध हस्त हैं। सौभाग्य भी उस व्यक्ति के साथ है क्योंकि गृहपत्नी रूपयौवन सम्पन्न है जिससे व्यक्ति की प्रसन्नता जीवन में हमेशा छायी ही रहती है। उस स्त्री को पाक विद्या में सहायता की आवश्यकता नहीं रहने पर भी उस कार्य में उसे सहयोग प्राप्त हो जाता है जिससे उस पूरे परिवार की प्रसन्नता सतत् विद्यमान रहती है।

मन्त्र 36 पृ. 190

> **होता यक्ष्छैव्या होतारा भिषजीश्विनेन्द्रं न जागृवि**
> **दिवा नक्तं न भेषजै शृषँ सरस्वती भिषक सीसेन**
> **दुहडइन्द्रियं पयः सोमः परिस्त्रुता**
> **घृतं मधु व्यन्त्वाज्यस्य होतर्यज।**

अर्थात् हे विद्वान लोगों जैसे अच्छी वैद्यक विद्या पढ़ी हुई स्त्री काम सिद्ध करने को दिन-रात उत्तम यत्न करती है वा वैद्यलोग रोगों को मिटा के शरीर का बल बढ़ाते हैं वैसे रहके सबको आनन्दयुक्त होना चाहिए।

प्रस्तुत मन्त्र के माध्यम से वैद्यक विद्या पर प्रकाश डाला गया है। कोई स्त्री यदि वैद्यक विद्या में पारंगत है तो वह अपनी विद्या को प्रभावपूर्ण रखने हेतु उस क्षेत्र में रुचि के साथ कार्य करती है। रोगी के लिए वैद्यक विद्या के ज्ञाता की महत्ता सर्वाधिक हुआ करती है। रोगी जब रोगमुक्त हो जाता है तो उस वैद्य के प्रति रोगी की श्रद्धा सदा उमड़ती रहती है। वैद्यक विद्या में किसी स्त्री का प्रवेश एवं उसमें पारंगत होकर वह स्त्री और भी आकर्षण का केन्द्र बन जाती है। रोगी स्वस्थ शरीर पाकर अपने वैद्यराज के समक्ष अपनी कृतज्ञता अभिव्यक्त करती है। सभी मनुष्य को अपने स्वस्थ शरीर से काफी प्रसन्नता होनी चाहिए।

मन्त्र 37 पृ. 191

> **होता यक्षतिस्त्रो देवीर्न भेषजं त्रयस्त्रिधातवोऽपसो**
> **रूपमिन्द्रे हिरण्ययमश्विनेडा न भारती वाचा**
> **सरस्वती मह इन्द्राय दुहडन्द्रियं पयः सोमः**
> **परिस्त्रुता घुतं मधु व्यन्त्वाज्यस्य होतर्यज॥**

अर्थात् हे मनुष्यों जैसे हाड़ मज्जा, वीर्य शरीर में कार्य के साधन हैं वा जैसे सूर्य आदि और वाणी सबको जानने वाले हैं वैसे हो और सृष्टि की विद्या को प्राप्त होके लक्ष्मी वाले होवो।

प्रस्तुत मन्त्र के माध्यम से चिकित्सक की मुक्त कंठ से प्रशंसा की गई है तथा सभी व्यक्ति को समाज में किसी न किसी क्षेत्र में प्रशंसित

होकर ही रहना चाहिए जिससे उसकी प्रतिष्ठा तथा उसका ऐश्वर्य समाज में चमकता हुआ दीख पड़े। गुणी व्यक्ति सर्वत्र समादृत होते हैं तथा समाज उनकी इज्जत प्रतिष्ठा के प्रति सतत् प्रयत्नशील रहना चाहता है। उक्ति है ''गण नहीं हेरानो है, गुणज्ञ हि हेरानो है''

अर्थात् समाज, परिवार एवं कुटुम्बी जनों के बीच जाकर यदि कुछ समय दें और अपनी उपस्थिति निःस्वार्थ भावना से हो तो विदित होगा कि गुणी लोगों की उतनी कमी नहीं है जितनी कमी समाज, परिवार में गुणज्ञ की कभी हो गई है। गुणी को पहचानने की क्षमता का पूर्ण अभाव होता जा रहा है। ईर्ष्या-द्वेष भावना जब प्रबल होती है तो गुणी के गुणों का उल्लेख ही नहीं होता है।

मन्त्र सं. 38 पृ. 191 :-

> **होता यक्षत्सुरेत समृषमं नर्यापसं त्वष्टारमिन्द्रम्।**
> **अश्विनामिषज न सरस्वती मोजो न जूतिरिन्द्रयं वृको**
> **न रमसो भिषग यशः सुरया भेषज श्रिया न मासरम्**
> **पयः सोमः परिस्त्र ता घृतं मद्य व्यन्त्वाज्यस्य होतर्यज।**

अर्थात्-जैसे विद्वान लोग ब्रह्मचर्य, धर्म के आन्वरण विद्या और सत्संगति आदि से सब सुख को प्राप्त होते हैं वैसे मनुष्यों को चाहिए कि पुरुषार्थ से लक्ष्मी को भी प्राप्त होवें।

प्रस्तुत मन्त्र के माध्यम से पूरे समाज को सुखी सम्पन्न देखने की चेष्टा की गई है। विद्वान व्यक्ति अपने ब्रह्मचर्य को पालन करते हुए सुखी जीवन जिस तरह व्यतीत करते है वैसे ही व्यक्ति को समाज में मान-प्रतिष्ठा एवं सम्पन्नता से जीने की इच्छा होनी चाहिए तथा धन के साथ-साथ उसकी सामाजिक प्रतिष्ठा कोई खामी या कमजोरी नहीं होनी चाहिए। मन्त्र में ''सर्वे भवन्तु सुखिनः सर्वे सन्तु निरामयः की भावना अभिव्यञ्जित हुई है जिससे सामाजिक सुखशान्ति से सभी को गौरव प्राप्त होता है।

सामाजिकता का लोच होते जाना यह दुखद स्थिति का उत्पन्न होना है। मनुष्य एक सामाजिक प्राणी है। एकान्त वास साधु-सन्तों के लिए है।

गृहस्थों को समाज के बीच रहना है। एक दूसरे के सुख-दुख में सहभागिता अदा करना एक पुनीत कर्त्तव्य है लेकिन यह स्थिति विलीन हो रही है।

मन्त्र सं. 39 पृ. सं 191 :-

> **होता यक्षद्वनस्पतिं शमितारं शतक्रतुं भीमं न**
> **मन्यु राजानं व्याघ्रं नमसाश्विना भामँ सरस्वती**
> **भिषगिन्द्राय दुहडइन्द्रियं पयः सोमः**
> **परिस्रुता घृतं मधु व्यन्त्वाज्यस्य होतर्यज।**

अर्थात् जो मनुष्य लोग विद्या से अग्नि, शान्ति से विद्वान, पुरुषार्थ से बुद्धि और न्याय से राज्य को प्राप्त होकर ऐश्वर्य को बढ़ाते हैं वे इस जन्म और पर जन्म के सुख को प्राप्त होते हैं।

प्रस्तुत मन्त्र के माध्यम से सामाजिक सामञ्जस्य पर विचार करते हुए उल्लिखित किया गया है कि विद्या से अग्नि, शान्ति से विद्वान, पुरुषार्थ से बुद्धि तथा न्याय से राज्य की उपलब्धि महत्त्वपूर्ण है। इस तरह से पूरा समाज अपने विकास से जुड़ा हुआ दीख पड़ता है।

मन्त्र 41 पृ. 191

> **होता यक्षदश्विनौ छागस्य वपाया मेदसो**
> **जषेताछंहविर्होतयज। होता यक्षत्सरस्वतीं मेषस्य वपाया**
> **मेदसो जुषताछं हविर्होतर्यज। होता यक्षदिन्द्रमृषभस्य**
> **वपाया भेदसो जुषाताछं हविर्होतर्यज।**

अर्थात् जो मनुष्य पशुओं की संख्या और बल को बढ़ाते हैं, वे आप भी बलवान होते हैं और जो पशुओं से उत्पन्न हुए दूध और उससे उत्पन्न हुए घी का सेवन करते हैं वे कोमल स्वभाव वाले होते हैं और जो खेती करने के लिए इन बैलों को युक्त करते हैं वे धनधान्य युक्त होते हैं।

वेदकालीन समाज में एक कोटि या श्रेणी के पात्र दूसरी श्रेणी या कोटि के पात्र से जुड़े हुए थे।

मन्त्र सं. 42 पृ. सं. 192 :-

> **होता यक्षदश्विनौ सरस्वतीमिन्द्र सुत्रामाणमिमे सोमाः**
> **सुरामाणश्छागैर्न मे ऋषिभैः सताः शष्पै र्न तोक्म**
> **भिर्ला जैर्म हस्वन्तो मुदा मासरेण परिस्कृताः शुक्राः।**
> **पयस्वन्तो ऽमृताः प्रस्थिता वो मधुच्युतस्तानश्विना**
> **सरस्वतीन्द्रः सुत्रामा वृत्रहा जुषन्तां सोम्यं**
> **मधु पिबन्तु मदन्तु व्यन्त होतर्यज।**

अर्थात्-जो संसार पदार्थों की विद्या सत्य वाणी और भलीभाँति रक्षा करने वाले राजा को पाकर पशुओं के दूध आदि पदार्थों से पुष्ट होकर अच्छे रसयुक्त अच्छे संस्कार किये हुए अन्न आदि पदार्थ जो सुपरीक्षित हों उनकी युक्ति के साथ खा और रसों को पी धर्म, अर्थ, काम, मोक्ष के निमित्र अच्छा यत्न करते हैं वे सदैव सुखी होते हैं।

प्रस्तुत मन्त्र के माध्यम से वेदकालीन समाज के स्वरूप का चित्र प्रस्तुत किया गया है। समाज के सभी वर्ग सुखी-सम्पन्न थे। किसी वर्ग में असंतोष या पीड़ा किसी भी तरह की हो व्याप्त नहीं थी।

मन्त्र 43 पृ. 192 :-

> **होता यक्षदश्विनौ छागस्य हविष ऽ आत्तामद्य**
> **मध्यतो मेदऽअद्धृतं पुरा द्वेषोभ्यः पुरा पौरुषेय्या गृमो**
> **घस्ता नूनं घासेऽअज्रानां यवस प्रथमानां सुभत्क्षराणां**
> **शतरुद्रियाणांमग्निष्वात्तानां पोवोप वसनानां**
> **पाश्र्वतः श्रोणितः शितामतऽउत्सातोड ङ्गाद वत्ता**
> **नां करतड स्वाश्विना जुषताऽहविर्होतर्यज॥**

अर्थात्-जो छेरी आदि पशुओं की रक्षा कर उनके दूध आदि अच्छा-अच्छा संस्कार और भोजन कर वैरभाव युक्त पुरुषों का निवारण कर और अच्छे वैद्यों का संग कर के उत्तम खाना, वस्त्र पहनना आदि करते हैं वे रोगों को दूर कर सुखी होते हैं।

मन्त्र संख्या 48 पृ. सं. 193 :-

देवं वर्हि सरस्वती सुदेवभिन्द्रे ऽश्विना।
तेजो न चक्षुरक्ष्योर्वर्हिषा दधुरिन्द्रय
वसु वने बसोधेयस्य व्यन्तु यज॥

हे मनुष्यो! जैसे विदुषी ब्रह्मचारिणी कुमारी कन्या अपने लिए मनोहर पति को पाकर आनन्द करती है वैसे विद्या और संसार के पदार्थ का बोध पाकर तुम लोगों को भी आनन्दित होना चाहिए।

वेदकालीन नारी वर्ग में शिक्षा-दीक्षा का प्रचार-प्रसार काफी गहराई से हो चुका था। नारी वर्ग की मनोदशा का चित्रण शिक्षा के सन्दर्भ में जिस प्रकार से अभिव्यञ्जित हुआ है उससे विदित होता है कि उस वेदकालीन समाज में नारी वर्ग को शिक्षित होना आवश्यक समझा जाता था।

मन्त्र सं. 18 पृ. 204 :-

प्राणाय स्वाहा पानाय स्वाहा व्यानाय स्वाहा।
अम्बेऽ अम्बिकेऽ अम्बालिके नो मा नयति कश्चन।
स्त्रसस्त्यश्वकः सुनद्रिकां काम्मीलवासिनीम्।

अर्थात्-हे मनुष्यों! जैसे माता, दादी, परदादी अपने अपने सन्तानों को अच्छी सिखावट पहुँचाती है वैसे तुम लोग को भी अपनी सन्तान शिक्षित करनी चाहिए। धन का स्वभाव है कि यहाँ यह इकट्ठा होता है उन जनों को निन्दालु, आलसी और कर्महीन कर देता है इससे धन पाकर भी मनुष्य को पुरुषार्थ ही करना चाहिए।

प्रस्तुत मन्त्र मे माध्यम से नारी जीवन के चिंतन तत्त्व पर प्रकाश डाला गया है जिससे विदित होता है कि धन के प्रति वेदकालीन नारी समाज में बहुत आकर्षण नहीं था।

शिक्षा के प्रति नारी समाज में बहुत अधिक आकर्षण था। नारी वर्ग के लिए शिक्षा से लाभ पहुँचाने की परम्परा समाज में कायम हो चुकी थी।

मन्त्र संख्या 21 पृ. 205 :-

उन्सक्थ्याडअव गुदं धेहि समञ्जि चारया वृषन्।
य स्त्रीणां जीव भोजनः॥

अर्थात् हे राजन्! जो विषय सेवा में रमते हुए जन वा वैसी स्त्री व्याभिचार को बढ़ाने उन जन को कठोर एवं प्रबल दण्ड से शिक्षा देनी चाहिए।

प्रस्तुत मन्त्र में नारी वर्ग के सुधार हेतु सामाजिक चिंता एवं दोष दूर करने के प्रति काफी सजगता एवं चेष्टता परिलक्षित होती है।

मन्त्र सं. 24 पृ. सं. 205 :-

माता च ते पिता तेऽग्रे वृक्षस्य रोहतः।
प्रतिलामीति ते पिता गभे मुष्टिमन सयत॥

अर्थात् जो माता-पिता और पृथ्वी और सूर्य के तुल्य धैर्य और विद्या से प्रकाश को प्राप्त न्याय से राज्य को पालन कर उत्तम लक्ष्मी वा शोभा को पाकर प्रजा को सुशोभित कर अपने पुत्र को राजनीति से युक्त करे वे राज्य करने के योग्य हों।

प्रस्तुत मन्त्र के माध्यम से सामाजिक सौहार्द उत्पन्न कर समाज को एक सूत्र में जोड़ने का प्रयास है। सभी मनुष्य को एक दूसरे के प्रति प्रेम, श्रद्धा, सहयोग एवं कल्याणकारी आशीष प्रदान करने की चेष्टा करनी चाहिए। इस कार्य में कोई आर्थिक क्षति नहीं है बल्कि समय का सुदपयोग है।

मन्त्र 29 पृ. 205

यछे वासो ललामगुं प्र विष्टीमिनभाविपुः।
सक्थ्ना देदिश्यते नारी सत्यस्यक्षिभुवो यथा॥

अर्थात् जैसे अंगों से स्त्री पुरुष लिखे जाते हैं, वैसे प्रत्यक्ष आदि प्रमाणों से सत्य लिखा जाता है, उस सत्य से विद्वान लोग जैसे पाने योग्य कोमलता को पावें वैसे राजा प्रजा के स्त्री पुरुष विद्या से नम्रता को पाकर सुख को ढूंढ़े।

मन्त्र सं. 30 पृ. 206 :-

यद्धरिणो यवमत्ति न पुष्टं पशु मन्यते।
शूद्रा यदर्य जारा न पोषाय धनायति।।

अर्थात् राजा पशु के समान व्यभिचार में वर्त्तमान प्रजा की पुष्टि को नहीं करता वह धनाढ्य कुल स्त्री जो कि जार कर्म करती हुई दासी है उसके समान शीघ्र रोगी होकर अपनी पुष्टि का विनाश करके धनहीनता से दरिद्र हुआ मरता है।

प्रस्तुत मन्त्र में नारकीय जीवन व्यतीत करने वाली स्त्री का चित्रण दर्दनाक स्थिति के विश्लेषण से सम्बद्ध है। नारी की यह दुर्दशा राजतन्त्र में होती थी। जिसके कुछ उदाहरण वेद मन्त्रों से प्राप्त होते हैं। वह स्त्री अपने शरीर का व्यापार करती हुई दुर्गति से गुजरती हुई शीघ्र ही मृत्यु के मुख में समा जाने लायक बन जाती थी। इस तरह की समस्या का समाधान राजतन्त्र में कुछ नहीं था बल्कि नारकीय जीवन कुछ दिनों के लिए बिताने के लिए बाध्य होना पड़ता था जिसका चित्रण मन्त्र के माध्यम से किया गया है।

मन्त्र सं. 31 पृ. सं 206 :-

यद्धरिणो यवमत्ति न पुष्टं बहु मन्यते।
शूद्रो श्दर्यायै जारो न पोषमनु मन्यते।।

अर्थात्-जो राजा और राजपुरुष पर स्त्री वेश्यागमन के लिए पशु के समान अपना बर्त्ताव करते हैं उनको सब विद्वान दीन-हीन समझते हैं।

नारी जीवन सुखद एवं लोक-परलोक में प्रतिष्ठा के लायक राजतन्त्र में नही था जिस स्वरूप के चित्रण वेद मन्त्र में हुआ है दयनीय स्थिति में पहुँचाने में उसकी गरीबी या पेट की ज्वाला थी जिसका उल्लेख यहाँ पर किया गया है। इस तरह की बुरी स्थिति से नारी जीवन की दर्दनाक स्थिति का चित्रण वेदमन्त्रों में हुए हैं जो समान एवं वर्ग समुदाय के लिए लज्जास्पद कहा गया है।

मन्त्र 32 पृ. 206

दधिक्राव्णो ऽ अकारिषं जिष्णोरश्वस्य वाजिनः।
सुरभि नो मुखा करत्प्र णऽआयूँषि तारिषत्।

अर्थात् जैसे घोड़े को सिखाने वाले घोड़ों को पराक्रम की रक्षा के नियम से बलिष्ठ और संग्राम में जिताने वाले करते हैं वैसे ही पढ़ाने और उपदेश करने वाले कुमार कुमारियों को पूरे ब्रह्मचर्य के सेवन से पण्डित पण्डिता कर उनको शरीर और आत्मा के बल के लिए प्रवृत्त करा के बहुत आयु वाले और अति युद्ध करने में कुशल बनावें।

मन्त्र 33 पृ. 206

गायत्री त्रिष्टुब्जगत्यनुष्टुप्पङ्क्तया सह।
वृहव्युष्णिहा ककुप्सूचीभिः शम्यन्तु त्वा॥

अर्थात् गायत्री आदि छन्दों के अर्थ को बताने वाले व्यक्ति को विद्वान कहते हैं और सूई से फटे वस्त्र को सीवें त्यों अलग-अलग मन वालों का सत्य में मिलाप कर देते हैं और उनको एक मत में स्थापन करते हैं वे जगत के कल्याण करने वाले होते हैं।

प्रस्तुत मन्त्र में गायत्री मन्त्र के व्याख्याता को पण्डित की संज्ञा दी जाती है यह मान्यता यहाँ उल्लिखित की गई है।

प्रस्तुत वेद मन्त्र के द्वारा पण्डित की विद्वत्ता का उल्लेख यहाँ किया गया है।

मन्त्र का अर्थ है "मनमात इति मन्त्रः" यानि जिसका मनन किया जाय। गायत्री मन्त्र के अर्थ को समझकर ही मनन किया जाता है जिसके मनन से यानि मन्त्र जाप से अनेक तरह की सिद्धियाँ प्राप्त होती हैं।

ईश्वरीय शक्ति जिनमें रहती है उनका ही आह्वान मन्त्र द्वारा किया जाता हैं इस मनन की प्रक्रिया को अपनाने से तथा मन्त्र सिद्धि प्राप्त हो जाने से ऐसा कहा जाता है कि मन्त्रों को बार-बार जपने से अनेक लाभ होते हैं जिसके लिए मंत्र ज्ञाता मन्त्र की सिद्धि में लगे रहते हैं।

मन्त्र 36 पृ. 206

नार्य्यस्ते पत्न्यो लोम विचिन्वन्तु मनीषया।
देवानां पत्न्यो दिशः सूचिभिः शम्यन्तु त्वा॥

अर्थात् जो कन्या प्रथम अवस्था में सोलह वर्ष की अवस्था से चौबीस वर्ष की अवस्था तक ब्रह्मचर्य से उत्तम विद्या पाकर अपने सदृश पुरुषों की पत्नी हों वे दिशाओं के समान उत्तम प्रकाशयुक्त कीर्ति वाली हों। मन्त्र की भावना की पवित्रता स्पष्ट परिलक्षित होती है। नारी की शिक्षा दीक्षा उस काल से चली आ रही है जिसे वैदिक युग की संज्ञा दी गई है। वेदकालीन समाज में रुढ़िवादिता नही बल्कि खुले मस्तिष्क से विकासगत चिंतन के समर्थ में लगे थे।

मन्त्र 37 पृ. 207

राजसा हरिणीः सीसा युजो युज्यन्ते कर्मभिः।
अश्वस्य वाजिनस्त्वचि सिमाः शम्यन्तु शम्यन्तीः॥

अर्थात् हे मनुष्यों! जो विद्या और अच्छी शिक्षा से युक्त आप निर्वाह को प्राप्त स्त्री-पुरुष अपनी इच्छा से एक-दूसरे से प्रीति किये हुए विवाह बन्धन में बँधते हैं। वे लावण्य अर्थात् अति सुन्दरता गुण और उत्तम स्वभावयुक्त संतानों को उत्पन्न कर सदा आनन्दयुक्त होते हैं। नारी के सौन्दर्य एवं उसके आन्तरिक गुणों के आकर्षण ही विवाह-सम्बन्ध स्थापित करने में सहायक होते हैं।

यह प्रथा समाज में प्रचलित थी लेकिन अन्ध आधुनिकता घातक सिद्ध हो रही है।

मन्त्र सं. 40 पृ. सं. 207

ऋतवत्सडऋतुथा पर्वं शमितारो विशासतु।
संवत्सरस्य तेजसा शमीभिः शभ्यन्तु त्वा॥

अर्थात् जैसे ऋतु पारी से अपने-अपने चिन्हों को प्राप्त होते हैं वैसे स्त्री-पुरुष पारी से ब्रह्मचर्य, गृहस्थ का धर्म वानप्रस्थ वन में रहकर तप

करना और संन्यास आश्रम को करके, ब्राह्मण और ब्राह्मणी शिक्षण कार्य से जुड़ने की चेष्टा करे।

क्षत्रिय और क्षत्राणि प्रजा की रक्षा में रुचि रख कर उस कार्य को सम्पन्न करे। वैश्य और उसकी पत्नी कृषिकार्य को ग्रहण कर ले जिससे आर्थिक स्थिति सुदृढ़ हो जाय।

प्रस्तुत मन्त्र के माध्यम से समाज के सामञ्जस्य की समस्या पर गम्भीरता से विचार किया गया है। इस समस्या के समाधान में दोनों यानि स्त्री-पुरुष को साथ-साथ कार्यों का निर्वाह करना आवश्यक माना गया है।

मन्त्र सं. 42 पृ. सं. 207 :-

दव्या ऽ अध्वर्य्य वस्तवाच्छयन्तु वि च शासतु।
गात्राणि पर्वशस्ते सिमाः कृण्वन्तु शम्यन्तीः॥

अर्थात् अध्यापक उपदेशक और अतिथि लोग जब बालकों को सिखलावे तब दोषों का विनाश कर उनको विद्या की प्राप्ति करावें। ऐसे पढ़ाने और उपदेश देने वाली स्त्री भी कन्याओं के प्रति आचरण करें और वैद्यक शास्त्र नीति से शरीर के अंगों की अच्छी प्रकार से परीक्षा कर औषधि भी दें।

प्रस्तुत मन्त्र में सामाजिक कल्याण हेतु एक विशेष दृष्टिकोण से निर्णय लिया गया है जिसका पालन दोनों प्राणी हेतु अनिवार्य कहा जा सकता है। प्रस्तुत विचार का समाज हमेशा स्वीकृत करते आया है।

मन्त्र 4 पृ. 207

शन्ते परेभ्या गात्रेभ्यः शमस्त्ववरेभ्यः।
शभस्थभ्यो मज्जभ्यः शम्वस्तु तन्वै तव॥

अर्थात् माता-पिता पढ़ाने वाले और उपदेश देने वाले को अपने सन्तानों के पुष्ट अंग और पुष्ट धातु हों। जिनसे दूसरों के कल्याण करने योग्य हो वैसा पढ़ाना या उपदेश करना चाहिए।

प्रस्तुत मन्त्र के माध्यम से पारिवारिक एवं सामाजिक दायित्व को ध्यान में रखते हुए जिस कार्य की चिंता की गई है वे आज के युग में महत्त्वहीन समझे जाते हैं जिसकी आवश्यकता आज मान्य नहीं है।

मन्त्र 43 पृ. 207

द्यौस्ते पृथिव्युन्तरिक्षं वायुश्छिद्रं पृणातु ते।
सूर्य्य नक्षत्रैः सह लोकं कृणोतु साधया॥

अर्थात् जैसे पृथ्वी आदि सुख देने और सूर्य आदि पदार्थ प्रकाश करने वाले हैं वैसे ही पढ़ाने वाले और उपदेश करने वाले पुरुष या स्त्री सबको अच्छे मार्ग में स्थापन कर विद्या के प्रकाश को उन्नत करें।

विद्याधन उद्यम विना कहो जो पावे कौन।
विना डुलाए ना मिले ज्यों पंखे का पौन।

समय एवं परिस्थिति को ध्यान में रखते हुए आग के युग में वेदकालीन चिंतन का महत्त्व बहुत सीमित एवं नगण्य ही समझा जाता है। उस युग का आदर्श और विचार आज की स्थिति में आवश्यक नहीं माना जा सकता है।

मन्त्र सं. 40 पृ. सं. 243 :-

वक्षयन्ती वेदागनोगन्ति कर्णप्रिय सखायं परिषस्वजाना।
पोषेव शिङ्क्ते वितताधि धनञ्ज्याइय समने पार यन्ती॥

अर्थात् जो मनुष्य धनुष की प्रत्यञ्चा आदि शस्त्र अस्त्रों की रचना सम्बन्ध और चलाना आदि क्रियाओं को जाने तो उपदेश करने और माता के तुल्य सुख देने वाली पत्नी और विजय सुख को प्राप्त हों।

प्रस्तुत मन्त्र के माध्यम से सामाजिक एवं भौतिक समस्याओं पर गंभीर चिंतन प्रस्तुत किया गया। परिवार या समाज एक बन्धन है जिसके अनुसार चलना अनिवार्य हो जाता है। यह बन्धन स्वैच्छिक ही है क्योंकि अनुशासन हीनता की स्थिति में यह बन्धन तोड़ दिया जाता है और विचार की स्वतन्त्रता को प्रश्रय दिया जाता है।

मन्त्र 41 पृ. 244

> **तेडआचरन्ती सभनेव योषा मातेव पत्रं विभृतामपस्थे।**
> **अप शत्रून्विध्यताछं संविदानेडआर्त्नी**
> **ऽइमे विष्फरन्तीऽअमित्रान्॥**

अर्थात् जैसे हृदय को प्यारी स्त्री पति को और विदुषी माता अपने पुत्र को अच्छे प्रकार पुष्ट करती है वैसे सम्यक् प्रसिद्ध काम देने वाली धनुष की दो प्रत्यञ्चा शत्रुओं को पराजित कर वीरों को प्रसन्न करती है।

समय की गति के आगे जो अस्त्र उल्लिखित हुए हैं वे आज के युग में नगण्य हो चुके हैं। यह उक्ति वेदकालीन समाज के सन्दर्भ में है जिस युग एवं परिस्थिति में वे ही अस्त्र कार्य करते थे और वे ही अस्त्र बड़े-बड़े योद्धाओं के छक्के छुड़ा देते थे। आधुनिक युग विज्ञान का युग है जिस काल में अनेक भयंकर आयुध से युद्ध किया जाता जिसके आगे तीर-धनुष पूर्ण नगण्य है। पूर्व समय की सामाजिकता के आधार आपसी प्रेम, श्रद्धा, सहयोग एवं स्वच्छ नैतिक सहयोग का उदाहरण प्रस्तुत करना था। समाज प्राचीन काल का भिन्न था। उनके विकास के आधार धर्म, परिश्रम, सहयोग एवं शुभकामना की अभिव्यक्ति थी। वे सारे तत्त्व बड़ी सहजता से धीरे-धीरे विलीन होते जा रहे हैं। वेदग्रन्थ की सही उक्तियाँ प्रस्तुत करने वाले का अभाव होता जा रहा है। वैदिक साहित्य एक ऐसी धरोहर शक्ति है जिसका उपयोग अभी करना अनिवार्य सा हो गया है। वैदिक धर्म समाज के दृढ़ स्तम्भ थे जिस स्तम्भ का सहारा पूरा समाज लिया करता था। उन स्तम्भों की विशेषताओं के ज्ञाताओं की विलीनता एक आश्चर्यजनक घटना है। प्राचीन भारतीय समाज धर्म को सर्वोपरि मानता था। धर्म वह स्तम्भ था जिसका सहारा पूरे समाज को प्राप्त था।

मन्त्र सं. 49 पृ. 245 :-

> **ऋजीते परि वृङ्धि नोऽश्मा भवतु नस्तनूः।**
> **सोमाऽअधि ब्रवीतु नोऽदितिः शर्म यच्छतु॥**

अर्थात् मनुष्य ब्रह्मचर्य, औषध, पथ्य और सुन्दर नियमों के सेवन से शरीर की रक्षा करें उन्हें दृढ़ बनावें। हे विद्वान् पुरुष! आप (ऋजीते)

सरल व्यवहार में (नः) हमारे शरीर से रोगों को (परि वृङ्धि) सब ओर पृथक् कीजिए जिससे (नः) हमारा (तनूः) शरीर (अश्मा) पत्थर के तुल्य दृढ़ (भवतु) हो जो (सोमः) उत्तम औषधि है उस और जो (अदितिः) पृथिवी है उन दोनों को आप (अधिव्रवीतु) अधिकार उपदेश कीजिए और (नः) हमारे लिए (शर्म) सुख और घर (यच्छतु) दीजिए।

अर्थात् जो मनुष्य ब्रह्मचर्य, पथ्य और सुन्दर नियमों के सेवन से शरीरों की रक्षा करें तो उनके शरीर दृढ़ होवें जैसे शरीरों पृथिवी आदि का बना घर है वैसे जीव का यह शरीर घर है।

प्रस्तुत मन्त्र के माध्यम से शरीर को सुदृढ़ करने की प्रार्थना की गई है। शरीर की दृढ़ता की सबलता है। मानव शरीर अपनी कोमलता के कारण प्रसिद्धि पाता है लेकिन मन्त्र में प्रार्थना है कि शरीर की सुदृढ़ता ऐसी हो जो अनावश्यक रूप से रुग्नता आकर शरीर को दबोच नहीं ले। स्वस्थ शरीर तभी कहा जाता है जब इसमें बल एवं पौरुष की अधिकता हो तथा रुग्नता नामक किसी तरह की कल्पना भी शरीर के सन्दर्भ में नहीं की जाय। मनुष्य की आयु यदि बढ़ती है तो शरीर को भी उसी अनुपात में साथ देना चाहिए। आयु की वृद्धि हो जाय और रुग्नता उसे दबोचे हुए विछावन पर लेटे रहने हेतु, बाध्य कर दे तो आयु की अधिकता फलवती नहीं मानी जा सकती है।

मन्त्र सं. 50 पृ. सं. 245 :-

आ जङ्घन्ति सान्वेषा जघनाँ ऽउपजिघ्नते।
अश्वांजनि प्रचेतसो ऽ श्वान्त्समत्सु चोहय॥

अर्थात् जैसे राजा और राजपुरुष विमानादि रथ और घोड़ों को चलाने तथा युद्ध के व्यवहारों को जाने वैसे इनकी स्त्रियाँ भी जानें।

प्रस्तुत मन्त्र के माध्यम से वेदकालीन समाज के बाह्य एवं अन्तः स्वरूप का विश्लेषण इस तरह प्रस्तुत किया गया जिससे समाज एवं व्यक्ति दोनों के स्वरूप पूर्ण रूप से चित्रित हो जाते हैं।

मन्त्र के माध्यम से नारी वर्ग की सहभागिता भी बड़ी स्पष्टता के साथ चित्रित हुई है। नारी युद्ध में सहयोग सिर्फ मनोबल से नहीं बल्कि

शरीर बल के द्वारा भी सहयोग एवं पूर्ण सहभागिता का दायित्व अदा करती थी। समाज विचार एवं शारीरिक शक्ति दोनों दृष्टिकोण से पूर्ण समर्थन एवं योग्य था।

मन्त्र संख्या 51 पृ. सं. 245 :-

> **अहिरिव भोगैः पर्येति बाहुंज्याया**
> **हेतिपरिवाद्यमानः हस्ताध्नो विश्वा वयुनाग्नि**
> **विद्वान् पुमान् पुमां सं परि पातुविश्वतः।।**

अर्थात्-जो विद्वान् भुजबल वाला अस्त्र-शस्त्र के चलाने का ज्ञाता शत्रुओं को निवृत्त करता पुरुषार्थ से सबकी रक्षा करता हुआ मेघ के तुल्य सुख और भोगों को बढ़ाने वाला हो वह मनुष्यों को विद्या प्राप्त कराने को समर्थ होवे।

प्रस्तुत मन्त्र के माध्यम से भारतीय जनमानस एवं व्यक्ति विशेष के भुजबल तथा आत्मबल के साथ हथियार की शक्ति का प्रदर्शन करते हुए तत्कालीन युद्ध होय एवं उस युद्ध में सहभागी पुरुषों तथा स्त्रियों के मनोबल एवं आत्मबल का विश्लेषण बड़ी स्पष्टता के साथ प्रस्तुत किया गया तथा तत्कालीन वैदिक समाज का पुरुषार्थ भी यहाँ स्पष्ट रूप से अभिव्यञ्जित होता है जो अत्यन्त ही आकर्षक एवं प्रेरणादायक घटना तथा युद्ध का स्वरूप अभिव्यक्त है।

मन्त्र सं. 1 पृ. सं. 284 :-

> **देवस्य त्वा सवितुः प्रसवेश्विनो-**
> **र्वाहुम्यां पूराणो हस्ताभ्याम्।**
> **आ दुदेऽदित्यरास्नाऽसि।।**

अर्थात्-हे स्त्री! जैसे सूर्य भूगोल का, प्राण शरीर का और अध्यापक उपदेशक सत्य का ग्रहण करते हैं वैसे ही तुमको मैं ग्रहण करता हूँ तू निरन्तर अनुकूल सुख देने वाली हो।

प्रस्तुत मन्त्र के माध्यम से भारतीय समाज जो वेदकालीन समाज के रूप में प्रसिद्ध था उसका स्वरूप वर्णन यहाँ काफी स्पष्टता के साथ

किया गया है। नारी तत्कालीन समाज में अपनी सहभागिता अदा करने में पीछे नहीं थी। युद्धभूमि हो या पारिवारिक, सामाजिक समस्या का समाधान प्रस्तुत करना हो उन कार्यों से वह पीछे नहीं रहती थी बल्कि पुरुषों के साथ कंधे से कंधा मिलाकर सहयोग एवं समर्थन प्रदान करती थी।

मन्त्र 2 पृ. 284

इड् एह्यदित एहि सरस्वत्येहि।
असावेह्यसावेह्यसावेहि॥

अर्थात् जब स्त्री विवाह करने की इच्छा करे तब ब्रह्मचर्य और विद्या से स्त्री पुरुष के धर्म और आचरण को जानकर ही करें।

प्रस्तुत मन्त्र के माध्यम से वेदकालीन समाज का आन्तरिक तथा सामाजिक स्वरूप विश्लेषित करते हुए तत्कालीन सामाजिक नैतिक आध्यात्मिक एवं आर्थिक स्थितियों के विवेचन यहाँ प्रस्तुत किये गए हैं:-

समाज की स्थिति दो प्रबुद्ध वर्ग पुरुष एवं नारी की संघर्षशीलता से अभिव्यञ्जित होती है। जब समाज अपने सारे दायित्वों का निर्वाह करते हुए सुख-समृद्धि का रसास्वादन करता है तो सामाजिक एवं पारिवारिक सामञ्जस्य का स्वरूप उद्भासित हो उठता है। वेदकालीन समाज अपने आदर्शों की रक्षा हेतु सतत् कटिबद्ध रहता था।

समाज का दायित्व दो दिशाओं में विशेषरूप से मुखरित हुआ करता था। नारी की सहयोगभावना तथा पुरुषों की संघर्षशीलता भारतीय समाज वेदकालीन युग में अपनी संरचनात्मक शक्ति तथा विवेकशीलता के बल पर काफी सबलता एवं सामाजिकता का उदाहरण प्रस्तुत करता था।

मन्त्र सं. 3 पृ. सं. 284 :-

आदित्यै रास्ना सीन्द्राण्या उष्णीषः।
पूषा ऽसि धर्माय दीष्व॥

अर्थात् हे स्त्री! जैसे पगड़ी आदि वस्त्र सुख देने वाले होते हैं वैसे तू पति के लिए सुख देने वाली हो।

प्रस्तुत मन्त्र के माध्यम से पारिवारिक एवं सामाजिक स्वरूप का

विश्लेषण बड़ी स्पष्टता के साथ प्रस्तुत किया गया है, जिससे सामाजिक सामञ्जस्य एवं नैतिक आचरण विश्लेषित होता है :-

मन्त्र सं. 4 पृ. सं. 284 :-

अश्विभ्यां पिन्षस्व सरस्वत्यै पिन्वस्वेन्द्राय पिन्वस्व।
स्वाहेन्द्र वत्स्वाहेन्द्र वत्स्वाहेन्द्रवत॥

अर्थात् जो स्त्री-पुरुष विद्युत आदि विद्या से ऐश्वर्य की उन्नति करें वे सुख को भी प्राप्त होवें।

प्रस्तुत मन्त्र के माध्यम वेदकालीन समाज के स्वरूप का चित्रण यहाँ किया गया है। तत्कालीन समाज में उद्योग धंधे की कमी नहीं थी। नारी भी विद्युत कार्यों में पारंगत होती थी तथा उसकी आर्थिक स्थिति काफी सबल थी जिससे पारिवारिक एवं आर्थिक समस्याएँ सहजता से सुलझती रहती थी।

मन्त्र सं. 5 पृ. 284 :-

यस्ते स्तनः शशयो यो मयोभूर्यो
रत्नधावसुविद्यः सुदत्रः।
येन विश्वा पुष्यसि वार्य्याणि सरस्वति
तमित धातवेऽकः उर्वन्तरिक्षमन्वेमि॥

अर्थात्-यदि स्त्री न हो तो बालकों की रक्षा होना कठिन है। जिस स्त्री से पुरुष बहुत सुख और पुरुष स्त्री भी अधिकतर आनन्द पावे वे ही दोनों आपस में विवाह करे।

प्रस्तुत मन्त्र के माध्यम से पारिवारिक सामञ्जस्य का स्वरूप चित्रित किया गया है। वेदकालीन परिवार का आपसी सौहार्दपूर्ण आचरण मन्त्र में उल्लिखित हुआ है जिससे विदित होता है वेदकालीन युग अपनी पारिवारिक प्रतिष्ठा कायम रखने में पूर्ण सफल रहा है।

मन्त्र 6 पृ. 285 :-

गायत्रं छन्दोऽसि त्रैष्टुमं छन्दोसि द्यावा पृथ्वीभ्यां त्वा॥
परिगृहणाभ्यन्तरिक्षोणाय यच्छामि।

इन्द्राश्विना मधुनः सारघस्य धर्मपात वसवो
यजतवात् स्वाहा सूर्य्यस्य रस्मये वृष्टि वनये॥

अर्थात्–जैसे शब्दों का अर्थों के साथ वाच्यवाचक समन्वय सूर्य के साथ पृथ्वी का, किरणों के साथ वर्षा का, यज्ञ के साथ यजमान और ऋत्विजों का सम्बन्ध है वैसे ही स्त्री पुरुषों का सम्बन्ध हो।

मन्त्र 7 पु. 285

समुद्राय त्वा वाताय स्वाहा।
सरिराय त्वा वाताय स्वाहा।
अनाधृष्याय त्वा वाताय स्वाहा।
अप्रतिधृष्याय त्वा वाताय स्वाहा।
अवस्यवे त्वा वाताय स्वाहा।
अशिमिदाय त्वा वाताय स्वाहा॥

अर्थात् विवाह किये हुए स्त्री पुरुष सृष्टि विद्या की उन्नति के लिए प्रयत्न किया करें।

प्रस्तुत मन्त्र में पारिवारिक कल्याण हेतु पुरुष एवं नारी के आपसी सम्बन्ध पर विचार किया गया है जिसका समाज या परिवार में सुख–शांति सदा विद्यमान रहे। वेदकालीन समाज आपसी सामञ्जस्य के स्वरूप को कभी विकृत नहीं करते थे जो पारिवारिक आदर्श के उदाहरण कहे जा सकते हैं।

मन्त्र 8 पृ. 285

इन्द्राय त्वा वसुमते रुद्रवते स्वाहेन्द्राय त्वाऽऽदित्यक्ते।
स्वाहेन्द्राय त्वाऽ भिमातिध्ने स्वाहा॥

सवित्रे त्वऽऋभमते विभमते वाजवते स्वाहा।
वृहस्पतये त्वा विश्वदेव्यावते स्वाहा॥

अर्थात् जो स्त्री पुरुष पृथ्वी आदि वसुओं चैत्रादि महीनों से अपने ऐश्वर्य को बढाते हैं, वे विघ्नों को नष्ट कर बुद्धिमान सन्तानों को प्राप्त होकर सबकी रक्षा करने में समर्थ होते हैं।

प्रस्तुत मन्त्र के माध्यम से वेदकालीन समाज के स्वरूप एवं उनकी पारिवारिक समस्या के स्वरूप उल्लिखित हुए हैं जिससे परिलक्षित होता है वेदकालीन समाज अपने सीमित दायरे में सतत् विकासोन्मुख रहा है तथा पूर्ण शांति एवं सुरक्षा से लाभान्वित होते रहे हैं।

मन्त्र 9 पृ. 285 :-

यमाय स्वाऽङ्गिरस्वते पितृमते स्वाहा।
स्वाहा धर्माय स्वाहा धर्म पित्रे।।

अर्थात् जो पुरुष प्राण के तुल्य न्याय, पितरों और विद्वानों का सेवन करें वे यज्ञ के तुल्य सबको सुखकारी होवें।

प्रस्तुत मन्त्र के माध्यम से सामाजिक सामञ्जस्य के उदाहरण प्रस्तुत किये गए हैं जिससे स्पष्टरूप से परिलक्षित होता है कि वेदकालीन समाज अपनी समस्याओं का समाधान स्वयं कर लेता था तथा किसी तरह की बेचैनी या असफलता के उदाहरण उनके परिवार में प्रायः नहीं आते थे।

मन्त्र 11 पृ. 285 :-

दिवि धा इमं यज्ञमिमं यज्ञं दिवि धाः।
स्वाहाग्नये यज्ञियाय शं यजुर्भ्यः।।

अर्थात् जो स्त्री पुरुष ब्रह्मचर्य के साथ समग्र विद्यायुक्त उत्तम विद्या को प्राप्त होकर वेदरीति से कर्मों का अनुष्ठान करे वे अतुल सुख को प्राप्त होवें। वैदिकयुग में धार्मिक अनुष्ठान तथा यज्ञ-याजन आदि धार्मिक क्रियाएँ हमेशा चलती ही रहती थीं। अभावग्रस्त परिवार एक भी नहीं था जिनकी आर्थिक समाज के लिए चिन्तनीय विषय बन जाय। परिवार सुखी एवं सम्पन्न था तथा सुविधाएँ एवं पूर्ण शान्ति में कायम रहती थी। किसी समस्या का समाधान सहजता से हो जाता था तथा सभी सदस्य संतुष्ट जीवन व्यतीत करते थे।

मन्त्र 12 पृ. 285 :-

अश्विना धर्म पात हार्द्वानमहर्दिवाभिरुतिभिः।
तन्त्रायिणे नभो घावापृथिवीभ्याम्।।

अर्थात् जैसे भूमि और सूर्य परस्पर उपकारी हुए साथ वर्त्तमान हैं वैसे मित्र भाव से युक्त स्त्री पुरुष निरंतर वार्त्ता करें।

प्रस्तुत मन्त्र के माध्यम से तत्कालीन समाज का स्वरूप उल्लिखित हुआ है जिससे स्पष्ट होता है कि बौद्धिक या आर्थिक समस्या नहीं रहने के कारण समाज में पूरी शांति व्यवस्था कायम थी। लोगों की आवश्यकताएँ सीमित थी इसलिए सभी संतुष्ट तथा सुखी जीवन जीने के आदी हो गए थे। वेदकालीन समाज का आदर्श सरलता, सहजता समान्वित रहने के कारण सर्वत्र शांति थी और अपने विकास कार्य से पूरा समाज जुड़ा था जिससे समाज में अशांति बेचैनी के उदाहरण कम ही दीख पड़ते हैं।

मन्त्र 13 पृ. 286 :-

आपातमश्विना धर्ममन
द्यावापृथिवी अमसाताम्।
इहैव रातयः सन्तु॥

अर्थात्–जैसे वायु और बिजली तथा सूर्य और भूमि साथवर्त कर सुख देते हैं वैसे स्त्री–पुरुष प्रीति के साथ वर्त्तमान हुए सबके लिए अतुल सुख देवें।

प्रस्तुत मन्त्र के माध्यम से पारिवारिक स्वरूप का उल्लेख किया गया है। परिवार में पति पत्नी दोनों के सुख–संतोष की जिन्दगी पर विचार अभिव्यक्त हुआ है। दोनों की प्रसन्नता पूरे परिवार के लिए सुखदायक सिद्ध होती है।

मन्त्र 14 पृ. 286 :-

इषे पिन्वस्वोर्जे पिन्वस्व ब्रह्मणे पिन्वस्व।
क्षत्राय पिन्वस्व द्यावापृथिवीभ्यां पिन्वस्व॥

धर्मासि सुधर्मा मेन्यस्मे नृम्नानि धारय।
ब्रह्म धारय क्षत्रं धारय विशे धारय॥

जो स्त्री–पुरुष अहिंसक धर्मात्मा हुए आप ही धन, विद्या, राज्य और प्रजा को धारण करें वे अन्न, बल विद्या और राज्य को पाकर भूमि और

सूर्य के तुल्य प्रत्यक्ष सुख वाले होवें।

प्रस्तुत मन्त्र में पारिवारिक सामञ्जस्य के उदाहरण प्रस्तुत किये जो समाज के प्रेरणादायक प्रतीत होता है। दुख सुख के भागी यदि सम्मलित रूप से सभी हो तो यह प्रसन्नता की बात मानी जाती है लेकिन सिर्फ एक को ही सहन करना पड़े तो यह पारिवारिक वैमनस्य का कारण एवं असह्य स्थिति का उदाहरण बन जाता है।

मन्त्र 15 पृ. 286 :-

स्वाहा पृष्णे शरसे स्वाहा ग्रावम्य स्वाहा प्रतिखेभ्यः।
स्वाहा पितृभ्य उद्ध्र्व वर्हिभ्या धर्मपावभ्यः स्वाहा
द्यावापृथिवीभ्यः स्वाहा विश्वेभ्यो देवेभ्यः॥

अर्थात्-स्त्री-पुरुष को चाहिए कि सत्यविज्ञान और सतक्रिया से ऐसा पुरुषार्थ करे जिससे सब को पुष्टि और आनन्द होवें।

प्रस्तुत मन्त्र में परिवार के हास-विलास का उल्लेख किया गया है जो पूरे समाज के लिए आनन्द का विषय बन जाता है। समाज में सुखी परिवार की विशेषताएँ जब परिलक्षित होती हैं तो यह सभी के लिए यह प्रेरणादायक वातावरण माना जाता है।

मन्त्रों की पुनरावृत्ति क्षेत्र-(1) भाषा (2) भाव (3) सन्दर्भ (4) एवं व्याख्या वेद के टीकाकार द्वारा ग्रन्थ के अन्तर्गत उदाहरण स्वरूप मन्त्र संख्या 1 एवं पृ. संख्या 2 यहाँ उदाहृत है :-

मन्त्र सं. 29, 30, 31, 32, 33 जाँच लें पृ. संख्या 189, 190 कृप्या जाँच लें ये उदाहरणस्वरूप उल्लिखित हैं।

पंक्ति :- पयः सोमः परिस्नृता धृत मधुत्र्यन्त्वाज्यस्य

पुनरावृति - होतर्यज

मन्त्र सं. 17 पृ. सं. 286 :-

अमीमं महिमा दिवं विप्रो वभूव सप्रथाः।
उत श्रवसापृथिवी सं सीदस्व महा

असि रोचस्वदेववीतमः वि घूममग्ने
अरुषं मियेध्य सज प्रशस्त दशर्तम्॥

अर्थात्–वही मनुष्यों की महिमा है जो ब्रह्मचर्य के साथ विद्या को प्राप्त हो सर्वत्र फैलाकर शुभगुणों का प्रचार करके सृष्टि विद्या की उन्नति करते हैं।

प्रस्तुत मन्त्र के माध्यम से शारीरिक शक्ति एवं ब्रह्मचर्य आदि की सुरक्षा एक आवश्यक शारीरिक विधान माना गया है जिसका पालन प्रत्येक व्यक्ति के लिए अनिवार्य है।

या ते धर्मविद्या शुग्या गाय त्र्यां हविर्धाने।
सा तु आ प्यायतान्निष्ठयाय तस्यै ते स्वाहा।
ये धर्मान्तरिक्षे शुग्या त्रिष्टुभ्याग्नीध्रे।
सा तु आ पायतान्निष्ठ यायतां तस्यै ते स्वाहा।
या ते धर्म पृथिव्या शुग्या जगत्यां सदस्या।
सा त आ प्यायतान्निष्ट यायतां तस्यै ते स्वाहा।

अर्थात् जो स्त्री पुरुष दिव्य क्रिया शुद्ध उपासना और पवित्र विज्ञान को पाकर प्रकाशित होते हैं वे ही मनुष्य जन्म के फल से युक्त होते हैं औरों को भी वैसा ही करें।

मन्त्र सं. 19 पृ. सं. 286 :-

क्षत्रस्य त्वा परस्पाय ब्रह्मणस्तन्वं पाहि।
विशस्त्वा धर्मणा वयमनु क्रामाम सवितायनव्यसे॥

राजा और राजपुरुषों को उचित है कि धर्म के साथ विद्वानों और प्रजाजनों की रक्षा करें। वैसे ही राजा की रक्षा करना कर्त्तव्य है।

प्रस्तुत मन्त्र के माध्यम से पूरे समाज को आह्लादित करने का प्रयास हुआ है। राजतन्त्र की सुरक्षा पर ध्यान देना पूरी तरह प्रजावर्ग का धर्म है क्योंकि राजा यदि प्रजा के हित में सुरक्षा कार्य सब तरह के कष्टों को सहन करते हुए करते हैं तो प्रजा का भी यह कर्त्तव्य है कि राजा की रक्षा प्रजा वर्ग करे। उक्ति प्रसिद्ध है कि ''प्रथमं राजानम् बन्दे'' अर्थात्

सर्वप्रथम राजा के समीप मस्तक झुकाना चाहिए।

मन्त्र सं. 20 पृ. सं. 286 :-

चतुः स्त्रक्ति र्नाभिर्ऋतं तस्य सप्रथाः।
स नो विश्वायुः सप्रथाः स नः सर्वायुः सप्रथाः।
अवद्वेषो ऽअप हरोऽन्य व्रतस्य सश्चिम।

हे मनुष्यों! जैसे रस को प्राप्त हुई नाभि रस को उत्पन्न कर शरीर के अवयवों को पुष्ट करती है वैसे सेवन किये विद्वान दोषों से निवृत्त करा देते हैं।

मन्त्र सं. 21 पृ. सं. 287 :-

धर्मैं तत्ते पुरीषं तेन वर्द्धस्व चा च प्यायस्व।
वर्धिषीमहि च वयमा चप्यासिपीमहि॥

अर्थात् मनुष्यों! जैसे सर्वत्र अभिव्याप्त ईश्वर ने सब की पुष्टि की है वैसे ही बढ़े हुए पुष्ट हम लोगों को चाहिए कि सब जीवों को बढ़ावें और पुष्ट करें।

प्रस्तुत मन्त्र के माध्यम से ईश्वरीय संरचना पर प्रकाश डाला गया है। ईश्वर की कृपा जिन्हें प्राप्त हो जाती है उनका चतुर्दिक विकास होता है। मनुष्य जो विकसित हो चुके हैं उनका धर्म है कि अपने साथ दूसरे का भी हित करें तथा उन्हें विकसित करने में सहयोग प्रदान करें।

मन्त्र संख्या 22 पृ. सं. 287 :-

अचिक्रददवृषा हरिर्महान्मि प्रो न दर्शतः।
संध सूर्येणविद्युतदुदधिनिधिः॥

अर्थात् हे मनुष्यों! जैसे बैल वा घोड़े शब्द करते हैं और जैसे मित्र मित्रों को तृप्त करता है वैसे ही सब लोगों के साथ वर्त्तमान विद्युत रूप अग्नि सबको प्रकाशित करता है। उसको जानो।

प्रस्तुत मन्त्र के माध्यम से सामाजिक विकास के मन्त्र फूँकने का प्रयास किया गया है जिससे पूरा समाज विकासमान स्थिति में पहुँच जाय।

मन्त्र के माध्यम से सामाजिक चिंतन प्रस्तुत किया गया है। उक्ति प्रसिद्ध है-"परहित सरसि धरम नहि भाई, परपीड़ा सम न अधभाइ"।

मन्त्र 23 पृ. 286 :-

सुमि त्रिया न आपो औषधयः सन्तु दुर्भीत्रियास्तस्मै।
सन्त योऽस्मान द्वेष्टि यंच वयं द्विष्मः॥

अर्थात्-जो मनुष्य दूसरों के सुपथ्य औषधि और प्राण के तुल्य रोग दूर करते हैं वे धन्यवाद के योग्य हैं और जो कुपथ्य दुष्ट औषधि मृत्यु के समान औरों को दुख देते हैं उनको बार-बार धिक्कार है।

प्रस्तुत मन्त्र के माध्यम से समाज के सदाचारी एवं दुराचारी दोनों के कर्त्तव्याकर्त्तव्य पर प्रकाश डाला गया है।

वड्भलवास नरक करु ताता।
दुष्ट संग जनु देहि विधाता।

जैसे उक्ति से स्पष्ट है कि समाज में सभी एक समान सदपात्र नहीं होते हैं। दुष्टों से बचकर निकल जाना बड़ा ही कष्ट साध्य है। उनके चंगुल में सज्जन एवं साधु प्रकृति के आदमी अवश्य फँस जाते हैं। परिवार, समाज सभी स्तर पर दुष्टों का सम्पर्क बड़ा ही घातक होता है। उक्ति प्रसिद्ध है-"बिन मारे वैरी मरे" के सिद्धान्त समाज में खुलकर लागू होते रहते हैं। दूसरों की पीड़ा देखकर दुष्टों को बड़ा ही हर्ष होता है। ईश्वर यदि ऐसे दुष्टों को विलम्ब से दण्ड देते हैं तो यह कार्य बड़ा ही उपकारी कार्य माना जाता है

मन्त्र 25 पृ. सं. 287 :-

एधोऽस्येधिषीमहि समिदसि तेजोऽसि तेजोमयि धेहि।

हे मनुष्यों जैसे ईंधन से और घी से अग्नि प्रज्ज्वलित होती है वैसे ही उपासना किये जगदीश्वर से योगियों की आत्मा प्रकाशित होती है।

प्रस्तुत मन्त्र के माध्यम से योगियों की आत्मा प्रज्ज्वलित करने हेतु जगदीश्वर की प्रार्थना का आश्रय लिया गया है।

मानव की आकाँक्षा की पूर्ति परमेश्वर की अनुकम्पा प्राप्ति के उपरान्त ही होती है जिसकी व्यवस्था के लिए सहयोगी की आवश्यकता उल्लिखित की गई है।

मन्त्र सं. 26 पृ. 287 :-

यावती द्यावापृथिवी यावच्च
सप्त सिन्धवे वितस्थिरे।
तावन्तमिन्द्र ते ग्रहभृ जां
ग्रहम्याक्षितं मयिगृहाभ्यक्षितम्॥

हे विद्वानों यह उचित है कि जहाँ तक हो सके वहाँ तक पृथिवी बिजली आदि के गुणों को ग्रहण करके अक्षय सुख को प्राप्त होवें। परिश्रमशील पात्र अपनी आवश्यक पूर्ति हेतु दूसरे पर आश्रित नहीं होते बल्कि अपनी परिश्रमशीलता का लाभ उठाते हुए अपनी कर्मठता के उदाहरण प्रस्तुत करते हैं।

मन्त्र 27 पृ. सं. 287 :-

मयि स्यदिन्द्रियं वृहन्मयि दक्षो मयि क्रतुः।
धर्मस्त्रिशुन्विराति विराजाज्योतिषा
सह ब्रह्मणो तेजसा सह॥

अर्थात्-हे मनुष्यों! जैसे अग्नि विद्युत और सूर्य रूप से तीन प्रकार का प्रकाश जगत को प्रकाशित करता है वैसे उत्तम बल, कर्म, बुद्धि, धर्म से संचित धन जीता गया इन्द्रिय महान सुख को देता है।

प्रस्तुत मनत्र के माध्यम से परिश्रमी व्यक्ति की कर्मठता एवं लगनशीलता से सारी आवश्यकताएँ पूरी कर ली जा सकती है जिससे पराश्रित होने की अवस्था ही न आ सके। मन्त्रकार ने व्यक्ति की शक्ति की अनदेखी नहीं की है बल्कि प्रेरणादायक मन्त्रों को उल्लिखित करते हुए उन्हें स्वपरिश्रमशीलता से लाभान्वित होने की सलाह दी है जिससे यह स्पष्ट हो जाय कि "प्यासे व्यक्ति के पास कुआँ दौड़कर नहीं जाता

है बल्कि अपनी प्यास बुझाने के लिए तेजी से कुएँ के पास जाकर स्वचेष्टा से प्यास बुझाने हेतु सारे परिश्रम करके अपनी आवश्यकता अपने परिश्रम के माध्यम से स्वयं हल कर लेने की चेष्टा करना समुचित कार्य माना गया है।

ऋग्वेद वर्णित भारतीय सामाजिक अवस्था

मन्त्र संख्या 7 पृ. 251 :-

इत उती वो अजरे प्रहेतारम् प्रहितम्।
आशुं जेतारं होतारं रथो तमम् तूर्ततुग्र या वृधम्।।

अर्थात्–मानव की देखभाल अन्य किसकी शरण में जाकर हो सकती है? स्पष्ट है कि अजर, अमर, परमेश्वर की शरण में ही, स्व अन्तः करण में उसकी अनुभूति प्रत्यक्ष करना ही उसकी शरण में जाना है।

प्रस्तुत मन्त्र के माध्यम से परमेश्वर की अनुकम्पा प्राप्ति के प्रयास हुए हैं जिसका उल्लेख बड़ी स्पष्टता से किया गया है।

अलौकिक शक्ति एवं ईश्वरीय प्रयास अनुकम्पा की प्राप्ति ही मानव जीवन का लक्ष्य माना गया है। जिसकी आवश्यकता व्यक्ति, समाज से पूरी नही हो रही है उसे सिर्फ परमेश्वर ही संतुष्ट कर सकते हैं तथा उनकी सारी जरुरतें परमेश्वर ही पूरी कर सकते हैं। मनुष्य को ऐसी परिस्थिति में हतप्रभ होने की आवश्यकता नहीं बल्कि धैर्य धारण करना सबसे बड़ी उपलब्धि मानी गई है जिसका शरण मानव को लेना ही चाहिए क्योंकि मनुष्य का भरोसा सदा विश्वस्नीय नहीं माना गया है। पर ईश्वर का भरोसा कभी निष्फल नहीं जाता है।

मन्त्र सं. 2 पृ. 252

दधामि ते मधुनो भक्षमग्रे
हितस्ते भागः सुतो अस्तुसोमः।
असश्च त्वं दक्षिणतः सखा
मेऽधा वृत्राणि जङ्धनाव भूरि।।

अर्थात् भगवान ने अपनी सृष्टि में अनेक प्रकार के भोग प्रदान किए हैं। जीव का कर्त्तव्य है कि उसका सार अर्थात् बोध प्राप्त कर उसे ही समर्पित करने की भावना से ग्रहण करे। इस भाँति वह प्रभु का शक्तिशाली सखा दायाँ हाथ बन कर प्रभु के सहयोग से अपने जीवनपथ में आने वाले विघ्नों को दूर करने में समर्थ होता है।

प्रस्तुत मन्त्र के माध्यम से ईश्वर की शक्ति उल्लिखित हुई है जिसके आधार पर मानव मन आश्रित रहते हुए अपनी आवश्यकताएँ तथा हार्दिक इच्छाएँ पूर्ण करने की सफल चेष्टा कर सकता है। मानव अपनी शक्ति भर प्रयत्न करने का दायित्व रखता है लेकिन जहाँ यह दायित्व निभाना कठिन हो जाय वहाँ ईश्वर का भरोसा अवश्य ग्रहण करना चाहिए। उक्ति प्रसिद्ध है

''स्व इच्छा बलम् नास्ति
दैव इच्छा बलीयसी''

इस तरह लोक एवं परलोक दोनों का ही रसास्वादन करना चाहिए जिससे मनुष्य को कभी निराश नहीं होना पड़ता है। उसे हतप्रभ होने की जरूरत नहीं है क्योंकि भरोसा अन्त में ईश्वर पर ही करना आवश्यक माना गया है।

मन्त्र संख्या 3 पृ. 252

प्र सु स्तोग्रे भरत वाजयन्त
इन्द्राय सत्यं यदि सत्यमस्ति।
नेन्द्रा अस्तीति नेमं उ त्व
आह कई ददर्श कर्मभिष्टंवाम्।।

भगवान के अस्तित्व का सत्य निश्चय किये हुए ही स्तोता उसकी वन्दना कर सकता है। अपरिपक्व ज्ञानी तो उसके अस्तित्व के प्रति भी शंकालु ही बना रहता है।

प्रस्तुत मन्त्र के माध्यम से स्तोता के विश्वास की परीक्षा का प्रश्न

उजागर किया गया है। भारतीय परम्परा के अनुसार इस उक्ति पर विश्वास किया जा सकता है :-

''विश्वासो फलदायकः'' अर्थात् फलाफल की चिंता किये बिना मनुष्य को आत्मविश्वास का ही भरोसा रहता है। यदि भरोसा करके स्थिर हो बैठ जाता है तो उसके विश्वास के फल अवश्य प्राप्त हो जाते हैं।

मनुष्य अपनी श्रद्धा-भक्ति को आधार बनाकर कार्य में जुट जाता है।

मन्त्र संख्या 4 पृ. सं. 252 :-

अधमस्मि जरितः पश्य मेह विश्वा जातान्यभ्यारिभमह्ला।
ऋतस्य मा प्रदिशो वर्धयन्त्या ददिंरोभुवना दर्दरीभि॥

अर्थात्-परमात्मा का सच्चे हृदय से कीर्तन करने वाला साधक सर्वोपरि तो है ही, वह प्रभु का यथार्थ अधिकता भी है और इस भाँति उसके महत्त्व का व्यापक प्रचार भी करता है।

प्रस्तुत मन्त्र के माध्यम से भक्त एवं भगवान दोनों ही संकट ग्रस्त हो जा सकते हैं यदि किसी ओर शंकालु हृदय से कार्य किया जाता है। मानव मन का चिंतायुक्त रहना स्वाभाविक है क्योंकि जिसकी शक्ति नगण्य है वह अपनी श्रद्धाभक्ति के बल पर ही आगे बढ़ता है। मनुष्य के लिए कथन है :-

''मनः एव मनुष्यानाम् कारणम बन्धनमोक्षयोः''

मनुष्य अपनी शक्ति की न्यूनता से सतत् अवगत है। वह यदि असीम सत्ता पर विश्वास करते हुए कार्य सम्पन्न करना चाहता है तो यह अनुचित नहीं माना गया है। उक्ति प्रसिद्ध है :-

''शंकाभिः सर्वभाकान्तं अन्नं पानश्च भूतलेः
प्रवृतिः कुत्र कर्त्तव्या जीवितं कथं नुवा''

हर क्षण, हर वस्तुएँ शंका से घिरी हुई है। ऐसी परिस्थिति में निर्णायक को बड़ी कठिनाई होती है कि वह क्या करे क्या न करे। इस स्थिति

में सन्दर्भ को देखते हुए कुछ बोलना कठिन माना गया है। मनुष्य को परमेश्वर पर ही भरोसा करते हुए आगे बढ़ना पड़ता है।

मन्त्र संख्या 5 पृ. सं. 252 :-

आ यन्मा अरुहन्न् तस्यँ एकभासी नंहर्यतस्य पृष्ठे।
मनश्चिन्मे हृद आ प्रत्यवोचदचिक्र दुञ्छशुभन्तसखायः॥

अर्थात् :- भगवान की प्राप्ति की प्रचण्ड अभिलाषा लेकर स्तुति करने वाले स्तोता जब तन्मयता सहित स्तुति में लगते हैं, और वे अपने प्राणबल द्वारा अपने दोषों को दूर करने की प्रयत्न भी साथ-साथ करता है तो ऐसा लगता है कि प्रभु भी उनकी पुकार सुनता है।

प्रस्तुत मन्त्र के माध्यम से ऐसी स्थिति पर विचार किया जा रहा है कि जीवन का यह अभिन्न अङ्ग बनकर सभी को इस स्थिति पर सोचना पड़ता है।

शंकाएँ जीवन के अभिन्न अङ्ग हैं। इसका त्याग किसी भी पुरुष के लिए सम्भव नहीं है। सभी किंकर्त्तव्यविभूढ़ होकर सोचने के लिए बाध्य होते हैं और परिणाम की प्रतीक्षा के सिवा दूसरा कोई साधन मान्य नहीं कहा जा सकता है। मनुष्य को ईश्वर पर भरोसा कर ही संतोष कर लेना अनिवार्य हो जाता है। जीवन में ऐसी स्थिति सभी को देखनी पड़ती है यदि वह संसार सागर से गुजरने की स्थिति में रहता है।

गोधन गजधन वाजीधन और रतनधन खान।
जब अइहैं संतोषधन सब धन धूलि समान॥

मन्त्र 6 पृ. 252 :-

विश्वेत्ता ते सवनेषु प्रवाच्या
या चकर्थ मधवन्निन्द्र सुन्वते।
पारावतं यत्पुरुसम्भृतं वस्वपावृणोः
शरभाय ऋषिबन्धवे॥

अर्थात् परमात्मा ऐश्वर्य साधक की अनेक प्रकार से सहायता करते

हैं। वह श्रम तथा तप द्वारा स्वयं को पीड़ा देने वाले साधक को दिव्य सुख देता है।

प्रस्तुत मन्त्र के माध्यम से अलौकिक शक्ति की कृपा के जो भाजन बन जाते हैं उसके लिए संघर्षपूर्ण जीवन-जीने की आवश्यकता नहीं रह जाती है। उक्ति प्रसिद्ध है :-

भाग्यं फलति सर्वत्र न च विद्या न च पौरुषं।

अतः सम्पूर्ण जीवन व्यतीत करने के लिए यह महामन्त्र की तरह कार्य करता है।

मन्त्र सं. 7 पृ. सं. 252 :-

प्र नू धावता पृथाङ्नेह यो वो अवावरीत्।
नि षी वृत्रस्य मर्मणि वज्र मिन्द्रो अपीपतत्॥

अर्थात् जो स्व जीवन में मैत्रीपूर्वक सहायक हो उसी की संगति अपेक्षित है। ऐसा मित्र प्रभु ही है। वही लोगों के शत्रुभूत विघ्नों को दूर करता है।

प्रस्तुत मन्त्र के माध्यम से अलौकिक शक्ति के महत्त्व पर प्रकाश डाला गया है। मनुष्य अपने कर्त्तव्याकर्त्तव्य के बन्धन में जकड़ा रहता है। वह जब किंकर्त्तव्यविभूढ़ हो जाता है तो हतप्रभ होकर सब कुछ त्याग देता है। वह अपने ही स्वीकार करने लगता है कि ईश्वर की इच्छा ही सर्वोपरि है, इसलिए मनुष्य को संतोष करना आवश्यक है।

मन्त्र सं. 8 पृ. 252 :-

मनोजवा अयमान आयसीमतरत्पुरम्।
दिवे सुपर्णो गत्वाय सोमं वज्रिण आभरत्॥

अर्थात् इस मंत्र के 'सुपर्ण' एवं 'आयसी पुरम्' ये दो शब्द विशेष रूप से विचारणीय हैं। मानव शरीर को 'पुरी' कहा गया है-'आयसी' यह इस कारण है कि दुष्प्रवेश्य है। यह पूरी 'चेतन तत्त्व' आत्मा का निवास स्थल है। इसमें प्रवेश का तात्पर्य है इसे भली-भाँति जानकर समझना।

इसे समझ कर ही साधक जीवात्मा परमात्मा का साक्षात्कार कर सकता है। 'सुपर्ण' का एक अर्थ ज्ञानवान् भी है। ज्ञानवान् चेतन साधक इस पुरी को भली-भाँति जानकर दिव्यता पा जीवात्मा को दिव्य सुख प्रदान करता है।

प्रस्तुत मन्त्र के माध्यम से शरीर विज्ञान का विश्लेषण प्रस्तुत किया गया है। आत्मा का निवास इस शरीर रूपी पिंजड़े में माना गया है। इसलिए कभी-कभी यह तत्त्व इस गीत के माध्यम से समझने की चेष्टा करते हैं :-

"चल उड़ जाय रे पंछी अब देश हुआ बेगाना"

अर्थात् पिंजड़े का द्वार खुल जाता है तो आत्म तत्त्व स्वतः विलीन न हो जाता है जिसे आते-जाते कोई दृष्टिगत भी नहीं कर सकता है क्योंकि ऐसा नहीं होता तो आत्मतत्त्व की स्वतन्त्रता बाधित हो सकती थी।

मन्त्र 9 पृ. 252

समुद्र अन्तः शपत उदना वज्रो अभीवृतः।
भग्नत्यस्मै संयतः पुरः प्रसवणा वलिम्॥

अर्थात् शरीर वीर्यरस का महान कोष अर्थात् सागर ही है। इस शरीर में अन्न नलिकाएँ, धमनियाँ, शिरायें, वायुनलिका, वायु, प्राणालिकायें, वातनाडिकायें आदि नदियों के तुल्य विभिन्न रसों के प्रस्रवण मार्ग हैं, जो अपना-अपना हव्य इस संसार को समर्पित करते हैं और सभी रसों का अन्तिम परिणाम शरीर का वीर्य ही है। इस व्यवस्था को समझना चाहिए।

प्रस्तुत मन्त्र के माध्यम से मानव शरीर का संक्षिप्त विश्लेषण प्रस्तुत किया गया है। इस विश्लेषण से स्पष्ट है कि शरीर के अन्तर्गत अनेक महत्त्वपूर्ण पदार्थ संचित रहते हैं जिसका अपव्यय अनुचित समझा जाता है। या आवश्यक तत्त्व का त्याग अनुचित माना गया है। मानव की शारीरिक शक्ति ही जीवनी शक्ति प्रदान करती है जिसकी सुरक्षा मानव धर्म के अन्तर्गत समाहित है।

मन्त्र 10 पृ. 252

यद्वाग वदन्त्यविचेतनानि राष्ट्रीं देवानां निषसाद मन्द्रा।
चतस्त्र ऊर्जं दुदुहे पयां सि क्व स्विदस्या परमं जगाम॥

अर्थात् ऐश्वर्य इच्छुक जीवात्मा वाक शक्ति का अधिष्ठाता भी है। जब उसकी पदार्थों की व्याख्या शक्ति जागरूक हो अधिष्ठित हो जाती है तो अविज्ञात अर्थ वाले शब्दों का अभिप्राय और उन शब्दों के ज्ञात पदार्थों का बोध मानव प्राप्त कर लेता हैं चारों ओर से मानव हेतु ज्ञानरूप दुग्ध दुहा जाने लगता है अथवा चारों वेदवाणियाँ उसे ज्ञान देने लगती हैं। पदार्थों का विस्तृत बोध कराने वाली शक्ति का अन्तिम लक्ष्य तो अत्यन्त दूर तक है। दिव्य शक्ति बोध कराती रहती है उसका अन्त नहीं है।

प्रस्तुत मन्त्र के माध्यम से मानव को आन्तरिक शक्ति यानि आत्मशक्ति का विश्लेषण इस मन्त्र के माध्यम से किया गया है। मनुष्य अपनी ज्योति को तब तक बिखरेते रहता है जब तक उसे आत्मप्रकाश प्राप्त होते रहता है। वह प्रकाश जब लुप्त होता है तो आत्मशक्ति उस असीमसत्ता में ही विलीन हो जाता और यह स्थिति मनुष्य जीवन की अन्तिम बेला कही जाती है यानि वह समय प्राणान्त बेला की संज्ञा से अभिहित किया जाता है। मरणधर्मा मनुष्य की ज्योति पुनः लौटती नहीं है बल्कि यह आत्मा विलीन होकर नये स्वरूप को धारण करने की दिशा में अग्रसर होती है।

मन्त्र सं. 11 पृ. 253 :-

देवी वाचम जनयन्त देवास्तां शिवरूपाः पशवो वदन्ति।
सा नो मन्द्रेषमूर्जं दुहाना धेनुवागस्मानुष सुष्दुतैतु॥

अर्थात् विद्वत्जन अपनी वाकशक्ति प्रादुर्भूत करते हैं और उसके द्वारा प्रभु रचित पदार्थों का बोध प्राप्त कर नानाविध ऐश्वर्य प्राप्त करते हैं। वेद चतुष्टय के रूप में विद्यमान उस वाणी का हम भलीभाँति सेवन करें।

मन्त्र सं. 12 पृ. सं. 252 :-

सखे विष्णो वितरं वि क्रमस्व
द्यौर्देहि लोकं वज्रायविष्कमे।
हनाव वृत्रं रिणवाव सिन्धनिन्द्रस्य
यन्तु प्रसवे विसृष्टाः॥

वही पुरुषार्थी व्यक्ति अपने आत्मा का सहायक है कि जो विविध पदार्थ विज्ञान को करता दुख दूर करने वाले सुकर्म करता है। इस प्रकार वह अपनी शारीरिक, मानसिक तथा आत्मिक सभी बाधाओं को नष्ट कर देता हैं और अपने शक्ति स्त्रोतों को सतत् गतिशील रखकर प्रभु से प्रेरणा प्राप्त करता हुआ सर्वात्मना सुखी होता है।

प्रस्तुत मन्त्र के माध्यम से मानव की आध्यात्मिक शक्ति का विश्लेषण प्रस्तुत करने का प्रयास हुआ है। आत्मा जब उस परमेश्वर की अनुकम्पा प्राप्त कर लेता है तो सारी बाधाएँ या सारे कष्टों से मुक्ति प्राप्त कर वह जीव निर्विकार हो जाता है।

मन्त्र संख्या 1 पृ. संख्या 253 :-

ऋधगित्था स मर्त्यः शशमे देवतातये।
यो नूनं मित्र वरुणावभिष्टय आचक्रे हव्यदातये॥

अर्थात् प्राण व उदान को स्वअनुकूल करने से मानव की दुष्प्रवृत्तियाँ शान्त होती हैं और वह दिव्य गुणों के क्षेत्र में प्रविष्ट हो जाता है। पुनश्च शनैः शनैः उसे अभीष्ट लक्ष्य की सिद्धि प्राप्त होती हैं।

प्रस्तुत मन्त्र के माध्यम से मानव जीवन की अन्तिम अवस्था का विश्लेषण प्रस्तुत किया गया है जो अलौकिक शक्ति सम्पन्न आत्मा के विश्लेषण से सम्बद्ध है।

मन्त्र सं. 2 पृ. सं. 253 :-

वर्षिष्ठक्षत्रा उरुचक्षसा नरा राजानादीर्घश्रुतमा।
ता बाहुता न दंसना रथर्यतः साकं सूर्यस्यरश्मिमिः॥

मनुष्य की भुजाएँ बाधाओं की विद्यमानताओं में अपना-अपना कार्य करती रहती हैं। रात-दिन निरन्तर अपना-अपना कृत्य करते रहते हैं। इसी भाँति जो नर-नारी अपना-अपना कर्त्तव्य पूर्ण करते रहते हैं वे बड़े बलवान दीर्घदर्शी व दीर्घश्रुत रहते हैं।

मन्त्र सं. 3 पृ. 253 :-

प्र यो वां मित्रावरुणाजिरो दूतो अद्रवत्।
अयः शीर्षा मदेरघुः॥

जीवन पथ के यात्री नर-नारियों में से पुरुष साथी ज्ञानी एवं मननशील हों। अनर्थों को अपने मार्ग से हटाने वाला हो और दोनों में से अपेक्षा या अधिक गति से कार्य करें।

मन्त्र सं. 4 पृ. 253 :-

न यः सम्पृच्छे न पुनर्हवोतवे न सवादाय रमते।
तस्मान्नो अघ समृतेरु रुष्यतं वाहुभ्यां न उरुष्यतम्॥

अर्थात् जीवन पथ पर एक साथ चलने वालों में मतभेद तो सम्भव है परन्तु प्रश्नोत्तर से उनका विश्लेषण कर कुछ लेकर और कुछ देकर अन्त में प्रत्यक्ष रूप से वाद-विवाद द्वारा समझौता कर परस्पर संघर्ष से बचा जा सकता है। जीवन यात्रा के साथियों को उचित है कि वे इसी प्रकार से आपसी टकराव से बचें। कभी संघर्ष का अवसर न आने दें।

मन्त्र सं. 5 पृ. सं. 253 :-

प्र मित्राय् प्रार्यम्णे सचश्योमृतावसो।
वरुथ्यं वरुणे छन्छं वचः स्तोत्रं राजसु गायत्॥

पुरुषार्थी मानव स्वजीवन में स्नेहशील, दानशील श्रेष्ठ तथा दीप्तिमान बनने हेतु परमेश्वर के उन गुणों का गान करें।

प्रस्तुत मन्त्र के माध्यम से परमेश्वर की अनुकम्पा पर विश्वास रखते हुए प्राणी को टकराहत से बचने की कामना की गई है।

मन्त्र सं. 6 पृ. 253 :-

ते हिन्विरे अरुणं जेन्यं वस्तके पुत्रं तिसृणाम्।
ते धामान्य मृता मर्त्यानामदब्धा अभिचक्षते॥

अर्थात् :-जो व्यक्ति मित्रता, दानशीलता एवं श्रेष्ठता आदि गुणों का पालन करता है, निश्चय ही आत्म ज्ञानी विद्वान उसे प्रेरित करते हैं-वे उसे ऐसे गुणों का उपदेश देते हैं कि जिन्हें पार कर वह सुख से जीवन बिता सकता है।

प्रस्तुत मन्त्र के माध्यम से पारलौकिक शक्ति एवं अन्य सहायक शक्ति पर विचार किया गया है जिससे अच्छे पात्र किसी तरह की पीड़ा सहने के लिए बाध्य न कर दिया जाय तथा अन्य किसी दूसरे को अनावश्यक लाभ मिल जाय।

परमेश्वर की शासन व्यवस्था से सम्बद्ध मन्त्र में इन सारे तथ्यों पर विचार किया गया है जिससे यह अनुमान लगाया जा सके की लौकिक सुख समृद्धि में डूबे हुए किसी विशेष कोटि के प्राणी को अनावश्यक कष्ट न झेलना पड़ जाय इसलिए वेदग्रन्थ में ऐसे तथ्यों का विचार विषय मान लिया गया है जिससे सिद्ध किया जा सके कि ईश्वरीय न्याय में कोई खामी या दोष नहीं है बल्कि जिसने जैसा किया है उसको वैसा ही फल मिलना चाहिए। परमेश्वर की दुनिया के नियम कड़े अवश्य हैं लेकिन नियम के पालन में कोई टकराव या अशांति की कल्पना नहीं की जा सकती है इस तरह का चिंतन वेदग्रन्थ के माध्यम से प्रस्तुत किया गया है।

मन्त्र सं. 7 पृ. सं. 253 :-

आ मे वचास्युधता घुमत्तमानि कर्त्त्वा।
उमा भातं ना सत्या सजोषसा प्रति हव्यानि वीतये॥

अर्थात्-उपदेशक विद्वान के यथार्थ ज्ञान से परिपूर्ण उपदेशों को कभी न टालने वाले नर-नारी यदि उनके अनुसार एक दूसरे को साथ लेकर

चलें। तो उन्हें उचित योग्य पदार्थों को कभी कमी न होगी यह विधान परमेश्वर की कृपा से है।

मन्त्र सं. 8 पृ. 253 :-

रातिं यद्वाभरक्ष सं हवामहे युवाभ्यां वाजिनोवसू।
ग्राचीं होत्रा प्रतिरन्तावितं नरा गृणाना यमदग्निना।।

जिन नर-नारियों के आचरण की विशेष गुणान्वित विद्वान भी प्रशंसा करते हैं अन्य जन चाहे कि उनसे किया सामूहिक स्तवन और अधिक काम तक चले, जिससे उनमें अधिकाधिक व्यक्ति भाग ले सकें।

मन्त्र सं. 9 पृ. 253 :-

आ नो यज्ञं दिविस्पृशंवाचो याहि सुमन्मभि।
अन्तः पवित्रं ऊपरि श्रीणानो यंशुक्रो अयामिते।।

अर्थात्-साधक प्रस्तुत सूक्त में वर्णित जोगी जन को अपने प्रभु के गुण कीर्त्तन यज्ञ में उससे शिक्षा ग्रहण करने के लिए आमन्त्रित करें और अपने सुकृत्यों से उसके हृदय में स्थान पाने का प्रयास करें।

प्रस्तुत मन्त्र के माध्यम से परमेश्वर की संरचना पर विचार किया गया है और यह भावना व्यक्त की गई है कि उस पारलौकिक व्यवस्था में कोई भूल नहीं है।

वेदग्रन्थों में पारलौकिक चिंतन

"विद्यया लुप्यते पापम् विद्ययाऽऽयुः प्रवर्द्धते
विद्यया सर्वसिद्धिम् स्यात्, विद्ययाऽमृतमश्नुते।।"

पारलौकिक चिंतन के स्वरूप का विश्लेषण

वेदवर्णित समाज के तथ्यों एवं तत्त्वों को उल्लखित करने में कई अध्यायों का आश्रय लेना पड़ा है। मानव की जिज्ञासा नेत्रों की सीमा में बंधकर संतुष्ट नहीं होना चाहता है। वेदग्रन्थों में पारलौकिक घटनाएँ भी वर्ण्य-विषय के स्वरूप में समाहित कर ली गई हैं। उन पारलौकिक घटनाओं को समझाने का प्रयास अनिवार्य समझा गया जिसके विश्लेषण करने हेतु इस सन्दर्भ को भी शोध-कार्य की सीमा में समाविष्ट कर लिया गया है। जिज्ञासाएँ मानव-मन को खींचती हैं। ''मन के हारे हार है, मन के जीते जीत'' की उक्ति हमेशा कार्य करती है।

इस अध्याय को समायोजित कर लेने में कौन सी पृष्ठभूमि कार्य करती रही यह तथ्य उल्लिखित करते हुए आगे बढ़कर पारलौकिक घटनाएँ भी शोध की सीमा में ली गई है।

अधिक आयु या लम्बी आयु की प्राप्ति हेतु मन्त्र उल्लिखित किया गये हैं :-

अथर्ववेद वर्णित पारलौकिक चिंतन-

अथर्ववेद मन्त्र सं. पृ. सं 149 :-लम्बी उम्र प्राप्ति मन्त्र

सं क्रामतं मा जहीतं शरीरं
प्राणा चानौते सयुजाविह स्तामः-
शतं जीवो शरदोवर्धमानो
ऽग्निष्टे गोपा अधिया वसिष्ठः।।

अर्थात्-हे प्राण और अपान! तुम दोनों मिलकर चलो, इसके शरीर को मत छोड़ो, हे मनुष्यों! वे दोनों तुम्हारे शरीर के लिए मिले हुए यहाँ पर रहें। सौ वर्षों तक बढ़ता हुआ तू जीता रहे, सर्वव्यापक परमेश्वर तेरा रक्षक, अधिक पालन करने वाला अन्यन्त श्रेष्ठ है।

समुद्र पार यात्रा मन्त्र पृ. सं 7-मन्त्र संख्या 1

सं सं सवन्ते सिन्धवः संवाताः सं पतत्रिण
इमं यज्ञं प्रदिवो मे जुषन्तां संस्त्रा व्येणहविषु जुहेमि।।

अर्थात्-मनुष्यों के लिए उचित है कि नौका आदि से समुद्र यात्रा करे। विमान आदि से वायुमण्डल में आने-जाने के मार्गों को और यथायोग्य व्यवहार से पक्षी आदि सब जीवों को अनुकूल रक्खे। तथा विज्ञानपूर्वक सब पदार्थों से लाभ उठावें। तथा विद्वानों में पूर्ण प्रीति और श्रद्धा रक्खें जिससे वे भी उत्साह पूर्वक बर्त्ताव करें।

धनार्जनसम्बद्ध मन्त्र सं 2 पृ. सं. 7;

इहैव हवमा यात म इह संस्नावणा उतेमं वर्धयता गिर
इहैतु सर्वो यः पशुश्मिन तिष्ठतु या रयिः।।

अर्थात्-विद्वान लोग विद्या के बल से संसार की उन्नति करते हैं। इससे मनुष्य विद्वानों का सत्संग पाकर सदा अपनी वृद्धि करें और उपकारी जीवों और धन का उर्पाजन पूर्ण शक्ति से करते रहें।

परिश्रमशीलता-मन्त्र सं.3 पृ. 7 :-

ये नदीनां संस्नन्त्युत्सासः सदमेक्षिताः।
तमिर्मे सर्वैः संस्नावैर्धनं स्त्रांवयामसि।।

अर्थात् पर्वतों पर जल के सोते मिलने से वेगवती और उपकारिणी नदियाँ बनती हैं जो ग्रीष्म ऋतु में भी नहीं सूखती, इसी प्रकार हम सब मिलकर विज्ञान और उत्साहपूर्वक तड़ित, अग्नि, वायु, सूर्य, जल, पृथिवी आदि पदार्थों से उपकार लेकर अक्षय धन बढ़ावें। और उसे उत्तम कर्मों में व्यय करें।

ये सर्पिषः संस्त्रवन्ति क्षीरस्य चोदकस्य च
तेमिर्मे सवैः संस्नावैर्धनं सं स्नावयामसि।

अथर्ववेद मन्त्र सं. 3 पृ. 8

जैसे घी, दूध और जल की बूँद-बूँद मिलकर धाराएँ बँध जाती हैं और उपकारी होती हैं इसी प्रकार हमलोग उद्योग करके थोड़ा-थोड़ा संचय करने से बहुत सा विद्या-धन और सुवर्ण आदि धन प्राप्त करके उत्तम कार्यों में व्यय करें।

सूक्त-16 पृ. स. 8 मंत्र संख्या 1 :-

येमा वास्यां रात्रिमदस्थुर्व्राजमस्त्रिणः।
अग्निस्तुरीयो यातुहा सो अस्मभ्यमधि व्रवन्॥

जो दुष्ट लोग अंधेरी रातों में गोशाला आदि पर धावा करके प्रजा को सतावें तो प्रतापी राजा ऐसे राक्षसों से रक्षा करके राज्यभर में शान्ति फैलावें।

प्रस्तुत मन्त्रों के माध्यम से नैसर्गिक सुख-प्राप्ति का प्रयास किया गया है। जिससे यह स्वर्ग तुल्य बन जाय और सभी सुख सागर में गोता लगाते रहें।

मन्त्र संख्या 2 पृ. स. 8 :- अथर्ववेद

सीसायाध्याह वरुणः सीसायाग्निस्पावति।
सीसं म इन्द्रः प्रामच्छत् तदङ्ग यातु चातनम्॥

अर्थात् -जल, अग्नि, वायु, आदि पदार्थ ईश्वर की आज्ञा से परस्पर मिलकर हमारे लिए बाहर और भीतर से उपकारी होते हैं। ब्रह्मज्ञान प्रत्येक मनुष्यादि प्राणी को परमेश्वर ने दिया है। उस ज्ञान को साक्षात् करके प्राणी दुखों से छूटकर शारीरिक आत्मिक और सामाजिक आनन्द प्राप्त करते हैं।

मन्त्र 3 पृ. सं 8 :- अथर्ववेद

विष्कधं सहत इदं वाधते अत्रिणः।
अनेन विश्वा ससहे या जातानि पिशच्याः॥

दूरदर्शी पुरुषार्थी मनुष्य उत्तम ज्ञान के सामर्थ्य से अपने क्लेशों के कारणों को जानते हैं और कुवासनाओं एवं कुसंस्कारों को अपने हृदय में नहीं जमने देते हैं।

प्रस्तुत मन्त्र के माध्यम से मन्त्रकार ने अलौकिक शक्ति सम्पन्न मानव के आत्मज्ञान पर प्रकाश डाला है। मानव जब आत्मज्ञान की शरण में जाता है तो भौतिक विपदाओं के मूल कारणों की समझ उन्हें अपने आप होने लगती है। ईश्वरीय शक्ति सम्पन्न मानव आत्म-ज्ञान के भरोसे सारे विघ्न-बाधाओं का लोप करते हैं क्योंकि आने वाली विपदाएँ शमित होती हैं जिसके लिए परमेश्वर की प्रार्थना कारगर होती है।

मन्त्र सं. 4 पृ. 8 :- अथर्ववेद

यदि न गां हंसियधश्व यदि पुरुषम्।
तं त्वा सीसेन न विध्यामो यथा नोऽसौ अवीरहा।

मनुष्य वर्त्तमान क्लेशों को देखकर आने वाले क्लेशों को यत्नपूर्वक रोककर आनन्द भोगें। उक्ति है :-

सुख के माथे सिल पड़े;
नाम हृदय से जाय।
बलिहारी वा दुख की।
पल -पल नाम रक्षाय।।

मानव जीवन में अलौकिक शक्ति-दर्शन प्रायः हो जाया करता है। मन का विश्वास तथा आत्मचिंतन से आत्मशक्ति मुखर हो उठती है जो हमें दिशा एवं दृष्टि निर्देश करती हैं।

सूक्त 17 मन्त्र 1 पृ. 8 :-

असूर्या यन्ति योषितो हिरालोहितवाससः।

इस सूक्त में नाड़ी खोलने का वर्णन है। मन्त्र का अभिप्राय यह है कि नाड़िया रुधिर संचार का मार्ग होने से शरीर की सेवा करने वाली हैं, लोहू में ढ़री हुई नारियाँ ऐसी असमर्थन हो जाँय जैसे माता पिता और

भाइयों के बिना कन्याएँ असहाय हो जाती हैं, तन नाड़ियो से रुधिर का बहना रोक देना चाहिए।

सूक्त 18 मन्त्र सं 2 पृ. सं 9 :- अथर्ववेद

निररणि सविता साविषत
पदोर्निर्हस्तयो वरुणोमित्रोअर्यमा।
निरस्मभ्य मनुमती रराणप्रेमां
देवा असाविषुः सौभगाय॥

मन्त्रोक्त शुभ लक्षणों वाला राजा और प्रजा परस्पर हितबुद्धि और शुभचिन्तक महात्माओं की सहायता से क्लेशों का नाश करके सबका ऐश्वर्य बढ़ावें।

मन्त्र सं. पृ. स. 9 :- अथर्ववेद

यत्त आत्मनि तन्वां घोरमस्ति
यद्वा के शेषु प्रतिचक्षणेवा।
सर्व तद वाचाप हन्मो
वयं देवस्त्वा सविता सूदयतु॥

जब मनुष्य अपने आत्मिक और शारीरिक दुगुणों और दुर्लक्षणों को उपदेश और सत्संग से छोड़ देता है, तो परमेश्वर से अपना कर अनेक सामर्थ्य प्रदान करता है और आनन्दित करता है।

मन्त्र संख्या 4 पृष्ट सं. 9 :- अथर्ववेद

रिष्यपदी वृषदतीं गोषधां विद्यमामुन।
विलीढयं ललाम्यं ता अस्मन्ना शु यामसि॥

अर्थात्- जब स्त्री-पुरुष मनुष्य स्वभाव से विरुद्ध कुचेष्टाओं को छोड़कर विद्वानों के सत्संग सुन्दर स्वभाव बनावें और मनुष्य जन्म को सफल करके आनन्द भोगें।

प्रस्तुत मन्त्र के माध्यम से स्पष्ट है कि मानवोचित आचरण करने वाला पात्र धन्यवाद के योग्य होते हैं।

अथर्ववेद मन्त्र संख्या पृ. सं 9 सूक्त 19 अथर्ववेद

> **विषञ्चो अस्मच्छर वः पतन्तु ये अस्ताये चास्याः।**
> **दैवीर्मनुष्येषवो ममावित्रान् वि विध्यत्॥**

राजा अपने प्रजा की निर्धनता आदि दुर्लक्षणों को मिटावे और शत्रु को दण्ड देकर प्रजा में आनन्द फैलावे।

मन्त्र संख्या 4 पृ. सं 9 सूक्त 19 अथर्ववेद :-

> **यः सपत्नो योऽसपत्ने यश्च द्विषन् छपति नः**
> **देवास्तं सर्वे धूर्वन्तु ब्रह्म वर्म ममान्तरम्॥**

प्रकट या अप्रकट शत्रुओं का राजा नाश कर डालें। वह परब्रह्म, सर्वरक्षक, कवचरूप होकर धर्मात्माओं के रोम-रोम में भर रहा है। वही आत्मबल देकर युद्धभूमि में सदा उनकी रक्षा करती है। यह अलौकिक शक्ति पूरी सृष्टि में व्याप्त है।

मन्त्र सं 1 सू. 20 पृ. सं. 9 मन्त्र सं. 1 - अथर्ववेद

> **अदारसृद् भवतु देवे**
> **सोमास्मिन् यज्ञे मरुतामृडता**
> **नः मा नो विदभिमा मो अशस्तिर्मा**
> **नो विदद वृजिना द्वेष्या या॥**

अर्थात् मनुष्य परमेश्वर की सहायता से शत्रुओं को निर्बल कर दें। अथक घर वालों से अलग रक्खें और विद्वान शूरवीर से भी सम्मति प्राप्त कर लें जिससे प्रत्येक विपत्ति अपकीर्ति और कुमति हट जाय और निर्विघ्न अमीष्ट सिद्ध होवे।

प्रस्तुत मन्त्र में ईश्वरीय शक्ति की प्राप्ति की कामना की गई है। अलौकिक शक्ति जब प्राप्त कर ली जाती है तब मानव-मन की शक्ति उमड़ती हुई अनुभव होती है और ऐसे कार्यों में निर्विघ्नता पूर्वक सफलता प्राप्त हो जाती है। देव, दानव, एवं मानव तीन श्रेणियाँ शक्ति की मानी गई हैं। शुभकार्य में देव वर्ग की शक्ति जुड़ जाती है लेकिन इस दिशा

में मानव को सद्प्रवृति का सहारा लेना अनिवार्य समझा जाता है। मनुष्य को ईश्वरीय सहायता या ईश्वरीय अनुकम्पा मिलती है तो सारी बाधाएँ स्वतः दूर हो जाती हैं।

"सभी सहायक सबल के निर्बल कोई न सहाय" इस स्थिति में परमेश्वर का अलौकिक सहयोग मिल जाने से वह पात्र तेजी से आगे बढ़ जाता है जहाँ पर मानव को दैवी-सहायता पर विश्वास करना पड़ता है।

यो अद्य सेन्यो वधोऽधायूनामुदीहते।
यु वं तं मित्रवरुणावस्मद् यावयतं परि॥

अथर्ववेद मन्त्र 2 पृ. 9

अर्थात्- जिस समय शत्रु सेना आ दबा दें उस समय अपने प्राण, अपान वायु को यथायोग्य सम रखकर और सचेत होकर शरीर में बल बढ़ाकर संघर्ष करें और शत्रुओं पर शीघ्र जीत पावें। श्वास को साधना से मनुष्य स्वस्थ और बलवान होते हैं। प्राण और अपान के समान उपकारी और बलवान कोई अन्य शक्ति नहीं होती है जिसे परमेश्वर की अनुकम्पा समझनी चाहिए।

मन्त्र सं 3 पृ. 9 सू. 19 :-

इतश्च यदयुतश्च यदवधं वरुण यावय।
विमहच्छमे यच्छ वरीयो यावय वधम॥

अर्थात्- ईश्वर पर विश्वास करके अपनी सेना को प्रयत्न पूर्वक शत्रु के प्रहार से बचाता हुआ वैरी को जीतने का प्रयास करना चाहिए।

मनुष्य की शक्ति में ईश्वरीय शक्ति का योगदान महत्वपूर्ण कहा गया है। जिसके फलस्वरूप सफलता अनिवार्य मानी गई है।

मन्त्र 4 पृ. 10 सू. 20 अथर्ववेद

शास इत्था महाँ अस्यमित्रसाहो अस्तृतः।
न जस्य हन्यते सखा न जीयते कदाचन॥

अर्थात्- वह परमात्मा शत्रुनाशक है और वह सर्वशक्तिमान भी है। इस तरह श्रद्धा उस असीम सत्ता पर रखते हुए प्रयत्नशील होने सफलीभूत निश्चित है मनुष्य प्रयन्तपूर्वक आत्मिक, शारीरिक, और सामाजिक बल का आश्रय लेकर ईश्वर के प्रति दृढ़ विश्वासी होकर जब कार्यरत हो जाता है तो सफलीभूत होना निश्चित है।

मन्त्र 1 पृ. 10 सूक्त-21 अथर्ववेद पृ. 10 :-

स्वस्तिदा विशां पतिर्वृत्रहा विमृधो वशी।
वृषेन्द्रः पुर एतु न सोमपा अभयंकरः॥

अर्थात् जो मनुष्य मन्त्रोक्त गुणों से युक्त राजा को अपना अगुआ बनाते हैं, वे अपने सब कामों में विजय पाते हैं। वह जगदीश्वर सब राजा महाराजाओं का लोकाधिपति है उसको अपना अगुआ समझकर सब मनुष्य जितेन्द्रिय हों।

जगदीश्वर के प्रेमभाजन राजन्य वर्ग ही सर्वप्रथम आते हैं क्योंकि पूर्व जन्म के पुण्य का परिणाम ही उसे राजा बनाता है। उस राजन्य वर्ग में जो सहानुभूति के साथ उपस्थित होता है वह ईश्वरीय अनुकम्पा प्राप्त करने का अधिकारी समझा जाता है।

मन्त्र सं 4 पृ. 10 सूक्त 10 अथर्ववेद

अपेन्द्र द्विषतो मनोऽप जिज्यासतो वधम्।
वि महच्छर्म यच्छ वरीयो यावया वधम्॥

अर्थात् परमेश्वर के विश्वास से मनुष्य अपने पुरुषार्थ और बुद्धिबल से शत्रु को निरुत्साही करके विजयी होवें।

धर्म की शक्ति सर्वोपरि कही गई है क्योंकि उक्ति है ''धर्मं जयति न अधर्म है'' धर्म ही विजय होता है अधर्म नहीं।

महाभारत जैसे युद्ध की भविष्यवाणी धर्माश्रित ही थी :-

यत्र योगेश्वरः कृष्णः यत्र पार्थ धनुर्धरः।
तत्र श्री विजयोभूतिः ध्रुवा नीतिर्मतिमम्॥

मन्त्र सं. 1 पृ. 23 सू. 11 अथर्ववेद

> **दूष्या दूविरसि हे त्या हेतिरसि मेन्या मेनिरसि।**
> **अप्नुहि श्रेयांसमिति समं क्राम॥**

अर्थात् -परमेश्वर ने मनुष्य को बड़ी शक्ति दी है। जो पुरुष उन शक्तियों को परमेश्वर के विचार और अधिर गुणवालों के सत्संग से काम में लाते हैं। वे निर्विघ्न होकर आनन्द प्राप्त करते हैं।

प्रस्तुत मन्त्र के माध्यम से परमेश्वर की अलौकिक शक्ति को अमोध शक्ति मानी गई है। वह ईश्वरीय शक्ति जिन्हें प्राप्त होती है उनकी जीत सर्वत्र होती है। ईश्वरीय शक्ति सदा धर्माश्रित मानी गई है। धर्म की शक्ति कभी कुंठित या निष्फल नहीं होती है। मनुष्य को धर्माश्रित मार्ग का ही अनुसरण करना चाहिए जिसमें जीवन में सदा वे सफल होते रहें।

मनुष्य को उस परमेश्वर की सत्ता पर जब विश्वास हो जाता है तो उसकी विकासगति कभी रुकती नहीं है। धर्माश्रित मार्ग सतत् सहायक बना रहता है और वह जीवन में भटकाव नहीं आने देता है। ''धर्मो रक्षति'' ''रक्षित:'' अर्थात् धर्म से रक्षित सदा विजयी होता है।

सामवेद वर्णित अलौकिक शक्ति :-

मन्त्र सं 3 पृ. 108

> **स योजत उसगायस्य जूतिं वृथाक्री उन्तंमिते न गाव:।**
> **परीणसं कृणुते तिग्मशृङ्गो दिवा हतिर्ददृशे नक्तमृज:॥**

अर्थात्-परमेश्वर आत्मा की गति का योग कराता है। वृथा क्रीड़ा में फँसे उसे इन्द्रियाँ नही माप सकतीं। महान तेजस्वी अज्ञान निवारक प्रकाशस्वरूप परमेश्वर विविध तेजों को उत्पन्न करता है और दिन-रात मनुष्यों के अनुभव में आता है।

प्रस्तुत मन्त्र के माध्यम से परमेश्वर की अलौकिक शक्ति का विश्लेषण इस मन्त्र में उल्लिखित हुआ है जिसमें कथन है कि मनुष्य की आत्मा का योग परमेश्वर की कृपा से ही पाता है। इस असीम सत्ता

के सहयोग से मानव में दिव्य शक्ति का संचार होता है और सभी साधारण जनों को उस परमेश्वर की अनुकम्पा से प्राप्त हुई सफलता पर सभी को आश्चर्यचकित होना पड़ता है। मनुष्य सिर्फ अपनी शक्ति से विशेष श्रेणी की शक्ति की उपलब्धि का अनुभव भी नहीं कर सकता है। उक्ति प्रसिद्ध है- "सोई जानत जेहि देहि जनाई" यानि यह अलौकिक शक्ति सभी को प्राप्त नहीं होती है। मनुष्य असीम सत्ता से प्राप्त लाभ को देख कर स्वयं आश्चर्यचकित रहता है और उस व्यक्ति को भी मान नहीं होता है।

मन्त्र संख्या 4 पृ. सं 108-सामवेद :-

> **"प्र स्वानासो रथा इवार्वन्तो**
> **न श्रवस्यवः सोमासोराये अक्रमुः"**

अर्थात् यश की कामना करने वाले और परस्पर आत्मज्ञान विषयक प्रश्नोत्तर करते हुए यति और प्रशस्त ज्ञान वाले के समान ऋद्धि और सिद्धि के लिए पराक्रम करते हैं।

प्रस्तुत मन्त्र के माध्यम से मानव की उपलब्धि ईश्वरीय शक्ति के फलस्वरूप ही होते है यह निर्वषादित तथ्य है। यह ज्ञान भी मानव को ईश्वर की कृपा से ही प्राप्त होता है।

मन्त्र सं. 6 पृ. 108

> **राजानो न प्रशस्तिभिः सोमासो गोभिरञ्जते।**
> **यज्ञो न सप्त धातृभिः।**

अर्थात् प्रेरित रथ तथा काम करने वालों के भार के समान सांसारिक योग्य पदार्थों को परमेश्वर ने हमारे हाथों में दे रखा है। प्रशंसा वचनों से राजाओं के समान तथा सात छन्दों से यज्ञ के समान पृथिवी आदि लेकर प्रकृति तथा परमेश्वर पर्यन्त पदार्थ वेद वाणियों से वर्णित हैं।

प्रस्तुत मन्त्र में परमेश्वर द्वारा प्रदत्त सुख-योग की असीम वृद्धि देखते हुए उपभोगकर्ता स्वयं आश्चर्यचकित हो उठता है। प्राप्त उपलब्धियों को भावविभोरता की स्थिति में अनुभव करता है। अनेक ज्ञाता तथा उपदेशक

जब स्थिति विश्लेषित करते हैं तो उपभोक्ता भी ईश्वरीय अनुकम्पा पर गद्-गद् हो उठते हैं।

मन्त्र सं. 8 पृ. सं 108 सामवेद :-

आपानासो विवस्वतो जिनवन्त उषसो भगम।
सूरा अण्वं वितन्वतो।

अर्थात् व्यापक अनुभव वाले सूर विद्वान पुरुष जानते हुए प्रकाश स्वरूप परमेश्वर के सूक्त ऐश्वर्य का प्रचार द्वारा विस्तार करते हैं।

प्रस्तुत मन्त्र में परमेश्वर की अलौकिक शक्ति पर विचार प्रस्तुत किया गया है। ईश्वर की शक्ति अतुलनीय है। मनुष्य जब लाभान्वित होता तो उसकी आँखें तक विश्वास करने से भागने लगती हैं या किंकर्त्तव्यविभूढ़ की स्थिति में पहुँच जाता है।

मन्त्र संख्या 12 पृ. सं 108 :-

अभिघ्रियं विवस्पद मध्वर्युमिर्गुहाहितम्।
शूरः पश्यतिचक्षसा।।

अर्थात् विद्वान पुरुष उपासकों द्वारा हृदय में धारणा द्वारा जाने गए प्रकाश स्वरूप परमेश्वर के प्यारे परम पद को ज्ञान की आँखों से देखते हैं।

प्रस्तुत मन्त्र में स्पष्ट उल्लेख है कि परमेश्वर के दर्शन चर्मचक्षु से भले न हो सके लेकिन ज्ञानचक्षु से वह असीम शक्ति स्पष्टता से दृष्टिगत होती है। जिन्होंने उस असीम सत्ता से लाभ की प्राप्ति कर ली है वह परमेश्वर की शक्ति को नगण्य नहीं कर सकता है क्योंकि ''मूक होहिं वाचाल पङ्गु चढ़े गिरिवर शिखर''।। यह दृष्टिगत होता है।

मन्त्र 3 पृ. 109 सामवेद :-

प्र युजा वाचो अग्रियो वृषो अचिक्रदद्वने।
सयामि सत्यो अध्वरः।

अर्थात्-सर्वप्रथम परमेश्वर जल और गृह निर्माण आदि के विषय में युक्तियुक्त वाणियों का उपदेश करते हैं।

मन्त्र सं 4 पृ. सं 109 :-

परि यतकाव्या कविर्नृम्णा पुनानो
अर्षति स्व र्वाजी सिवासति॥

अर्थात् कवि पुरुष जब अपने बल और धन को पवित्र करता हुआ वेदमय काव्य को प्राप्त करता है तो वह सुख से ज्ञानवान ही भागी होता है।

मन्त्र सं 8 पृ. सामवेद :-

आ मित्रे वरुणे भगे मद्योः पवन्तः उर्वयः।
विदाना अस्य शक्ममिः॥

आनन्द स्वरूप परमेश्वर के प्रकाश की लहरें वायु, जल, तथा सूर्य आदि में व्यापक हो रही हैं। ज़ो इस प्रभु को जान लेते है वे शीत और कर्म से युक्त हो जाते हैं :-

प्रस्तुत मन्त्र में परमेश्वर की असीम शक्ति का उल्लेख बड़ी के साथ हुआ है। वह असीम सत्ता लोकोपकारी शक्ति है जिसके सम्पूर्ण मानव समाज के लिए कल्याण कार्य सम्पन्न किये जाते हैं।

मन्त्र सं. 2 पृ. संख्या-109 सामवेद

त्वां विश्व अमृत जायमान शिश न देवा अभिसंनवन्ते।
तव ऋतुमिरमृतत्वामायन वैश्वानर यत्पित्रोरदीदेः॥

हे अजर, अमर तथा सर्वहितकारक परमेश्वर! तू द्यु और पृथ्वी लोक को प्रकाशित करता है। सारे विद्वान पुरुष उत्पन्न शिशु के समान तेरी प्रशंसा करते हैं और तुम्हारे ज्ञानों से मोक्ष प्राप्त करते हैं।

मन्त्र सं. 1 पृ. सं. 111 :- सामवेद

सखाय आ नि षीदन पुनानाय प्रगायत्।
शिशुं न यज्ञै परिभूषतश्रियै।

हे मित्रों! समीप बैठो और पवित्र आत्मा विद्वान पुरुष की प्रशंसा करने तथा अपने कल्याण के लिए उसे बच्चे के समान पाँच यज्ञों से प्रसन्न करो।

मन्त्र सं 2 पृ. सं. 111 :-

समी वत्सं न मातृभिः सृजता गयासाधनम्।
देवाव्यं मदमभिः द्विशवसम्।।

हे मनुष्यों! समस्त धनों के दाता सब देवों के रक्षक, आनन्द दाता और द्विगुण बल वाले परमेश्वर के साथ मेल करो। जैसे माताएँ बच्चों के साथ मेल करती हैं।

प्रस्तुत मन्त्र के माध्यम से परमेश्वर की अलौकिक शक्ति का उल्लेख बड़ी स्पष्टता के साथ किया गया है तथा उस असीम सत्ता से जुड़ने की चेष्टा करना मानव कल्याण हेतु अनिवार्य कहा गया है।

मन्त्र सं. 3 पृ. 111 सामवेद :-

प्र सोम याहीन्द्रस्य कुक्षानृमिर्येमानो अद्रिभिः सुतः।

हे जीव! संसार में पैदा हुआ तथा आदरणीय नेताओं से नियम पर चलाया गया तूँ परमेश्वर की शरण में जा।

प्रस्तुत मन्त्र में परमेश्वर की अलौकिक शक्ति का उल्लेख करते हुए मानव को उस परम सत्ता से चिपक जाने की सलाह दी जाती है जिससे उस सत्ता के अनुग्रह से मानव जीवन की सारी सफलताएँ प्राप्त हो जाँय।

मनुष्य अपने कर्त्तव्य का पालन पूरी निष्ठा के साथ करे इतना ही दायित्व मानव का है। परमेश्वर मानव की कामना पूर्ण करने हेतु सतत् प्रयत्नशील रहते हैं। उनकी शक्ति असीम है जिसके फलस्वरूप मानव कभी निराश होकर नहीं लौटता है।

मन्त्र संख्या 1 पृ. सं 111 :-

ये सोमासः परावति ये अर्वावति सुन्विरे।
ये वादः शर्यणावति।।

हे परमेश्वर! जो प्राणी हम से दूर, समीप देश, या इस पृथिवी पर उत्पन्न हुए हैं वे सभी हमारे कल्याणकारी कार्य से जुड़ जाँय यह शक्ति मुझमें प्रदान करने की कृपा करें।

मन्त्र सं. 3 पृ. सं. 117 सामवेद :-

गिरा वज्रो न सम्मृतः सबलो अनपच्युतः।
ववक्ष उग्रो अस्तृतः॥

अर्थात् वेद वाणी द्वारा धारण किया हुआ वज्र के समान बलवान, न डिगने वाला, तेजस्वी तथा किसी से न दबाया जाने वाला परमेश्वर जगत को धारण करता है।

मन्त्र में जिन-जिन शक्तियों के उल्लेख हुए है वे सारी शक्तियाँ सहायता देने में एवं कल्याणकारी कार्य की सिद्धि से निश्चित रूप से जुड़ जाती हैं। परमेश्वर की असीम शक्ति के समक्ष सारे कार्य सम्पन्न हो जाते हैं यह अटल विश्वास मानव को हमेशा हृदय नें रखना चाहिए। ''दैव'' शब्द की परिभाषा में कहा गया है :- देवो हि दानात् द्योतनात च'' देववर्ग की मदद तथा उनका प्रकाश मानव हित में सर्वदा संलग्न रहता है।

मन्त्र सं 3 पृ. सं. 120 :-

एष विश्वानि वार्याशूरा यन्निव सत्वमिः।
पवमानः सियासति॥

अर्थात् सर्वशक्तिमान तथा शुद्ध स्वरूप परमेश्वर अपनी शक्तियों से सारी उत्तम वस्तुओं को प्राप्त करता हुआ भक्तों में बाँटने की इच्छा करता है। उस परम सत्ता पर अटल विश्वास लाभकारी होता है।

सामवेद-मन्त्र सं. 6 पृ. 122 :-

एष सूर्यण हासते संवसानो
विवस्वता पतिवाचो अदाम्यः॥

वेदवाणी का स्वामी तथा किसी से न दबाए जाने योग्य परमेश्वर प्रकाशमान सूर्य से त्रिलोक को आच्छादित करता हुआ सबको हर्षित कर रहा है।

प्रस्तुत मन्त्र के माध्यम से परमेश्वर की शक्ति की सराहना की गई है तथा वह अलौकिक शक्ति मानव के कल्याण हेतु ही है यह उल्लेख

स्पष्टता से किया गया है।

मन्त्र सं. 5 प्र. संख्या 123 सामवेद :-

> **स वृमहा वृषा सुतोवरियोविददाम्यः**
> **सोमो वाजिमिका सरत्॥**

अर्थात् :- दुर्गुणों के निवारक, मनोरथ को पूर्ण करने वाला, सृष्टिकर्त्ता, सम्पदाओं का दाता, तथा अहिंसनीय परमेश्वर, समस्त पदार्थों में उसी प्रकार व्याप्त हो रहा है जिस प्रकार खाने वाले की नस-नस में अन्न व्याप्त हो रहा है।

इस मन्त्र के माध्यम से परमेश्वर की असीम शक्ति का उल्लेख करते हुए यह स्पष्ट किया गया है कि परमेश्वर द्वारा सारे कल्याणकारी कार्य सम्पन्न किये जाते हैं।।

मन्त्र सं. 1 पृ. 123 सामवेद (सप्तमखंड)

> **यः पावमानीरध्येत्यृषिभिः संभृतं रसम्।**
> **सव स पूतमश्नाति स्वदितं मातरिश्वना॥**

अर्थात् जो पुरुष वेदवाणियों का अध्ययन करता है वह मन्त्र द्रष्टाओं के द्वारा धारण किए जाने वाले आनन्द और वायु से पवित्र किए गए सब खाद्य वस्तुओं का उपभोग करता है।

प्रस्तुत मन्त्र के माध्यम से वेदवाणियों के अध्येता की प्रशंसा मुक्त कंठ से की गई तथा उनकी इच्छाएँ पूर्ण होने की सम्भावना भी व्यक्त की गई हैं।

मन्त्र 2 पृ. 123

> **पावमानीर्यो अध्येत्यृषिभिः संभृतं रसम्।**
> **तस्मै सरस्वती दुहे क्षीरं सर्पिर्मधूदकम्॥**

अर्थात् जो पुरुष मन्त्र द्रष्टाओं द्वारा हृदय में धारण किये जाने वाली वेदवाणियों को स्वाध्याय करता है उसके लिए ज्ञान-विज्ञान को देने वाली वेदवाणी दुग्ध, घृत, मधु तथा जल आदि पदार्थों को पूरा करती है।

प्रस्तुत मन्त्र के माध्यम से वेदवाणियों के स्वाध्यायी की प्रशंसा हुई है एवं उनकी कामनाओं की पूर्ति की सम्भावना भी स्पष्टरूप से व्यक्त की गई है।

मन्त्र सं. 1 पृ. 252 ऋग्वेद द्वि. भाग

अयं त एमि तन्वा पुरस्ताद्विश्वे
देवा अमि मा यन्ति पश्चात्।
यदा मह्नं दीधरो भाग
मिन्द्रादिन्मया कृणवो बीर्याणि।।

अर्थात् परमात्मा के स्तोता को जब यह निश्चय हो जाता है कि मुझे उसके ऐश्वर्य में से अपने कर्मफल अनुकूल अंश प्राप्त हो रहा तो उसके न्याय से संतुष्ट श्रोता वीरता के नाना कार्य करने हेतु उत्साहित होता है वह प्रभु का हृदय से गुण-गान करता है एवं दूसरे विद्वान उसके समान ही स्तोता बनते हैं।

प्रस्तुत मन्त्र के माध्यम से ईश्वर के स्तोता का चरित्र एवं उसके चिन्तन पर प्रकाश डाला गया है। मन्त्र में कर्मफल के विभाजन पर भी विचार हुआ है जिससे विदित होता है मानव सुख-दुख के भागी कर्मफल के अनुसार ही हुआ करते हैं।

मन्त्र संख्या-22 पृ. सं. 261 ऋ. द्वि. भाग :-

त्वं सूर्येन आ भजत क्रत्वा तवोतिभिः।
अथा नो वस्यस्-कुधि।

हे परमात्मन् आत्मज्ञान और कर्म द्वारा हमारी सर्वदा रक्षा करें और ऐहिक तथा पारलौकिक सुख से सदा हमें प्रसन्न करें।

प्रस्तुत मन्त्र के माध्यम से पारलौकिक शक्ति पर विचार अभिव्यक्त किया गया है। मानव अपने कर्म के अनुसार फल का भागी बनता है।

मन्त्र सं. 5 पृ. सं 263 ऋग्वेद द्वि. भा. :-

यमत्यमिव वाजिनं मृजन्ति योषणो दश।
ववे क्रीलन्त मव्यवित।।

जिस प्रकार पाँच ज्ञानेन्द्रिय और पाँच कर्मेन्द्रिय में दश इन्द्रियाँ मिलकर जीवात्मा की महिमा को बढ़ाते हैं इसी प्रकार पाँच सूक्ष्मभूत और स्थूलभूत वे दोनों प्रकृतियाँ मिलना परमात्मा के महत्त्व को वर्णन करते हैं।

मन्त्र 6 पृ. 263 ऋग्वेद द्वि. भा. :-

तं गोभिर्वृषण रसं मदाय
देववीतये सुंभराय संसृज।।

अर्थात् परमात्मा उपदेश करता है कि हे जीव! तूँ सर्वोपरि ब्रह्मा नन्द के देने वाले ब्रह्म को एक मात्र लक्ष्य बनाकर उसके साथ तूँ चित्तवृत्तियो का योगकर जिसका नाम आध्यात्मिक योग है।

प्रस्तुत मन्त्र के माध्यम से आध्यात्मिक योग का स्वरूप प्रस्तुत किया गया है। ब्रह्मानन्द प्राप्ति हेतु जीव के प्रयत्न पर भी प्रकाश डाला गया है। इस तरह पारलौकिक शक्ति का विवेचन प्रस्तुत मन्त्र के माध्यम से उल्लिखित हुआ है।